城市与区域可持续发展的管理理论与实践

李夺　蔡家伟　著

电子科技大学出版社
University of Electronic Science and Technology of China Press

图书在版编目(CIP)数据

城市与区域可持续发展的管理理论与实践 / 李夺, 蔡家伟著. -- 成都：电子科技大学出版社, 2019.7
ISBN 978-7-5647-7368-7

Ⅰ.①城… Ⅱ.①李… ②蔡… Ⅲ.①城市-可持续性发展-研究-中国 Ⅳ.①F299.2

中国版本图书馆CIP数据核字(2019)第185446号

城市与区域可持续发展的管理理论与实践

李　夺　蔡家伟　著

| 策划编辑 | 杜　倩　李述娜 |
| 责任编辑 | 李述娜 |

出版发行	电子科技大学出版社
	成都市一环路东一段159号电子信息产业大厦九楼　邮编　610051
主　页	www.uestcp.com.cn
服务电话	028-83203399
邮购电话	028-83201495

印　刷	定州启航印刷有限公司
成品尺寸	170mm×240mm
印　张	20.5
字　数	390千字
版　次	2019年7月第一版
印　次	2019年7月第一次印刷
书　号	ISBN 978-7-5647-7368-7
定　价	89.00元

版权所有，侵权必究

前言

可持续发展是20世纪80年代提出的一个新概念。1987年,世界环境与发展委员会在《我们共同的未来》报告中第一次阐述了可持续发展的概念,得到了国际社会的广泛共识。可持续发展所要解决的核心问题是人口问题、资源问题、环境问题与发展问题;可持续发展的核心思想是人类应协调人口、资源、环境和发展之间的相互关系,在不损害他人和后代利益的前提下追求发展;可持续发展的目的是保证世界上所有的国家、地区、个人拥有平等的发展机会,保证我们的子孙后代同样拥有发展的条件和机会;它的要求是人与自然和谐相处,人们应认识到自己对自然、社会和子孙后代应负的责任,并有与之相应的道德水准。

城市是人类智慧文明的结晶。城市代表着人类的未来,代表着人类文明的进步,代表着人类的希望,因此有人说,未来世纪是城市的世纪,未来世界是城市的世界,美好的希望孕育在城市中。城市一经出现就成为经济社会活动的中心,成为推进经济社会发展的动力源泉。随着时代的演进,城市的推动作用、提升作用、集散作用、服务功能、示范功能、完善功能等越来越显著,城市成为人们集聚的中心、就业的中心、管理的中心、物质和精神财富创造的中心、福利增进的中心,因而,加快城市化是世界各国发展的必然选择。纵观世界城市发展的历程,城市化的浪潮一浪高过一浪,城市化水平不断向前推进。

可持续发展观是人类通过反思伴随工业文明而至的生态环境恶化、自然资源锐减以及全球性人口激增、贫困加剧等一系列威胁人类生存和延续的问题而提出的一种新的发展观。可持续发展作为建立在经济、社会、人口、资源、环境相互协调、共同发展基础上的一种发展战略,包括经济可持续发展、生态可持续发展及社会可持续发展。在国际学术界,可持续发展理论研究可以划分为经济学、社会学和生态学三个基本方向。以世界银行《世界发展报告》为代表的经济学方向,把科技进步、贡献率抵消或克服投资的边际效益递减律作为衡量可持续发展的重要指标和基本手段。以联合国开发计划署《人类发展报告》及其指标"人文发展指数"为代表的社会学方向,把"经济效率与社会公正取得合理的平衡"作为可持续发展的重要指标和基本手段。以布伦特兰夫人等人的研究报告和演讲为标志的生态学方向,把生态平衡、自然保护、环境资源的可持续利用作为基本内容，把"环境保护与经济发展的合理平衡"作为可持续发展的重要指标和重要手段。

在新的历史发展时期，借鉴国际可持续发展的新趋势，我国的可持续发展将集中转向经济、社会与环境保护的协调发展和充分体现以人为本两个方面。中国政府在提出科学发展观之后，紧接着又提出了推进循环经济与建设资源节约型和环境友好型社会的要求，明确指出我国的生产活动要大力提高自然资源的利用率和废弃物循环利用的水平。这些都是对新的国家发展战略的科学注解。

城市与区域可持续发展是一个覆盖面非常广泛的研究领域，需要对相关的理论、技术、方法以及国内外的实践有一个全面的认识和把握，需要进行可持续发展知识的普及和教育。

本书的写作任务分配详情：第一章至第四章、第九章由李夯老师负责撰写，共计约18.8万字；第五章至第八章由蔡家伟老师负责撰写，共计约17.7万字。由于作者水平有限，书中的疏漏之处在所难免，希望广大专家学者和读者朋友批评指正！

目录 CONTENT

第一章　可持续发展的理论概述 / 001

　　第一节　可持续发展的内涵 / 001
　　第二节　可持续发展观的形成 / 003
　　第三节　可持续发展的理论分析 / 005
　　第四节　可持续发展的目标定位与实现方式 / 010

第二章　城市规划与区域发展 / 017

　　第一节　区域条件下的城市进化 / 017
　　第二节　城市规划中的区域思维 / 040
　　第三节　信息时代城市规划的区域取向 / 044

第三章　城市与区域可持续发展的管理战略 / 055

　　第一节　可持续发展战略的制定与实施 / 055
　　第二节　城市与区域可持续发展战略及管理 / 064
　　第三节　信息化战略与可持续发展 / 090

第四章　城市与区域可持续发展的管理组织结构 / 099

　　第一节　城市与区域可持续发展管理的内涵及作用 / 099
　　第二节　城市与区域可持续发展管理的组织体系 / 103
　　第三节　城市与区域可持续发展管理的组织运行 / 117

第五章　城市与区域可持续发展的管理领域分支 / 127

　　第一节　循环经济与可持续发展 / 127
　　第二节　生态城市与可持续发展 / 133
　　第三节　水资源与可持续发展 / 165
　　第四节　城市发展与可持续发展 / 176
　　第五节　社会管理与可持续发展 / 196

· I ·

第六章 城市与区域可持续发展的管理流程 / 207

  第一节 城市与区域可持续发展管理的计划 / 207
  第二节 城市与区域可持续发展管理的决策 / 212
  第三节 城市与区域可持续发展管理的领导 / 218
  第四节 城市与区域可持续发展管理的控制 / 230
  第五节 城市与区域可持续发展管理的执行 / 238

第七章 城市与区域可持续发展管理的评价体系 / 243

  第一节 可持续发展评价与生命周期评价 / 243
  第二节 物质效率评价与物质效率改善 / 255
  第三节 生态足迹分析与生态可持续性评价 / 263

第八章 中国城市与区域可持续发展的未来趋势 / 273

  第一节 群体化与一体化 / 273
  第二节 生态化与园林化 / 274
  第三节 集中化与分散化 / 275
  第四节 知识化与现代化 / 275
  第五节 市场化与效益化 / 277
  第六节 国际化与专业化 / 278
  第七节 公平化与公开化 / 279

第九章 城市与区域可持续发展的实践示范工程 / 280

  第一节 可持续发展实验区建设 / 280
  第二节 生态示范区建设 / 291
  第三节 循环型城区建设 / 304

参考文献 / 316

第一章 可持续发展的理论概述

第一节 可持续发展的内涵

一、可持续发展的定义

自可持续发展概念被提出以来，关于这一概念的学术界定一直是理论探讨的出发点，目前已形成上百个关于可持续发展的定义。但由于可持续发展问题的系统性与复杂性特点，有人称之为复杂的系统工程问题，无论从哪个角度界定都有其局限性。作为一种原则上的共识，人们更愿意引用《我们共同的未来》中对可持续发展的概念界定。

《我们共同的未来》定义的可持续发展是"既满足当代人的需求，又不对后代人满足其自身需求的能力构成危害的发展"。这一概念在1989年联合国环境规划署（UNEP）第15届理事会通过的《关于可持续发展的声明》中得到接受和认同，并将其进一步丰富和完善：可持续发展系指满足当前需要，而又不削弱子孙后代满足其需要之能力的发展，而且绝不包含侵犯国家主权的含义。可持续发展意味着国家内和国际的公平，意味着要有一种支援性的国际经济环境……可持续发展意味着维护、合理使用并且加强自然资源基础，这种基础支撑着生态环境的良性循环及经济增长。此外，可持续发展表明在发展计划和政策中纳入对环境的关注与考虑，而不代表在援助或发展资助方面的一种新形式的附加条件。由于UNEP定义的可持续发展强调了国际合作的重要性和发展中国家的利益，因此，这一概念受到发展中国家的普遍接受和欢迎。

可持续发展的众多定义反映了可持续发展具有极为丰富的内涵。以下将从不同学科对可持续发展概念的界定中探讨其丰富的内涵。

（一）可持续发展要求在地球承载力范围内使用自然资源

从自然属性方面对可持续发展的定义多数集中于对可持续性的解释。国际自然保护同盟对可持续性的定义是"可持续地使用，是指在其可再生能力范围内使用一种有机生态系统或其他可再生资源"。而国际生态学联合会和国际生物科学联合会进一步对可持续发展的解释是"保护和加强环境系统的生产更新能力"。即可持续发展是不超越环境系统再生能力的发展，也就是在地球承载力范围内使用自然资源——它构成了可持续发展的资源约束条件。经济学家将可持续地利用自然资源描述为自然资本存量的"世代非减"，而前世界银行经济学家戴利将其概括为可持续发展的三原则：所有再生性资源的收获水平小于或等于种群生产率；所有可降解污染物的排放低于生态系统的净化能力；来自不可再生资源开发利用的收益应足以补偿替代性资源的开发。

（二）可持续发展以人类福利最大化为根本目标

可持续发展是当代发展观，其核心思想是发展。但可持续发展不同于以往的单纯追求经济增长的数量增长型发展观，它追求发展的质量——这是通过人们的生活质量与对生活的满意程度来体现的，因此它应是人类福利追求的目标。根据经济学家皮尔斯和沃福德在《世界末日》中对可持续发展的定义："可持续发展是指发展能够保证当代人的福利增长，也不应使后代人的福利减少。"而经济学家戴利认为，可持续发展是生态、社会、经济三方面的优化集成，其中心原则是"应该为足够的人均福利而奋斗，使能够获得这种生活状态的人数随着时间达到最大化"。戴利在其《可持续发展经济学》中描述："可持续发展是一种超越增长的发展，它意味着一场离开增长经济的激烈变革，并引向一种稳定状态的经济。""稳态经济的一个关键特征在于，经济流量的恒定水平必须是生态可持续性的，能在长久的未来保持人类生活在一个足以有优裕的、标准的或人均资源使用水平。"这种基于人类福利最大化的可持续发展目标代表了人类共同的利益与愿望。

（三）可持续发展追求世代公平与社会公正

可持续发展观直接挑战传统伦理观，提出了代际公平的伦理价值观。这一点在布伦特兰夫人对可持续发展的定义中得到了充分的体现。传统伦理观的伦理意识只界定当代人，而可持续发展观将伦理意识拓展到后代人。这种代际均等思想是可持续发展观区别于以往发展观的一个重要特征。当我们追求世代公平目标时，同代人的社会公正自然成为一个隐含目标，可持续发展更需要解决当代人的社会公正问题，这也是发展目标所努力的方向。当代人的社会公正包括一国之内的社会公正与区域公正，也包括国家之间的国际公正与区域公正。这一点在 UNEP 的可持续发展定义中已得到了充分体现。可持续发展追求的社会公正，其实质是对20世纪70年代以来联合国提出的"发展目标社会化"这一"新发展观"思想的继承和发扬。

第二节 可持续发展观的形成

作为一种朴素的生存哲学思想，可持续发展的基本理念由来已久，最早可以追溯到中国古代思想家的著述中，也可以从西方古典经济学家的相关论述中获得理论启迪。但作为一种当代的发展观，其是20世纪工业文明走向成熟阶段并在世界范围内迅速扩散的直接结果。可持续发展观是人们对工业文明带来的"环境问题"与"发展方式"的反思结果。

一、"环境意识"的觉醒

20世纪中叶，随着环境污染的日趋严重，特别是公害事件的不断发生，环境问题困扰着人类。1962年，美国海洋生物学家蕾切尔·卡逊在其著作《寂静的春天》一书中，通过对污染物（DDT）在生态系统内的迁移、转化与生物富集等过程的描述，解释了人类与生态环境、动植物之间的密切关系，初步揭示了人类活动对生态系统的影响，唤起了公众的环境危机意识。卡逊的著作引起了美国与西方社会对环境问题的广泛关注，并揭开了西方环境保护运动的序幕。

二、"增长观"的反思

1972年，以梅多斯为首的罗马俱乐部的一批科学家发表了一份《增长的极限》的研究报告。报告深刻阐明了环境的重要性以及资源和人口之间的基本联系，提出"由于世界人口增长、粮食生产、工业发展、资源消耗和环境污染这五项基本因素的运行方式是指数增长而非线性增长，全球的增长将会因为粮食短缺和环境破坏于下世纪某个时段内达到极限"。该报告发表后，在国际社会引起了强烈的反响。它在促使人们关注人口、资源、环境问题的同时，也引起了学术界关于"增长观"的一场持久争论。尽管梅多斯等人的研究报告存在着一些明显的技术缺陷，并因此遭到许多尖锐的批评，但其中对在西方盛行的"增长观"这一主流发展模式提出的质疑却是一次严肃的挑战，它引发了关于可持续发展观的一系列深刻思考。

三、"可持续发展"思想的萌芽

面对人类环境问题与发展问题的困惑，1972年联合国在斯德哥尔摩召开了第一次人类环境会议。会上发表的《人类环境宣言》指出："为了当代人和后代人，保护和改善人类环境已成为人类紧迫的目标，它必须同争取和平及全世界的社会与经济发展这两个目标共同和循环地发展。"这次会议不仅向世界各国与全体公众吹响了环境意识觉醒的号角，还正式提出了关于环境与社会经济协调发展的观点，从而奠定了可持续发展的思想基础。

1980年，世界自然保护联盟（IUCN）、世界野生基金会（WWF）和联合国环境规划署（UNEP）联合出版了《世界自然保护战略：为了可持续发展，保护生存的资源》一书。其中首次提出了可持续发展的概念，但并没有引起国际社会的广泛关注。1987年，由挪威首相布伦特兰夫人为代表的世界环境与发展委员会向联合国大会提交的《我们共同的未来》研究报告，在揭示了人类社会面临的一系列重大经济、社会与环境问题之后，系统地阐述了可持续发展战略，并提出了明确的可持续发展目标。由于布伦特兰夫人的影响以及可持续发展战略探讨的相关问题涉及人类生存与发展的基本道路及世界各国人民的生活方式等问题，在国际社会与学术界掀起了关于可持续发展问题的广泛而深入的探讨。

四、可持续发展观的全球共识

在世界环境与发展委员会的工作基础上，1992年，由联合国主持的全球国家首脑高峰会议——联合国环境与发展大会在巴西里约热内卢召开。这是联合国成立以来盛况空前的一次会议，178个国家的代表团出席会议，其中有102位国家元首和政府首脑与会发言。会议签署了两个标志性的文件：《里约宣言》和《21世纪议程》，其中提出建立"全球新型伙伴关系"，为今后在环境与发展领域开展国际合作确立了指导原则和行动纲领。环发大会上达成共识的核心思想是要以公平的原则，通过全球伙伴关系促进全球可持续发展，以解决全球环境危机。这一点在《里约宣言》中以"共同但有区别的责任"原则被清楚地阐明。也就是说，发达国家应承认对造成目前环境恶化状况负有主要责任。发达国家应该援助发展中国家在环境问题上的努力。发展中国家正努力致力于消除贫困和满足人民的基本需求，因此迫切需要来自发达国家的外部援助。《里约宣言》代表了世界各国政府对环境与发展问题的国际合作的政治承诺，它推动了可持续发展从理论探讨走向全球实践。此次会议成为全面形成可持续发展观的一个重要的里程碑。

第三节 可持续发展的理论分析

一、可持续发展的伦理基础

（一）土地伦理

对环境伦理的早期探讨是利奥波德的土地伦理思想。利奥波德通过对土地群落特征的描述，指出土地群落成员的关系是平等的，彼此通过相互合作与竞争形成了群落整体特征，其中每个成员的利益与整体利益是一致的，或者说是整体利益决定群落成员的个体利益。由此推导出人是土地群落中的一员，其利益应由群落的整体利益决定的"整体主义"伦理观。值得肯定的是，利奥波德的土地伦理观首次将界定人的行为准则研究的人类伦理拓展到生物伦理范畴，奠定了环境伦理的思想基础，其思想在早期环境保护运动中产生了深刻的影响。也止是由于向生物伦理这一方向的拓展使其遭到严厉的批评，认为从土地伦理推导出的人与自然平等的观念是形而上学的"生搬硬套"，而最为严厉的批判莫过于"环境法西斯主义"。此后，围绕着"生物中心"与"人类中心"两个分支形成了环境伦理的不同的思考方向。

（二）生物中心

利奥波德的土地伦理思想是仅仅基于对生态系统科学认识的朴素提炼，并没有形成具有严谨的哲学界定的伦理体系。沿着"生物中心"的环境伦理方向进行较为系统的哲学思考的，是泰勒的"尊重自然"伦理观。泰勒认为，任何生命都有其固有价值，在道义上应受到尊重与爱护。尊重自然需要一系列的信念与理性依据支持，它们包括：①人类如同其他生命体一是地球生物群体中的一员；②人种与其他物种一起构成了一个相互依存的有机组合；③每一个生物有机体都是独特的个体，以其自有的方式寻求自己的适宜生境；④人类并非先天优异于其他物种。这些信念构成了尊重自然的伦理基础。如果接受这些伦理基础，就会马上遇到与人类自身利益相冲突的具体问题，如种养殖业、对人类健康有害的生物的态度等。为此，泰勒提出了一系列实践原则，包括自我防卫原则、比例性原则、最小差错原则、分配公正原则和重塑公正原则。泰勒的理论阐述可谓是严谨的，但其提出的"生物中心"思想只能被少数环境保护主义者所接受，在实践中也面临许多人类困惑。

(三) 人类均等

与生物中心观不同，人类均等的环境伦理观以人类为中心，它只考虑人类各成员的均等，将自然环境和其他生命有机体看作是人类均等的内容，所以又被称为"人文中心环境伦理观"。这一伦理观认为，我们对自然界的道德义务，最终都源于我们人类各成员相互间所应承担的义务（与土地伦理和生物中心相反的推理过程）。这是因为，由于我们尊重每一个人的权利，或是由于我们应该保护和改善人类的福利，才使得我们在对待地球的自然环境及其非人类物种时，必须有一些道义上的约束，以实现人类的社会公正。社会公正原本是指社会成员应享受的均等的权利，在这里意味着对环境与自然资源的占有和消费的均等权利。除此之外，还包含出现不均等，也需要注重改善社会成员中资源最为匮乏的和环境最为恶化的那部分人。因此，作为一种理性的社会选择，作为一种伦理规范，每一个社会成员应该而且有责任使大家都有同等的权利和机会开发、利用、消费环境及自然资源。这一思想本身与发展目标的价值取向是一致的。而这里的社会公正既包括同代人的社会公正，也包括不同代人的社会公正，即不仅让代内的所有社会成员享受同等的资源与环境条件，还要保证后代子孙享受与当代人同等的资源与环境条件，而这恰恰是可持续发展的要义所在。因此，可持续发展观实质上是建立在伦理学基础上的发展观。

二、可持续发展的经济学解释

(一) 效率配置论

信奉市场配置效率的新古典经济学将可持续发展解释为自然资源的合理利用与环境污染的有效控制。在新古典主义看来，自由市场具有高效配置资源的机制，它不仅能够实现资源的最优利用，还能够通过价格信号指示一种资源的稀缺程度，以市场方式来实现资源与技术的替代。因此，完善市场就是不出现资源与环境问题。现实的资源不合理利用与环境污染的根源是市场失灵与政府失灵双重作用的结果。市场失灵有多种表现，而资源与环境问题的市场失灵主要源自资源的产权界定不清、环境的公共产品特性与污染的外部性以及广泛存在的不确定性，因此需要政府的市场干预。环境管制与经济政策是各国政府通常采用的干预手段。但环境管制也会带来效率的损失，相比之下，利用经济手段纠正市场与价格扭曲更为有效，而通常采用的办法就是税收与许可证交易。

(二) 稳态经济

稳态经济理论倡导者是美国生态经济学家赫尔曼·戴利。他的理论接受了古典经济学家穆勒的"静态经济"思想——经济发展最终会受到规模的限制。但与穆勒的不同之处在于，戴利认为这种限制直接来源于资源与环境的限制。戴利在其稳态经济理论中引进了一种前分析的观点——将经济系统作为生态系统的子系统，经济系统的流量规模自然会受到生态系统规模的物理限制，最终趋向一种稳定状态。

戴利认为，经济学中增长观的形成是源于其将经济系统作为孤立系统的前分析观点，这种孤立系统不需要考虑其与系统外部（生态系统）的物质与能量交换，它被抽象成为一个交换价值的孤立循环流程。

然而，经济系统并非孤立存在的，它是一更大的、有限的、非增长的生态系统的子系统，受物质平衡、熵、边界（有限性）的限制。将经济系统作为生态系统的子系统的前分析观点，就会得出宏观经济是受到规模限制的，其最佳规模应是经济流量——物质从原材料输入作为开端，然后转化为熵，最后形成废物输出的流程——限于生态系统再生与可吸引的容量范围内，而可持续发展的整个理念就是经济子系统的增长规模绝对不能超过生态系统可以永久持续或支撑的容纳范围。

三、可持续发展的系统解析

（一）人地系统与三种生产

可持续发展的主要研究领域是人与自然的关系，即人地系统问题。人地关系理论是地理学的核心理论，地理学在人地关系的理论研究中出现过"环境决定论""环境或然论""人定胜天论""人地协调论"等不同观点的争论。而可持续发展的本质是协调人地关系，因而成为人地关系理论探讨的一个重要命题。人地关系理论探讨的"人"是指社会系统，而"地"是指"自然系统"，包括自然资源和自然环境。因此，也有人将人地系统称为"人类生态系统"或"环境社会系统"。

我国学者叶义虎先生以人地关系协调发展理论为基础，提出了环境社会系统的"三种生产理论"。三种生产理论指出，在环境社会系统中，人与自然存在着密切的联系。这种联系体现在二者之间的物质、能量和信息的交换和流动上。在这三种交流关系中，物质的流动是基本的，它是另外两种交流的基础和载体。在物质运动这个基础层次上，它还可以划分为三个子系统，即物质生产子系统、人口生产子系统与环境生产子系统。环境社会系统协调发展的基础就是这三个子系统的物质交流处于动态平衡之中。

在环境社会系统中存在着三种供需关系，即生产者和消费者、生产者和自然环境以及消费者与自然环境之间的供需关系,保持这三种供需关系的平衡是可持续发展的关键。

(二)可持续发展的复合系统理论

可持续发展是一个复杂的系统工程问题,需要建立系统科学的思考框架。中国科学院可持续发展研究组运用系统科学理论创立了自然—社会—经济复合系统的可持续发展理论体系。该理论指出,可持续发展系统具有整体性、内生性和综合性特征。

整体性,是指系统各种因果关联中,不仅考虑人类生存与发展所面临的各种外部因素,还考虑其内在关系中必须承认的各个方面的不协调。对于一个特定区域而言,发展的本质是从整体上去协调不同利益团体、不同规模、不同层次、不同结构、不同功能的实体的发展。内生性,是指来自系统内部的创造力与内部推动力。综合性,是指应综合考虑发展要素的相互作用,建立层次思考、时序思考、空间思考与时空耦合的思考方式。

可持续发展系统在结构上可以进一步划分为五个子系统,即生存支持系统、发展支持系统、环境支持系统、社会支持系统以及智力支持系统。一个国家的"可持续发展能力"的形成必须同时取决于这五大支持系统的共同贡献,其中任何一个子系统发生问题都将损坏整体的可持续能力,直至导致可持续发展系统的崩溃。

可持续发展的系统具有三维特征,其理论可以用三维模型进行概括。可持续发展系统在生态响应(自然)、经济响应(财富)和社会响应(人文)的三维作用下,其发展度、协调度和持续度可以用几何图解说明。

首先,考虑发展行为的"发展度"。它表达了可持续发展的第一个本质要求,亦即在原来基础上对于 t(0)—t(N) 方向上的正响应,它应在时间方向上加强。

其次,考虑发展行为的"协调度"。它检验了发展行为偏离 t(0)—t(N) 线的程度。使用偏离角 a 表示,a 必须小于某个规定值,否则为协调度差。

最后,考虑发展行为的"持续度"。在某一时段,发展行为所形成的三维立方体只有等于或小于它在 t(0)—t(N) 轴上投影所形成的立方体,才被认为持续度可行。

(三)复合生态系统理论

我国著名生态学家马世骏和王如松用生态系统理论来解释可持续发展的三维模式,提出了"社会—经济—自然复合生态系统"理论模式。该系统以人为中心,构成社会子系统、经济子系统和自然子系统,并通过科技子系统将三者有机结合起来。这个复合生态系统包括人与自然之间的促进、抑制、适应、改造关系;人对资源的开发、利用、储存、扬弃关系；以及人类生产和生活活动中的竞争、共生、隶属、互补关系。发展的实质就是生态系统的功能代谢、结构耦合及控制行为的失调。

复合生态系统演替的动力学机制来源于自然和社会两种作用力。自然力的源泉来源于太阳能，它们经过生物、物理、化学过程加以转化并驱动生态系统进化；社会力的源泉有三：一是经济杠杆——资金，二是社会杠杆——权力，三是文化杠杆——精神。资金刺激竞争，权力推动共生，而精神孕育自生。三者相辅相成，构成社会系统的原动力。

"竞争""共生"与"自生"是系统行为遵循的生态控制规律。

竞争是促进生态系统演化的一种正反馈机制，在社会发展中即市场经济机制中，它强调发展的效率、力度和速度，强调资源的合理利用、潜力的充分发挥，倡导优胜劣汰，鼓励开拓进取。竞争是社会进化过程中的一种生命力和催化剂。

共生是维持生态系统稳定的一种负反馈机制。它强调发展的整体性、平衡性与和谐性，协调局部利益与整体利益、眼前利益与长远利益、经济建设与环境保护、物质文明与精神文明的相互关系；强调体制、法规和规划的权威性，倡导合作共生，鼓励协同进化。共生是社会冲突的一种缓冲力和磨合剂。

自生是生物的生存本能，是生态系统应付环境变化的一种自我调节能力。自生的基础是生态系统的承载力、生态服务的功能和可持续程度，而自生的动力则是"天人合一"的生态文化。

复合生态系统理论的核心在于其生态综合。生态系统的整体性和系统特征清晰展示了可持续发展系统的要素之间的联系方式，生态系统的结构是可以被认识和理解的，生态系统的功能则是由其结构决定的。以生态系统方式理解可持续发展系统，在方法论上是一元的，在结构上是有序的，生态系统的功能过程是可以调控的。生态系统的物质循环功能是实现可持续发展的基础，生态系统的自生、共生和竞争是可持续发展系统演化的动力机制，生态系统思想无疑提供了富有操作性的可持续发展的系统解释方式。

第四节　可持续发展的目标定位与实现方式

一、理想目标：循环型社会

当代可持续发展理念得到全世界不同文化、不同意识形态背景的国家的共同响应，以里约热内卢的环发大会为标志，在实施可持续发展战略上达成共识。然而，由于各国在发展水平与社会背景方面存在巨大的差异，因而其可持续发展的目标与实现途径难以统一。抛开意识形态的分歧，从节约资源和保护环境角度出发，确立当代可持续发展的目标，则容易获得普遍的认同和接受。自20世纪90年代以来，德国、日本、美国等发达国家率先将实施可持续发展战略的现实目标定位在"发展循环型经济，建立循环型社会"上，广大发展中国家对此亦积极响应。我国政府也积极倡导"循环型经济"，全国人大常委会资源环境委员会主任曲格平先生曾多次在公开场合下指出中国也应发展循环型经济。可以认为，"发展循环型经济，建立循环型社会"是当前人类实现可持续发展的既定目标，也是迄今为止提出的最为明确的可持续发展目标。

（一）"循环型社会"的思想基础与操作原则

资源与环境问题是人类社会可持续发展面临的直接挑战。普遍认为，工业文明建立起来的生产和消费模式是一种大量生产——大量消费——大量废弃的线性模式，是当代资源环境问题的根源。以生态系统方式思考，生态系统中不存在废弃物，一个过程的输出是另一个过程的输入。生态系统的物质是循环的，通过物质循环来实现资源的永续利用和环境的良好状态是实现可持续发展的基本要求。借鉴生态系统的循环思想，以循环模式去改造线型模式，是"循环型社会"的思想基础。

循环型社会建立在全过程控制基础上，提出"减量化、再利用、再循环"的原则。减量化是从输入端控制，要求尽量减少进入生产和消费过程中的物质投入量，提高物质利用效率和改变消费模式。再利用是从中间控制，提倡多次重复利用，考虑从设计上延长产品的使用寿命和制度上开发产品的多种利用途径，如通过发展租赁业减少产品的需求或以服务代替产品的功能经济。再循环是从输出端控制，通过再生利用方式实现废弃物资源化。

因此，循环型社会是以功能经济为导向的，通过输入、中间过程和输出的全过程控制，减少输入和输出，实现资源利用效率的最大化和废弃物与排放的最小化目标。

（二）对产业体系的功能界定

循环型社会提出了改造传统产业的线性开发模式，闭合产业系统的物质循环并不苛求单个企业或者某类行业的内部循环，而是建立产业系统的整体循环模式，这就增强了产业系统内部功能之间的联系，由此产生了新的产业分类方式——功能分类。在日本兴起的所谓"静脉产业"与"动脉产业"的分类就是功能分类的代表。静脉产业是指处理废弃物与排放的产业部门，而动脉产业则指传统意义上的生产产品的部门。只有实现动脉产业与静脉产业的有机结合，才能闭合产业系统的物质循环链条。

功能分类与传统的三次产业分类有质的区别，目前普遍使用的三次产业分类是根据发展阶段和产品特点来划分的。按照发展阶段界定产业类别，自然会有代表信息产业的"第四产业"和代表环保产业的"第五产业"等新产业类型划分。应该承认，根据发展阶段划分的前二次产业在内涵上是相对独立的，但第四次产业和第五次产业在内涵上开始出现与前三次产业的重合，同在一个产业体系中就无法进行特殊产业归属的辨析，增加了认识的模糊性，有违产业分类的初衷，并不能适应当前社会化大生产的日益复杂化的趋势。

三次产业界定的另一个依据是产品类型，这是产品经济的一个重要特征。企业以提供产品为目标，产业类型依据产品来界定。而循环型社会以功能经济为导向，从节约资源出发，企业将目标定位在提供产品的服务而非产品本身上。因此，过去许多以提供产品为主的企业或部门转向提供服务或兼而有之，这也造成产业界定的困难。

适应功能经济需要，以功能界定产业类型，形成产业的功能体系是循环型社会产业体系重构的客观要求。它不是简单地以社会发展阶段来概括产业类型，也不是从产品或服务的角度来考虑产业分类，而是以物质循环为导向，界定其在产业系统中的作用，从而设计合理的产业结构，实现产业系统的物质循环功能。

需要指出的是，物质循环功能是通过物质生产部门来实现的，对于像传统的第三产业这类非物质生产部门，在功能界定上可能不再独立于物质生产部门之外，而是作为其中一个必要的环节来考虑，其在物质循环中的作用是通过产品或过程的生命周期评价来体现的。

（三）关于能源问题的思考

上述"循环型社会"的目标定位是以物质循环思想为主线，它不包括能量的循环。物质和能量是事物的两种属性，物质不灭、能量守恒。物质可以循环，但能量只能朝一个方向——耗散的方向——转化。生态系统中的物质是循环的，但能量则逐级转化并耗散。生态系统得以维持稳定功能的能量基础是外部输入的太阳能。社会系统的可持续发展，能量问题同样不能忽视。目前，支持人类社会发展的能源主要依赖不可再生的化石能源。发展循环型经济，扩大物质循环规模，如再生纸的开发、再生塑料制品等工艺都需要大量的能耗，如果仍以不可再生能源投入实现物质的再循环，其效果是与可持续发展背道而驰的。因此，循环型社会也提出减少不可再生能源的使用，增加再生能源的利用。可再生能源主要是指风能、海洋能等，它们都直接或间接来自太阳能。因此，可再生能源主要是开发太阳能。从本质上讲，太阳能并不是可再生能源，但以人类历史的尺度来衡量，太阳能可以视为可再生能源。应该看到，目前人类对太阳能的利用规模与能力都是有限的，因此在能源问题没有得到根本解决的情况下，构造循环型社会，实现可持续发展仍然是一个难解的命题。

二、探索道路：产业生态学的启示

20世纪70年代在西方工业国悄然兴起了一门叫"产业生态学"的学科，它以生态学思想来探讨产业的开发模式，为我们指出了一条可持续发展的道路。

（一）人地关系研究的新领域——产业生态学

无论是经典解释的人地关系（人类活动与自然环境的关系），还是现代人地关系（人类活动与地理环境的关系，这里的地理环境为广义的地理环境，包括自然环境与人文环境），都试图在两个方面做出回答：①自然环境对人类活动的支持或限制；②人类活动对自然环境的影响或支配。环境决定论、或然论、人类决定论以及协调论，代表了不同历史时期对这一关系的解释。尽管以协调论为代表的当代人地关系理论提供了人类社会可持续发展的思想基础，但还不足以阐明具有操作意义的可持续发展的途径。随着人类生产活动规模的空前扩大，自然环境对发展的限制作用日益凸显。这种限制一方面表现为自然环境为生产活动提供资源的供给能力不断下降；另一方面表现为产业活动对自然环境产生的负面影响则日益扩大，且危害到人类健康及其赖以生存的环境条件。

既然环境问题是经济活动与自然环境之间矛盾的结果，就应该从人类的经济活动中去寻求解决矛盾的方法。正是在这样一种背景下产生了一种基于产业系统范畴内的人地关系研究的新领域——产业生态学。产业生态学通过深入研究产业系统的运作方式与过程同自然生态系统的关系，提出按生态系统方式重新构建人类的产业系统，使之与自然生态系统实现功能兼容，为人类的可持续发展提供一种具有操作意义的经济上可行的解决办法。

（二）产业生态思想内涵界定

1. 有关产业生态概念的几种描述

在现有的产业生态研究文献中，对这一概念的描述均包含了"模拟生态系统进行产业开发"这一基本思想。在此基础上，不同的学者又做了进一步的引申。Frosch 和 Gallopoulos 的描述："传统的产业活动模式吸收原材料、生产与销售产品，同时处理废弃物的制造业过程应转向更为一体化的模式：产业生态系统。产业生态系统将具有自然生态系统的功能（绿色植物合成养分供给草食动物，草食动物成为肉食动物的食物来源，草食动物与肉食动物的排泄物与躯体又成为植物的养分供给），以最大限度地减少产业活动对环境产生的不良影响。"Graedel 和 Allenby 的概括："产业生态是一种方法，通过这种方法推动经济、文化与技术的持续演化，使人类能够细致而理智地维持一种令人向往的承载力。这个概念需要将产业系统与周围环境视为一体而非孤立存在。它是一种系统的观点，追求从原材料到制成品到最终处理过程中最优化物质循环，优化的要素包括资源、能源和资本。"Frosch 和 Uenohara 的解释："产业生态提供了一体化的系统方法，管理产业生态系统内的能源与物质使用、资本利用等所产生的环境影响。为了优化资源利用（返回到环境中的废弃物流最少），管理者需要更好地理解产业生态系统中的物质与能量的新陈代谢（使用与转移），了解潜在的废弃物源，通过改善机制（市场、刺激、规则）鼓励系统优化使用资源与能源。"

2. 产业生态内涵的界定

产业生态的概念还处于形成阶段，通过考察不同学者对这一概念的说明或解释，可以发现对其内涵的界定大致包括如下几个方面：

首先，产业生态提出了一种系统思考问题的方法。它强调用自然生态系统的方式理解产业系统，按自然生态系统的模式去构造产业系统并实现两者的发展兼容。此外，系统思想还体现在追求生产过程中的物质与能量的最优化利用，为此提出过程分析（物质流分析）与源头控制（污染预防）的解决办法。

其次，产业生态思想包含了从线性模式向循环模式的转变。它追求的是生产过程中物质利用的循环模式（自然生态系统中能源的利用是非循环模式），模拟自然生态系统中"无废模式"，构造产业过程中物质循环链（一个过程的输出成为另一过程的输入），提出废弃物降解与循环利用的解决办法。

最后，产业生态概念中还包含了广泛的"重新思考"思想。基于可持续发展原则，重新设计产业系统开发规则、重大社会制度变革、消费行为及文化观念等的变迁，为此，提出了一系列社会化的解决办法。

（三）产业生态开发的目标

1. 建立"无废"的物质循环体系

产业生态模拟自然生态系统的资源利用模式的最高目标，就是实现产业系统的闭合物质循环。而这一目标与现实的差距是巨大的。为增强对实现目标的信心，有必要对此进行阶段性的分解。目前，在这一理想目标的框架下，又进一步细化为几个具体目标，这种目标的差异基本反映了持不同观点的产业生态研究学者对实现理想目标的信心与态度。

非物质中心化：是指生产单位经济产值的物质使用或伴生的废弃物数量的绝对或相对减少。它代表了一种"逐渐改善"的思想，研究经济发展与物质使用密度的关系是其基本方向，通过技术进步来减少单位经济产值的物质与能量消耗。

物质替代：通过寻找替代产品使生产过程更加逼近闭合环路。物质替代包括延长使用寿命及减少废弃物产生，它与非物质中心化同样属于"逐渐改善"的思想，而且单一产品的替代并非真正地系统地考虑问题的出发点，现存的许多"替代"的例子随着时间的推移，逐渐显示出其新的环境影响，因此它必然要被纳入一个更为系统的目标领域。

"零废"："零废"被认为是一种更为系统化的目标，它追求产业系统能够完全循环其废弃物。要实现这一目标，单纯地考虑废弃物的循环利用或堆肥降解等末端的治理措施是不可能的，需要从产业系统的源头出发，重新设计产品与工艺，包括原材料的选取等，在源头控制污染与废弃物的产生。

"零废"目标不同于上述的"逐渐改善"目标，它是一种"彻底解决"，必然要涉及社会系统的一系列重大变革，由此演绎出产业生态研究的"重新思考"的系列目标。

2. 重新思考发展观，实现工业系统的转型

从根本上讲，现代产业活动是在工业革命以来所形成的发展观范式主导下的发展模式：以追求经济效率为最高目标，产业过程中的废弃物被允许并承担较低的处理成本，过分估计技术推动可持续发展的能力，等等。显然，单纯追求经济效率不能有效引导利用可再生资源与资源回收利用；技术在解决问题的同时往往创造出新的问题，技术不可能单独实现我们展望的目标，它必须存在于特定的社会系统中才能推动接近目标。因此，需要社会系统的重大变革来推动工业系统的转型。这种变革包括一系列"重新思考"的规则与制度的变化。

废弃物交流：传统产业系统从原材料获取到生产加工再到流通消费，不断积累废弃物，造成产业系统物质循环路径中断。重新思考的目标之一就是变废弃物管理为资源管理，自然生态系统中提供了完善的物质交流方式，使得一个过程的排出成为另一个过程的投入。人类社会亦可以通过建立和健全废弃物交流制度，增加再利用和再循环部分，限制不能再利用、再循环废弃物的产生。

为环境而设计：目前，盛行于产业系统内的设计思想基于单纯经济效率目标，没有将产品及其生产过程中的环境影响纳入设计原则中。重新思考的目标之二是"为环境而设计"产品与生产过程，最大限度地减少其对环境的影响。要实现这一目标至少需要两个方面的保障：一是掌握产业系统的物质循环路径；二是了解产品生命周期的各个阶段产生的环境影响。

扩大生产者责任：废弃物管理的责任一直由政府和公共部门承担，间接承担者为纳税人。为加强废弃物管理，传统思考方式是变按人缴纳税费为按废弃物数量纳税，其责任承担者仍然是消费者。重新思考的目标之三是生产者承担责任，负责收回使用后的产品（废弃物）。由于生产者处在减少或控制废弃物产生的最好位置，有助于在源头减少废弃物。扩大生产者责任目标在产品设计与再循环利用之间增加了一个链接。

功能经济：消费者购买商品的根本目的在于需要商品所具有的功能。现行的产业系统中，厂商以提供给消费者产品为最终目标。重新思考的目标之四就是厂商向消费者直接提供产品的使用功能（服务），而非产品本身。厂商在提供产品功能的同时，保留产品的所有权，这将促使厂商生产更加耐用的产品并减少数量需求，同时有利于回收与再利用。

（四）产业生态目标实施战略

上述目标规定了产业生态研究的基本方向，但要实现这些目标，还需要在更加宽泛的领域里探索推动目标实现的战略性问题。这就是产业生态的战略研究，它们包括：

1. 市场化战略

到目前为止，市场一直被认为是最有效率的资源配置工具。市场配置资源的手段是价格，如果价格扭曲不反映真实价值，则市场配置资源的效率就会降低。目前存在的资源过度开发和环境污染与废弃物等都是在价格不能反映价值（真实生产成本）的情况下出现并不断扩大的。产生价格扭曲的主要原因，一是自然资源无偿使用或有偿使用但价值被低估，二是生产过程中广泛地存在着"外部性"，如环境污染与废弃物处理成本不计入企业的生产成本，从而使价格不能反映真实价值。实施市场化战略目的在于从完善市场体系出发，包括引入自然资本的核算体系，内化企业生产的"外部性"等，充分利用市场机制与价格手段促进资源高效利用与最大限度地减少对环境的影响。

2. 信息化战略

市场化战略的实施需要广泛的信息支持，不仅仅需要提供有关产品与市场的信息、技术信息等，更需要支持自然资本核算的有关资源储量与应用前景等信息。内化"外部性"也涉及生产过程的环境影响的价值评价等。了解生产过程的各个阶段的物质投入与环境结果，无疑可以为改善资源利用效率和减少环境影响提供信息支持。因此，信息化战略具有广泛性，并作为市场化战略的重要补充，它通过进行产业系统的物质流分析、产品的生命周期评价和环境影响评价等推动产业系统的信息公开化，并引导技术进步的方向。此外，公众了解企业生产活动与产品相关的环境影响信息，有助于形成社会范围内的监督力量。

3. 社会化战略

产业生态研究涉及一系列重大的社会系统的变革，完善的市场作为引导机制有助于提高资源与环境的利用效率，但却不能实现社会系统的变革。此外，完善的市场体系需要健全的法律制度作保障。充分的信息仅是提供了一种前提和知识背景，它虽有助于市场化战略的实施，但不能实现社会系统的变革。"重新思考"系列目标的实现均需要相应的规则与制度的保障，在社会系统内形成必要的刺激与激励机制。因此，社会化战略在制度创新的框架下，不断探索重新思考的领域，并具体化为产业生态研究的目标，同时为推动目标的实现提供相应的规则与制度的保障。

总之，产业生态学架起自然生态系统科学与人类社会沟通的桥梁。把产业开发、价值观与行为规则联系起来，既有深刻的思想内涵，又提出了明确的目标，并指出了战略实施途径。它所涉及的领域绝非仅限于人类的产业系统，而是深入到社会生活的各个层面。因此，产业生态学为人类走向可持续发展指明了具体的方向。

第二章　城市规划与区域发展

第一节　区域条件下的城市进化

区域是城市存在和发展的地域空间，是城市发展的基础，与城市存在着相互影响的共轭关系；城市与区域具有不可分割的内在联系，它们的关系是点与面、局部与整体的关系。一方面，城市是区域的核心和焦点，对区域社会经济的发展起主导作用；另一方面，区域是城市发展的腹地和基础，区域的资源条件、经济条件和交通条件等都制约着城市的发展方向和规模。

一、空间形态

从区域整体空间结构的演进来看，由于不同发展动力的推进，区域城市经历了或正在经历着绝对集中、相对集中、相对分散、网络分散四个发展阶段。

（一）空间绝对集中

城市是区域的重要组成要素，是区域内经济和社会活动的聚集体。如果把区域视为一个系统，城市的形成与演变是在特定的区域中完成的，城市的发展轨迹受制于所在区域的总体发展格局。从区域经济的空间集中性考察，我们又不难发现，区域经济发展在相当大的程度上都是依托城市而进行的。

最早的城市是社会生产力发展到一定阶段以后，随着劳动分工的深化和生产关系的改变而由乡村日益分化出来的人类集中活动的区域单元。由于生产力水平低和原始农业所能支撑的非农业人口有限，城市往往呈现出一个孤立的点，且十分稀少，相互之间几乎没什么联系。进入奴隶社会，社会生产力有了一定的发展，商品交换处于萌芽状态，但仍处于较低的水平，但此时却出现了国家政权，政治功能增强了城市与城市之间的联系。城市开始成为手工业集中地和商品集散地，开始成为马克思所说的"真正的城市"。进入封建社会后，农业取得了较大的发展，城市规模和数量较之奴隶社会有了很大的提升，从区域中解放出来的非农人口数量也有了很大的增长，出现了个别较大的城市，如我国隋唐时期的长安拥有近两百万的人口。总的来说，由于农业在古代的经济社会中占有支配地位，依靠自然经济和小农经济的推动，城市不可能获取大量的商品粮以养活城市人口。所以，这一时期的城市绝大多数规模较小，城市在区域空间的布局也处于绝对集中状态，主要集中在几个具有行政职能、宗教职能或战争职能的城市。

在区域发展的初级阶段，主要以孤立的城市节点为主导，促使区域内外各要素向区域的城市核心集聚，功能仅辐射区域范围之内。商品经济虽然有所发展，各种类型的小城市慢慢出现，但由于它的主要职能只是作为商品交换的场所，以及小范围的管理中心，影响范围小。城市之间只是相互联系，但没有构成等级关系，城市之间在性质及规模方面没有从属关系，可以说，区域城市是一种较为低级的居民集聚地，城乡之间人员、物质、信息交流很少，道路等区域性基础设施水平很低，分布上只能形成散点。

（二）相对集中阶段

工业革命使社会生产力获得了长足的发展，整个社会出现了由农业经济向工业经济的转变。"产业革命结束了牧歌和田园诗的时代，引起了整个生产方式的变革；小规模的分散劳动为社会化大规模的集中劳动所替代；中世纪一个个封闭式的经济活动空间，由分工协作联结成经济网络；生产领域由地球表面扩展到地球深层；商业活动由国内市场延伸到海外市场；最重要的是，它引起了另一场深刻而广泛的历史巨变——近代城市革命。"这次城市革命的直接结果是城市工业化，社会生产力以极高的速度不断发展，促进了"城市化"时期的到来。电气时代进一步提高了社会生产力水平，不论是世界上哪一个角落，人类都有办法延伸交通运输线路和通信线路，城市发展的区位条件也得到了很大的改善。

由于社会内部的变革和外部条件的变化，导致社会经济的较快发展，社会分工逐渐明显，农业有了很大的发展，出现了繁荣的手工业以及矿业、原材料和制造业，开辟了水上交通，铁路网和公路运输开始出现，商品生产和商品交换的规模进一步扩大，临近工矿业和港口附近形成了新的城镇，区域经济的增长集中在中心地区，中心的发展汲取其周围地区及影响范围内的资源和人力，空间集聚程度的不平衡出现，在远离城市及国家的边缘地带发展仍旧落后。由于中心城市与其外围城镇及农业区域存在不断的人流、物流关系，区域形态结构处于不稳定状态，当小城镇的区位要素得到优化时，它往往可以成为区域发展的中心城市。

这一时期区域城市的基本形态为"点—轴"结构，城市的等级结构和职能结构开始出现，城市沿河流水系、交通运输线等进行布局，强化了相互间的联系。由于城市分布在区域中资源要素较丰富的区域，区域城市的集中度有了一定程度的下降，但十分有限，大范围的非城市区域仍然处在较为均质的区域。由于生产的需要，城市间的相互联系得到加强，沿主要交通线路的人流、物流开始增加，部分发达地区的城镇呈"串珠"状发展形态。中心城市向外集中发展，形成放射走廊地带，城市区域内城镇沿长廊间隔分布。这种发展廊道的形成得益于区域交通状况的改善，区域交通干线、河流以及海岸成为城市区域的主要通道和发展骨架，并引导基础设施沿走廊进行布局，要素资源也在长廊中进行空间流动、集聚与扩散。

（三）相对分散阶段

进入20世纪，世界生产力的发展和城市化的速度又跃上了一个新的台阶。生产力进一步得到解放，社会和私人投资能力扩大，国民收入大幅度增长，国民经济进入快速增长期，主要发展的部门是钢铁、机械、化工、动力、纺织等工业行业。科学技术的发展促使第三产业的出现和发展，有稠密的交通网深入到区域的各部分，形成由多种运输方式构成的综合体。在大城市、集聚区继续发展的同时，由于资源开发和经济发展，区域的第二级和第三级中心得到加强，单纯的"中心—边缘"结构逐渐变为多核心的结构。城市之间的交换、交流关系极为频繁，落后地区的资源和潜力更多地被吸引到经济循环中来，并分配给原有的中心和形成的新中心，城市等级体系和职能分工得到强化，越是大的城市，一般综合性职能就越强，其吸引范围就越大；区域的二级城市处于一级城市的吸引范围之内，服务业的级别和种类必然较上一级城市为低。由于经济实力还不很强大等各种原因，并不是所有的边缘地带都得到了充分的开发，空间结构仍处于变化之中。

由于集聚经济因素的强烈作用，经济社会空间组织构架形成，发展轴线和城镇居民点形成"点—轴系统"，社会及产业主要集聚在高等级的城市和轴线上。

（四）网络分散

20世纪80年代以来，信息化浪潮正以迅猛的态势席卷全球，改变着人类社会的面貌，社会经济结构正在向信息化和知识化转变，信息化城市、信息化区域已逐渐成为这个时代的关键词。全球信息化已经从一场技术革命引发为一场产业革命，信息化及相关产业发展成为推动经济发展和提高综合国力的强大动力。城市信息化是国家信息化建设的重要组成部分。美国已经在50多个城市中进行了数字城市的建设，新加坡进行了智能化城市建设。欧洲国家，尤其是北欧的德国、瑞典、丹麦等，整个国家已经实现了信息化。

在信息时代，城市不仅是其所在区域的物资、能源、资金、人才以及市场的高度集中点，还是各种信息产生、交流、释放和传递的高度聚合点，在信息化城市和区域经济社会发展中发挥着极其重要的作用，极大地促进了城市对信息的产生、交流、扩散和传递的有序化、高效化，提高了城市经济和社会活动的综合竞争力，最终产生"聚合"和"扩散"（辐射）效应，进而缩小了区域内和区域间的发展不平衡，如信息鸿沟、圈外人等。

随着区域信息基础设施的建设，信息得到了最大限度的共享，以前相互独立但功能存在潜在互补的两个或更多城市在快速交通和通信设施的支撑下，积极合作并增加范围经济，通过相互作用、知识交流和创造力的相互增长和协调使城市受益，进而促进了网络区域和网络城市的形成。由于网络空间对时间距离的削减，在一定程度上促进了区域一体化的发展，城乡、城城之间差距在很大程度上得以缩小，过密、过疏的城市问题得到较大程度的解决，地区间的不平衡，就业、收入、消费水平和选择机会的差异等都逐渐消失，其结果使各地区的空间和资源得到更充分合理的利用，空间结构的各组成部分完全融合为有机整体，相互作用、相互依赖，相应的城镇居民点、服务设施及其影响范围都形成了区域等级体系。

在网络区域中，城镇间"点—轴系统"等级差别不断缩小，中心城市与边缘城市的核心—外围结构不断弱化，乡镇也发展成网络上的主要节点，与其他网络节点不断作用，形成网络区域的有机部分。

二、城市职能

城市职能是指某城市在国家或区域中所起的作用、所承担的分工，是从整体上看一个城市的作用和特点，指的是城市与区域的关系、城市与城市的分工，属于城市体系的研究范畴。在区域城市的发展过程中，由于区域条件要素的差异，城市职能在不同的发展阶段也有很大的不同。从城市职能分类看，奥隆索（M.Auronsseau，1921）的城市职能分类法较具代表性，其大类至今仍比较实用，如表2-1所示。

城市从来就不是一个脱离乡村而存在的封闭孤岛，其功能意义是在经济社会的宏观系统格局中体现的。任何城市的功能都不是单一的、纯粹的，而应当是多层次、多方面的，不同程度地承担着政治中心、经济中心、文化中心、服务中心的职能。在我国，城市的功能向来就具有政治和经济的二重性。一方面，城市是国家权力统治广大农村的政治据点，这个职能始终没有改变，在封建时代前期尤其突出。另一方面，在发展趋势上，城市作为经济中心的职能随着商品货币经济的发展而愈益重要，与乡村的内在经济联系愈益密切。因此，本书只对不同时期占主导地位的城市职能进行分析。

表 2-1 奥隆索的城市职能分类体系

类别	职能	城镇类型
1	行政	首都、税收城镇等
2	防务	要塞城镇、驻军城镇、海军基地等
3	文化	大学城、大教堂城镇、朝圣中心、宗教中心等
4	生产	制造业城镇
5	交通	1. 汇集：采矿业城镇、捕鱼业城镇、森林城镇、仓库城镇等 2. 转运：集市城镇、瀑布线城镇、中转城镇、桥头城镇、潮限城镇、航运起点城镇等 3. 分配：山口城镇、进口城镇、补给城镇等
6	娱乐	疗养胜地、旅游胜地、度假胜地等

（一）以政经为主的城市职能

在城市发展之初，城市主要职能表现为区域的战争防御功能、政治中心、宗教中心这几个功能。另外，由于城市所处位置大都是交通便利之处，能够很快成为商品市场和贸易中心及农产品的集散地；手工业匠人在城市的专业化和集中化趋势不断增强，城市对乡村和周围地区的影响逐渐扩大，成为手工业生产的集中地；但由于该时期社会生产力水平较低，城市的职能较单一，城市职能主要取决于区域的资源分布，区域间交通、商业和加工业的活动，以及从事这些活动的人口居住分布。

由于农业是社会生产力的主要部门，城市的生产功能显得不够，主要是手工加工业等小作坊产业。因此，城市消费规模超过生产规模，城市的消费主要靠农村的地租和税赋来支撑，这时，城乡关系是对立的；城市对农村的吸引能力以政治为主，经济中心城市较少。当然，随着封建社会对农业生产的促进，在部分区域出现了以工商业为职能的城镇，部分镇市的繁荣特征与收入状况已开始接近或超过州县城。例如，我国宋代城市经济的发展，不仅在其内部突破了坊、市分离的旧体制，商业空前繁荣，还对区域性市场体系的构建、对带动农村商品经济和周边地区的发展发挥了巨大作用。这些作用汇聚到一起，表明宋代城市的综合经济功能大大增强了；另一方面，其整体实力仍无法与作为政治城市的汴京相比。

（二）以工业为主的多重职能

随着现代工业的发展而产生了以工业生产为主要职能的城市，如英国产生了以单一工业为主的"专业性工业城"。在工业化国家中，工业是促使大多数城市发展的主要因素，也是城市的主要经济基础，一般可分为综合性工业城市和专业性工业城市两类。工业城市形成的初期，往往具有专业性的特点。随着城市规模的扩大和工业生产分工协作的发展，城市工业的部门结构往往经历了从简单到复杂的发展过程。在地理、资源等条件优越的地区，专业性工业城市会逐步演变为综合性工业城市。例如，我国辽宁省素有"煤都"之称的抚顺市，就经历了从专业性煤矿城市逐步发展为兼有石油、钢铁、机械、炼铝、电力等工业的综合性工业城市的过程。

城市作为机器大工业生产的中心，其集聚效应使生产原料、劳动者、资金以及市场信息等生产要素迅速向城市集中，带动了城市交通、市场的发展，使之同时成为商业贸易中心，大工厂和商业金融机构取代了封建城堡和教堂，增强了城市的辐射力，人口数量和用地规模猛增。随着城市工业的发展，经济主导地位从乡村移向城市，城市文明成为农村人口向往和追求的目标，农村则越来越变成城市粮食、资源和工业原材料的单纯供应者，并依附于城市的发展，城市中枢管理职能也日益突出起来。总之，工业化的普及使城市化的速度与规模空前提高与扩展，城市主要是工业品的制造地，是"工业制造中心"。

（三）以服务为主导的综合职能

服务业是随着商品生产和商品交换的发展而出现的，是继商业之后产生的一个行业。商品的生产和交换扩大了人们的经济交往，为解决由此而产生的食宿、货物运输和存放等问题，出现了饮食、旅店等服务业。随着城市的繁荣，居民的收益增多，不但在经济活动中离不开服务业，而且服务业也逐渐转向以为人们的生活服务为主。另外，社会化大生产创造的较高的生产率和发达的社会分工，促使生产企业中的某些为生产服务的劳动从生产过程中逐渐分离出来（如工厂的维修车间逐渐变成修理企业），加入服务业的行列，成为为生产服务的独立行业。

服务业从为流通服务到为生活服务，进一步扩展到为生产服务，经历了一个很长的历史过程。服务业的社会性质也随着历史的发展而变化。在前资本主义社会，主要是为奴隶主和封建主服务，大多由小生产者经营，因而具有小商品经济性质。工业革命后，由于社会生产力水平和人民生活质量的提高，服务业也真正解放出来，成为一个真正的产业，而信息时代信息技术的应用进一步推动了现代服务业的发展。当前，按照联合国和世界贸易组织的分类方法，服务业主要包括商务服务、通信服务、建筑和相关工程服务、分销服务、教育服务、环境服务、金融服务、与健康相关的服务和社会服务、旅游和与旅行相关的服务、娱乐文化和体育服务、运输服务等11大类。

随着生产力水平的提高和区域产业分工的深化，服务业获得了迅速的发展，现代服务已成为一个涵盖交通运输业、科技教育卫生服务业、现代物流业、现代金融业、信息服务业、服务贸易、会展业、中介（商务）服务业、旅游业、商贸流通业、餐饮业、酒店住宿业、房地产业、文化创意业、体育健身业、社区和居民服务业、市政和公共服务业及为农服务业等行业的领域宽泛、门类较广、形式多样的产业，几乎包括了城市的所有功能。因此，加快现代服务业的发展是全面提升城市内涵的战略选择，已成为现代城市经济发展的生力军和增长引擎。世界级的国际大都市都是以服务业为主导的综合性城市，如2004年香港的服务占GDP比重高达90%以上，伦敦服务业产值在其经济中的比重达88%左右。

随着信息技术的广泛应用，服务业的信息化趋势也越来越明显，出现了越来越多的信息技术含量高的服务业，现代金融服务、商务服务、研发设计、现代物流等越来越依赖于信息技术的应用，如香港通过"数码港"建设来提升服务品质，融汇科技、商务和人才，构建"联机社会"的社区模式。同时，在现代信息技术的支持下，现代服务业也获得了长足的发展，如2005年，金融服务与商务服务在新加坡GDP中占37.3%，而当年全部服务业在GDP中的比重才62%。另外，信息时代的创新、创意也赋予了传统服务业更多的文化内涵和更大的发展空间。

三、交互作用系统

自城市产生以来，城市与区域就存在着资源要素的作用流动，随着社会生产的进步，交互作用的强度和形式都有了很大的提升，尤其是信息技术的广泛应用给这种作用注入了新了动力，城市与区域间的网络关系不断强化。"系统是客体与客体之相互关系的集合"，城市与区域在地域运动中，交互作用不断加强，从而形成了不同结构和功能的作用系统。依据交互作用的程度和模式，可将其区分为三种系统类型，即城市区域系统、区域城市系统、城市—区域系统。当然，这三种系统只是相对而言的，在具体实践中，城市与区域的本同表征形式总是交互进行的。

（一）城市区域系统

城市区域作为描述城市及其所在地区空间组织形式的概念已经存在了近百年，反映了城市发展过程中城市在空间分布的集聚程度和城市之间的相互关联。该概念最早可以追溯到英国的生态和规划学家格迪斯，1915年他研究了英国伴随工业化城市快速扩张的现象，在《进化中的城市》一书中将工业城市快速扩张导致诸多功能及其影响范围超越边界，而与邻近城市交叉重叠的地区称为"城市区域"。到了20世纪60年代，迪金森将"城市区域"概念发展为"城市功能经济区"，强调城市经济辐射范围以及腹地与城市之间的功能与经济联系。20世纪90年代以来，国外在区域规划和区域管制的探讨中也常常使用"城市区域"的概念，表达空间形态上一定发展阶段的城市密集分布区，以及社会、经济和政治结构上伴随区域化发展产生的新的功能单元，成为国家和地方管制及政策的主要层级。另外，与城市区域概念相类似的，还有霍华德"田园城市"中的"城镇（群）"、格迪斯的"组合城市"、麦吉的"城乡一体化区域"等。

城市区域中的"区域"是指与城市相互作用并影响城市发展的空间区域，是广义城市系统的组成部分，而城市区域系统则是城市与其作用的区域交互作用的一类地域系统，由相互间密切联系并具有结构和功能的城市、城市群及其职能区域共同组成的经济地域。在城市形成及发展作用的过程中，其所集聚要素的来源主要来自这个作用区域，相互之间的物质、信息、能量等的交流，促成了城市区域系统的形成。当然，国内外也有部分学者认为城市群也是城市区域系统，但二者还是有区别的，一般来说，城市区域具有较强的二元结构，即城市对区域作用的中心性，而在城市群体间的交互作用中，这种二元结构的支配作用相对较弱。

（二）区域城市系统

区域城市系统由区域内不同类型的城市交互组合而成，就其内部各城市交互作用的强度而言，可分为城市群系统和城市网络系统。在初期阶段，区域内各城市交互作用较弱，只是空间形态上的群体现象，随着城市间作用的加强，内部各种要素交互作用的网络关系逐渐增强，形成了区域城市网络系统或网状城市群系统。

就城市群系统而言，目前还没有统一的概念，国内学者多使用城市群、城镇密集区、大都市区、都市连绵区等概念来描述城市群体现象，如姚士谋认为城市群是由不同城市共同构成一个相对完整的城市"集合体"，"所谓城市群是由若干个中心城市在各自的基础设施和具有个性的经济结构方面，发挥特有的经济社会功能，形成的一个社会、经济、技术一体化的具有亲和力的有机网络"。但就其本质而言，城市群反映了城市区域化发展到一定阶段后时空组合的结果，是一个多个作用中心的、人口与社会经济活动频繁、交互作用较强的城市组织。

（三）城市—区域系统

城市—区域系统是由城市及其区域相互作用的结果。广义上，城市区域系统和区域城市系统都是其表现的一种阶段形式；狭义而言，它是指区域中的"城市点"（综合体）与其外围关联区域。当城市区域化发展到一定阶段时，城市及其周围区域已发展成为一个城市区域综合体，这种综合体仍不断与其外围区域进行各类资源和要素的交流，且这种交流也趋于"零摩擦"，其与外围区域不断进行着物流、能量与信息的交互作用，共同构成了一个开放复杂的巨系统。值得注意的是，各区域城市之间的交互作用并不具有必然性，部分城市对其他城市而言，其作用仍只限于区域的作用，相互间没有一体化的交融作用。当前，国内外学者对前两类作用系统的著述较多，而对于城市区域化而产生的城市综合体与其外围的区域的作用系统研究较少，主要集中在对这种系统的特性及其变化的描述上，如区域中的城市区域化对其非城市化区域的影响，城市区域和区域的协调机制等，都需要进行深入的研究才能揭示出区域对城市及城市区域的影响机制。

城市—区域系统既包括城市系统、城市区域系统，也包括区域城市系统、区域非城市系统，是一个特定区域内各类要素作用的总和。从城市区域系统到区域城市系统，再到城市—区域系统，区域的基质作用强度不断增加，作用范围不断拓展，已成为一个复杂的巨系统，它具有以下几方面的特征：①层次性与等级性，由于区域资源要素禀赋及劳动地域分工规律的作用，各个城市及区域发展水平、商品经济发展程度明显不同，表现出不同层次和规模等级；②要素的聚集性与分散性，它是城市—区域系统形成的基本前提，由于要素的流动性、对区位的偏好集散，使区域城市能够在优势区位得以形成并不断发展壮大，当城市发展到一定程度时，城市的部分要素又可在广大的外围区域中寻找适合自身的区位，从而拓展城市与外围区域的作用内涵；③动态性与开放性。系统的演化在于人的活动，人类生存发展对物质、精神、理念和环境空间的追求，使得系统具有动态性的基本特征。为了维持系统的持续发展和衰退后的再生，必然会不断与其他外围系统、外界自然社会发生千丝万缕的联系，形成具有开放性的区域系统；④区域性与同构性。系统的区域性主要是就城市及特定区域的地理特性、地理环境和社会文化特点而言的，在系统的演化进程中，基于区域资源要素的禀赋差异，区域及城市的类型结构将有明显的差异性。

从城市与区域作用的演变进程来看，城市—区域系统既包括城市系统、城市区域系统，也包括区域城市系统、区域非城市系统，是一个特定区域内各类要素作用的总和。从城市区域系统到区域城市系统，再到城市—区域系统，区域的基底作用强度不断增加，作用范围不断拓展，已成为一个经济、社会、生态等复合的复杂的巨大系统。

四、中国城市化的轨迹

(一) 中国城市化的起点界定

城市是一定历史发展阶段的产物,有其自身发生、发展和变化的规律。正如我们在上一章中探讨过的,城市化不仅指人口向城市集中的过程,还包括社会结构、生活方式、价值观念、文化等的变化过程,是一个国家经济达到一定发展水平的产物,特别是工业化程度不断提高的产物。认识城市化的历史进程及每一个阶段的特点是正确制定一个国家城市化发展战略的重要依据。

人类社会的早期,人们以采集、狩猎和捕鱼为主要的生产方式,没有固定的长期的居住地点。直到人类第一次社会大分工,即种植业与牧业、渔业的分工,才出现了以种植业为主的固定居民点。人类第二次社会大分工,使得手工业从农业中分离出来,出现了非农产业。加上劳动生产率的提高,物产的丰富与剩余,交换日益兴盛。由此,许多区位良好的地方就形成了固定的或者临时的交易市场,这就是古代"市"的雏形,为城市的发展奠定了基础。当人类第三次社会大分工后,出现了不从事生产、只从事商品交换的商人,这时居民点开始分化为两大类型,一类是以农业为主的乡村,一类是以手工业、商业为主的城市。人类进入了城市文明。

人类开创了城市文明之后,社会经济发展不断进步,城市化的脚步日益加快,城市经济的内涵日益丰富。第一次工业革命给城市打上了工业化的印记,一方面是新兴的工业城市不断涌现,像诸多的工矿城市(美国的匹茨堡、底特律;英国的曼彻斯特、利物浦;德国的鲁尔;我国的鞍山、淮南、玉门、大庆等),另一方面是大工业在传统的城市中扎根开花,这类城市更是数不胜数。在又经过工业革命后,城市更加现代化,城市区域更加扩大化普及化,一些发达国家几乎找不到传统意义上的农村。现代城市经济催生了大都市群(带)、国际性大都市、超大城市以及专业化特色城市(汽车城、油城、钢城、电子城、科学城)等。当前,又处在信息化和知识经济浪潮中,城市发展的命运紧紧与时代结合在一起,未来的城市将向着网络化、智能化、人性化(生态化)的方向发展。

中国的城市发展历史久远,殷商时代就出现了城市,并且达到了一定的数量与规模。到了战国时期,已是"千丈之城,万家之邑相望"了。汉唐时期,中国的城市不论是建筑艺术、城市规模,还是商肆、作坊均堪称世界一流。宋元明时期,商品货币经济显著发展,城市经济的内容和规模不断扩大,主要有商贸经济、手工业经济、交通运输经济、服务业经济等。中国进入近代以后,城市经济的发展开始注意学习外国的模式，诸如办工矿、兴商贸、修铁路及至建学堂等，这种世界工业化的浪潮推动了中国城市的发展，也使一些村落或矿产地演变为城市。但奴隶社会与封建社会的城市与现代工业城市显然具有质的差别。

一般对于城市化起点的界定在学术界有两种观点：一种观点认为，城市人口占全国总人口的比重达到10%，即可视为城市化的开始；另一种观点则认为，城市化持续较快发展的起步时间，应伴随着重大的政治、经济事件的发生与结果。

我国城市化始于近代工业技术的引入，因此，1840年的鸦片战争作为中国城市化的历史起点较为准确，这个起点比世界城市化的历史开端晚了40年。而真正得到持续发展的是在中华人民共和国成立之后，这里我们主要来看新中国成立以后的城市化进程。

（二）1949年中华人民共和国成立后中国的城市化进程

中华人民共和国成立后的50多年里，经济发展虽几经波折，但总体上保持了高速持续增长的趋势，这在改革开放后表现得更为明显，从而为城市繁荣打下了坚实的基础。

结合当时的经济与政治背景，中国的城市化进程可以划分为4个阶段：健康发展阶段、曲折不稳定发展阶段、启动恢复发展阶段和快速推进阶段。

1. 健康发展阶段（1949年—1957年）

1949—1957年间，国民经济处于恢复发展阶段，这一时期城市的发展特征是消费型城市向生产型城市转化，1953年起全国进入大规模经济建设，开始进入工业化时期，与此相适应，一批新城镇出现，城市化呈稳步上升趋势，城市人口迅速增长。特别是苏联援建的156个项目和694个限额以上项目的建设，带动了一批城市的发展，包括哈尔滨市、沈阳市、鞍山市、武汉市、西安市等老工业基地改造更新；也有长春市、包头市、兰州市等一批新兴的工业城市涌现出来。这一时期的主要特点如下：

（1）在大规模工业建设基础上开展城市建设。1949年，中国仅有城市136个，第一个五年计划的提出，大大促进了城市发展。到1957年，全国已有城市178个，城市人口也大幅度增加。这一时期，城市的发展动力在于工业尤其是重工业的大力发展。由于工业化的发展必须以城市地区为依托，所以一系列城市工业基地迅速形成，例如煤炭工业城市鸡西，钢铁工业城市马鞍山等。同时原有工业的畸形状况也得到了改善，如合理利用了沈阳、长春、哈尔滨、上海等城市已有的工业基础，加强了鞍山钢铁工业的发展，在西南地区开始部分新工业项目建设等。

（2）城市建设步入正轨。1955年6月，国务院颁布了《关于设置市、镇建制的决定》，有效解决了过去市镇设置的主观性与随意性，有了具体法规依据后，城市发展逐步走上正轨。并且，中华人民共和国成立后，全国进行了大规模城镇整治工作，城市基础设施有了很大的进步。其中包括大力发展公共交通、清除垃圾、实施自来水供应等多项措施。城市规划得到重视，城市的建设与管理有了合理性。

（3）城市空间布局由东向西转移。由于历史原因，中国近代城市地理分布极不平衡，东部发展迅速，西部日渐衰落。为了改变这种状态，在改造建设原来城市的基础上，国家有计划地把城市建设重点由东向西转移，在西部地区新建了一些工业城市，如南宁、乌兰浩特、个旧等。从1949～1957年，城市增长了42个，涨幅为30.4%。西部地区尤为明显，由13个增至31个，涨幅高达138.5%，初步改变了新中国成立初期东密西疏的不平衡状态。

（4）城市经济功能有所增强。中华人民共和国成立以前，中国城市经济功能很小，消费型城市占据主导地位。中华人民共和国成立以后，中央把城建放到了重要位置，纳入了国家经济建设计划，从而与经济建设紧密结合，增强了城市的经济功能。并通过大力提高生产力，调整生产力布局，促进经济区域的形成与发展。

2. 曲折不稳定发展阶段（1958年—1978年）

这一时期，国民经济处于动荡年代。1958年后，"鼓足干劲，力争上游"的"大跃进"时期，全国兴起市市办工业，大炼钢铁，全面跃进，导致了农村劳动力爆发性地涌进城市，致使我国城市化进入一个盲目发展的阶段。随后的三线建设使大量人力、物力、财力投向内地三线地区，虽然沿海地区的经济发展、经济效率受到了影响，但是内地一批新兴的工业城市如十堰市、攀枝花、绵阳市等却拔地而起，大大促进了城市化向内地的推进。

在1958～1960年，城市增加了22个，城市人口平均年增加1041万人，城镇人口幅度增加较快。但交通、电力、水源、住房等多方面基础设施水平与城市人口增长不协调，影响了国民经济发展，城市居民生活困难重重。

1961年后，政府相继颁布了新的市镇设置标准，压缩城市人口，把进入城市的人口划回农村，从而使城市人口大幅度减少。

这一时期城市化主要特点如下：

（1）城市发展严重受到政策干扰，法规约束。1957年的"左"倾错误，1958年的"大跃进"，之后的"三线建设"等，都严重制约了中国城市化的发展，引致倒退的结果。而诸多的国家硬性约束也使城市发展趋于停滞状态。

（2）城市空间布局进一步向西转移。与当时的政策相适应，中西部地区发展速度加快，进一步改变了全国城市空间布局。1957年，全国178个城市，西部31

个，占17.6%，到1978年时，西部增加了40个，占全国城市的20.7%。

（3）大中城市发展较快，小城市呈下降趋势。1957～1978年间，100万人以上大城市增加3个，50～100万人的大城市增加9个，20～50万的中等城市增加23个，而20万以下的小城市则由112个减至92个。由此，大中城市发展速度大大快于小城市发展。

3. 启动恢复发展阶段

第三次是1978—1992年，党的十一届三中全会以后，随着工作重心的转移和改革开放的逐步展开，我国城市建设也迎来了一个崭新的时期。通过拨乱反正，下放的知识青年和干部大批返回城市，同时相当数量的农民进入城市发展，为城市增添了新的活力，推动了城市化进程。进入80年代，由于沿海开放战略的实行，我国先后成立了深圳、珠海、汕头、厦门、海南5个经济特区，开放了14个沿海港口城市，同时将珠江三角洲、长江三角洲、福建沿海、广西沿海、辽东半岛和山东半岛也列为对外开放地区，政策和体制因素的作用，大大推动了我国东部沿海地区城市的发展，形成了一系列发达的城市群或城市带，如珠江三角洲地区城市群、长江三角洲城市带、辽东南城市带、胶济沿线城市带等。其间，1984年10月中共十二届三中全会通过了《中共中央关于经济体制改革的决定》，确定了以城市为重点的经济体制改革，国民经济持续增长，乡镇企业大大发展，从而更加促进了城市化的顺利发展。

这个阶段城市化的主要特征：

（1）政治稳定，规范标准，促进了城市化的健康发展。1978年，中央充分认识到城市工作的重要性，根据实际国情，制定了一系列城市规划以及发展和管理的方针政策。比如，1980年提出了"控制大城市规模，合理发展中等城市，积极发展小城市"的全国城市建设工作方针。1989年颁布了关于城市规划的法令，这些举措，无疑为城市发展指明了道路，提供了坚实的保障。

（2）国民经济实力不断增强。以经济建设为中心是我国的一项基本国策，经济的高速发展使我们比预定目标提前五年实现GDP于1980年翻两番，国民经济整体实力增强，农村的"联产承包责任制"，分田到户，把农民的利益与土地紧密联系起来，大大提高了农民的积极性，在20世纪80年代，连续几年获得大丰收。农业是工业与第三产业的基础，它的稳定发展促进了工业的发展，为城市化提供了坚实的物质基础。

（3）经济结构的转型。过去的计划经济体制缺乏能动性，产业结构单一，由于当时的政策，农民长期只能在农村务农，很少有进城工作的机会，从而使城市人口仅靠每年出生人口来增加，非农业人口增长极为缓慢，城市化发展也大大滞后，改革开放以后，随着社会主义市场经济体制的不断完善，经济结构向着全方位、多层次、宽范围迈进。乡镇企业、三资企业崛起和第三产业已经成为推动中国经济发展的"特快列车"和加快城市化的动力。

（4）经济体制转轨。由于过去的城市化发展都是以公有制经济为基础，而进入20世纪80年代以来，我们的经济体制则是以公有制为主体的多种所有制经济共同发展，特别是在一些小乡镇，个体经济、私营经济、"三资"企业等合作经济与混合经济占较大比重，有的可以说是占据地方的主体位，大大促进了中国小城镇的兴起与发展。

改革开放以来，制度的创新对城市化的进一步发展起到了巨大的拉力作用。20世纪80年代初，多年阻碍城乡劳动力流动的定量供应制度取消，户口再也不是农民进城的限制条件。

（5）城市的空间布局由过去的向西转移弯为向东转移。

改革开放初期，中西部城市的增长速度要快于东部地区。例如，1977～1985年，全国共增加城市134个，其中东部增加了45个，但增长速度远远慢于西部。1985年以后，东部沿海地区在改革开放与经济发展等方面都逐渐走到了全国前列，城市空间布局也随之由西向东转移，1985～2002年增加的338个城市中，东部有187个，占总量的55.3%，而西部虽然增加城市114个，但速度明显慢于改革开放以前。

4. 快速推进阶段

第四次是1992年邓小平南方讲话以后，我国开始全面建立社会主义市场经济体制，人民的思想获得了新的解放。中国城市呈现多层次、全方位开放格局。一是开放城市和地区增多，新批准长江沿岸28个城市和8个地区以及东北、西南、西北地区13个边境城市对外开放，11个内陆地区省会城市实行沿海开放城市的政策，形成了东部沿海开放地区，以上海浦东开发为龙头的长江沿岸地区、周边地区和以省会城市为中心的中西部地区的多层次、全方位开放格局，大中型城市得到了空前的发展。二是城市经济体制改革拉开序幕，简政放权、企业下放、搞活民营、以市带县、县改市、乡改镇轰轰烈烈，形成了城市发展的新局面，各类城市得到了空前的发展。目前，我国城市发展可以说迎来了新的一轮城市化高潮，这一次具有了许多新的特征，诸如开始注意提高城市自身素质和形象、提高人居环境质量、提高城市产业水平与竞争力、城市的管理和运营更加科学有效等。

这一时期（1992年至今）虽然经历了通货膨胀和亚洲金融风暴，我国国民经济还是持续发展，尤其是第二、三产业的迅速发展，带动了城市化的新发展。到

2000年，我国除港澳台地区外，共设市663个，基本形成了以大城市为中心，中小城市相结合得较为合理的城市结构体系。城市化进入了一个发展活跃时期，城市体系与布局逐渐与城市经济发展及产业结构相适应。未来的20年，面对着大好形势，将是城市化发展的一个重要时期。

城市化快速发展的原因如下：

（1）市场力量成为城市化的重要推动力。这一时期，我国市场机制逐步建立起来，城市地区更加开放，不仅是商品市场、产业领域，还涉及用工、劳务、保险、医疗、教育、住房、信贷等，城乡之间的壁垒一步步被拆除，在我国一些发达地区，已经取消了农民户口这一形式。20世纪90年代后，户籍制度、商品供应制度、劳动用工制度及社会福利保障制度、建市标准等一系列的变革，拓宽了人们选择工作的环境，这种制度创新与变革无疑有助于加快中国的城市化进程。

（2）第二、三产业的快速发展，推动城市化。进入20世纪90年代以后，第二、三产业得到了快速发展。20余年，第二产业增长了20多倍，第三产业增长了30余倍。由于第二、三产业的发展大多数要以城市为依托，从而带动了城市化的进程，为我国城市化的进一步发展打下了坚实的经济基础。

（3）制度的创新进一步拉动城市化。制度改革一直是我国25年来经济社会发展的核心，它扮演了重要的角色。尤其是1994年的包括财政、金融、税收、投资、外贸等领域的全面经济体制改革，奠定了市场经济的基本框架。

此后，多次的政府机构改革、户籍制度改革、人事与用工制度改革、劳动和社会保障改革等，进一步完善了我国社会主义市场经济体制。这些制度的实施推动了城市化进程，如我国南方一些发达地区取消了区域内城乡户口的区别，不再有居民和农业户口之分，统一为公民户口，在一定辖区范围内（主要为小城镇）可自由迁转户口。原农村人口管理纳入城市管理体系，成立街道办事处，各种待遇与市民靠拢，"农民"只是一种职业称谓了。

（4）城市职能向着特色化、个性化发展。应该说中华人民共和国成立以后，中央便把城市建设与经济建设相结合，把消费型城市向生产型城市发展，兴建了一批工商业城市。改革开放以后，城市的经济功能不断增强，有了较强的工业生产和商贸能力，并且城市还向着综合性方向发展，我国多数城市具有政治、经济、文化等多方面的综合性功能。进入20世纪90年代后，城市竞争越加激烈，城市不再都是综合性的城市，也不是过去的单一的生产性城市，而是向着发挥城市潜力、特色的方向演进，如一些城市打造"科技城""大学城""旅游城""历史文化名城""交通枢纽"等职能。

（5）小城市与中等城市发展速度最快，特大城市发展速度较快，大城市发展较慢。目前，中国的城市发展为一种"纺锤式"结构，中间小，两头大。需要指出的是，我国城市化与世界水平相比更不容乐观。按第五次人口普查资料，到2000年中国的城市化率为36.06%，这个指标，不仅低于世界上同等经济发展水平的国家，还与自身工业化程度和经济发展水平不协调。目前，世界城市化平均水平已近50%，发达地区国家为75%，发展中国家也在40%以上。

（三）中国城市形态类型与布局结构

我国现有大中小城市660多座，作为城市可持续发展的主体，这些城市对于我国国民经济发展有着举足轻重的影响。考察这些城市的空间结构与分布特点将会深化对我国城市化进程的理解和认识。

以城市行政区划边界以内，城市伸展轴组合关系、用地聚散状况和建成区总平面外轮廓为标准，大体可以将城市形态结构分为集中型和群组型两大类型。

1. 集中型

集中型城市主要包括块状集中型、带型、放射型三种。

（1）块状集中型。城市建成区主体轮廓长短轴之比小于4：1，是城市长期集中紧凑全方位发展形成的状态，包括方形、圆形、扇形等若干子类型，是一种常见的形式，城市往往以同心圆向外围扩展。这种形态属于一元化的格局，人口和建成区在一定时期内比较稳定，主要城市中心多处于平面几何中心附近，市内道路网为较规整的格网状。

（2）带型。城市建成区主体平面形态的长短轴之比大于4：1，并明显呈单向或双向发展。这种形态的形成，或是受自然条件所限，如沿河流两岸或沿湖、海延伸，沿山谷的狭长地形的发展，或是依赖区域主要交通干线，如不断沿铁路、公路干线在一个轴向作扩展。这种城市的规模往往不大，整体上使城市的各部分均能接近自然生态环境，空间形态的平面布局和交通流向组织也较单一。

（3）放射型。建成区总平面的主体团块有三个以上的明确发展方向，呈现出星状、指状、花瓣状等形态。这类城市多位于对外交通便利的平原地区，在迅速发展阶段同时沿交通干线自发或按规划多向多轴外向扩展，形成放射型走廊。这类城市具有强烈的向心性和开放性，在一定规模时多只有一个主要中心，而形成大城市后往往发展出多个次级中心，形成多元结构。

2. 群组型

群组型城市主要有星座型、组团型、散点型三种。

（1）星座型。城市是由一个相当大规模的主体团块和三个以上次级团块组成的复合式形态，通常是以大型城市为母体，在其周围一定距离内建设发展若干相对独立的新区或卫星城镇。这类城市人口和建成区用地规模很大，具有非常集中的中心商务区和若干副中心或分区中心，以及联系各中心的对外交通环形网和联系主体团块和次级团块的放射型干道，形成复杂而高度发展的综合式多元结构。

（2）组团型。城市建成区是由两个以上相对独立的主体团块和若干个基本团块组成，形成原因多是受较大河流或地形等其他自然环境条件的影响，城市用地被分隔成几个有一定规模的分区团块。团块之间有一定的空间距离，有各自的中心和道路系统，但由较便捷的联系通道使团块之间组成一个城市实体，属于多元复合结构。

（3）散点型。城市没有明确的主体团块，各个基本团块在较大区域内呈散点状分布。资源较分散的矿业城市往往形成这种形态，有的是由若干相距较远的独立发展的规模相近的城镇组合而成一个城市。散点型城市通常因交通不便，难于组织较为合理的城市功能和生活服务设施，每一个组团需分别规划布局。

从我国的城市布局结构看，形态演变有以下几种方式：

（1）由内向外呈同心圆式连续发展。新扩展部分易于与原有建成区保持连贯性，基础设施建设较为容易，在规划管理较为完善的情况下，可以获得较高的集聚效益。但扩展到一定阶段，就会导致中心区规模过大，人口和就业高度集中，交通拥堵，环境恶化。

（2）轴向扩展。沿主要对外交通轴线放射状扩展，可以使新区与中心城区保持良好的通达性。轴向扩展往往在不同方向发展的次序、速度不同，呈现出非均衡的周期性推进。

（3）蛙跳式扩展。这是一种不连续的城市空间扩展方式，当城市规模扩大到一定程度，连续性扩展方式由于受地理环境或其他因素影响无法连续进行，或考虑到良好生态环境、疏解城市中心区功能等目的，城市用地在与中心城区相距一定距离的地点以跳跃方式成组团式发展。

（4）低密度连续蔓延。这是一种无秩序、无规划的随机性空间扩张方式，无一定发展方向和功能分区，土地利用率低。我国20世纪50年代以及在90年代初部分城市盲目发展时期就经历了这种过程。新发展的土地包含有大量的空地和插花地，功能布局不明，用地浪费严重。

六、中国城市规模与产业结构分析

（一）中国城市规模分析

作为我国经济发展重要动力的城市经济要想达到最优，就必须有一个最佳的城市规模。城市规模包括人口规模、用地规模、经济规模、基础规模等，其中人口规模和用地规模是基础，是城市规模研究的主要对象。

微观经济学对生产规模的扩大与报酬的关系和规律进行了揭示。那么，对于城市而言是否也存在规模经济效应，从实际情况看，城市的规模增长与其效益回报确实符合规模经济这一规律。

与此相关的还有乘数理论。所谓乘数，就是指在一定的消费倾向下，增加的投资可以引起收入和就业增加若干倍。乘数理论已经成为宏观经济学研究中的一种工具，它因其应用领域不同而有投资乘数、预算乘数、对外贸易乘数、货币创造乘数等。

1.关于城市最佳规模

现代经济学认为，城市是人口和生产从分散走向集中的产物，城市具有集聚效应。作为各类生产要素高度集聚的场所，发生在这个空间系统中的经济活动应该具有更高的效率。城市规模的扩大带来递增的经济效益，城市因此可以拥有更好的基础设施条件，可以提供更完善的生产服务进而形成更大规模的市场，并且在技术、知识、信息、人力资本这些方面都会产生更明显的溢出效应，带动周边地区的经济发展。

但是，城市的发展受到资源和环境等外在条件的制约，而且城市自身发展也不是规模越大越好。城市的规模越大，除了边际收益递减外，还带来居住拥挤、交通堵塞、环境污染、犯罪率上升等问题。同时，城市规模扩大，政府必然要加大基础设施投资，用于公共交通、公共设施、污染治理、治安管理以及城市管理，这些城市的外部成本也随着城市规模的扩大而增加。因此，城市规模不能"没有极限的增长"。在20世纪60年代经济学家提出"最佳城市规模"，认为城市的规模一旦超过一定的限度，物质要素的增长反而将带来集聚效应的下降。从理论上说，当城市集聚效应与外部成本之差最大时，城市就处在最佳规模或者说是合理规模上。

2.对城市规模的认识与实践

自从1949年中华人民共和国成立以来，中国的城市规模一直按照超大城市（>200万人）、特大城市（100～200万人）、大城市（50～100万人）、中等城市（20～50万人）、小城市（<20万人）进行分类。1978年，中央在第三次城市工作会议报告中提出了"控制大城市，多搞小城镇"的城市发展方针。在1989年，"严格控制大城市规模，合理发展中等城市和小城市"的发展方针被写入了《中华人民共和国城市规划法》。尽管我国实施了控制大城市的方针，但大城市尤其是特

大城市的发展并没有因此受到抑制。事实上，大城市的发展对全国的开放和发展起到了十分关键的作用。除了大城市主导城市化的意见外，还有主张中小城市优先发展的观点。我国学者周一星曾提出："中国城市的经济效益与城市规模之间只是一种弱的正相关关系，城市经济效益主要不决定于城市规模的大小。决定城市（工业）经济效益的主要因素是投资强度和产业结构，不是城市规模。"通过长期的总结和实践，目前，越来越多的学者认为应当提倡"多元发展"的城市化方针。而在2002年，党的十六大报告在深刻总结城市规模政策的基础上提出了"要逐步提高城镇化水平，坚持大、中型城镇协调发展，走中国特色的城市化道路"的"协调发展论"。

我国已具规模的城市群、带、圈的发展牵引着整个中国经济健康、快速地向前发展。根据我国各级城市引导经济发展的现实与我国城镇化和工业化仍处于中期或中期向后期转化阶段的具体情况，人口和产业继续向城市尤其是大中城市集聚的现象是客观事实。我们要充分重视城市发展的规模效应，重视大中城市发展的积极意义。

3. 中国对城市用地规模的控制

城市化的实质之一就是对土地等自然资源和社会资源的利用方式从粗放型向集约型转化，集约化程度从低级向高级发展。不可再生、不可移动的土地是城市发展最基本的资源和资产，土地资源的高效综合利用是城市可持续发展的主要目标之一。

我国在中华人民共和国成立后曾长期实行变消费城市为生产城市的方针，城市发展走的是一条"重生产、轻生活""重工业、轻商贸"的道路，城市用地中对居民生活、城市基础设施、公用设施和环境设施的重视不够，居住、环境、道路广场用地的标准偏低，中心城区工业、居住、仓储用地比例较高。

改革开放以来，以提升城市功能为目标的产业结构调整、以改善城市基础设施为重点的城市建设、以增加绿化为主要手段的生态环境建设加快，使得这些方面的用地扩展较快。城市用地结构的这种变化体现了城市功能和土地利用结构的调整优化。

20世纪90年代以来，由于部分地方政府的城市建设指导思想出现偏差，建设用地规模失控成为一个严重的问题。一些地方政府急于求成，未做规划、未经审批或超越权限大量征用、出让土地，片面追求所谓的"以地生财"，把卖地作为增加财政收入、吸引投资的主要手段；部分地区不顾城镇发展和建设的客观规律，超越经济发展实力和资源条件，占用大量土地设立各类开发区，盲目建设行政中心、中央商务中心、大学城、步行街、大广场、宽马路；一些城市存在突破城市总体规划规定的城市建设用地范围、突破批准城市总体规划确定的总用地规模的现象。这些做法都严重违背了可持续的原则。

为了合理利用有限的土地资源和保护耕地，切实保证城市、乡村和农业的可持续发展，从 2003 年 7 月起，国务院发布了清理城市土地市场、整顿各类开发区的通知，并组织了国家五部委联合督察。部分地方浪费土地、大肆占用耕地的做法将得到遏制。

按照中国城市规划设计研究院对适应 21 世纪的、适宜人类居住的城市发展水平的各项用地指标匡算，我国发展到世界中等发达国家时，人均居住用地应提高到 30～35 平方米，人均工业用地宜为 20～25 平方米，人均城市道路宜为 15～20 平方米，公共设施 8～15 平方米，公共绿地 7～12 平方米，人均市政公用设施用地 5～8 平方米，仓储 5～10 平方米。在对外交通用地、生产防护绿地、特殊用地不参与用地平衡的情况下，总用地为 90～125 平方米。应该说，这是一个能够体现良好生产、生活环境，基本满足城市可持续发展的用地规模指标。和发达国家相比，我国的人均用地水平仍然较低，如美国在 20 世纪 90 年代中期，人口大于 25 万人的城市的人均建设用地为 204 平方米，大于 25 万人的城市为 404 平方米。但我们要充分考虑人多地少的国情特点，大力挖掘城市现有用地潜力，实事求是地适当进行城市外延扩展。

在我国，城市规模也是一个城市制定城市总体规划的重要内容之一。尽管每个城市在其发展规划中都运用一定的理论和方法，对城市的规模（经济、人口、用地）做出了安排和指导性意见，但是在实践中，还是出现了一些问题。具体表现在：

第一，城市趋同化现象较为严重，导致城市竞争加剧。在城市快速发展中，尤其是中小城市的发展，表现在城市形态、产业结构、建设方式的趋同化较为突出，重复建设严重，导致土地资源的浪费和资金的浪费。城市个性和特色不突出。

第二，在城市发展中"大而全小而全"的思想严重，缺乏区域协调和分工协作精神。例如，个别地区在不足 500 平方公里范围，各个城市都建设机场，导致效益低下，利用率不高，土地资源浪费严重。这是在城市发展中，尤其是在市场经济条件下，应引起重视的问题。

第三，城市结构不合理，不同规模的城市不能形成有效的级配体系。几十年来，我国城市得到了快速发展，但从大区域上看，东、中、西部发展很不平衡，在城镇结构上也很不合理。东部地区城市以及小城镇都比较发达，基本上形成大中小相配套和衔接的城镇网络体系，而中部地区中小城市有了很大发展，但在区域经济中具备中心地位的大城市与特大城市较少；而在西部地区大中城市多数处在省会，除此之外，大中城市发展很慢，如青海、甘肃、宁夏等省都是如此。

同时，农村城市化进展与经济发展速度相比相对滞后。

（二）我国城市产业结构的分析

1. 产业结构演进的一般规律

产业经济理论认为，经济发展的有序阶段性集中表现为产业结构变动的有序阶段性。从国民经济的部门结构变化看，产业结构的变动表现为，从以农业为主到以轻工业为主，继而发展到以重工业为主，最终转向以服务业为主的过程。即产业结构变动呈现出工业化和服务化的趋势。从工业内部看，它表现为从以原材料工业为中心到以加工、组装工业为中心的发展过程，即工业化过程呈现高加工化和高附加值化的趋势。从资源结构或要素结构的变化看，它表现为劳动密集型到资金密集型、进而发展为技术知识密集型的发展轨迹，即产业结构变动呈现集约化趋势。

总的来说，产业结构的演进可以分为三个阶段和四个层次。

产业结构演进的三个阶段是指产业结构比重由第一产业占优势转向第二、第三产业占优势，即三大产业之间由"一三二"（农业社会）或"一二三"（农业—工业社会）变为"二一三"（工业化初期）或"二三一"（工业化中期），然后变为"三二一"（后工业社会）的过程。

产业结构演进的四个层次包括：

（1）由农业——轻工业——重工业演进，该过程反映工业化程度；

（2）由原材料工业和传统工业——机械工业和现代化工业演进，该过程反映高加工化程度；

（3）由初级产品产业——中间产品产业——最终产品产业演进，该过程反映产品结构加工深度；

（4）由劳动密集型产业——资金密集型产业——技术知识密集型产业演进，该过程反映生产要素密集度的转变。

2. 我国产业结构演变

我国产业结构发生较大的变化始于改革开放初期，由于农村解放出来的生产力的拉动，第一产业的比重从1978年的28.1%提高到1982年的33.3%。此后，随着工业化水平的提高，该比重持续降低。1984年开始的城市经济体制改革，首先解决的是城市建设中长期由于"先生产，后生活"所积累和遗留的住房、交通、通信以及其他服务业严重不足的问题，因此城市改革首先启动的是第三产业庞大而多样化的市场。城市大规模的土建工程吸引了数千万农民进入城市，而庞大的流动人口又进一步促进了第三产业的发展，使第三产业成为20世纪80年代拉动经济增长的重要力量，第三产业增加值在GDP中的比重由1980年的21.4%，在1983年市政改革前缓慢提高到22.4%，进而到1989年迅速提高到32%。但是进入20世纪90年代中期以后第三产业处于徘徊状态。第三产业的补足性增长基本完成，产业结构的变化重新归位于处于工业化中期阶段应有的特征，即第二产业作为增长主体的作用得以发挥。90年代以来，拉动经济增长的主要是第二产业，其增加值比重由1990年的41.6%增加到2003年的52.2%。

在三次产业的贡献率中，也可以看到第二产业的贡献率始终保持在一个较高的水平，从2001年开始更是保持了一个很好的上升势头，而工业在第二产业中的贡献率中占有很大的比重，可见工业在拉动经济发展方面发挥了很大的作用。第三产业在2000年以前一直保持了稳定上升的贡献率，但从21世纪开始，第三产业的贡献率有所下降，也从侧面说明了第二产业在本时期发展的主导地位。

目前，我国的城市化水平滞后于工业化水平。工业化一般是指工业（主要是制造业）劳动力不断增加、农业劳动力不断减少的过程和工业占经济总量的比重上升、农业的比重下降的过程。衡量一个国家是否达到工业化，目前国际上通行的标准是农业产值占GDP的比重在15%以下，农业就业人数占全部就业人数的比重在20%以下，城镇人口占全部人口的比重在60%以上。2002年，我国的基本情况是人均GDP为8184元（按当年价格计算），农业产值占GDP的比重为15.4%，城镇人口占全部人口的比重（城市化水平）为39.1%，第一产业就业比重达50%，而如果从居住地看还有62%的人生活在乡村。从人均GDP水平和城市化水平看，中国只处于工业化初期阶段。但人口（特别是农业人口）众多这一事实，客观上造成中国的许多数量指标，只要人均以后就很难用来和国际相关指标比较，容易低估中国的发展水平。以国际上常用的工业结构高度和产值结构水平这两个指标来说，中国已基本进入以原材料加工业为重心的工业化阶段，并正在向高加工度化阶段转变，2001年工业增加值在GDP中的当年价格比重为44.4%，而制造业增加值在GDP中的比重为39.2%，均达到或超过了一般模式中工业化中期阶段的水平。综合中国工农业发展状况，与国际上相关指标加以比较，可以认为中国目前处于工业化中期阶段。我国城市化水平明显滞后于工业化水平。

3. 经济全球化背景下我国城市产业结构的发展趋势

（1）城市产业结构的高度化。产业结构的高度化是城市经济发展到一定阶段之后所出现的必然趋势。产业结构的高度化表现为产业结构的知识集约化和经济服务化，使得产业具有更高的附加价值。我国要在较短的时间内实现工业化，完成工业化中期向工业化后期的过渡，走新型工业化道路是必然选择。伴随着产业结构高度化，产业结构的成长开始突破工业社会的框架，实现向"后工业社会"的产业结构转变，以后的趋势将是信息化过程取代工业化的过程。

（2）产业结构的软化。信息和软件业兴起，产品结构中硬件逐步减少，无形的信息产品、知识产权正成为产品结构中增长的主体。过去以重、厚、长、大为特征的重型化硬件产品已经被高效、智能化的知识和信息产品所代替。近年来，美国经济增长的主要源泉是5000多家软件公司，美国全年新增产值的2/3是这些公司创造的，他们对世界经济的贡献不亚于名列前茅的500家世界公司。

（3）服务产业已经成为经济增长的动力。当代发达国家城市经济增长的基本动力都来自第三产业的发展。对于城市经济来说，不同的发展阶段，经济增长的依托和动力也不同。工业化时期，经济增长的基本动力是工业生产，城市服务业是作为一个服务和配套的行业而发展的，对城市工业具有很强的依附性，第二产业的聚集和膨胀，推动城市经济实现了"量的扩张"。到了工业化后期以及后工业时期，第三产业在城市发展中异军突起，成为一个独立的第二产业走上了自我发展的高级阶段，逐步成为城市化和城市经济增长的主要动力，城市逐步从工业生产中心转变为第三产业中心，商业、贸易、金融、证券、房地产和信息咨询等行业蓬勃兴起，工业制造业和农业对城市经济的贡献率逐渐弱化，第三产业推动城市经济实现"质的提高"。进入20世纪90年代以来，伦敦、巴黎、纽约、东京等城市第三产业比重都已经达到80%左右。

（4）信息产业成为城市产业结构中的新兴的主导产业。随着知识经济时代的来临，以无形的智力投入为主形成的特殊服务行业——信息产业因其特殊的覆盖性和增值性，与传统的有形服务产业产生日益强烈的离心趋向，其作为一个独立产业的鲜明特征也日益增强。因此，在不少发达国家，信息产业独立于传统服务业而作为新兴的第四产业已经得到了理论界和实业界人士的广泛认同。

信息产业的形成及其发展对城市经济结构产生深刻的影响。信息经济是在知识化的工业社会中发展起来的经济。信息经济并不否定工业经济，而是促进工业经济和物质生产的高科技化，并使传统产业信息化。美国经济发展的轨迹就说明了这一点。20世纪70年代以来，美国经济曾经出现衰落现象，其中的原因之一就是"后工业经济"理论过分强调服务业的重要性，把制造业视为"夕阳产业"，没有予以足够重视。20世纪80年代末，美国开始反思，认识到那种认为信息革命的来临意味着制造业衰退的看法是不全面的，因而大力推动先进制造技术的研究与应用，重新夺回制造业的优势。正像工业化没有淘汰农业一样，信息经济也绝不会淘汰制造业，而是促进制造业发生革命性的变化。同时，信息产业也需要制造业提供各种各样新的物质载体和设备。

第二节 城市规划中的区域思维

区域是区域城市规划的基础和背景，离开了区域去谋划城市的发展必然无法保证城市的正常和持续发展。因此，周复多指出需要掌握好城市规划中区域研究的时空尺度，避免城市与区域之间的"断裂"或脱节，进而制定出富有远见的、能充分利用城市与区域之间相互作用产生的空间效应的城市规划方案。

一、城市发展的区域性

城市是一个历史范畴，是生产力、生产方式、生产关系这一社会范畴运动发展的必然产物。城市形成的前提条件是社会生产力的发展以及由此而出现的社会分工扩大。商品经济的发展最终使城市从乡村区域脱离出来。在城市发展的整个历程中，城市自始至终与区域紧密联系在一起，通过相互间的物质、能量与信息交换，城市的每一个发展足迹都是其与区域交互作用的结果。

首先，城市的空间布局结构具有区域性。城市空间布局是城市物质实体在广阔的空间和时间中的投影，是城市和区域各种物质实体的密度、布局和作用形态的综合反映。在城市发展之初的区位选址上，区域各种条件要素的富集并相互作用是其基本要求，并由此确定了其空间结构的基本格局，如区域的地形地貌、河流水系对城市格局的影响。随着城市的发展，区域交通要素、资源禀赋条件、区域牵引力方向等对城市的整体形态以及产业布局都产生了重大的影响，如线形要素易形成带状城市，而相对均质的作用关系则利于圈层结构城市的产生。当然，信息技术、通信技术等的发展在一定程度可以淡化区域资源特色对城市结构的影响，但区域的人才、文化制度等氛围仍是左右城市布局结构发展的重要因素。

其次，城市经济发展具有区域性。城市的经济发展不仅是城市内部各行业部门相互作用的结果，还包括了城乡接合部、周围乡村的生产性和生产性部门的活动关系，通过城乡工业、商业、运输业、建筑业等部门内与部门间的作用，城市可集聚区域中诸多的资源要素，从而加速自身经济的发展，最终优化带动区域的发展。集聚经济是城市产生发展的动力和源泉，城市作为工业、农业等各产业布局的空间聚合及特殊形态，往往是一定区域的物流中心、经济中心和产业中心，但这种集聚正是基于区域而言的,区域经济要素的特性决定了城市经济产业结构的特色,如煤铁资源丰富的区域往往产生重工业的城市或资源性城市,因此,区域性是城市经济发展的第一特性,而经济集聚性才是其第二特性。

最后,城市的社会文化发展具有区域性。站在社会的角度看,城市是社会的产物,是市民每日每时都在发生的经济、政治和文化各种关系的集聚中心,它既要向外辐射城市文明成果,又要吸收一定区域内的资源和能量,形成人类活动的社会性环流,持续不断地传承社会的人伦治理结构和组织运行规则体系。城市的社会文化离不开区域人口集聚,而人类的每一个成员都有不同的心理状态和情感,不同的区域有不同的文化习俗,因此,每个城市的文化都与其作用区域的文化品质和物质联系在一起,是区域情感、传统、交往和历史的融合体,集中反映了区域文化的特色。

二、城市研究的区域观

"真正成功的城市规划必须是区域规划。"(吴良镛,1996)"比区域规划更重要的是区域观念。"(张勤,2000)区域观是城市研究中十分重要的指导理念。城市的研究涉及城市的方方面面,内涵十分繁杂,这里所说的区域观,主要是指一种区域的视角,即通过建立区域时间坐标体系,从宏观方面考察城市与区域间的相互联系和发展轨迹,从而把握其在空间发展上的层次性、多样性和差异性。区域观是城市研究的基本指导思想,有利于城市的长远发展和构建和谐的城市—区域系统。

首先,对城市发展历史的研究离不开对区域的分析。城市在时间中发展,但却在空间中展开,认识城市,不搞清城市发展的区域、地理基础,没有空间观念,许多问题是说不清楚的,区域观念的树立有助于建立一种整体的城市认识。例如,中国历史上都城迁移问题,若不考虑大的地域格局而就城市论城市,显然难以做出令人信服的解释。即便是单个城市,也应该从区域的视野对其形成发展作宏观的、综合的审视,如研究城市兴衰历程时,需要引入区域交通功能对其影响的分析。值得注意的是,区域观念所要求的并非简单的注重地理区划分变化,而是更应该重视区域自身特有的变化节奏,这集中体现于城市中,而城市在一定时期形成的特色往往又会积淀、留存下来,成为区域作用的表征,并进一步强化区域的特征。同样,在开放的时空框架中,我们需以区域的观念整合多元的城市历史研究,吸引不同学科的研究成果,从而建立起基于区域空间的城市史研究体系,以深化我们对城市发展总体的、具体的认识。

其次,在研究城市外部问题时,应该从区域的角度去观察和认识城市内在的问题。城市是区域的组成部分,城市是区域中的城市,城市的外部问题可以说就是城市与区域的作用问题,只有把具体的问题放到区域环境中,通过分析其对区域的影响才能有效识别其对城市发展的作用。在城市的形成发展过程中,区域为城市提出资源要素基础,区域发展和环境上的变迁在很大程度上影响城市的发展轨迹,因此,城市问题的区域分析是研究城市的根本方法。当今时代,城市经济发展的一个重要特征是区域经济竞争与合作的趋势日益增强,城市发展问题不再只涉及其自身的发展因素,与区域中其他城市、城市外围区域有着十分密切的联系,必须依靠区域合作才能得到合理的解决。同样,立足于区域,从区域角度来认识城市,才能更深入地了解城市问题产生的根源,如当前我国的城乡区域协调和区域城市体系的建设,就需要深入把握区域的发展实情。

再次,对于城市内部问题的研究,也需要有区域的高度。虽然城市内部问题涉及的区域较小,有些问题是可以通过城市内部功能整合协调解决的,但城市内部功能的变化最终仍可反映到城市整体的功能结构,所谓牵一发而动全身,容易改变城市整体的功能格局,尤其是一些较大的区域基础设施和公共功能空间的变化,如城市河流的治理、历史文化的保护开发等。因此,在研究这类问题时,应从区域的角度来分析其对城市的影响,如对于区域性的城市商业圈研究,需要分析整个区域的商业形态和市场潜力;而对河流和大型的交通基础设施,则应注意其在区域系统中的地位与作用。通过区域分析,可有效地确定其对城市发展的作用,从而更准确地确定其发展定位。

最后,城市发展战略的确定需要充分考虑区域的宏观环境。城市的长远发展既是城市寻求新发展机遇的内在要求,也是外部环境决定的必然选择。从国际大环境来看,为共同的整体利益所进行的协调、磋商和合作已深入到生产、贸易、金融等社会经济生活的更多领域和更深层次。更多的协作也伴随着更多的竞争,经济领域的全球化已经显示出不可抗拒的趋势,作为某个国家和区域的城市,社会经济因素越来越处于不确定性或难以对自身发展拥有绝对自主性,因此,通过区域整体环境建设提高竞争力逐渐在发展战略领域中占有越来越重要的地位。区域基础设施以及区域城镇空间环境的整体协调发展也逐渐成为区域经济合作的基本内容之一。因此,在制定城市发展战略时,应该从城市的宏观区域背景来分析,区域发展政策、发展思路以及发展整体区位的变化为城市的发展奠定了基础,在当今时代,区域的资源、能源供给情况尤其重要。

三、城市规划中的区域思维

简单地说，城市规划的区域思维就是从区域视野出发，把城市及周边腹地及与其相关的城市、农村作为一个有机的整体，将城市化发展视为区域发展的一部分，充分融入区域的发展之中。城市化的发展是区域性的，而区域发展的核心又是城市化，把点状的乡村、城镇、城市发展与网状的区域整体发展具体地联系起来，把城市进程扎根于区域发展的现实土壤中，可以清晰地把握区域发展和城市化进程的真实脉络。可以看出，城市区域思维主要表现在：①从人地关系的角度去认识城市发展的整体性和综合性，而不是片面地去谈"以人为本"或其他；②强调地域创新的观念，在信息技术空前发展和全球化进程加快的形势下，注重对区域地域性的塑造；③将城市和区域看作一个整体，加强城乡、不同类型区域的整合发展；④在认识区域与城市的关系中，应充分认识到城市"点"与"面"的作用内涵，在规划区域"增长极""核心—边缘""点—轴"等系统时加强城市的角色定位。从规划角度，我们认为其主要表现为规划过程中的区域思维和规划层次上的区域思维。

城市规划过程要求将区域融入城市规划的全过程中。首先，规划目标的制定应当充分体现区域和城市发展的整体性和同质性，城市的发展是人地系统的整体发展，是城市和区域的协调发展；其次，在城市规划的制定过程中，对城市的区域特征应当有充分的体现，区域的思维应当融入城市规划的各个阶段。在规划实施中，更要把握城市发展的地域性，把握城市内部空间层次性对实施的影响。同时，在国家法律、法规的指导下，应当制定符合本地区发展实际的地方性法规。

同样，在各层次的城市规划中，要加强对区域思维的指导。在宏观层次上，应从区域角度去分析区域空间快速发展进程中的大量问题，抓好区域规划。当前，我国掀起了新一轮的区域规划热潮，国家已批复了十三个宏观及中宏层面的区域规划，以促进区域发展中的合作协调。在中观、微观层面，规划中也应当体现区域思维，如城市区域规划中的空间布局、用地分配、基础设施建设都应立足于地方特点，突出区域特色。在微观方面，对整体建筑、建筑群体、景观设施、植物配置等的规划设计也应充分体现城市乃至街区的整体建筑特色，而不能只注重其自身的功能要求。

在区域经济一体化浪潮中，城市规划不再固守一隅、孤立发展，而要与周边城市相衔接，积极融入更大的区域范围内，实现多赢共荣的目标。由于行政区经济的影响、区域协调机制的欠缺以及传统规划的局限，城市规划不能满足区域发展的要求。所以，应树立区域发展理念，整合区域利益机制，构建城市间的协调机制和对话平台并完善配套制度，实现从区域发展战略高度统筹制定城市发展规划。现代城市发展的区域化要求区域范围内的空间整合，并提出了区域空间整合的关键环节——区域性边缘区。从新的视域审视它在推动城市健康成长过程中的作用，建议制定区域性边缘区整体规划，并对区域性边缘区内自然环境保护区整体规划与大城市地带区域性复合生态开发带进行构建。

第三节 信息时代城市规划的区域取向

一、城市规划现存的区域性问题

改革开放以来，随着我国城市化进程加速，城市规划获得迅速发展。但由于城市发展的复杂和规划体制、机制等问题，当前城市规划中仍存在着许多不能忽视的问题，因此，急需解决城市规划管理的领导缺位、管理缺位、监督缺位。

（一）城市空间拓展问题

伴随着我国城市化进程的加速，城市面临着前所未有的空间发展压力。为了满足城市人口规模的增加和产业发展需求，几乎所有的城市都制定了城市空间拓展规划，城市总体规模一再被无限地扩大。不少城市土地财政经营方式更是助长了这一风气，致使城市规划修编陷入无限地扩大城市规模、将城市中心区不断外延、采用产业组团圈占用地等的怪圈，城市规划在某种程度上成为城市政府圈地的手段。例如，通过城市总体规划实现城市规模的增加，扩大用地范围等。

然而，由于城市基础设施投入有限，城市规划基本上仍依托老城区进行"摊大饼"式的扩张，虽然有些城市在规划中采用了组团布局模式，但在实际建设中却很不理想。规模的无限扩张造成了城市中心区空间拥挤、交通堵塞、环境污染、资源承载过度等城市病，严重地影响到城市功能的提升和可持续发展。

（二）城市空间蔓延问题

信息技术的发展和私人小汽车购买力的增强，降低了人们活动的地理限制，集聚效应有所弱化，使人们更加看重居住环境的质量；在信息网络支持下，人们的理想居住地不再是拥挤的城市，而是环境优美的郊区或农村，从而使城郊区域的居住开发成为一种趋势。因此，城市呈现出一种无序的郊区化蔓延现象，它的主要特征是跳跃式开发或撒播式的开发、商业走廊开发、低密度及大规模单一功能区的开发。

过度的城市蔓延造成了对区域自然资源的侵害。城市结构的不断分散伴随着人口的分散，加重了区域生态环境的压力，尤其是在当前我国大多数城市还没有足够的财力去投资生态的前提下，在城郊区域进行过度的开发严重破坏了自然生态和景观资源，影响到城市的可持续发展。另外，在我国人均用地资源不足情况下，这种城市低密度蔓延化是否可行有待进一步研究。而当前这种快速郊区化显然并不可取。

(三) 区域协调发展问题

经济全球化、区域化是当前城市发展的时代背景，城市不能忽视区域发展环境而独自发展。然而，许多城市却出于对自身利益的考虑，在规划时将自身摆在区域发展的主导地位，不顾实际发展要求而拒绝与其进行深层次的合作。片面地规划城市发展，导致了城市的产业结构雷同，如许多城市都定位于信息产业、高科技产业，造成区域基础设施规划和城市发展布局不合理。城市的发展离不开区域的支持，没有区域资源、要素的流动和集聚，单个城市将面临发展后劲不足的困境。同时，不顾区域一体化趋势的城市"诸侯规划"也不利于整个区域的发展，会严重地妨碍城市总体实力的提升，降低城市在更大区域范围内的竞争力。

城市规划的不协调还表现在城乡区域的不协调，就城论城仍是当前城市规划的主要思想，缺乏对城市外围乡镇，尤其是城市近域乡镇的统筹考虑，使村镇规划水平得不到提高。城市规划囿于行政区域的限制，忽略城乡产业统筹规划，或在产业规划中没有深入分析区位比较优势导致找不准产业发展方向；行政区划壁垒导致了区域基础设施、公共服务设施不能共建共享，造成大量的资源浪费。

(四) 区域信息化问题

作为发展中国家，我国面临世界信息化浪潮的严峻挑战，因而须当机立断，兴建自己的信息高速公路。然而，我国区域信息化方案却经常没有地域特点，和地方的战略设想脱节。一个地区的信息化要真正发挥作用，成为地方经济发展的动力，最重要的是要与地方的总发展战略相结合，明确信息化的重点方向和规划内容。而当前许多区域信息化的动机并不明确，为信息化而信息化，不理解信息化的真正作用，仅出于树立形象工程而照搬其他区域的发展模式，使不少区域信息化建设沦为一个浪费资金的摆设。

在区域信息化过程中，许多城市信息化工作仅限于城市地域的信息基础设施建设，而忽视了偏远地区、乡村、小城镇的信息化建设，从而造成信息分配不公，形成了新的"数字鸿沟"。因此,我国在推进信息高速公路的建设过程中,应该对信息化过程中可能造成的地域不平等现象有所认识,以便及早制定相应政策。当然,城市由于资金、技术、人才的诸多优势往往成为信息高速公路建设的中心地区,形成先发优势,进而成为信息基础设施最早的受益者。但城市地区的城市规划者必须清醒地认识到这一点,信息高速公路作为未来城市的信息基础设施工程,需要在城市规划中全盘考虑,规划着眼点应从城市扩大到更广阔的地域范围,避免由于信息分配不公造成城乡之间更大的差距。

二、信息时代城市规划的区域要求

(一)问题研究的区域尺度

城市问题是个广义的概念,它是指城市发展中出现的类别多样、涉及面广的矛盾的总称。城市问题有大有小,大到整个城市的发展,小到对城市个体的分析。当前,形形色色的城市问题是城市发展、城市科学研究的重要切入点,因此,如何分析城市问题,从何种角度去分析研究城市问题,关系到对城市及其问题本质的认识,一个良好的切入点将使研究者深入分析问题的本质,从而为问题的解决提供科学的建议。

不同的城市问题需要从不同的角度来分析,但都有一个共同点,需要从城市整体层面上来认识问题。城市是一个多要素交互作用的综合体,各因素相互联系、相互影响、共同作用,就问题来认识、研究问题,往往不能解决问题的本质,治标不治本,难以从根本上促进城市质的变化。对影响城市整体发展的问题来说,我们需要拓宽研究问题的视野,从更高的空间层面、更广泛的区域来分析问题产生的来由,分析不同区域要素对问题产生的外在影响,进而发现问题的实质,从本质上寻找问题产生的原因。

在信息时代,随着科技的不断进步,传统空间定义发生了变化,流动性和弹性增强,城市各因素的作用也越发密切,增加了规划的区域尺度。通过现代化的资讯,城市加强了区域的纵深影响,城市的腹地也越来越宽广,城市的区域性也越来越强,城市问题在某种程度上已演化为区域发展问题。因此,我们在分析具体城市问题时更需要有一个宽广的视野,需要从区域尺度上进行思考。例如,对城市发展的定位分析,往往需要在分析城市宏观区域发展背景的前提下,结合区域的总体发展趋势,才能正确地定位城市的职能和性质。

(二)规划编制的区域思维

就城市规划编制而言,不能只从城市本身的发展角度来编制规划,而是需要加入区域的规划内容和思考。当前，这一内容主要体现在不同的规划层次上，就规划体系来说，空间发展研究、城市体系规划等本质上就是一种区域性的规划，深入研究区域各实体的发展能为城市发展提供一个良好的发展平台和支撑。在城市总体规划的内容体系中往往需要加入很大比重的区域内容，在区域的层面上去探讨城市的发展蓝图。因此，城市体系规划也成了城市总体规划的主要内容之一。在城市详细规划编制过程中，也开始注意到区域研究的重要性，不仅注意到对上位规划的深入分析，还将进一步扩大区域研究的范围，对外围区域带来的影响进行研究。另外，在最微观的修建性详细规划和建筑设计中，也不能忽视对区域的思考，如建筑的整体形象需要与区域形象和周围的建筑风格相协调，规划策划需要考虑区域的需求意向。

城市规划不能只局限于城市本身内容的发展分析，而要将与之关联的人口、经济、社会、资源、环境等诸多因素纳入规划过程，在保证上述因素相互协调和相互促进的前提下，寻求城市适宜的发展规模、发展速度与发展方式，而这些要素都有区域性的一面，如城市的环境分析、资源分析、发展需求分析等，需要从区域环境承载力和资源供给能力等方面加以分析研究。

总之，在各类规划的编制过程中，无论是否是区域性的规划，都需要对区域要素加以考虑。尤其是在信息时代城市区域联系日益密切的背景下，各类规划需要在区域思维的指导下，对规划内容做出区域定位，充分融入区域整体中，通过在更大区域内的产业经济、空间拓展、生态环境、基础设施等方面的有效协作来提升城市功能。

（三）规划实施的区域协调

如上所述，城市规划在内容上不同程度地涉及区域要素，从而决定了规划实施的区域性。城市规划的实施不能只是针对城市自身而言，城市只是整个规划的核心部分，而围绕如何使城市更好发展的区域内容是城市发展不可分割的有机组成部分。区域城市规划层面上的城市区域协调，需要各协作城市共同商讨规划实施措施，共同监督规划实施过程所出现的问题并制定解决方案，才能实现"双赢"或"多赢"。

就城市总体规划层次而言，规划的实施不能只关心建成区或中心城区的发展，还需要对区域协调予以关注，通过制定规划实施措施和规划法规引导市域城镇体系的有序发展。在信息时代城市一体化、区域协调发展的条件下，城市功能的区域拓展、产业的空间转移、生态的区域协作等都需要协调区域利益。基于此，区域城市规划已成为当前国内城市规划发展的重要趋势，在区域规划委员会的协调下,将定期召开会议研究区域问题,制定区域实施政策,从而保证规划的有效实施。当然,规划实施的区域协调存在着多种形式和合作机制,但都是区域实施主体协商的成果,充分体现了区域发展的整体愿望。

三、基于区域规划的城市规划

为了突破行政区隔阂,协调国家战略与地方意图,用规划解决区域差距,我国正掀起新一轮的区域规划高潮。国家发展和改革委员会地区经济司司长表示:作为国家战略的区域规划,并非简单的地方博弈结果,相关部门在审批规划的过程中,始终按照三条线索来推进。基于加快重点地区发展、基于落实重大发展战略、围绕地区区域开拓空间。区域间的互促互动应该成为我们促进区域协调发展、促进国民经济平稳较快发展的重要路径。有专家认为,目前我国的区域规划高潮是多年发展的积累,现在已到了一个释放的时机,城市区域规划的兴起是由以下几个背景因素促成的:①在市场化和全球化的总趋势下,提高城市发展的竞争力已普遍受到重视,大都市区和都市连绵区具有明显的市场竞争活力;②国内长期奉行的"控制大城市规模"的方针已解套,近年来大量外来人口向大城市周围集聚,其发展速度超过一般中小城市;③随着信息化和交通的快速发展,大城市的某些功能在迅速向周围郊县扩散,城乡之间、城市建成区与非建成区之间的界线日趋模糊,出现了城市的区域化倾向;④有些大城市原有行政区划的狭小市区范围严重束缚了城市的发展空间,迫切要求扩大城市规划区范围,调整行政区划,或突破行政区界开展跨行政区的区域规划。

(一)城市规划与区域规划

城市(乡)规划研究城市(乡)的未来发展、城市的合理布局和综合安排城市各项工程建设的部署,是一定时期内城市(乡)发展的蓝图。依据《中华人民共和国城乡规划法》(2007),城乡规划主要包括城镇体系规划、城市规划、镇规划、乡规划和村庄规划。城市规划、镇规划分为总体规划和详细规划,详细规划分为控制性详细规划和修建性详细规划。

区域规划是为实现一定地区范围的开发和建设目标而进行的总体部署。广义的区域规划指对地区社会经济发展和建设进行总体部署(包括区际和区内),包括区际规划和区内规划,前者主要解决区域之间的发展不平衡或区际分工协作问题,后者系对一定区域内的社会经济发展和建设布局进行全面规划。狭义的区域规划则主要指一定区域内与国土开发整治有关的建设布局总体规划。按照区域空间范围的不同,我国区域规划体系主要包括国土规划、区域规划、城镇体系规划和城镇群规划等。在区域规划（空间规划）体系中，国土规划是涉及面最广、最宏观的研究全国及各地区的社会、经济发展和国土的综合战略安排，区域规划（狭义）则主要是对建设活动作空间统筹安排和协调。城镇体系规划则是区域规划中有关城镇的等级、规模、空间结构的合理组织。

区域规划是在一定区域内对整个国民经济和社会发展进行的总体战略部署，是一项以国土开发利用和建设布局为中心的综合性、战略性和政策性的规划工作。区域规划是城市总体规划的重要依据。区域规划的建设布局方案和计划时序，通过城市总体规划和专业部门规划得以贯彻落实。城市总体规划具体落实过程中也有可能对区域规划的原方案作某些必要的修订和补充。区域规划是以跨行政区的经济区域为对象编制的规划，其编制目的是加强地区之间的协调与合作，破除行政封锁，促使"行政区经济"走向区域经济，实现区域经济的一体化，因此，区域规划内容要突出跨行政区的、确需在区域内统筹规划的领域和重大问题，要合理划定各类功能区，优化用地结构，统筹城市布局、重大基础设施建设、国土和生态环境保护、人口流动方向与规模。

（二）我国当前区域规划浪潮

近年来，为了解决当前我国区域发展不平衡的问题，增加我国经济增长点，应对全球经济下滑，国家出台了一系列的区域规划，奠定了新的经济版图。如2009年，国务院先后批复了多个区域发展规划，包括《关于支持福建省加快建设海峡西岸经济区的若干意见》《关中－天水经济区发展规划》《江苏沿海地区发展规划》《横琴总体发展规划》《辽宁沿海经济带发展规划》《促进中部地区崛起规划》《中国图们江区域合作开发规划纲要》《黄河三角洲高效生态经济区发展规划》《鄱阳湖生态经济区规划》等11个区域规划。

在考虑到国家全盘布局的同时，充分体现每个地方的特殊需要，从而避免了所有的区域规划地方化和全国规划一刀切问题的出现，体现了各地的比较优势。例如，《皖江城市带承接产业转移示范区规划》的实施，能够顺应国内外产业加快结构调整和转移的机会，促进适宜的产业转移到中西部地区，既有利于促进中部地区在加快发展的同时提升产业结构，又能够推动东部地区产业结构走向更高层次。而《鄱阳湖生态经济经济区规划》和《黄河三角洲高效生态经济区规划》，直接围绕转变发展方式、保护和优化环境，将经济发展和保护环境有机结合起来，更加注重实施严格的环境保护政策，并将其落实到产业的发展、布局和优化提升中，结果既有利于"两型社会"的建设，又有利于产业结构优化升级，体现了经济发展和转变发展方式有机结合、科学发展和跨越式发展的有机结合。

国家从非均衡战略出发，考虑到各经济区域的差异，因地制宜，以效率为先，充分发挥了各区域的比较优势，并依据地方实际存在的差异性，实事求是地给予合理的功能定位，充分发挥地区的特色和优势，实现不同地区之间的优势互补，减少区域间的协作成本，进一步提高发展效益。但从当前的一些规划来看，做出规划后的新区域间的合作考虑得并不十分充分。以东北地区为例，《吉林省图们江区域开发开放规划》《黑龙江省的绥芬河综合保税区发展规划》和《辽宁省的沿海经济带发展规划》等三个战略规划分属三个省，剑指东北亚经济圈的规划目标又颇为相似。绥芬河综合保税区的目标定位是，"将进一步扩大绥芬河口岸在东北亚经济圈中的区位优势，从而实现对俄经贸合作战略升级，对活跃东北亚各地区的经贸往来意义重大。按照吉林省的思路，将争取使"长吉图开放合作区"成为带动和辐射大图们经济圈及东北亚区域的引擎。辽宁沿海经济带定位为立足辽宁，依托环渤海，服务东北，面向东北亚，建设成为东北地区对外开放的重要平台、东北亚重要的国际航运中心、具有国际竞争力的临港产业带、生态环境优美和人民生活富足的宜居区，形成我国沿海地区新的经济增长极。东北区域经济一体化，三大战略间如何在竞争的同时又协调配合，这是有待深入实践和探索的问题。而且，如果新规划对区域间的竞争与合作考虑不充分，有可能导致更大经济板块之间的恶性竞争，不利于行政壁垒的破除。地方保护和人为的经济分割，将会大大增加经济发展的成本。

目前，我国区域发展的总体战略基本形成。但在协调区域发展的管理体制、机制方面仍存在着一系列重大的问题需要破解。国家层面上缺乏统一有效的管理；目前还没有设立专门的区域开发基金；基于主体功能区划分的区域配套政策建立尚待时日。在一些西方国家，除了地方架构的政府行政体系，在同一个发展区域、城市群里面还有议会、城市联盟，并制定区域协调法，将协调的职能法律规范化。

（三）城市规划与区域规划的融合

城市总体规划是城市发展的总体部署，因此其在统筹和协调城市对内和对外的社会经济发展、空间资源利用、基础设施布局等各方面都具有不可替代的龙头作用。在城市内部，城市总体规划所确定的各项目标和指标，可以通过城市近期建设规划、年度实施计划、分区规划、法定图则及详细规划等一系列规划平台逐步予以实现；然而，对于城市外部，尤其是总体规划所确定的该城市在区域发展中所扮演的角色、城市未来的发展走向等，却往往由于各种原因而流于形式，起不到真正的指导作用。

由于区域规划的空间范围是跨越行政边界的，缺乏明确、唯一的实施责任主体和可以依赖的行政架构，并且区域规划的法律地位难以确立，因此不能完全借助行政力量保证其实施效果。虽然有人曾提出可以通过设置功能单一的特别区和专门机构、推进市场化改革等途径予以弥补，但这些自上而下的手段并不能从根本上解决区域发展中行政区经济利益博弈、产业布局不合理、重大设施协调困难、重复建设、生态环境恶化等问题。区域规划的有效实施有赖于区域内各个城市的主动配合，尤其是通过具有法定效力的城市总体规划的修编贯彻落实其内容和要求。

　　从城市总体规划自身的角度来讲，明确城市在区域中的地位和作用、协调城市对外交通系统的布局是城市总体规划的重要任务和内容。与近期建设规划、分区规划、法定图则等其他层次的规划不同的是，城市总体规划最重要的功能之一就是要解决城市与中央、省和周边城市的关系问题，要就城市空间发展的重大问题达成一致，并形成几方共同认可的具有法定效力的契约。城市总体规划直接关系到城市从外部获取资源和政策支持的力度，只有通过城市总体规划的编制和最终审批，城市与中央、省及周边区域在空间发展上的相互关系才能得到法定性的确认，城市才能在明确自己可获得的资源边界和发展条件的前提下谋划自己的发展。更具体地说，城市总体规划在协调区域发展中的特殊地位主要是通过城市性质与职能的定位、城市空间结构的布局和国家级、区域级大型基础设施的安排与布局来体现的。因此，总体规划在某些具体内容上充分考虑区域发展需求，加强区域问题研究，如城市定位应从不同的区域层次加以考虑，明确城市在区域发展中的责任与义务，并通过空间布局结构的调整、跨区域基础设施的建设、生态保护和环境营造合作等具体措施，优化城市发展的区域环境。

　　在信息化、全球化和区域经济一体化的宏观背景下，单纯依靠区域协调规划已不足以应对区域内部城市之间在发展过程中所产生的种种矛盾，城市总体规划因而担负起协调区域空间结构优化区域资源配置的重要历史使命。为此，城市总体规划必须跳出城市行政辖区范围，充分考虑全球化和区域经济一体化为城市发展带来的机遇和挑战，以及城市自身在区域竞争中的优劣势，对城市进行合理定位，并借助城市规划的平台和手段积极寻求外部发展机遇。这一方面有利于城市自身发展空间的拓展，另一方面有利于区域空间结构的协调。从这个意义上讲，城市总体规划已成为一种城市区域规划，尤其是在城市化越演越烈、城际交通日益频繁、城市空间不断扩大的今天，城市对区域的影响与依赖越来越大，城市总体规划更需从大的区域背景中分析城市的地位和作用，使之符合区域发展的整体利益。

　　区域规划是国家和上级政府解决当前区域经济发展不平衡、适应经济结构调整做出的重要举措,因此,区域规划仍有一定的市场。为了使区域规划具有更强的指导作用,能得到各地方政府的积极响应和落实,规划需综合考虑国家的战略意图和地方的比较优势,以产业结构调整与布局为主线,重视发掘各自地区经济发展的特色,才能有效避免区域规划的地方化,体现各地的比较优势。当前,走资源节约、环境友好的可持续发展之路,注重区域协调发展、集约式发展、可持续发展、人与自然和谐发展是区域规划的新思路。例如,黄河三角洲、鄱阳湖生态经济区规划、海南国际旅游岛等都特别强调生态在经济发展中的地位和作用。

四、城市规划的区域化

正视城市与区域交互作用对城市发展的影响,开展城市规划的区域实践,在实践中重视区域思维理念对城市功能和结构的促进作用,已经成为当前学术界和实践层面的重要方向。从城市规划所面临的不同层次、不同范围、不同领域的问题来看,区域思维充分发挥了其在解决实际问题中的系统性和层次性、地域性,从广度和深度上完善了传统的规划体系,提出了战略规划研究、区域城镇体系规划、城市群协调规划、都市圈域规划等新的规划方向,既协调了城市空间拓展,又能深化规划的区域内涵。从国外的规划经验来看,这也是城市规划发展的主要方向。例如,美国进入逆城市化阶段后,城市郊区化、区域化已非常明显,区域城市化日趋显著,大都市圈、城市群、城市密集带已经形成,进而促使美国城市规划必须做到城市和区域的有机结合。

(一)战略规划研究

城市发展战略研究最初开始于英国的结构规划,它与传统的城市规划最大的区别是突出城市未来发展方向、对城市整体空间结构的战略布局和城市发展过程的控制。战略规划具有区域的基本观念,侧重于把握发展中全局性的东西,同时注重物质规划内容,以增强其与总体规划的衔接力度。正因为如此,崔功豪认为战略规划是以战略性和空间性为中心,在多层次的宏观分析对比的基础上,以城市发展目标、城市发展定位和规模、都市区空间结构模式、交通框架以及当地突出的产业和环境问题为重点,提出空间发展战略和结构方案,为城市政府提供发展的思路、策略、框架并作为城市总体规划编制指导的概念性规划。

城市战略规划对城市发展的宏观目标和长远问题进行战略性的研究和整体策划,从宏观层面把握城市发展目标和发展路径,有效地解决了区域和城市发展的规律性、战略性问题,加之其具有较强的综合性、动态性和灵活性,可填补我国当前规划体系中的盲区。因此,自2000年广州市概念规划编制以来,各大城市也纷纷开展类似名目的规划以探寻新背景下城市发展的出路。当前，战略研究的范畴越来越广，基本囊括了整个城市发展领域，战略规划研究着眼于统筹空间资源的特点已成为城市空间研究的基本方式。展望未来，战略规划将进一步提高实效性和时效性，发挥其作为城市政策与法定规划间的纽带作用。

（二）城市体系规划

20世纪70年代，国外城镇体系研究掀起了新的高潮，进一步继承和发扬了霍华德和克里斯泰勒的城镇体系思想，并涌现出一批理论和实践学者，在城镇体系的等级规模、空间扩散、区域发展、体系模式及其形成过程、公共政策、潜结构分析、信息反馈等方面进行了较多的理论探讨与实践总结。在国内，改革开放以来区域间经济联系的增强也将系统的城市体系研究提上了日程。20世纪80年代以来，出现了顾朝林、姚士谋、魏清泉、周一星等一批学者，对城镇结构、体系框架、规划编制等方面进行了系统的研究和实践，充分体现了区域思维对城市规划方向的影响。

城镇体系规划通过城镇地域空间结构、城镇布局、城镇职能类型结构、城镇性质和产业定位、城镇规模等级结构等的统筹规划，妥善处理了一定地域范围内各城镇之间、单个或数个城镇与城镇群体之间以及群体与外部环境之间的关系，已成为我国目前空间规划体系的重要组成部分。由于城镇体系规划对区域空间规划和环境容量的强调，以及它协调规划的属性，决定了其今天发展的重点仍是区域协调与管制，即通过各利益主体的协调，实施基础设施、经济产业的有序发展；通过对各类型空间的管制，实现区域空间、要素资源、发展环境的高效利用。

（三）城市群规划

在当前全球经济相互依存的一体化时代，由于城镇连绵叠加、资源要素集中、交通信息网络化和人群流动化加快等因素的汇合，城市群现象也越来越明显。城市群区域也已成为我国各地区经济社会发展的重要核心区、产业高度集聚区、经济增长区和财富积聚以及科技文化的创新地区，但是其规划并没有受到相应的重视，整体规划和协调方面研究薄弱，滞后于区域城市化发展。

城市群也是区域城市间协调合作发展的必然结果，需要在规划中充分地考虑城市间的协调机制和合作意识，并采取措施，如通过区域核心城市、网络发展、合理开发等关键问题的解决，引导发展合力。城市群作为城市体系的核心，其规划与城市体系规划的重要区别在于对城市群外围非城市区域规划内容淡化而侧重于城市群体间的交互作用。因此，未来城市群规划研究的重点仍应放在区域协作、城市间要素流动、互动机制等方面上，强调城市群体产业结构、空间结构、核心发展区、生态合作等内容。

城市群是区域空间形态的高级现象，能够产生巨大的集聚经济效益，是国民经济快速发展的重要动力。我国目前公认的三大城市群是长江三角洲城市群、京津城市群、珠江三角洲城市群。今后将形成十大城市群：京津冀、长三角、珠三角、山东半岛、辽中南、中原、长江中游、海峡西岸、川渝和关中—天水城市群等。

（四）都市圈规划

不断加深的全球化进程和信息技术的飞速发展改变了传统意义上的城市及区域空间，都市圈、城市密集地区作为一种特殊的区域城市系统已成为经济社会发展乃至区域竞争的主体，为了有效地协调各城市间的经济发展关系，共同应对发展中出现的各类问题，都市圈规划作为一种重要的发展举措应运而生，旨在提升区域的整体竞争力。20世纪80年代以后，在世界范围内掀起了新一轮的区域规划高潮，如欧洲空间展望、大伦敦发展战略规划、大巴黎规划以及第三次纽约区域规划等，都加强了更大范围的都市区域合作。

2000年以后，我国都市圈规划也掀起了高潮，各地相继完成了很多有影响的规划，如苏锡常都市圈规划、南京都市圈规划、长江三角洲地区都市圈区域规划、京津冀都市圈区域规划等，从更大空间范围协调了行政区、城乡建设与人口分布、资源开发、环境整治和基础设施建设布局的关系，使区域经整合后具有更大的竞争力。当前，随着大都圈中心性的强化、空间扩散的广域化以及区域的进一步融合，圈域内的一体化问题或协调发展问题已成为都市圈规划的重要内容，通过资源集约高效利用、生态环境的保护和整治、人口在城乡间的自由流动和经济产业的协调发展，将城乡两个地域实体融合成一个连续统一的、网络状的、多节点的、可渗透的"区域综合体"。

第三章　城市与区域可持续发展的管理战略

第一节　可持续发展战略的制定与实施

一、中国可持续发展战略实施的必要性

中国是一个发展中国家，中华人民共和国成立以来，特别是改革开放以来，我国的经济建设取得了巨大成就，GDP平均增长速度是世界各国最高的。国际经验证明，经济起飞阶段是发展中国家的关键时期，也是最困难的时期，在经济快速增长的同时，我们也不能不看到：中国是一个人口众多、自然资源相对短缺、经济基础和技术能力仍然薄弱的国家，社会经济发展所面临的人口、资源和环境的压力越来越大。我国的经济增长至今仍然未摆脱传统经济增长模式，即高资本投入、高资源消耗、高污染排放的模式。这种增长模式给我国造成的问题与全球性的后果是一致的，特别突出的是我国的经济发展与资源、环境、生态之间的矛盾更加尖锐。

中国未来的发展道路将向何处去，如果走发达国家"先破坏，后治理；先破坏，后保护"的老路，只顾眼前利益，盲目发展，资源、环境问题会使经济发展很快受阻，必将付出巨大的经济和社会代价，带来难以估量的损失；如果效仿发达国家现行的高投资、高技术解决问题的模式，我国面临的主要矛盾是发展不足的问题；中国面临的现实国情，决定了中国只能走可持续发展之路。

第八届全国人民代表大会第四次会议通过的《中华人民共和国国民经济和社会发展"九五"计划和2010年远景目标纲要》，明确提出了实施可持续发展和科教兴国两大战略，促进经济体制和经济增长方式两个根本性转变，并以此作为中国迈向21世纪的重要指导方针。

可持续发展是关系人类未来前途，并已经引起世界各国高度关注的全球性大事。中国正同世界各国共同努力，加快建设人与自然相和谐、经济与社会相和谐的社会，实现人口、资源、环境可持续发展，造福当代，利及子孙。

二、《中国 21 世纪议程》的制定与实施

(一)《中国 21 世纪议程》产生的背景

1992 年联合国环境与发展大会通过了《21 世纪议程》，号召各国根据本国的情况，制定各自的可持续发展战略、计划和对策。为了落实中国政府在联合国环发大会上的承诺，1992 年 8 月，国家计委、国家科委组织国务院 57 个部门、300 多名专家，在联合国开发计划署的支持下，于 1994 年 3 月编制完成《中国 21 世纪议程》。1994 年 3 月 25 日，国务院第 16 次常务会议讨论通过了《中国 21 世纪议程——中国 21 世纪人口、环境与发展白皮书》。1994 年 7 月 4 日，国务院向各省、自治区、直辖市人民政府和国务院各部委、各直属机构发出《国务院关于贯彻实施〈中国 21 世纪议程——中国 21 世纪人口、环境与发展白皮书〉的通知》。通知指出，该议程是制定我国国民经济和社会发展中长期计划的指导性文件，同时也是中国政府认真履行 1992 年联合国环境与发展大会文件的原则立场和实际行动。该议程作为纲领性文件开启了中国实施可持续发展战略的进程。

该议程从中国的人口、环境与发展的总体情况出发，提出了促进中国经济、社会、资源和环境相互协调的可持续发展战略目标：(1) 在保持经济快速增长的同时，依靠科技进步和提高劳动者素质，不断改善发展的质量；(2) 促进社会的全面发展与进步，建立可持续发展的社会基础；(3) 控制环境污染，改善生态环境，保护可持续利用的资源基础；(4) 逐步建立国家可持续发展的政策体系、法律体系，建立促进可持续发展的综合决策机制和协调管理机制。

(二)《中国 21 世纪议程》的主要内容及特点

《中国 21 世纪议程》共 20 章 78 个领域，主要内容由可持续发展总体战略、社会可持续发展、经济可持续发展、资源的合理利用与环境保护四大部分组成。

第一部分，可持续发展总体战略，论述了提出中国可持续发展战略的背景和必要性；提出了中国可持续发展的战略目标、战略重点和重大行动，可持续发展的立法和实施，制定促进可持续发展的经济政策，参与国际环境与发展领域合作的原则立场和主要行动领域。其中特别强调了可持续发展能力建设，包括建立健全可持续发展管理体系、建立费用与资金机制、加强教育、发展科学技术、建立可持续发展的信息系统，尤其要促使妇女、青少年、少数民族、工人和科学界人士及团体参与可持续发展。

第二部分，社会可持续发展，包括人口、居民消费与社会服务，消除贫困，卫生与健康，人类住区和防灾减灾等。其中最重要的是实行计划生育、控制人口

数量和提高人口素质，引导建立适度和健康消费的生活体系，强调尽快消除贫困；提高中国人民的卫生和健康水平；通过正确引导城市化，加强城镇用地管理，加快城镇基础设施建设和完善住区功能，促进建筑业发展，向所有人提供适当住房、改善住区环境。

第三部分，经济可持续发展，该议程把促进经济快速增长作为消除贫困、提高人民生活水平、增强综合国力的必要条件，其中包括可持续发展的经济政策、农业与农村经济的可持续发展、可持续能源和生产消费等部分。

第四部分，资源的合理利用与环境保护，包括水、土等自然资源保护与可持续利用；生物多样性保护；防治土地荒漠化；防灾减灾保护大气层，如控制大气污染和防治酸雨；固体废物无害化管理等。

《中国21世纪议程》是根据中国国情并参考《21世纪议程》而制定的中国可持续发展战略，它具有以下特点：

把经济、社会、资源与环境视为密不可分的整体。不仅论及在发展中如何解决环境保护问题，还系统地论及经济可持续发展和社会可持续发展的相互关系问题，构筑了一个综合性的、长期的、渐进的可持续发展战略框架，并提出了相应的对策。

体现了新的发展观。中国是发展中国家，摆在第一位的任务是要把经济建设搞上去，这是历史赋予的重任。实施可持续发展战略的关键是在经济、社会发展中，实现资源持续利用和环境保护相协调。

解决好人口与发展的关系是该议程的战略重点之一。庞大的人口基数给中国经济、社会、资源和环境带来巨大的压力。它提出了要继续进行计划生育，在控制人口数量增长的同时，通过大力发展教育事业、健全城乡三级医疗卫生妇幼保健系统、完善社会保障制度等措施，提高人口素质、改善人口结构；大力发展第三产业，扩大就业容量，充分发挥中国人力资源的优势。

突出表述了中国保护资源与环境战略的取向。中国在总体上是一个人均资源并不富裕的国家。从现实和长远看，资源相对短缺对中国经济发展具有很大的制约力。

充分注意到中国的环境与发展战略同全球环境与发展战略的协调。对诸如全球气候变化问题、防止平流层臭氧耗损问题、生物多样性保护问题、防止有害废物越境转移问题、水土流失和荒漠化问题等，都提出了相应的战略、对策和行动方案。

从机制、立法、教育、科技和公众参与等诸多方面提出了能力建设的重大举措,并为中国可持续发展的国际合作创造了适宜契机与良好环境。

与优先项目计划同时出台。为该议程的实施、广泛开展国际合作和把它纳入国民经济和社会发展计划提供了机会和途径。

(三)《中国21世纪议程》的实施

该议程的实施有力地推动中国走上可持续发展的道路,为逐步解决中国的环境与发展问题奠定基础。它的实施需要全社会的努力,需要从计划、法规、政策、宣传、公众参与等不同方面加以推动实施。该议程的实施主要从以下四个方面来推进。

1. 结合经济体制和经济增长方式转变来推进实施

(1) 在实施《中国21世纪议程》过程中,既充分发挥市场对资源配置的基础性作用,又注重加强宏观调控,克服市场机制在配置资源和保护环境领域的失效现象。

(2) 促进形成有利于节约资源、降低消耗、增加效益、改善环境的企业经营机制,有利于自主创新的技术进步机制,有利于市场公平竞争和资源优化配置的经济运行机制。

(3) 加速科技成果转化,大力发展清洁生产技术、清洁能源技术、资源和能源有效利用技术以及资源合理开发和环境保护技术等。加强重大工程、区域和行业的软科学研究,为国家、部门、地方的经济、社会管理决策提供科技支撑。

(4) 坚持资源开发与节约并举,大力推广清洁生产和清洁能源。千方百计减少资源的占用与消耗,大幅度提高资源、能源和原材料的利用效率。

(5) 结合农业、林业、水利基础设施建设,加强高产、高效、低耗、优质工程和生态农业的推广,调整农业结构,优化资源和生产要素组合,加大科技兴农的力度,保护农业生态环境。

(6) 研究、制定和改进可持续发展的相关法规和政策,研究可持续发展的理论体系,建立与国际接轨的信息系统。

(7) 研究、改进、完善和制定一系列的管理制度,包括使可持续发展的要求进入有关决策程序的制度,对经济和社会发展的政策和项目进行可持续发展评价的制度等,以保证《中国21世纪议程》有关内容的顺利实施。

2. 通过逐步纳入国民经济和社会发展计划来推进措施

在中国,计划是宏观调控的重要手段,因此,将该议程纳入国民经济和社会发展计划是实施的一项最基本措施。根据国务院决定,《中国21世纪议程》将作为各级政府制订国民经济和社会发展中长期计划的指导性文件,其基本思想和内容要在计划里得以体现。国务院要求各有关部门和地方政府要按照计划管理的层次，通过国民经济和社会发展计划分阶段地实施《中国 21 世纪议程》。

3. 通过大力提高全民可持续发展意识，加强可持续发展能力建设来推进实施

各级政府应通过广播、电视、报纸、刊物等媒体，全面宣传可持续发展思想，提高公众的可持续发展意识。有 270 多所高等院校新设置了环境保护学院、系、学科。全国许多中小学开展了环境教育和创建绿色学校活动。在广大农村组织实施了跨世纪青年农民培训工程和绿色证书工程。中国各类社会团体对可持续发展战略持积极拥护的态度，妇女、科技界、少数民族、青少年、农民、工会和非政府组织积极参与可持续发展活动。据不完全统计，全国正式注册的环保非政府组织已超过 2000 个。

4. 通过编制和实施《中国 21 世纪议程优先项目计划》，加强国际合作，多渠道推进实施

《中国 21 世纪议程优先项目计划》是原国家计委和国家科委联合推出的有关可持续发展的国际合作指导性计划。优先项目计划的编制是将《中国 21 世纪议程》中的行动方案分解为可操作的项目。优先项目计划的执行是实施中国可持续发展战略的一项重要行动。

将可持续发展战略纳入国民经济和社会发展计划。将该议程纳入国民经济和社会发展计划是中国政府实施可持续发展战略的基本措施。在联合国开发计划署的支持下，中国政府有关部门开展了将它纳入国民经济和社会发展计划的研究和培训，为各级政府在编制国民经济和社会发展"九五"计划和 2010 年远景目标时，将可持续发展战略思想和要求纳入计划和远景目标起到了积极作用。1996 年 3 月 17 日第八届全国人民代表大会第四次会议批准的《中华人民共和国国民经济和社会发展"九五"计划和 2010 年远景目标纲要》，把可持续发展作为一条重要的指导方针和战略目标，并明确做出了中国今后在经济和社会发展中实施可持续发展战略的重大决策。

加快可持续发展的立法进程，加强执法力度，努力促使中国可持续发展战略的实施逐步走向法制化、制度化和科学化的轨道。

组织和动员社会团体及公众参与可持续发展。中国各级政府及社会团体举办了多期可持续发展的培训班，并通过广播、电视、报纸、刊物等媒介在中国广泛地宣传普及可持续发展的思想，提高公众参与可持续发展的意识。中国社会各界包括社会团体积极拥护可持续发展思想和战略。妇女、科技界、少数民族、青少年、工会和农民参与可持续发展活动取得积极进展。

本着建立新的全球伙伴关系的精神，积极开展环境与发展领域的国际合作。1994年和1996年中国政府分别召开了第一次、第二次《中国21世纪议程》高级国际圆桌会议，得到了联合国机构、有关国际组织、许多国家政府以及工商企业界的支持，交流了可持续发展的经验，推动了可持续发展领域的国际合作。

（四）《中国21世纪议程优先项目计划》的制定与实施

在编制《中国21世纪议程》的同时，国家有关部门一直在考虑它的实施问题。为此，原国家计委和国家科委组织有关部门和地方，围绕它的总体战略，在各方案、各领域工作的基础上，针对国际社会共同关注、国内迫切需要解决的重大问题，制定了《中国21世纪议程优先项目计划》。

优先项目计划作为实施《中国21世纪议程》的一个重要步骤在国务院各部门、地方政府及有关机构团体提出的500余项优先项目建议书的基础上，经过反复筛选，于1994年提出了第一批包括综合能力建设、可持续农业、清洁生产与环保产业、清洁能源与交通发展、自然资源保护与利用、环境污染控制、消除贫困与区域开发、整治人口健康与人居环境、全球变化与生物多样性保护9个领域，62个项目的优先项目计划。该计划总投入约40亿美元，在1994—2000年分步实施。1996年优先项目计划又扩充到126项，总投入达60亿美元。

为了推进该议程的实施和国际合作，原国家计委、国家科委、外交部和联合国开发计划署分别于1994年和1996年成功地召开了两次《中国21世纪议程》高级国际圆桌会议，先后推出了两批优先项目计划和工商投资项目书，这不仅加强了对外宣传，还争取了国际合作的机会。据1996年统计，已经启动的合作项目涉及资金19.4亿美元，其中中方投入12.6亿美元，外方投入（包括赠款贷款和直接投资）6.8亿美元。

优先项目的实施不仅推动了中国的可持续发展事业，还为国际合作开创了新的途径和市场机会。"九五"期间，国家和地方有关部门加强了环境无害化技术的开发，科技部和亚洲开发银行支持建立了环境无害化技术转移中心及相应的信息库。国家在"九五"重大科技攻关中启动了中国可持续发展信息共享示范研究项目，该项目首次在我国建立了一个集资源环境和灾害数据为基础的可持续发展信息共享网络体系，是我国目前数据最全、范围最广的有关可持续发展的信息服务网络，开辟了我国可持续发展信息共享的道路。

（五）行业部门的21世纪议程行动计划

在《中国21世纪议程》出台后，政府各部门积极落实战略内容，并按照国务院的有关决定和要求建立了相应的推动可持续发展战略实施的组织管理体系，制定了部门战略和行动计划，同时采取具体措施推进战略的实施。

原国家计委将《中国21世纪议程》作为制定"九五"计划和2010年远景目标的指导性文件，组织计划编制人员进行将《中国世纪议程》纳入计划的项目研究与培训。国务院有关部门作为推进《中国21世纪议程》的重要组成部分，分别制定了相应的部门和行业的21世纪议程行动计划。

（六）地方21世纪议程

1996年7月，国务院办公厅转发了原国家计委、国家科委《关于进一步推动实施〈中国21世纪议程〉意见的通知》，把推进地方实施可持续发展战略作为重要内容，并向各地提出了具体要求。为了充分发挥各级地方政府宏观调控在实施《中国21世纪议程》中的作用，全国所有省市都开展了将《中国21世纪议程》纳入国民经济和社会发展计划的工作，各地方采取宣传培训研讨等多种方式提高计划编制人员的可持续发展意识，用可持续发展思想指导各级发展计划的编制，通过规划和计划将实施《中国21世纪议程》转化为政府行为，使可持续发展战略在各地方国民经济和社会发展计划中得到具体体现。

《中国21世纪议程》的制定和实施加快了可持续发展试验区的设立与建设。为了推进中国地方的可持续发展，中国政府推动实施了国家可持续发展试验区工作，可持续发展实验区分为国家级和省级两个层次。截至2007年1月，在全国范围内建立国家可持续发展实验区58个，涉及全国20多个省、自治区、直辖市。

地方21世纪议程使可持续发展的战略落实到区域与城市层面，对于促进可持续发展战略的有效实施起到了积极的作用。

三、中国可持续发展战略管理体系

中国可持续发展战略实施过程中所形成的管理体系是自上而下的，有组织的。

（一）中国21世纪议程领导小组

根据国务院环境保护委员会的部署，1992年8月成立了《中国21世纪议程》编制领导小组，简称中国21世纪议程领导小组。它是由中央政府有关部门和社会团体共同组成的，体现了多部门、多层次、多领域的利益，重视发挥非政府组织的作用。中国21世纪议程领导小组的职责是负责组织和指导议程文本和相应的优先项目计划的编制工作。原国家计划委员会和国家科学技术委员会联合成立了中国21世纪议程管理中心，具体承办日常管理工作。1994年3月，编制完成了《中国21世纪议程——中国21世纪人口、环境与发展白皮书》。

目前，中国21世纪议程领导小组组长单位为国家发展与改革委员会和国家科学技术部；副组长单位是外交部、商务部和国家环保总局；成员包括了许多相关的国家部委。中国 21 世纪议程管理中心具体承担实施《中国 21 世纪议程》的日常管理工作，全面推动《中国 21 世纪议程》各项具体内容的实施。中国 21 世纪议程管理中心挂靠在国家科技部。

（二）我国推进可持续发展战略领导小组

为了进一步推进可持续发展战略的实施，将可持续发展战略全面纳入国民经济和社会发展计划以及结构调整、扩大内需、西部开发等重大宏观决策过程，2000 年，经国务院批准，中国 21 世纪议程领导小组更名为全国推进可持续发展战略领导小组，组长由原国家计委领导担任，副组长由科技部领导担任。全国推进可持续发展领导小组是一个部际议事机构，它的主要任务是组织研究实施可持续发展战略中的重大政策问题，向国务院提出相关建议；组织、协调及推动各部门实施可持续发展战略的行动；指导开展可持续发展试点示范工作；组织开展可持续发展态势分析研究，定期提出分析报告；推动可持续发展领域的国际合作。

目前，全国推进可持续发展战略领导小组从以下三个方面推进了可持续发展战略的实施：

1.将可持续发展战略管理纳入行政管理程序，组织开展可持续发展重大政策的研究

全国推进可持续发展战略领导小组下设办公室，办公室挂靠在国家发展与改革委员会地区司，可持续发展战略管理成为国家综合宏观调控管理的重要内容。该小组将组织进行可持续发展重大政策的研究：建立可持续发展综合决策机制，保持政府政策的一致性、协调性和前瞻性，提高决策过程中的公众参与程度，促进决策的民主化、科学化；完善人口资源环境领域的经济政策，促进多元化投入机制的形成；将资源环境因素纳入国民经济核算体系，促进把人口资源环境工作列入各级政府的主要议事日程；建立一套完善的统计监测体系，探索和完善一套可持续发展影响评价方法，提高各级政府自觉运用可持续发展思想管理人口资源环境事务的能力；提出我国的环境与贸易政策，提高我国的产业竞争力。可见，全国推进可持续发展战略领导小组突出可持续发展政策研究和管理机制建设，使可持续发展管理日益规范化、制度化、系统化。

2.制定并实施《中国 21 世纪初可持续发展行动纲要》

为全面推动可持续发展战略的实施，明确 21 世纪初实施可持续发展战略的目标、基本原则、重点领域及保障措施，保证我国国民经济持续发展战略目标的实现，全国推进可持续发展战略领导小组在总结以往成就和经验的基础上，根据新

的形势和可持续发展的新要求，于 2003 年 1 月制定并实施了《中国 21 世纪初可持续发展行动纲要》。该纲要对议程的实施情况进行回顾与评估，对议程提出的到 2000 年的发展目标进行了修正和延伸，对各个领域的具体行动计划进行了调整和补充，特别是对跨领域、跨部门和国际性问题进行补充研究，用于指导 21 世纪初期我国实施可持续发展战略的工作。

3. 加强对地方可持续发展工作的推动力度

全国推进可持续发展战略领导小组办公室设在国家发展与改革委员会地区司，有利于对地方实施可持续发展战略进行有力的引导和调控。

（三）地方可持续发展战略管理体系

为加强对地方实施《中国 21 世纪议程》的引导工作，进一步推动地方 21 世纪议程的实施，1997 年 11 月，原国家计委、国家科委联合发文，决定在北京等 16 个省（市）开展《中国 21 世纪议程》地方试点工作。目的在于通过试点积累经验，推动全国实施《中国 21 世纪议程》工作的开展。试点工作的主要内容包括：将议程的基本思想和内容纳入各地区国民经济和社会发展五年规划，纳入政府决策和管理体系；加强地方各部门协调；加强宣传、教育和培训等方面的可持续发展能力建设，支持公众参与，提高全民可持续发展意识；探索促进区域可持续发展的政策法规体系建设；建立和完善相关的法律、法规和制度；加强国际合作、争取国际援助，广泛利用外资。目前，绝大多数省、自治区、直辖市及地区和城市设立了地方 21 世纪议程的组织机构。

由于我国可持续发展战略的制定和实施，一开始就是由科技和计划部门发起并领导的，我国的可持续发展战略具有既强调科技引导，又强调经济政策和计划的特点。在组织实施上，有的地方计划和科技两部门能够很好地协调，可持续发展战略行动很容易达成一致；然而，有的地方则互不相让，为了部门利益，相互扯皮，无法协调。因此，从可持续发展战略管理效率的角度讲，最好的领导机制应当是一把手亲自抓可持续发展战略。

一般而言，如果可持续发展领导小组办公室设在科技部门，则该地区可持续发展战略的实施更加注重科技引导，发挥科技的推动和引导力量；如果可持续发展领导小组办公室设在计划部门，则该地区可持续发展战略的实施更加重视可持续发展规划和计划的作用。

需要说明的是，成立可持续发展战略专门的管理机构固然重要，但是，由于可持续发展涉及众多部门、众多方面，专门的可持续发展管理机构显然是不够的。因此，要立足于发挥现有的可持续发展相关行政机构的职能，用可持续发展原则再造政府管理机构,优化政府行政机构,使其为区域可持续发展战略服务,承担相关的管理职能。当前,无论是发达国家还是发展中国家,基本上都是立足于发挥现有的可持续发展相关管理机构的作用,所不同的是,发达国家更加强调环境保护部门的作用,而发展中国家则立足于发展,强调宏观计划、调控和引导。

从某种意义上讲,管理就是决策,管理效果如何,在很大程度上就取决于决策水平的高低,因此,在可持续发展战略实施与管理过程中要注重提高各级政府及决策者的决策能力,建立可持续发展综合决策机制,将人口、资源、环境、生态等纳入国民经济和社会发展决策,增强决策的可持续性。当前,综合决策的重点是建立和完善人口资源环境与经济社会的统一协调机制与综合决策激励机制;制定有利于综合考虑地区和企业可持续发展水平的指标体系,试行将资源环境成本纳入国民经济核算体系;试行重大项目和重大决策的可持续发展影响评价制度,建立公众参与综合决策的渠道,提高政府推进可持续发展的公共服务水平等。可持续发展综合决策已经日益成为重大政策、工程、项目等决策的基本原则和方法。

第二节 城市与区域可持续发展战略及管理

一、城市与区域实施可持续发展战略的意义

城市与区域可持续发展战略是指根据城市与区域发展实际,根据可持续发展的要求,为实现城市与区域经济、社会、资源和环境协调发展做出的适合城市与区域发展特点的高层次、全局性的宏观谋划。

改革开放以来,我国的城市建设发生了巨大的变化。城市化引发的一系列问题逐步为有关专家学者所关注,开始了探索在世界趋于全球化、知识经济、信息时代,如何在生产建设中走可持续发展道路。城市是区域发展的核心,城市包括建成区、城乡边缘带、郊区三部分,而城乡边缘带是实现可持续发展最关键的部位。

为了支撑中国未来实现现代化的总体进程,到21世纪中叶,中国的城市化率将达到75%左右。在快速推进的中国城市化过程中,必须面对以下的挑战:(1)城市人口三大高峰(人口总量、劳动就业人口总量、老龄人口总量)相继来临;(2)城市对能源和资源的超常规利用;(3)加速城市生态环境倒U形曲线向右侧移动的良性逆转;(4)促进城市规划与区域规划的有机融合与协调发展;(5)提高城市基础设施建设的速度和质量;(6)加快解决三农问题,实现城乡之间的共

第三章　城市与区域可持续发展的管理战略

同富裕；（7）城市信息化进程的快速推进与新型工业化道路的实现；（8）城市国际竞争力的提高。

在目前我国城市化进程加速的情况下，如何在城市与区域建设中实现以人为本的自然—经济—社会复合系统相互协调的发展，即如何在建设中实城市经济社会的可持续发展是一个重要的命题。

城市与区域可持续发展战略是可持续发展战略的中观体现。城市与区域实现可持续发展，从宏观角度讲，是对中国实行《21世纪议程》的具体任务的分解与落实，从微观角度讲，对城市与区域实行合理的可持续发展战略，有利于城市与区域实现自身自然、经济、社会的协调发展，所以城市与区域建设中必须贯彻可持续发展观念，制定可持续发展战略。

二、城市与区域可持续发展战略的制定与实施

城市与区域可持续发展战略主要体现在《中国21世纪议程》中的地方21世纪议程的实施，以及国家或各地区根据可持续发展的要求，建设可持续发展实验区、生态示范和循环型省（市）等层面。

中国幅员辽阔，东部和中西部地区在自然条件、经济发展和城市化水平方面存在着较大差距。结合各地的情况和条件，制定相应的实施可持续发展的行动计划是中国实现可持续发展的基础。1996年，中国政府在《进一步推动实施中国21世纪议程的意见》中，把大力推进地方实施21世纪议程作为战略的重点，并向各省市提出了四点要求。

各地方政府要根据议程的精神，针对本地区的社会、经济和人口、资源、环境等特点以及面临的重大问题，提出本地区实现可持续发展的具体行动计划。

各地方政府应根据本地区的具体情况，选择并实施对本地区可持续发展有重大意义的示范项目进行试点，取得经验，并逐步推广。

地区之间要加强议程实施方面的信息沟通和经验交流，要以可持续发展的思想指导城镇的建设，选择有一定基础且具有典型性、代表性和推广意义的中小城镇和大城市的行政区作为可持续发展综合实验区。

要落实本地区实施议程的归口管理部门，加强领导，提供必要的工作条件。一些省市制定了地方21世纪议程和行动计划。例如，四川省制定了《四川省21世纪议程》，煤炭能源基地山西省制定了《山西省21世纪议程》，中国最贫困的省份之一贵州省制定了《向贫困挑战——贵州省贯彻实施中国21世纪议程行动计划》。还有一些省市结合当地的经济社会发展计划和区域发展规划，将可持续发展思想

有机地融入这些计划和规划实施。北京市也在联合国开发计划署的支持下，开展了北京市可持续发展重点领域行动方案的研究项目。

大连市 21 世纪议程试点工作进展。大连市为进一步贯彻落实《中国 21 世纪议程》工作，全面实施可持续发展战略，积极开展了地方 21 世纪议程试点工作，工作取得了初步成效。具体经验有如下几点。

（一）积极开展理论研究

为贯彻实施《中国 21 世纪议程》，市委宣传部和市科联联合组织召开了大连市可持续发展战略学术研讨会，结合本市实际，探讨大连市贯彻实施《中国 21 世纪议程》的思路、目标和措施。市科委将大连 21 世纪议程及可持续发展研究列入大连市重大软科学项目，聘请大连理工大学的专家教授，着手对大连市近几年经济社会发展按可持续思路进行分析，研究探讨下一步工作目标。

（二）深入开展《大连 21 世纪议程实施方案》中的优先领域和优先项目研究

经与有关部门协商研究，大连市确立了一些优先项目。经市政府综合平衡后，纳入国民经济和社会发展计划加以实施的项目有 22 项：煤气新厂扩建，台山热电厂，北海头热电厂扩建，春海热电厂扩建，香海热电厂扩建，垃圾发电厂，小黑山水源涵养自然保护区，马栏河污水处理厂，春柳河污水处理厂，傅家庄污水处理厂，开发区污水处理厂，棒棰岛污水处理厂，长海污水处理厂，旅顺污水处理厂，瓦房店污水处理厂，老虎滩污水处理厂，三道沟污水处理厂，凌水污水处理厂（排放），普兰店污水处理厂，庄河污水处理厂，金州污水处理厂，寺儿沟污水处理厂。

（三）加强社会的可持续发展工作

大连市开展了一系列精神文明建设活动。例如，敬老认亲工程，星期六义务奉献日活动，向优秀党员学习活动。缩小贫富差距，实施城市居民最低生活保障线制度和再就业工程，维护社会安定。建设自然博物馆，改造口腔医院和友谊医院，提高大连市人民健康和精神文明素质，为社会的可持续发展提供文化基本保障。

（四）加大城市环境综合整治力度

经过全市各界的努力，大连市城市环境综合整治工作成效显著。环境综合整治定量考核结果继续在全国重点城市中名列前茅，总量控制目标全部实现，12 项污染物均达到国家控制标准，部分污染物有较大幅度削减。环境质量状况一步改善，其他环境质量符合功能区标准。2001 年被联合国授予"全球环境 500 佳城市"称号。

1. 实施"蓝天碧海"工程

市政府下发《大连市2000—2002年"蓝天碧海"工程实施方案》文件后，市环保局成立了"蓝天碧海"工程办公室。目前，"蓝天碧海"工程所涉及的34项具体任务，已有29项确定了实施方案，22项开始实施。城市空气环境质量得到大大改善，"蓝天碧海"工程取得了阶段性成果。

2. 城市生活污水处理、垃圾分类跃上新台阶

马栏河污水处理厂通水试车成功，春柳河污水处理改造工程完成，使城市二级污水处理能力提高到37万吨/日。第一家社会化运营的城市污水处理设施——傅家庄污水处理厂的建成，打破了大连市城市污水处理厂建设由市政府投资运营的单一模式，探索出通过企业投资、运营治理污染的新路。目前，大连市生活污水处理率已达70%。垃圾分类户数已占城市总户数的11%。

3. 城乡建设迈出新步伐

市内经开发区至金石滩46.6公里的快速轨道交通建设已启动，兴工街至黑石礁轨道交通试验线路一期工程已完成；提前开工英那河水库扩建和引英入连供水应急工程；香海热电厂建成投入运行，使城市集中供热率由49.6%提高到54.3%；高标准进行了人民路、中山路、疏港路、胜利路等10条市区道路的综合整治；完成10个大型公建项目周边环境整治任务；在市内四区建成秀月、绿之梦、莲花、机车等12个广场；城市绿化覆盖率达到40.5%，人均公共绿地面积增加到8.5平方米。

4. 企业搬迁改造步伐加快

大连制药厂、大连轧钢厂等企业搬迁改造以及锻造、铸造行业合并重组已实现，特别是大连制药厂、大连轧钢厂搬迁后，彻底清除了大连市西部地区主要的工业污染源。

5. 新一轮飞机航线下环境综合整治全面展开

甘井子工业区环境综合整治是近年来环保工作的重点。经过整治，该区共取缔19个煤场，覆盖11个煤场，拆除临建435处，排渣1680吨；改造棚户区1处，动迁110户居民。大化环境整治收效明显。目前，甘井子工业区的环境面貌大为改观。

6. 自然生态保护领域拓宽

一是重视自然保护区的建设和管理。积极做好城山头海滨地貌自然保护区和长海海洋珍贵生物自然保护区晋升为国家级自然保护区的各项工作。旅顺蛇岛老铁山自然保护区管理工作取得新的进展，护蛇、护鸟力度加大。目前，全市已有9个自然保护区、7个省级以上国家森林公园，1个县级森林公园，3个省级以上风

景名胜区和12个饮用水源一级保护区，各类保护区陆域面积达1116.64平方公里，占大连市面积的8.88%。二是生态示范区的建设工作不断推进。金州区多年来积极探索生态环境建设和保护的道路，相继开展的生态农业、生态工业、生态旅游业、小城镇建设以及海洋生态的规划和建设成绩突出，24项生态建设指标通过国家验收，2000年被国家环保总局命名为全国首批生态示范区；旅顺口区被国家环保总局批准为国家级生态示范区建设试点单位，6个乡镇被确定为大连市生态建设试点乡镇，并完成了生态示范区、乡镇建设规划编制工作。三是强化了自然资源开发活动中的环境管理。对矿山污染、修复和复垦情况进行全面调查。加强城市饮用水源保护区环境治理工作，对5个饮用水库保护区内的15家企业做出了限期整治的决定，2家企业完成了治理，1家企业被取缔，其余企业正在按计划实施治理。

7. 开创了依法管理环境的新局面

加大新颁布环保法规的贯彻力度，全国实施行政执法责任制。对全市614家企业进行了申报登记。核查了100家重点企业。狠抓了禁止销售和使用高硫、高灰分煤炭工作，对全市70个用煤单位进行调查。加强了无磷洗涤用品的推广使用和管理，对无磷洗涤用品进行了排污申报注册。积极防治白色污染，共对2000余个单位和摊点进行了检查。规范了废动植物油和工业废油的管理，取缔和捣毁非法收集和加工废油腐黑加工点。

建设项目环境管理更加规范。我们从狠抓项目的规范管理入手，统一了审批手续，规范项目审批用语和验收程序；建立了审批、验收、跟踪检查、否定、处罚等五本台账；进一步明确审批权限，规定了工程前期环保受理条件；加强对环评单位的管理，对三产环评的收费进行了规范；加大了在建项目跟踪检查及管理力度；房地产项目管理力度进一步加强，颁布了《关于房屋开发暨建筑施工环境管理的通告》，规范和强化了房地产开发的环境管理。

工业污染防治扎实推进。我们进一步巩固"双达标"工作成果，使列入"双达标"的重点工业污染源保持达标排放的同时，不断扩大工业污染防治范围，对其他工业污染项目加强了整治。重视行业污染防治，重点抓全市水泥行业的粉尘治理，对全市水泥企业的除尘技术提出了新的要求，共有6个水泥企业的12座机立窑改为布袋除尘，使全市水泥企业的污染问题得到了根本改善。开展工业排污口整治，为50多家企业的废水排污口安装了黑匣子，对废水排放口自动监视和自动测流的计算机网络进行了试验，全市工业企业环境管理登上了新的台阶。

烟尘整治工作力度加大，杜绝冒黑烟现象。认真贯彻新的《大气污染防治法》，并从建立健全各项内部规章制度入手，制定了《烟尘监察工作责任制》《领导干部巡察督办制度》《烟尘监察工作中失职人员的处罚规定》等规章制度，使烟尘监察工作步入制度化管理的轨道，冒黑烟现象明显减少。完成了对沈大高速公路、黄海大道、旅顺南北路等主要干道的烟尘整治验收工作。

机动车尾气防治成效显著。通过全面公开管理规范，严肃治理厂家承诺制度，抓好环保，公安配合，加大路检巡检力度，从而形成了具有大连地方特色的尾气防治管理模式。处罚尾气超标车辆，深入企业义务检测机动车，旧车交易市场管理步入正轨，制止超标车辆交易，在全国率先推广使用柴油过滤装置，市内98%的加油站安装了过滤装置。目前，全市机动车尾气路检合格率已提高到83%，收到了预期效果。

8. 提高环境管理服务能力

环境监测工作达到国内领先。2000年，市环境监测中心获国家技术监督局和中国实验室国家认可委员会联合颁发的国家认可实验室证书。成为继深圳之后，全国监测系统第二家通过评审的检测站，标志着市环境检测技术能力达到国际标准，可参与国际间实验室的双边和多边合作。同时，新建成了金州、旅顺、开发区等5个空气自动检测子站，大连市空气自动检测系统已扩展为拥有1个控制中心和10个子站组合的计算机网络系统。环境信息管理系统初步建成，其中环境检测系统、污染源管理系统、地理信息系统三个子系统投入使用。

环境科研工作健康发展。一方面，围绕大连市环境建设的重点、热点和难点问题开展科研，完成了生态城市指标体系、能源结构调整策略等5项软课题研究。另一方面，积极面向市场寻求生存和发展空间。开发了废水处理车、粉煤灰承重空心砖等多项市场前景看好的环保实用技术，取得了良好的经济效益和社会效益。实施ISO 14000标准工作取得新进展，目前，大连市已有18家企业通过ISO 14001认证，大连开发区成为全国经济技术开发区中第一个ISO 14000国家示范区。

环保产业不断壮大。通过制定政策、规范市场和技术引导等手段，培育出东达环境工程公司等一批环保骨干企业，其中，L119、振邦漆等技术和产品在全国享有盛誉。同时，抓住大连市被批准为国家环保产业发展与设施运营产业化示范城市的有利时机，积极推行社会化运营，全市第一家实行社会化运营的傅家庄污水处理厂已投入运行，烟气二氧化硫污染源在线监测系统正在试行社会化运营。进一步规范了环保产业市场内部管理，规章制度更加健全，大连市环保产业得到健康发展。目前，全市从事环保产业的企业有198家，从业人员1.9万人，形成固定资产13亿元，完成产值20亿元。建设了5.06平方公里的环保产业园区。国家环保总局已决定每两年在大连举办一次博览会。

环境信息管理全面铺开。全市环保系统已建成12个局域网，在用各种环境专业软件达15个，有环境数据库4个，计算机远程传输系统已覆盖全市环保系统，系统内各单位、部门可以在网上互传信息。较为完备的信息系统在"蓝天碧海"工程、烟尘整治、环境综合整治等工作中发挥了积极的作用。

三、城市与区域可持续发展战略的重点问题

（一）战略设计原则

中国可持续发展战略研究组在《2005中国可持续发展战略》报告中，阐述了中国城市可持续发展战略设计的七项原则：

（1）必须将城市视作具有规模、等级、互补、共生及其在国土空间布局中表达出的有序充填（空间谱）；必须将城市视作具有结构、功能、协同、进化及其在时间序列识别上表现出的整体协调系统（时间谱）。

（2）在城市系统的内部结构中，各种自然生态因素、技术物质因素、经济增长因素、社会文化因素以及各种人文因素等构成了城市综合体的等级性、共轭性、异质性、多样性。

（3）在城市系统的外部结构中，通过城乡之间的物质流、能量流、信息流、人口流、资金流等的互相作用、互相影响、互相制约，特别是通过城乡的物质代谢过程、能量传递过程、信息反馈过程和优化配置过程，培育区域的自组织、自学习、自适应能力。

（4）在系统的内部环境与外部环境的关系中，既要考虑区域承载力对于城市需求的制约，又要考虑城市发展对于外部环境的影响力、扩散力、带动力。只有当一个城市向乡村的索取与该城市对乡村的回馈相平衡时，统筹城乡发展的运行才是健康合理的。

（5）宏观监控城市发展的动力表征、城市内涵的质量表征和城市状态的公平表征是城市可持续发展战略设计的基本依据。上述三种表征的定量化共同构成了城市化进程中质量的统一判别，并以此作为城市化进程健康发展的评价基础，实现城市的可持续发展。

（6）国家城市化的数量规模与空间布局应当有一个战略性的突破：建立以高密度为特征的三大城市区（群）；建立以产业链为纽带的七大城市带；建立以区域发展为特征的几十个城市圈，分别从面、线、点的有机组合作为中国城市化的主力军，完成中国城市化空间布局的战略目标。上述的城市化战略空间布局将充分发挥城市集群发展成本低、土地占用面积小、基础设施配套好、产业结构互补性

强、市场竞争力和生产集约能力高、综合"成本—收益"指数高、积聚国民财富能力高、能加速实现社会公平等优势。

（7）以发展克服城市病，以规划减少城市病，以管理医治城市病。国家城市化战略设计的着力点在于持续培育城市的竞争力，通过产业升级、结构优化、技术创新等，积极提升城市的综合实力。经济全球化已成历史潮流，我国加入WTO后，中国城市发展已经纳入世界城市化进程。这就意味着要在参与经济全球化中使用同一游戏规则，即在更广泛的领域里接受全球化国际竞争的挑战，因此，我们必须更新观念，积极采取应对措施，迅速提升城市发展的国际竞争力，切实提高我国城市化的整体水平。

（二）战略目标

该报告建议中国城市可持续发展战略的总体目标可以设计为：

用20年的时间，中国城市中的85%（将近500座）全面达到世界中等发达国家的可持续发展水平。

到2020年在整个国民经济中城市的贡献率达到90%以上。

到2020年城市每创造单位GDP的能量消耗和资源消耗在2000年的基础上降低4～6倍（基本实现联合国提出的"四倍跃进"）。

到2020年中国城市人均预期寿命达到76岁（每10年提高3岁）。

到2020年中国城市人文指数全部超过0～9（平均每年提高1个百分点）。

到2020年中国城市恩格尔系数降低到0～2以下（每年平均降低1个百分点）。

到2020年中国城乡基尼系数保持在0.35左右。

到2020年中国城乡二元结构系数控制在1.5～1.8之间。

到2020年中国城市平均受教育年限在14年以上（每10年平均提高1.2年）。

到2020年中国城市能有效地克服人口、营养、卫生、就业、能源、资源、生态、环境、社会公正等制约可持续发展的瓶颈。

确保中国城市的人口安全、食物安全、信息安全、经济安全、健康安全、生态环境安全和社会安全。

争取到2020年实现能源和资源消耗的零增长，形成较完整的循环经济体系，大力提高社会财富的有效积累能力。

（三）战略选择：可持续城市

可持续城市观念的形成既可以追溯到古代文明的哲理精华，又蕴涵着现代城市活动的实践总结，"只有当城市向自然的索取能够同城市向自然的回馈相平衡时；只有当城市为当代的努力，能够同城市为后代的努力相平衡时"，城市的可持续发展才能真正实现。同时，可持续发展还充分包含着城市活动的实践映象。是对"人与自然关系""人与人关系"正确认识的完整综合。它始终贯穿着"人与自然的平衡，人与人的和谐"这两大主线，并由此出发，去进一步探寻"城市活动的理性规则，城市与自然的协同进化，城乡发展轨迹的时空优化，城乡财富分配的相对公平，城乡供需要求的自控能力，城乡社会约束的自律程度，亦即城乡活动的整体效益准则和普遍认同的道德规范"等，通过平衡、自制、优化、协调，最终达到城乡之间的协调与统筹。

城市可持续发展必须是"发展度、协调度、持续度"的综合反映和内在统一，它们在各自临界阈值下共同形成的"交集"，产生了城市在实际运行过程中的正确"投影"，并成为衡量和诊断城乡可持续发展健康程度的标示。

城市发展战略体系的提出和运行，本质上是为了实现城乡的整体目标，最终必须展示出七项基本结果：（1）城乡综合实力应获得阶梯式提高；（2）城乡发展的制约瓶颈得到有效的克服；（3）城乡发展行为在可持续发展战略下的规范有序运行；（4）城乡整合能力的功效具有质的提高；（5）城乡生活质量在一个全新阶段中实现整体优化；（6）城乡抗逆能力和社会有序水平具有实质性进步；（7）城乡可持续发展能为国际社会提供区域管理的成功范例。

（四）战略模式：循环经济

所谓循环经济就是把清洁生产和废弃物的综合利用融为一体的经济，它要求运用生态学的规律来指导人类的经济活动。按照自然生态系统物质循环和能量流动规律重构经济系统，使得经济系统和谐地纳入自然生态系统的物质循环过程，建立起一种新形态的经济。

城乡共同构成区域，区域是一个自然—社会—经济的复杂系统。在城市与区域的可持续发展战略中，应将循环经济作为实现可持续发展的战略模式。

循环经济的发展模式实际上是在实践中如何运用循环经济理论和原则组织经济活动，或者说如何将传统经济发展模式改造成"两低一高"的新模式。循环经济发展模式由循环经济内涵、现有经济活动组织方式和相关实践经验所决定。产业和企业是经济活动的主要组织方式和载体，循环经济发展模式实质上是循环经济的产业发展模式和区域发展模式。以下我们对循环经济产业发展模式、区域战略转型模式和循环经济在我国的推进模式予以探讨。

国内的理论界认为，我国有三类地区最适合实施循环经济：一是生态资源重点地区，如黑龙江、吉林、陕西、贵阳等省市，利用生态资源可以产生生态经济效益；二是老工业基地结构转型地区，如辽宁，可通过建设循环经济提高资源利用效率、降低物质成本、恢复环境；三是经济发达地区，如北京、上海、江苏等，成熟的经济体在先进发展模式上的创新。

循环经济发展的区域战略转型模式，是指将发展循环经济作为转变区域社会经济与资源环境发展关系的助推器而引发的区域社会经济发展战略转变的类型。根据目前我国循环经济试点实践情况，从地区经济发展阶段、技术经济条件、资源环境形势和近期发展目标看，目前我国的循环经济发展出现了三种区域战略转型模式。

江苏苏南、上海、山东的部分地区是我国最发达的地区。从发展阶段看，循环经济发展与这些地区的产业升级和经济转型是同步的，技术经济基础和制度条件都较好，即使没有循环经济理念，产业升级和效率提高的方向也会朝着循环经济某些方面的要求靠拢，但有了循环经济的理念，这种升级和提高会更快、更全面，所以可以称这一类地区的循环经济发展是自发战略转型模式。对于这一类地区的循环经济发展，只要国家的立法和政策到位，体制安排到位，循环经济基本上依靠地方的资源就可以较顺利地发展。

辽宁省的循环经济实践是在振兴东北老工业基地的背景下，在具有一定的技术经济基础上的资源型地区的战略转型模式。东北老工业基地振兴战略为辽宁省发展循环经济带来了重大的发展机遇，循环经济发展也成为辽宁省振兴老工业基地的重要战略举措。辽宁发展循环经济不但有自身发展过程中的特殊需要，而且对整个东北振兴老工业基地，乃至西部资源型地区的可持续发展有重要的示范意义。对于这一类型，国家需要给予外部资金、技术和政策支持，相关支持要融入国家对东北老工业基地振兴的一系列倾斜政策之中。

相比之下，贵阳市的试点示范是西部地区发展循环经济的尝试，是一种典型的跨越式战略转型，即在产业升级和经济转型之前选择了先进的发展战略和道路。其面临的技术经济困难自然要比东部大得多，点上和局部推进相对容易，全面推进将面临诸多挑战。国家应给予较强的外部支持，在将资金、技术和特殊政策支持融入西部大开发优惠政策当中的同时，还需要一些专门针对当地循环经济发展需要的特殊扶持。

四、地方政府在实施可持续发展战略中的作用

（一）加强地方可持续发展战略实施的制度建设

几乎所有实施可持续发展战略的国家和地区都注重制度建设，因为制度建设是实现可持续发展的社会基础和保障。第一，良好的制度包含着信息获取途径的

畅通以及信息交流与共享机制。良好的合作与参与机制，可以提高政府部门的决策效率。制度虽然不能消除经济活动中的不确定性，但它能够使有关部门在不同的条件下相互合作，从而建立起一种互相联动式的关系；它还能够建立一种强化性的机制，减少部门之间、个人之间的相互摩擦，提高资源的配置和使用效率。第二，经济部门之间的互相扯皮或投机行为可能导致市场失灵，加强团体内各个体之间的相互交流和沟通可以减少投机行为。建立良好的社会关系可以减少不同个体之间的摩擦，降低交易成本。第三，它包含了集中决策机制，而这又是提供公共物品和市场过程外部性管理的一个必要条件。公共物品管理问题上的"搭便车"可以通过集中决策来解决，以兼顾效率与公平原则，最大限度地提高个人、团体和组织的生产力。第四，制度是一种社会资本，它同自然资本、物质资本和人力资本一样，它的价值在于与其他类型资本的结合，使其他类型的资本及其生产力的结合更为有效。第五，社会资本影响宏观经济成果，各地人均收入上的差异并不能仅由土地、自然资源、人力资本和产品资本（包括技术）等生产性资源的人均分配量来解释；制度以及其他形式的社会资本和公共政策同样影响着一个地区的经济发展、人均收入等。有研究认为，低收入地区由于缺乏公平执行合同和产权长期保证的制度，以及宏观经济政策的不到位，使得人们无法从投资、经济活动和贸易中取得应该获得的利益。

　　社会进步和经济增长需要有不同类型的资本的结合，社会资本是其中的一种资本，它的独特作用在于能够增强这种"结合过程"本身的效率。具体说，社会资本的积累可以提高物质资本、人力资本投资产生的效益。在教育水平不高的情况下，没有一个国家能够实现经济的可持续发展。但是，在一些高度发达的新经济体中却可能存在着低水平的、其质量甚至还在下降的社会资本。这就要求政府进行必要的干预，以免社会资本受到不必要的侵蚀，并创造出新形式的社会资本，以有利于可持续发展。

　　鉴于以上考虑，在实施地方可持续发展战略时应当加强体制建设。目前，应该注意的问题包括以下方面：

　　（1）为了加强地方21世纪议程行动计划的实施，地方政府需要正式将地方21世纪议程活动纳入年度财政预算和法律规章。

　　（2）公共部门政策的协调。建立与国家、省以及其他地方政府之间的合作关系，来确定、审定影响可持续发展资源管理和社会发展的有关政策、法律框架、财政计划等。

（3）增强地方的财政能力。按照可持续发展的需要对财政进行合理的预算，加强城市财政方面的能力建设工作。

（4）为地方21世纪议程的实施建立一个灵活的法规调控框架。在可持续发展中，法规调控工作需要进一步加强，并尽量采用创新的、以自愿为基础的协议与计划，建立一个灵活的实施框架。

（5）增强私营企业在地方21世纪议程中的责任与义务。建立一个在部门对口基础上的地方政府和工商企业界组织的合作协议，以鼓励所有工商企业界，尤其是跨地区的公司、企业加入到地方21世纪议程的制定和实施工作中来。

（6）制定地方政府可持续发展的购销措施。通过法律手段使各种消费品的生产厂家和零售商在产品设计、生产和包装等过程中提高效率及执行废弃物最小化标准。

同时，还应该注意在战略的实施中规范私人和市政活动的公共法规，这是改善地方环境和社会秩序、保证可持续发展战略实施走上正轨最基本的方法。法规体系应成为所有人活动和行为的最基本标准。人类居住和经济活动对地球生物产生的影响越来越大，地方政府在市政建设和开发审批过程中应将居住区保护和物种繁殖考虑进去，建立人与野生生物共存的整体环境。

政府应适应形势发展的需要，改革现有的政策和金融制度，使资源得到更有效利用，经济得到更有效的发展。应当将地方21世纪议程和可持续发展作为发展目标的市政发展计划和优先项目纳入财政预算。在地区建设中，改变旧的土地使用、建筑和公共卫生标准，在供水、供暖和废物管理等基础设施建设方面应用和推广新的实用技术。不可持续的消费品的设计和包装给环境造成巨大的压力，不仅是因为它们将产生大量的固体废弃物，含有高浓度的有毒物质，还因为他们基本上不能充分有效地使用先进技术，限制了能源和水资源利用效率的提高。

（二）地方政府在实施可持续发展战略中的作用

1. 协调社会发展

我国属于单一制的政府体制。在单一制的国家，宪法不对中央政府与地方政府各自的责权做出明确的规定，中央政府可以根据需要对地方政府进行授权，地方政府作为中央政府在各地的代表，执行中央政府做出的各项决策。但是生产社会化和市场经济的进一步对政府行使其经济职能的效率和管理协调水平提出了越来越高的要求。市场经济发展对政府经济职能、中央与地方职能分工有某种共同的要求，两者都必须面对市场以及由市场经济延伸的各种问题，不断调整其自身的适应能力，并充分发挥其在国家和地方长远发展方面的规划能力。

可持续发展战略要求地方政府有足够的能力处理公共物品和对地方发展进行

长期规划，在总结国家、地方政权经济建设的经验中，按照公共物品在生产、供应和使用上的不同性质，地方政府在生产和提供地区性公共物品方面的主要职能包括：基础设施的建设和服务；教育、科研、卫生、医疗、文化、环保等事业的管理；地方治安保卫、消防服务；对地方政府资产的管理；对地区性财政金融等部门的管理；结合本地区实际贯彻实施中央政府制定的微观经济规制和宏观经济调控的各项政策措施；具体实施全国统一的社会保障及社会福利制度；对地方政府所属行政机构、下级政府以及当地其他事务的管理等。

在市场经济进一步发展和完善过程中，一些西方国家认为政府的作用越来越小，但事实并非如此。虽然市场经济要求政府在一定程度上缩小其职能范围，但实际上，第二次世界大战以后政府规模扩大的趋势非常明显。发达国家的福利提高趋势和发展中国家的政府主导发展战略均使政府规模显著扩大。一个有效的政府是事关发展成败的决定性因素。良好的政府不是人类的奢侈品，而是发展的必须。没有有效的政府，经济和社会可持续发展都是不可能实现的。这一现实使得人类在追求经济自由化和无限发展过程中，重新认识到协调机构的重要作用，而政府正是在这种协调需求中显示其重要地位。

2. 促进地方经济发展

在传统的计划经济体制下，地方政府是中央政府在地方的代表机构，它主要依据国家战略目标及其重点而非市场信号来规划地方的发展。1978年以后，我国进行了经济体制改革，市场边界不断扩大，市场机制对经济增长的调节作用逐渐加强，但经济增长在本质上仍然属于传统的政府推动型，所不同的只是推动经济增长的主体发生了变化，由中央政府变成了各级地方政府。地方政府在行政性分权的改革过程中被赋予了前所未有的经济权力，承担起推动经济增长的责任。尤其是在我国财政改革的过程中，分权化的财政体制对我国地方经济的增长产生了巨大影响。

财政体制的分权使得地方政府在主观上要求推动地方的经济发展。首先，提高增长速度可以缓解地方政府的各种经济压力，其中包括就业压力、物价水平、收入水平、基础设施建设等。其次，可以增加地方财政收入。在现行的中央与地方的分税制中，地方政府可支配的财力取决于本地区的经济发展水平。地区的经济增长速度越快，可增加的地方财力就越多，从而也就可以保障地方政府的财政支出。最后，中央政府采取不同的地区政策造成区域间增长反差明显，在中央政府政策供给的诱导下，各级地方政府形成了强烈的产值速度意识、速度攀比情绪和旺盛的投资冲动。权威部门调查资料表明，改革开放以来地方政府的职能发生

第三章　城市与区域可持续发展的管理战略

了很大变化，地方政府普遍提出的第一位职能是提高经济发展速度，第二职能是增加地方政府的财政收入。因此，地方政府在当地经济发展、产业结构调整等总体协调发展上起着越来越重要的作用。

地方政府必须顺应市场发展的需要，针对经济发展过程中的不可持续因素进行调控，推动经济发展。地方政府应努力为企业疏通市场渠道，在推进区域的市场开放中促进经济增长。在促进经济可持续发展的过程中，政府的作用不在于要不要参与，而在于是不是理性参与，是不是用市场手段来参与，或者说，这种参与是否有利于统一市场的建立，是否有利于市场经济体制的最终建立。地区经济增长的快与慢并没有绝对的标准，关键要看处在什么样的发展阶段，具备什么样的资源条件，其中包括体制条件。诺贝尔经济学奖获得者诺思教授认为，制度变迁和技术进步一样都是经济增长的源泉，"有效率的经济组织是经济增长的关键"。目前，大部分地方既处于经济快速增长的起飞阶段，又处于经济体制急剧变迁的过程中，在这种特定的体制环境和特定的发展阶段，政府的参与作用有其客观必然性和长远的必要性。随着市场化改革的不断深入，地方政府经济发展中的协调作用不断增强，尤其是分权化的财政体制改革使地方政府在推动本地经济持续发展中起着关键作用。

随着社会分工的进一步深化和规模经济的进一步扩大，政权在经济协调发展、提高经济发展所带来的福利的公平性中，日益显示其不可替代的作用，这也给政府效率提出了新的要求。发展不仅是搞好经济、技术投入，还与基本制度环境有关。制度环境给出了经济、技术投入能否实现、有无效率的激励机制，制度（体制）环境则主要是由政府营造的。政府在解决市场失灵，即提供公共物品，使外部效应内部化、克服自然垄断、解决信息不完全问题，直至采取积极的产业政策方面，在促进社会公平，即消除绝对贫困、提供社会保障、实行收入再分配，乃至资产再分配方面，应负起主要职责。

地方政府促进发展的作用包括：（1）提供为有效经济活动设定正确激励机制的宏观和微观经济环境，（2）提供促进长期投资的社会环境，如财产权、和平、法律、秩序和规则；（3）提供社会基础设施（基础教育和医疗保健）和经济基础设施，并保护自然环境。相反，政府的过多干预也会妨碍发展。因此，可持续发展需要有效的政府，以保证市场以尽可能低的交易成本顺畅运行；同时要高度重视政府的能力建设，提高政府的有效性，使其作用与能力相符，在政府能力不强时，缩小干预范围，将精力集中于发展的基本条件，即核心功能、核心公共活动上；作为政府促进地区可持续发展长期战略的职能而言，政府应能够构建规范的激励约束机制，提高公共机构活力，更有效地发挥政府的职能，更积极有效地发挥地区发展的协调作用，以进一步促进经济发展和提高社会福利。

在可持续发展战略实施中，政府对优先项目的确定至关重要。在确保重要公共活动的前提下，政府要进一步培育市场，寻求在公共服务的提供方面利用市场、吸引私人和其他非政府组织加入。具体的办法有：（1）采取宽松的经济政策和发展方针，进一步将经济活动私有化的范围放宽以及放开市场。向最优先的行业开放公有资源，确保公共物品和服务的公共资金来源；为更好、更价廉的服务业铺平道路，促进竞争，提高效率；为私营部门的发展创造机会。（2）进行法规建设。法规可以通过促进竞争和创新以及预防滥用垄断权力，使市场运行更具效率，它同时有助于促使公众认同市场利益的公平性和合法性。在最大限度地利用私人来提供基础设施和社会服务的同时，进行法律制度建设。金融、公用事业和环境法规尤其重要。（3）实施新的产业政策，进行积极干预。在市场经济发育完善的过程中，信息交流不畅妨碍协调分工和市场发展；政府要在帮助企业了解信息、促进协作、发挥市场的作用、支持地方工业发展方面提供服务。在保护和培育新兴产业的同时，鼓励提高效率，提高地方工业技术水平和产品的市场竞争力。

（三）可持续发展战略要求规范政府行为

在推进地方可持续发展战略实施过程中，政府的作用要与其能力相适应。如果政府要进一步促进经济发展和提高社会福利，必须提高自身的能力。地方政府的可持续发展能力系指政府以最小的社会代价，有效地采取并促进集体性行动，有效地提供公共物品的能力。这种能力不仅包括政府官员的行政管理或技术能力，还包括深层次的政府机构和官员行为的约束与激励机制，即促使政策制定者和公务员按照集体的利益，行使机构性机制或机构性能力。在地方实施可持续发展战略过程中，地方政府制定地区发展战略、经济和其他政策措施都必须将可持续发展思想纳入其全过程，形成有效规范政府行为的制度，建立有助于发挥公共部门能力的体制。提高政府机构的活力有三种基本的激励机制：实施有效的法则和限制措施；规范自身行为；政府在共同规则之下参与竞争，包括建立竞争性的公务员制度，在公共物品提供方面引入竞争；尽可能地吸纳民众的意见，鼓励更多的民众参与，让民众拥有发言权和广泛参与的权力。

提高地方政府机构的能力主要包括：（1）加强决策体制，提高决策能力。确定合理的规则，依据市场规律和可持续发展原则使个人行为服从于公共利益，因此，要有正确决策的保证机制，即要有规范的决策程序和有效的决策机构；政府同外部利益相关者建立起联系，提高决策的透明度和可信度，并有信息反馈。（2）

改善提供服务的体制，提高执行能力。在采取以政府为主导的发展战略时，政府规模不断扩张，要通过分解公共事务，分别和交叉采取市场纪律、行政纪律和舆论监督这三种机构性机制来约束其行政行为以及改善执行状况。(3) 培养积极主动和精明强干的管理人员队伍，提高人员能力。要实行基于个人才干的、透明的、竞争性的招聘和晋升制度；在可信的监督和执法基础上给予公职人员足够的报酬；并树立自律、奉献、敬业的团队精神。

密切联系群众，使之成为改进政府机构能力战略的一部分。让民众参与政策制定和实施过程，减少政府决策时的盲目性，加强民众与政府之间的信息交流和沟通。鼓励建立民间机构和社区基层组织，通过它们有效地反映民众的利益需要。公共物品和服务应当由能够完全支付成本和赢得收益的最底层政府提供；权力下放能够使政府摆脱不必要的职责，集中精力履行核心职能，从而提高政府的公共管理能力。

（四）可持续发展资金需要政府及其他公共部门筹措和运作

在许多国家国有财政相对减少的同时，政府部门承受着越来越大的压力，需要带领整个社会走上可持续发展的道路。从村委会、各级政府、联合国开发计划署、亚洲开发银行到世界银行等各级政府和公共部门在引导可持续发展的根本转变上起到了最为关键的作用。要确保可持续发展得到长期的财政支持，在更大程度上是政治挑战而不是金融技术问题。

政府及其他公共部门的主要作用是使环境和社会利益在经济和金融上创造出更高的效益，包括如何建立国家的环境市场机制和社会公益保护机制，如技术革新、推动建立私营企业与环境和社会公益的资金运作之间的联系等。公共部门的另一个作用是鼓励市场开放、改革价格体系、限制支出和税收等，为可持续发展项目创造富有吸引力的条件。

可持续发展并不要求公共部门增加投入，而是要调整现有的投入。各级政府及其他公共部门要积极并创新的资金渠道，使其在可持续发展进程中起促进的作用。

各级政府及其他公共部门在资金筹措与运作方面有着重要的作用。除了传统的资金来源，如国民储蓄、税收和国际贷款及援助外，各部门还可能得到如下资金用于可持续发展，具体包括：(1) 绿色税收和使用费用。例如，伐木的砍伐税，能源消费的碳税，政府收取的水资源、能源和城市道路的使用费等。这些收费和税款体现了提供这些产品和服务的社会真实成本，从而极大地提高了使用效率，使同样水平的投入能够满足更高水平的需求。此项收入必须用于与之相关的那些行动（如将砍伐税用于今后的森林的管理，碳税用于开发可替代新能源等）。

（2）全额核算及资源、产品定价，包括污染环境者付费原则。例如，要求企业支付造成影响社会的废气、污水排放等全额费用，从而避免生产部门将由自己支付的代价转嫁到消费者身上，因为这本质上是消费者付款原则。许多国家顾虑到这将导致本国产品的出口竞争力下降，因而不愿意让资源使用者或污染者承担全部代价，因此，政府要做的事是与企业共同合作，通过多种方式鼓励技术革新，寻求能源的有效利用，而不只是额外强行征税。（3）取消对不可持续发展项目的资助。例如，不可持续的水资源、能源使用模式，过分使用化学农药等。根据地球理事会估计，发达国家和发展中国家有数以千亿计的资金正被用于资助那些耗资、浪费和不可持续发展的项目当中，特别是在水资源、能源和交通运输领域。

各级政府及其他公共部门在资金筹措与运作中可采取以下对策：（1）更好地了解可持续发展的原则，包括完善资金管理和绿色核算原则，建立经济可持续发展的机制。（2）建立创新的机制促进发展，加强国家、地区、社区中负责社会、经济、环境的部门，不管是政府、工商企业，还是社会机构之间更广泛的合作，这种合作不会丧失对发展的控制，反而能以一套新的经济、金融、行政手段来指导如何发展。（3）增强公共部门的作用，公共部门应增强自己的作用，但这并不一定意味着公共部门在可持续发展项目的实施中一定要起主要作用。（4）进一步认识到在未来合作中企业和公众的观点、能力及局限，国际机构应建立与企业和社会团体更深入的联系，并建立良好的咨询、合作机制。

除了在以政府为主体的项目融资中扮演主要角色外，地方政府在推进区域可持续发展项目融资中的作用还体现在，通过财政税收等间接调控手段，辅助建立区域可持续发展项目融资机制。具体可以分为以下几个方面：（1）在力所能及的情况下，增加财政支出，用于支持区域可持续发展项目（如对减少大气污染的技术改造项目给予一定的财政支持，同时应减少对非可持续发展项目各式各样的财政补贴，特别是在水资源、能源和交通领域）。（2）建立和完善科学的价格体系，逐步将项目或产品的外部性内部化。例如，合理确定污水处理的价格标准，以鼓励外来资本投入城市污水处理厂的建设和运营。（3）组织建立区域可持续发展基金，首先向经济效益和社会效益好的项目投资，通过资本收益不断将该基金壮大；然后逐步安排一定比例的资金投入到具备社会可持续发展的项目中。（4）运用财政、税收等间接调控手段鼓励企业技术创新，以此来提高企业的融资可能性。（5）加强地方法规建设和环境执法力度，影响企业投资选择。

五、区域可持续发展战略规划的理论与方法

（一）可持续发展战略规划的内涵

实现区域可持续发展，涉及一个区域如何在国家政策的框架内积极推行体制改革和机制转换、转变增长方式、走新型工业化道路、建设节约型社会等方面。区域可持续发展更多地体现在社会效益和环境效益等长期效益方面，单纯靠市场和市场主体的自发力量是很难做到的。由此可见，在区域的可持续发展进程中，政府行为居于主导地位，起着关键的甚至是决定性的作用。区域可持续发展战略规划就是指区域发展主导力量，即各级地方政府关于本区域可持续发展战略体系的顶层设计及其时空安排，可用于指导各方面工作规划、计划的制定与活动的选择。正确地理解与把握区域可持续发展战略规划的内涵，需要注意以下两点：

1. 战略规划和专项规划之间的区别与联系

区域可持续发展战略规划更多地涉及区域发展结构与方向以及区域发展的整体思路，它考虑问题的时间和空间尺度是各类专项规划所无可比拟的，更为重要的是，在有关体制问题、政策问题的分析方面要比专项规划深入得多，甚至在一些重大体制和政策问题上，战略规划研究表现出明显的超前性。因此，战略规划的研究一定要处理好整体与局部的关系，强调战略体系管理与战略集成，而淡化对具体战术的关注；在进行状况分析和制定战略规划时，要坚持顶层设计，使得战略规划变成有前瞻性的主动反应，而不是被动应付。战略规划确定后，各部门与各行业才能进一步结合实际制定一系列专项规划，又称为战术规划。专项规划以解决问题为导向，目的是为战略规划服务，与战略规划进行有机结合，每一个专项规划应支持战略规划中至少一个目标的实现，或为其实现提供条件。

2. 可持续发展战略规划与传统的发展战略规划的区别及联系

可以从两方面理解二者的区别与联系。

首先，从规划视角上看，传统的区域发展战略规划往往把社会系统孤立出来，或在社会系统框架范围内考虑发展的问题，而忽视了人类社会发展对自然环境的影响以及自然环境对人类社会发展的制约。这种视角在人类文明的初期阶段具有一定的合理性，但是，随着社会生产力的发展与人从征服自然、改造自然能力的增强，自然环境越来越多地受到人类影响，特别是工业革命后，人类社会发展表现为与自然环境双向协同演化。在这种情况下，继续沿用过去的视角制定发展战略将会产生较大的偏差，甚至是导致人类社会不可持续发展的根源。相反，可持续发展战略规划是以一种全新的视角，即环境社会系统的视角，把人类社会与自然

环境综合起来考虑某个区域发展战略的制定、选择与安排。

其次，从两类战略规划力图调控的对象来看两者的区别与联系。在物质流层面上，环境社会系统存在着三种供需关系：第一种供需关系即经济学意义上的供给和需求，物质以商品的形态由生产者流向消费者。第二种供需关系发生在原材料的攫取者与自然环境之间，自然环境为社会生产环节提供各种必须的资源、能源，人类利用这些自然资源进行生产、生活。第三种供需关系发生在商品消费者与自然环境之间，人类把商品消费过程中产生的废弃物排入环境，而自然环境则对这些废弃物进行消解与转化。如果第一种供需发生矛盾，在宏观层面上就表现为贫富分化的危机；而第二种供需矛盾表现为资源耗竭的危机；第三种供需矛盾则表现为环境恶化的危机。事实上，由这三种矛盾引发的三大危机相互交织在一起，始终作为一个整体而存在。比如，贫困落后的地区，人们往往以破坏自然环境的方式满足自己的基本生活需求，而被破坏的自然环境又以自然灾害的形式加剧了该地区的贫困，形成循环累积的贫困陷阱。因此，可以说只调控三种供需矛盾中的一种或两种，而对其他矛盾无动于衷，无法从根本上消解三大危机。传统的发展战略规划的调控对象恰恰只局限于第一种供需矛盾，试图在不考虑其他两种供需矛盾的前提下，化解贫富分化的危机，满足人类社会生产、生活对产品的需求。这种方式在短期内可能具有一定效果，从长远看反而会加快三大危机的激化。可持续发展战略规划把三大危机视为一个整体，从调控物质在社会系统中的流动，以及物质在人类社会系统和自然环境界面之间的流动入手，力图从根本上化解三大危机。

（二）可持续发展战略规划的基本框架与技术路线

1. 可持续发展战略规划的基本框架

可持续发展战略规划研究的是影响区域可持续发展的具有方向性、战略性的重大问题，应包括五个方面的内容。

（1）基础研究。基础研究包括区域发展的现状与可持续发展问题的分析。区域发展现状分析为进一步剖析区域可持续发展的问题和制定可持续发展战略奠定必要的基础。对可持续发展问题的识别及其原因的分析是制定可持续发展战略规划的前提，可持续发展战略规划要对三大危机进行调控，问题的识别不仅要涵盖传统发展战略规划中关于经济发展的问题，还要包括经济与资源协同发展、经济与环境协调发展以及经济与社会全面发展方面的问题。

（2）可持续发展的战略目标及阶段划分。从区域内外两个角度对区域可持续发展的潜力进行探讨，制定符合区域实际的发展战略目标。战略目标的制定一方

第三章　城市与区域可持续发展的管理战略

面要符合中央"全面、协调、可持续"的要求；另一方面要满足社会"一高、两低、三共赢"的要求，即"经济不断高速增长""自然资源的消耗不断降低、废物的产生量和排放量不断降低""人口生产、物质生产、环境生产"共赢，"社会效益、经济效益、环境效益"共赢，"政府利益、企业利益、公众利益"共赢。区域可持续发展的战略目标最终还要落实到反映其可持续发展状态的指标体系上，并通过这些目标指标值的阶段性实施得以实现。

（3）可持续发展战略重点。可持续发展战略是区域由不可持续发展到可持续发展的努力方向、宏观途径与策略要点。通过可持续发展战略的实施，推动区域发展模式质的转变；提升区域可持续发展能力，尤其是使三大资本（人造资本、人力资本、环境资本）快速流动，获得整体高增益的能力（凝聚力、吸引力和高效整合区域内外发展要素的能力）；增强政府高效整合三大行为（政府行为、企业行为、公众行为）的能力。因此，可持续发展战略体系的构建必须重视战略集成，即通过政府创新发展战略的主导作用，将经济跨越式发展战略与经济、资源协同发展战略、经济与环境协调发展战略、经济与社会全面发展战略以及空间配置优化战略等诸多系统战略进行有效集成，达到总体战略的整体高效益，形成区域发展的最大合力。

（4）优先行动。优先行动是基于战略规划的近期行动选择，是在操作层面上启动区域可持续发展战略的先导行动。通过操作性的行动计划，使得近期的目标得以实现，或者为中期、远期战略目标的实现创造条件。

（5）规划实施效果的监控与跟踪。应当对所有战略规划、行动计划的实施进行监控，有效监控的关键是健全和规范的监控制度及对有关规划执行情况的信息获取和核实。当监控报告指出规划实施过程中出现值得注意的问题时，必须同时提出解决问题的建议方案。高级管理层应定期评估规划实施情况，并及时反馈相应的优化方案，对规划进行必要的调整完善。

2. 编制可持续发展战略规划的技术路线

社会系统本身是一个复杂的巨系统，社会系统与环境系统综合形成的环境社会系统具有其他复杂巨系统所没有的复杂性质。环境社会系统这个复杂巨系统还是开放的，开放不仅意味着区域环境社会系统与其他区域环境社会系统进行物质、能量、信息的交换，还具有主动适应和进化的含义。针对这样一类开放的复杂巨系统，传统的数学方法很难描述。

因此，进行区域可持续发展战略规划可以从提出问题和形成经验性假设开始。进一步是由专家体系所具有的有关科学论断、经验知识和专家判断力相结合并通过研讨方式形成的，通常是定性的。这样的假设是经验性的，还没有经过严密的论证。精密的严格论证是通过计算机建模、人机结合、人机交互、反复论证、逐次逼近，对经验性假设做出明确结论。如果肯定了经验性假设是对的，这样的结论就是现阶段对区域可持续发展战略选择的正确认识；反之，就需要对经验性假设进行修正，再重复上述过程。

需要说明的是，可持续发展战略规划决策的专家体系不仅包括规划部门，还包括地方政府，特别是少数行政领导的施政意图在此过程中起着举足轻重的作用。这是由于激烈的竞争环境和既有的业绩考核体系，使得地方政府在关注长远发展的同时，更加重视本届政府的作为，而各种法定规划受到各种技术指标和严格审批程序的制约，往往不能真正反映当前一届政府的发展意图，所以地方政府需要用可持续发展战略规划的内容对各种法定规划施加影响。因此，规划专家在制定一个区域的可持续发展战略规划时，应充分协调独立的科学判断与地方主动发展意愿之间的矛盾，在平衡多方面利益的基础上，得出区域可持续发展战略的科学结论。

六、我国的城镇化战略与城镇化可持续发展

（一）城镇化的内涵

城市化由西班牙民用工程师阿尔达方索·塞达于1860年提出，城市化过程从西方工业革命时就开始启动了。由于城市化研究具有多学科性，城市化发展过程具有复杂性，因此对于城市化内涵的理解一直以来众说纷纭、莫衷一是。

概括而言，城市化（城镇化）反映了人类社会的生产和生活方式由乡村型向城市型的转化过程，表现为乡村人口向城市人口的转移以及城市不断发展和完善的进程。这一过程是一个包括城市、县镇、农村在内的不同地域单元之间在时间和空间两个维度上进行人口、产业、地域、文化等集聚与扩散的可持续发展过程。

1. 中国的城镇化：区域视角下的城市化过程

城市化问题涉及很多学科，不同学科乃至不同的学者对于城市化的界定和解析存在着差异。国内学者大多从城市或乡村或城乡的视角对城市化进行不同层面的阐述。在当今全球经济一体化和区域经济全球化的背景下，仅从城市或乡村或城乡的视角来研究城市化及相关问题未免有些狭隘，站在区域的视角解析城市化（城镇化）内涵将对城市化问题的深入研究起到标新立异的作用。在此，结合中国的实际赋予城市化（城镇化）新的内涵。

大城市涵盖了超大城市、特大城市和大城市，它们与中小城市之间的集聚和

扩散是城市化发展过程中城市自身功能不断完善的过程，即城市现代化过程。21世纪，组团式城市群是新一轮财富集聚的战略平台，也是实现城市现代化的最佳途径。中小城市与中心城镇之间通过市场与政府、交通与通信、无形与有形的方式或手段而相互集聚和扩散，这是中心城镇向城市转化的过程，可以称之为城镇城市化。中心城镇与广大农村地区存在地缘上的近邻关系，它们之间也存在着集聚与扩散关系。广大农村地区为中心城镇提供了丰富的劳动力资源、土地资源、原材料及多种能源，中心城镇由于其规模效应和聚集效应而对农村地区产生直接的扩散效应，这一过程可以界定为农村城镇化过程。城市现代化、城镇城市化和农村城镇化合为城镇化（区域城市化）。

2. 城镇化内容：一个综合性很强的发展过程

城镇化发展包括经济城镇化、产业结构城镇化、人口城镇化、空间城镇化、生活方式城镇化五个方面的内容。其中，经济城镇化是城市化产生与发展的根本动力，这种动力产生的根本原因是工业化。随着劳动分工的不断深化，在市场经济机制的作用下，工业化必然导致城市化。产业结构城镇化是城镇化的重要组成部分，城镇化过程就是产业结构不断由低层次向高层次演进的过程。人口城镇化是人类社会发展到一定历史阶段的产物，是人类社会生产力与生产关系辩证发展的必然结果。它是指经济主体伴随着经济活动的扩展而转移的过程。这一过程是在农业内部推力和非农产业外部拉力的双重作用下完成的。空间城镇化是指经济和人口城市化所伴生的反映在载体上的现象，即农村地域向城市地域的转变，或城市地域向农村地域的扩展。城镇化过程在地域空间的外在表现，包括具有现代文明特征的城市载体的形成和交通、通信等基础设施的不断形成与完善。生活方式城镇化是一个更深刻、更全面的变革过程，是一种在经济、产业结构、人口、空间城市化进程中体现出来的城市化。在生活方式的城镇化过程中，既有进入城市的人口慢慢接受、学习城市的生活方式、行为习惯和价值观念等，也有城市影响的扩散而使周围乡村生活方式改变的过程。应该说，城镇化的五个过程既相互独立又相互促进，缺少任何一个过程的城镇化都不是真正意义上的城镇化。

3. 城镇化机制：时间与空间上的集聚和扩散

时间维度强调城市化发展的阶段性，而且每个阶段体现出的集聚力与扩散力不同。在不同的发展阶段，集聚力与扩散力所起的主导作用是不同的。在低速增长阶段，集聚力远超过扩散力，并且扩散力微不足道；在高速增长阶段，集聚力超过扩散力，但扩散力已经得到了极大的增强；在成熟阶段，扩散力与集聚力基本均衡，并有超过集聚力的趋势。

空间属性涉及城市化的空间集聚与扩散。法国经济学家佛朗索瓦·佩鲁提出的增长极理论强调了"吸引中心"对周边地区的人才、资金、劳动力等要素的吸纳能力以及"弥散中心"在区域发展中对于周边地区的辐射作用。瑞典发展经济学家纲纳·缪达尔提出了累积循环因果理论，指出"回流效应"和"传播效应"对于一个国家或地区的经济从不均衡发展走向均衡发展至关重要。赫希曼的不平衡增长理论以及哈格斯特朗的扩散理论都把城市与区域之间的流动力概括为集聚力和扩散力。通过点—轴—网的空间合理布局，城镇化的集聚与扩散效应才能得以在空间体系中完成。通过各种高速通道、无线网络等有形和无形的基础设施的建设与连接，城市与城市、城市与乡镇之间才能建立起紧密的联系，使得劳动力、商品、服务、资金、信息、知识、技术等要素在彼此之间流动。从这个意义上讲，城镇化的过程实质上是劳动力、资金等生产要素随着产业结构的升级换代不断积聚到城市或城镇，城市或城镇通过经济关联、社会关联、政治关联、技术关联等对周边乡村腹地产生"回流效应"，使得地方化经济转为城市化经济的过程。

4. 城镇化发展方向：城镇化的可持续发展

20世纪五六十年代，西方国家的民众出于对核战争、环境污染、资源匮乏等问题的恐惧，开始反思人类的发展问题，逐渐认识到必须走可持续发展的道路。"可持续发展"这一术语最早出现在1980年由国际自然保护同盟制定的《世界自然保护大纲》里。1987年世界环境与发展委员会发表的报告《我们共同的未来》对世界发展模式产生了重大影响。1992年6月，联合国环境与发展大会（UNCFD）确定的《21世纪议程》标志着可持续发展从理论探讨走向实际行动。在国际学术界，可持续发展有着近百种定义，这些界定无非源于经济学、社会学、生态学、系统学这四个基本层面。其中，以《我们共同的未来》的界定最为经典。实质上，可持续发展与城镇化可持续发展在内涵上都强调协调、永续的发展。因此，城镇化可持续发展就是要实现人口城镇化、经济非农化、社会城镇化、土地利用集约化之间的和谐发展，最终促进经济、社会、环境的可持续发展。

城镇化可持续发展是城镇化发展的新方向。在城镇化推进过程中，合理开发与利用土地（耕地），有效利用日益稀缺的水、能源、矿产资源，科学防范资源利用过程中的外部效应，正确协调人与自然、人与人之间的关系，达到经济效益、社会效益和环境效益的统一化、最大化。无论对于城镇化水平较低的区域，还是对于城镇化处于加速或成熟阶段的区域，城镇化的可持续发展才是真正意义上的城镇化。

第三章　城市与区域可持续发展的管理战略

（二）城镇化可持续发展

1. 发展背景

可持续发展战略已成为世界上大多数国家普遍关注的焦点。在可持续发展的内容演进方面，人们的研究经历了理论探讨、内涵解析、战略研究、指标体系构建、试验区示范、相关领域和城市的应用研究等发展历程。客观地讲，只有把可持续发展理念和方法较好地切入到专业性领域，可持续发展本身才能发挥指导性作用。《21世纪议程》的40个章节中，有2/3的行动要求在一定的区域范围内实行。由于城市是一个区域的核心，因此，人类的可持续发展首先表现为城市的可持续发展，即城市经济发展与城市居民、资源、环境的和谐统一。在国外，对于城市可持续发展的研究起步较早，主要从城市资源、环境、经济和社会的角度（从某个方面或从综合角度），应用系统的方法来分析可持续发展在城市发展中的应用。我国从城市视角研究可持续发展开始于1997年，如今，关于它的概念、内涵、指标、战略、伦理、实证分析等方面的研究都已经相对成熟。然而，对于城市可持续发展的研究仅是宏观上的静态分析，而对于中心城市与乡镇地区集聚与扩散中可持续发展问题的系统、全面的研究起步较晚。2005年10月，走向可持续城市化国际学术研讨会在苏州大学召开，进一步倡导可持续城市化的发展理念。这期间，相关书籍的陆续出版也丰富着这一研究领域。总之，城市化（城镇化）可持续发展已经成为可持续发展研究的一个新领域。

2. 城镇化可持续发展的内涵

城镇化战略是国家"十一五"发展战略的重要组成部分，可持续发展战略又是我国21世纪现代化建设的核心内容，两个发展战略是密切相关的重大战略决策。虽然在我国经济转轨的关键时期，受到增长目标、增长速度、体制机制等固有因素的约束，城镇化的发展与可持续发展在短时期内可能会对立相悖，但是从长期来看，两者却存在着目标和路径上的一致性。在当前发展时期界定和解析城镇化可持续发展的概念与内涵，将对我国社会主义新农村建设、区域中各类城市之间集群式发展、城乡关系从对立走向融合等方面产生深远的影响，具有重要的理论意义和实践价值。围绕城镇化可持续发展这一主题，有的学者强调农村城镇化的可持续发展，有的学者强调城市可持续发展，还有的学者强调城乡统筹一体化发展。这些都是城镇化可持续发展的一个研究视角，然而，这些研究对于城镇化可持续发展的定义、内涵等问题均未给出一个理论上的界定和概述。对于这个概念的解析将有助于可持续发展与城镇化的进一步融合。

（1）系统性是城镇化可持续发展的基本框架。系统性说明城镇化可持续发展是一个动态发展体系。该系统包括经济发展、社会文明、人口流动、土地利用、城镇体系、能源环境等诸多支撑子系统。其中，经济发展子系统是现代人类社会发展的主旋律，但经济发展方式必须从传统的数量发展向可持续发展全面转变。社会文明子系统是城镇化发展的内在灵魂，是城市认同和城市化认同形成与成长的基本框架。人口流动子系统的主要功能就是人口的集聚与扩散，它是城镇化发展最明显的表征，也是城镇化发展水平的最直接度量。土地利用子系统侧重城镇土地的科学规划与有序利用的可持续性，它是城镇化可持续发展的物质承载。城镇体系子系统包含着一个区域范围内城镇数目、密度、规模、功能、空间结构等因子，它们的科学规划是城镇化可持续发展的有序导向。能源环境子系统强调自然资源和经济资源的开采利用不能以牺牲生态环境和未来发展为代价。总之，这些子系统又进一步分为很多系统因子，它们之间相互制约，相互影响，在内外部机制的作用下共同推动和维持城镇化发展的可持续性。

（2）发展性是城镇化可持续发展的核心主题。发展是人类永恒的主题，城镇化可持续发展的最终落脚点同样是发展。在这里，发展同样具有丰富的内涵。一是发展的起步性，即城镇化发展到什么时候才能谈到它的可持续发展。在理论上，当城镇化进入加速期后，城镇化的可持续发展将变得相对重要，这时需要大力推进城镇化的可持续发展。目前，我国人口城镇化发展水平已经超过40%，今后在各省市乃至全国全面推进城镇化的可持续发展战略意义重大。二是发展的速度控制。这一点要求我国各级政府严格控制城镇化发展过程中各子系统的发展速度。实际上，大部分现代城市的发展都超出了它们的容载量，还在更广的范围内挖掘资源，这使得大部分地区很快受到快速城市化所带来的水、空气等环境污染问题的影响。城镇化各子系统发展速度在时序中起伏不定以及各子系统之间不协调等问题是一种不可持续的表现。国外城市化推进的经验数据显示，在城市化的成长期，早期工业化国家城市化率年均增长了0.7个百分点，后期工业化国家城市化率年均增长0.8～1.2个百分点，在城市化的成熟期，城市化率年均增长0.1～0.2个百分点。

（3）同步性是城镇化可持续发展的协调度。体现同步性是城镇化可持续发展各个子系统的协调度体现。具体来说，它有三个层面的含义：一是城市现代化快速发展的同时乡镇地区获得辐射效应并快速发展，中心城市通过多种方式增强对于周边乡村地区的辐射力，城市与农村之间的关系逐渐从隔离走向一体化发展，城乡一体化又使城镇化向纵深发展。二是人的素质与城镇化发展水平同步提高。人尤其是广大农民是我国城镇化推进的主体和关键。城市总体规划、土地利用计划、相关政策制定以及城市管理能力等都与政府管理者、公众等主体的素质有着直接的关系。可以说，城镇化的可持续发展就是以人为中心的自然—经济—社会复合系统的健康发展。三是城镇化发展的人口流动、经济增长、资源开发、城镇体系、环境保护、社会转型、文化传播等相应环节必须在内外部机制的作用下按一定的比例进行，缺少任何一个方面的发展都会出现城镇化发展的"短桶效应"。

（4）可持续性是城镇化可持续发展的本质特征。可持续性强调处理好城镇化发展过程中发展与稳定之间的关系。发展控制的缺失将对一个城市区域的居住和开发空间产生负面影响，城镇化将表现出不可持续性。也就说，城镇化的发展速度要适度，在适度发展的同时兼顾城镇化发展过程中的结构性问题。比如，我国一些相对落后地区的城镇化推进时快时慢，政府意志至上，科学发展滞后，导致在我国，由于行政区划、管理体制、资源禀赋等因素的约束，使得一个区域（尤其是行政区）对于周边农村地区的辐射半径较短，加上距离衰减规律的作用，导致我国城市和乡村之间的差距越来越大，因此，注重培养城市对于周边农村地区的辐射能力比单纯提高城市现代化更为重要。

"短桶效应"在我国目前最明显的体现就是滞后型城镇化，即城镇化发展滞后于工业化发展。此外在我国，农村集体土地的利用程度快于农民经济承受力、资源的过度开发与相应补偿资金的缺失、产业园区建设超前与劳动力人才流动滞后、乡镇工业发展兴旺与环保技术落后等问题都是该效应的集中体现。量耕地流失，不可再生资源匮乏，失地农民越来越多，结构性矛盾日益增多，城乡收入差距逐年拉大。一些沿海城市经济城镇化发展过快，人口城镇化严重滞后于工业化的发展，导致转型面临历史性困难。这些都是没有处理好城镇化推进过程中发展与稳定之间的关系，表现出城镇化发展的不可持续性。社会主义新时期的这些"农村病"和"城市病"是城镇化发展不可持续的具体体现，所以可持续性要求城镇化发展要有长远考虑和科学预测，这是城镇化可持续发展的本质特征。

（5）集约性是城镇化可持续发展的模式要求。城市本身就是集约化的空间组织形式，是政治、经济、文化、人力资源密集的中心。城市又是一个动态变化的过程，时刻进行着质和量的变革，即城镇化。在这一复杂的变化过程中，保持集约式发展尤为重要。集约型城镇化的可持续发展是指以生态环境保护为发展之本，以科学的城镇体系规划为先导，城镇化有序推进过程中的人口集中、土地集约、产业集聚、城镇集群以及它们之间的逻辑集合。它是社会、经济结构转变过程中的城镇化发展状态及动力机制特征的总和。集约型城镇化可持续发展表现在时间和空间两个维度上。时间维度是强调城镇化在时间序列上的可持续发展；空间维度是强调城镇化的空间组织与扩散模式。然而，受到中国地区差异性的影响，中国城镇化的可持续发展可能很难存在一个固定的模式，但集约性应当是众多模式的基本要求和引导方向。

第三节 信息化战略与可持续发展

一、信息与数据

随着人类社会的发展和科学技术的不断进步，信息及信息技术发挥着越来越重要的作用。一方面，信息、信息技术和人构成管理信息系统的三大主要资源；另一方面，我们正处在信息时代，这是一个"知识就是力量"的时代。如何获得并利用信息的关键在于知识。为了理解信息的性质以及它的精确含义，必须先明确另外一个术语——数据。数据是指那些未经加工的事实或是着重对一种特定现象的描述。例如，当前的温度、一个零件的成本以及一个人的年龄，这些都是数据。而信息则可以简单地定义为那些在特定背景下具有特定含义的数据。比如，假设你要决定穿什么衣服，那么当前的温度就是信息，因为它正好与你即将做出的决定（穿什么）相关；在这里，一个零件的成本就不是信息。

信息是经过加工后的数据，它对接收者的行为能产生影响，它对接收者的决策具有价值。同一个数据，不同的人可能对它做不同的处理，获得信息的价值也就不同。事实是信息的中心价值。例如，在企业中，零件的成本对一个销售人员来说可能是信息，而对一个负责确定月末净利润的会计而言，它可能就只代表数据。

信息具有时间维度、空间维度和形式维度的特征。20世纪以来，航空摄影和航天遥感技术的发展开辟了人类离开地球表面，从空中以至外层空间对地球进行观测的新纪元。遥感图像和数据已经成为现代化地理信息的重要来源之一，也是可持续发展管理领域重要的信息和数据来源。可持续发展领域的数据与信息采集、分析和集成，许多情况下是基于地理信息系统而进行的。地理信息系统的特定属性是空间性，这使它区别于其他的统计型信息系统。它最主要的特点是每个数据项都按地理坐标来编码，即首先是定位，然后是各种定性（分类）、定量的属性。地理信息系统是具有多层次数据结构、多功能综合分析能力的空间型信息系统，对于我们掌握表征区域可持续发展状态的各类数据和信息具有十分重要的作用。

二、可持续发展管理信息的功能与作用

可持续发展管理的信息手段是指对国家和区域可持续发展信息进行采集、存储、管理、运算、分析、显示、描述、公开的技术方法。具体地讲就是综合运用各种信息获取技术来获取国家和区域可持续发展的信息，利用信息处理技术对这些信息进行筛选，提取所需信息，并进行相应的分析、归纳、预测，最后通过可视化技术将运算结果进行显示或打印输出，一方面为可持续发展管理决策提供技术支撑，另一方面通过信息公开和共享，实现对可持续发展利益相关者社会经济行为的相互监督和制约。

人口、资源与环境问题是可持续发展领域的重大问题，它们构成了一个相互制约的复杂巨系统，彼此之间进行物质与能量的交换，形成循环，各自还有多层次的内循环。其最终目的是协调彼此之间的相互作用，不断实现自身的适应。

就资源信息系统而言，它的主要服务对象可以概括为三个不同的层次：

（1）为宏观决策服务。这主要是为国家或流域的宏观决策服务，它的地域范围相对地较为固定。例如，农、林、牧的合理布局；水资源分配、城镇体系、人口容量的研究等。它着重于较长期的趋势分析与预测。

（2）为区域开发与建设服务。这主要是为经济区、省市及地区开发服务，其边界条件具有一定的可塑性。例如，环渤海经济区、长江三角洲等。它着重于区域研究、资源开发和综合治理。

（3）为特定的城市建设服务。这包括能及时提供地籍管理（土地使用权转让）、非农业占用耕地、供水、节能、环境保护、旅游交通实时检索与监测动态变化信息。

由于服务对象不同，它们的性质也各不相同。国家和流域级的信息系统以统计型为主，空间型为辅，一般是数据项比较多，而空间单元比较少。城镇级的信息系统则是以空间型为主，统计型为辅，以便于快速更新和检索。地区级的信息系统最复杂，必须同时具备空间型和统计型的性质，要求比例尺的几何精度和中长期的动态预测，难度最大。总体上看，可持续发展管理信息是进行科学管理和决策的基础。

在实施可持续发展战略的过程中不断进行信息的管理与开发应用，有助于实现信息共享和公众参与。例如，中欧环境管理合作计划（EMCP）信息管理与开发应用项目，在可持续发展信息收集方面展开了很多卓有成效的工作，为信息共享和促进公众参与奠定了基础。在该项目的支持下，中国21世纪议程管理中心主办的《每

日要闻》《发展动态》和《百家论坛》三个动态更新栏目定期发布国内外发生的在人口与健康、资源、生态与环境、社会与经济、科学技术、灾害和可持续发展等方面的主要新闻。2003年8月，中欧环境管理合作计划信息管理与开发应用项目启动了可持续发展专题信息收集工作，山东省可持续发展研究中心承担具体信息收集整理工作。可持续发展专题信息主要来自《中国人口·资源与环境》杂志及其他国内杂志、报刊等最新的可持续发展理论和实践动态，每周围绕一个主题，对获得的可持续发展信息进行摘要整理和编辑。定期在中国可持续发展信息网可持续发展信息专题栏目滚动更新发布。内容涉及资源、经济、生态环境等方面。

信息管理与开发应用项目收集的可持续发展动态信息突出动态性、时效性，有助于促进中国21世纪议程管理中心和中国可持续发展信息网密切关注可持续发展中的焦点、热点和难点问题，及时报道国内外可持续发展战略实施和理论研究的最新进展，迅速反映重大突发性事件对可持续发展的影响，从而增强其及时反映国内外可持续发展最新动态的能力。同时，也为公众广泛参与可持续发展管理提供了及时而丰富的信息资源。

下面我们再以中国可持续发展信息共享示范项目为例加以说明。该项目建成了我国第一个以分布式为主的大型资源环境结构数据库系统，该系统以中国自然资源、环境保护和防灾减灾信息为主，集元数据、属性数据、空间数据和多媒体数据于一体，成为专门为中国可持续发展服务的网络系统。主站点上集中了网上无偿共享的、公共的、尺度涵盖全国范围的、宏观的可持续发展数据；分站点上集中了有专业特色的、无偿的和有偿共享的宏观和微观的可持续发展数据。每个数据库都建立了元数据，通过数据和其他多样化的信息检索工具对数据库进行查询和访问，同时可以访问与可持续发展密切相关的国内外的其他网址、数据库站点和相关的政策和法规，为我国可持续发展的管理和决策提供内容翔实、数据可靠和使用方便的数据共享资源，为科学研究、普及和宣传可持续发展战略、提高全民族的可持续发展意识服务，为实现《中国21世纪议程》的宏伟战略目标服务。

第一，该项目建立起了完整、全面、权威和易用的大型资源环境数据库系统。中国可持续发展信息共享数据库是由国家基础地理信息中心、中国科学院、中国农业科学院、中国林业科学院、国家环保总局、原国家计委宏观经济研究院、中国地质科学院、国家海洋信息中心、中国地震局、中国气象科学研究院和中国21世纪议程管理中心等单位分工合作、共同研制开发的，是中国可持续发展信息网上重要的信息资源。根据对提交的集中共享信息进行改造和移植，在网络中心建成了集中共享数据库系统。

第三章　城市与区域可持续发展的管理战略

第二，制定了信息共享元数据两级标准及操作和管理工具。在1999年出版《中国地理信息元数据标准研究》的基础上，制定了项目内部使用的《中国可持续发展信息共享元数据标准》(讨论稿)，提交各有关单位征求意见的基础上，结合最新版本国际标准草案，修改原讨论稿，重点研究了二级元数据的内容标准，形成了标准初稿。

第三，研究和制定了中国可持续发展数据分类与编码标准体系框架以及数据字典标准。

第四，建立了统一的公共基础地理信息共享平台。根据确定的用于我国可持续发展数据信息共享的基础地理信息内容，从已经建立的国家基础地理信息系统全国1∶1 000 000数据库中提取所需信息，进行数据类型的转换、数据综合和重组，建立了用于可持续发展数据信息共享的基础地理信息数据集，即公共基础地理信息共享平台。1999年国家测绘局审图办公室对1∶4 000 000数据库国界和省界数据进行了三次审查，为公开发布公共基础地理信息共享平台数据打下了基础。2000年3月已经为各专题参加单位提供了新的国界、省界及政区数据，便于数据配准和信息发布。在对国内外现有各种Web GIS软件进行对比分析和试验的基础上，选择了Map info公司的Map Xtreme，开发了一系列配套的应用程序，实现了全国1∶4 000 000数据网上浏览、查询和部分数据免费下载。

第五，建设和完善了可持续发展信息共享网络中心的软硬件环境。网络中心的软硬件环境初具规模，建立了E-mail、FTP、WWW等服务器和16根线的电话接入服务并正常运转；购置了Oracle8关系型数据库管理系统和管理空间数据的ArcInfo、ArcSde、ArcView和MapObject，并已正常投入使用；中心的主页也不断完善，为信息共享服务提供了良好的环境。完成了防火墙和网络中心内部网系统的建设。

第六，解决了网络共享技术支撑体系所需的一些关键技术：(1)解决了中国可持续发展信息共享的软硬件体系结构；(2)解决了大容量空间信息共享的服务器和浏览器间的前后端交换协议；(3)解决了中国可持续发展信息共享的安全问题；(4)解决了中国可持续发展空间信息共享的服务器空间索引问题；(5)解决了中国可持续发展信息共享系统所涉及的各种地图投影的自动变换技术；(6)解决了中国可持续发展信息的中英文全文检索技术；(7)解决了不同比例尺的空间数据整合和配准技术；(8)解决了多站点数据的分布式计算和综合分析技术。

第七，建立了分站点网络支撑体系。各分站点都根据项目的要求扩建了局域网，配备了高性能的服务器，网络出口带宽都超过了64Kbps的基本要求。在为用户提供简便、内容丰富的网页上下了一定的工夫。

此外，该项目还面向社会公众、面向政府决策支持和面向市场，在因特网和政府网的基础上，构建分布式与集中式相结合的中国可持续发展信息共享体系；完善信息共享机制，建立公共基础数据、资源、生态、环境和灾害信息的信息基地，开展信息共享和信息综合集成的关键技术研究，开发信息及信息技术产品，初步建立中国可持续发展综合决策支持系统。希望可以借助这种信息管理系统的研究活动，完善中国可持续发展信息管理办法和共享机制，研究可持续发展空间数据的结构化标准规范，制定相应的国家标准；研究中国可持续发展的评价指标和评估技术方法体系；制定和设计中国可持续发展信息加工、信息技术产品开发和推广应用的总体规划、产品规范、技术流程和生产线；开展可持续发展信息集成与共享的关键技术研究；建设动态的和可连续更新的中国可持续发展公共基础数据信息基地、资源信息基地、生态信息基地、环境与灾害信息基地；加工、生产和集成相应的可持续发展信息；建立可持续发展网络中心和分中心；构建基于各信息基地的国家可持续发展综合决策支持信息平台，开发综合集成技术及决策支持模型；建成中国可持续发展综合信息集成体系，和面向社会公众、面向市场和面向政府的多目标、多层次和多级别的信息服务体系；开发可持续发展信息基地生产的数据信息产品，信息集成和共享技术软件产品；综合信息集成技术产品，为社会各界服务；建立面向政府部门的综合环境动态、突发性自然灾害事件和与社会经济发展战略密切相关的动态决策支持系统，开展中国可持续发展年度评价研究，对中长期可持续发展战略进行综合分析和预测。

三、城市与区域可持续发展管理信息系统

（一）系统的基本构成

1. 基本构成要素

信息系统是用于搜集、组织数据并将数据分配给组织内人员。这类信息系统有五个基本组成要素。

（1）输入。输入是进入信息系统的原始资料。这方面的数据有人口统计、健康与卫生、生物多样性、交通运输、环境质量等。

（2）处理。涉及对数据进行处理、组织、分类、计算的能力，数据处理是把数据转化成对管理者有用的形式。例如，可以利用一种复杂的计算机模型把气象和地理数据综合起来交给主抓空气质量官员，让他们决定要达到本地政府的标准，可以允许何种水平的污染物排放到大气中。

(3)储存。可以举一个简单的例子来说明信息储存的重要性。某地方政府向四个大型公共工程项目投资了数十亿元。在这一过程中，该政府向承包商支付了大量的资金以开发完成项目所必需的信息——水文资料、工程资料以及有关大约10000条需要重新设置的公共设施线路的信息。如果信息不以可检索的形式加以储存，那么再过5年、10年或15年，该政府就不得不从开发该产品的公司重新购买资料。

(4)控制。控制则是确定信息系统是否在为信息使用者提供高质量、适时、完整、相关的信息。

(5)输出。输出包括对信息系统使用者有用的经过组织和处理的信息。

2. 系统的类型

(1)交易处理系统。20世纪60年代计算系统的最初目的是通过日常交易流量的计算机化来减少办事员的交易成本。交易处理系统执行机构在日常工作中一再发生的交易，记录雇员额外工作时间、发出违规通知、客户付款、对销售商付款，政府部门必须跟踪所有这些记录。设计交易处理系统的目的是为了准确地记录和储存这些交易信息。

(2)管理信息系统。就信息系统发展而言，管理信息系统是交易处理系的下一个阶段。从本质上讲，管理信息系统是执行不同任务的信息使用者搜集、组织和分发数据的机构。管理信息系统为特定的管理问题提供经过概括的信息。政府及其他公共管理者可以利用管理信息系统总结和检查计划、项目及个人的情况。

例如，消防救援机构可能会用管理信息系统跟踪训练记录，对这类组织而言，管理信息系统显得尤为重要。在消防救援机构及其他类似组织，包括公共安全部门，雇员如果没有接受过适当的训练和获得必要的资格证书，通常不能参与具体的操作。在这种情况下，管理信息系统的目标非常明确：为训练确认资格提供快速、准确的信息。

(3)决策支持系统及执行信息系统。这两个概念与管理信息系统密切相关，是在20世纪70年代出现的。这两个系统专门是为了帮助管理者处理半结构及非结构性问题，因为信息管理系统处理此类问题缺乏足够的灵活性。这两类问题与结构性问题的根本区别在于问题的复杂性、不确定性、受政治影响、新颖性、内在冲突的程度不同。非结构性问题是内在复杂的、不确定的、冲突的、容易受广泛的政治影响的问题。结构性问题很可能是常规的、有组织的、易采用理性的解决方法。半结构性问题介于两者之间。另一种解释是结构性问题可以程序化，而非结构性问题不可以程序化。

决策支持系统具有适合解决非结构性及半结构性问题的若干特征，为做出特定决策而检索、处理、演示需要的信息。它们是互动的，即管理者可以对要解决的问题提出询问，并得到不是定期报告的答案。而且，他们可以进入多元数据库，获取组织内外的信息。

（4）人工智能。与管理信息系统和决策支持系统不同，人工智能能帮助管理者做出决策。作为顾问，人工智能甚至能替代决策者。人工智能包含一系列模仿人类行为的电脑程序。例如，从经验中学习的能力，理解正式的书面和口头语言，有视觉并能做出判断。在可持续发展管理领域最为实际和有效的就是专家系统。在决策时，计算机程序可以复制专业人员或管理者的思维过程。

（5）网络。公共管理部门越来越意识到把计算机和通信系统融入高效、有内在联系的网络的重要性。实际上网络是一系列能使信息流动的渠道。一般在公共部门有五种网络：组织内联网、机构间互联网、政府间互联网、政府与市民间的互联网以及万维网。

（6）通信。最近几十年，以电磁信号形式远距离传送文字、声音或图像信息的技术有了突飞猛进的发展，现有的技术通常包括语音信息系统、电视电话会议以及电子邮件。

目前语音识别技术、数据的可视化以及新的因特网技术都已经越来越快地呈现在管理者的面前，而如何利用好信息系统的各种要素和工具，实现管理的高效化，是摆在管理者面前的现实问题。

（二）系统的特点

可持续发展管理信息系统是对城市与区域内可持续发展信息进行综合采集、分析、控制、传播、预测的应用系统。可持续发展管理信息系统主要运用所采集的信息进行分析、决策，继而利用信息的传播优势来达到信息的共享和优化，进一步利用信息来进行相应的生产和消费预测的一系列过程。

1.可持续发展管理信息系统需要强大的技术支持

可持续发展管理信息系统研究对象的特点决定了它需要强大的技术支撑作为基础。由于可持续发展所涉及的领域极其广泛、空间覆盖面广、时间跨度大，信息涵盖了人文、自然、经济、社会等领域，因此，必须借助现代信息攫取和控制技术来采集和管理相关的信息。其中遥感技术、地理信息系统以及全球定位系统等都成了信息获取的重要手段和渠道。可持续发展管理信息系统的发展在一定程度上还有赖于科技进步的速度。

2. 可持续发展管理信息系统是一个信息综合性极强的庞大系统

城市与区域可持续发展信息管理系统是一个跨越了基础地理、生物资源、生物多样性、水文与水资源、农业生态环境、地理环境、森林资源、矿产资源、海洋资源、环境保护、环境无害化、自然灾害、气候气象以及宏观经济等多学科、多领域的庞大系统，它不仅需要广泛搜集基础数据进行分析，更重要的是该系统要具有综合检测和控制的能力，对不同数据进行分类归档，并且通过复杂的数据分析系统对整体系统的可持续发展做出一些决定和建议。

3. 可持续发展管理信息系统是一个动态变化的系统

自然界和人类社会是动态变化的，因而可持续发展管理信息系统所搜集的各类信息也是不断发展变化的。在可持续发展管理过程中，要根据人类社会和资源环境的变化适时更新系统的各类信息，以便及时反映自然—经济—社会复合系统的运行状况，为科学管理和制定公共政策提供支持。

四、以城市的信息化促进区域的可持续发展

信息化是充分利用信息技术，开发利用信息资源，促进信息交流和知识共享，提高经济增长质量，推动经济社会发展转型的历史进程。20世纪90年代以来，信息技术不断创新，信息产业持续发展，信息网络广泛普及，信息化成为全球经济社会发展的显著特征，并逐步向全方位的社会变革演进。进入21世纪，信息化对经济社会发展的影响更加深刻。广泛应用、高度渗透的信息技术正孕育着新的重大突破。信息资源日益成为重要生产要素、无形资产和社会财富。全球信息化正在引发当今世界的深刻变革，重塑世界政治、经济、社会、文化和军事发展的新格局。加快信息化发展已经成为世界各国的共同选择。

我国的国家信息化战略提出要"城市先行"，这与城市在区域中的地位是密不可分的。城市通常是区域的政治、经济、文化中心，在区域经济发展中占有重要的位置，城市信息化是区域信息化的核心和龙头。

信息化对于优化城市资源配置，提升城市的综合实力具有极其重要的意义。城市经济的发展过去通常取决于当地资源、规模效应和营运成本等要素，但这种传统经济模式越来越不能适用社会信息化发展的需要。一个区域的信息化水平涉及它的生产力水平、科技水平、公众的人文素质与生活质量，体现了一个区域的综合实力。发达国家的经验表明，虽然开展信息化将增加30%的投资，但可以提高产品档次和质量、改善生产环境、降低能源和原材料消耗，从而增加85%的经济效益。

推进信息化有利于城市实现以信息化带动工业化的战略目标。用现代信息技术改造、提升传统产业，大幅度提高产品质量、降低能源消耗、提高生产率，促使我国经济发展从粗放型向集约型转变，推动传统产业的升级和调整。据估计，一个100万人口的城市，当信息化达到基本运用程度时，在整个投入不变的前提下，城市的GDP可以增加2.5~3倍。同时，城市信息化建设对IT行业来说是一个新的商机。实际上，信息化对城市经济发展的影响程度远远超出信息技术和信息产业本身，它所带来的将是促进传统生产方式、组织模式、管理方法的变化，能够促进城市产业结构调整，还能够扩大城市就业机会。

信息化建设已经成为中国城市可持续发展的新主题、新动力.城市在让人类享受物质文明的同时，也使人类受到城市病的困扰。目前，世界城市贫困人口约有15亿，至少有6亿人没有足够的住房，11亿人呼吸不到新鲜空气，仅因饮水不洁每年就造成1000万人死亡。此外，日益恶化的交通拥挤、污染严重、资源浪费、疾病蔓延、下岗失业、治安犯罪、城市治理资金匮乏等问题不仅威胁着城市经济发展，这威胁着城市社会进步。我国城市可持续发展存在许多制约因素，比较突出的是水源短缺、土地有限、人口膨胀、就业压力、生态破坏、环境污染、道路拥堵、城市人口素质堪忧等问题。信息技术将为政府机构与职能的调整与改革、城市社会与经济的发展提供新的机遇。信息化建设为城市规划、建设和管理的理论创新提供了实践条件，可以使人居环境建设不断优化，城乡发展更加合理有序，促进人居环境不断进步。

目前，现代信息技术已经渗透到城市经济、社会、管理、规划等各个方面，并深刻改变着人们习惯的工作方式、生活方式、学习方式，甚至思维方式。随着经济、社会发展水平的提高，尤其是信息技术的飞速发展，带来了城市产业结构和社会发展的转型，这为城市信息化提供了重要的动力支持。

城市是国家信息化实施的集中区、先行区和示范区，城市信息化是一次城市社会功能和经济功能的再造与提升，加强信息化建设对于城市的未来发展具有重要的现实意义。信息化正在成为我国城市现代化发展战略的重要组成部分，是推动城市与区域可持续发展的重要力量。

第四章 城市与区域可持续发展的管理组织结构

第一节 城市与区域可持续发展管理的内涵及作用

一、可持续发展管理的概念

科学管理之父泰勒认为,管理就是"确切地知道你要别人去干什么,并使他用最好的方法去干"。诺贝尔经济学奖获得者赫伯特·西蒙教授对管理概念有一句名言:"管理即制定决策。"对管理的定义有重大影响的法国人亨利·法约尔认为,管理是所有的人类组织中都有的一种活动,这种活动由五项要素组成,即计划、组织、指挥、协调和控制。也就是说,当你在从事计划、组织、指挥、协调和控制活动时,你便是在进行管理,管理等同于计划、组织、指挥、协调和控制。

一般而言,所谓管理是指一定组织中的管理者,通过有效地利用人力、物力、财力、信息的功能等各种资源,并通过决策、计划、组织、领导、激励和控制等职能,来协调他人的活动,使别人与自己共同实现既定组织目标的活动过程。

可持续发展是一个动态的、发展的概念,尽管不同领域的专家、学者从自然属性、社会属性、经济属性、科技属性和空间属性等不同角度进行了解释和阐述,但是人们对于可持续发展的核心思想却是共识的,即健康的经济发展应建立在生态可持续能力、社会公正和人民积极参与自身发展决策的基础上。它所追求的目标是,既要使人类的各种需要得到满足,个人得到充分发展,又要保护资源和生态环境,不对后代人的生存和发展构成威胁。要正确处理和协调人口、资源、环境与社会经济发展的相互关系,实现可持续发展,使社会系统的运行达到良性状态,就必须把人口、资源、环境和社会、经济放在一个整体中,从总体上进行综合分析和系统管理。

可持续发展管理是以政府为核心,企业、社会和公众广泛参与,辅之以政治的、经济的、管理的、法律的、技术的方法和手段,以实现人口、资源、环境和社会经济协调、可持续发展的过程。它既包括国家、地区对可持续发展生态社会经济关系和社会经济活动的管理，又包括可持续发展系统内部的管理。因而，可持续发展管理是宏观生态、社会、经济管理的表现形式，也是社会经济管理的重大发展。

二、可持续发展管理的实质

可持续发展管理的实质是利用一切管理手段调节可持续发展系统运行的全过程。通过各种调控手段的综合运用，调动各方面保持可持续发展系统的健康运行与人们参与可持续发展的积极性和创造性，从而使人们的经济活动对可持续发展生态环境系统的负面影响控制在最低限度内，达到社会经济发展的生态代价和社会成本的最低程度，实现可持续发展系统的有序、进化和良性循环。可持续发展管理与传统的经济发展管理不同，主要是协调以下几方面的关系：

（一）代际利益协调，实现代际公平

这就是在任何时候都不应以牺牲后代的生存和发展利益为代价，来换取目前的发展和效益。

（二）三种生产的协调

三种生产的协调就是物质生产、人的生产和环境生产的协调，做到经济效益、环境效益和社会效益的统一。

（1）经济和社会的发展不能超越资源和环境的承载能力，只有这样才能可持续。

（2）发展应当是经济、水和生态环境的全面发展，不能把发展仅理解为经济的增长或社会发展，因而在决策时不能只考虑发展速度、建设规模、产值、经济收入等目标。要明确经济和社会发展的根本目的是改善人们的生存条件，提高其生活质量，因此，任何地区和部门的发展，都不能以浪费资源和牺牲环境为代价。

（3）发展应当既满足人们目前的需求，又不削弱和损害满足后代人需要的基础和能力。应当在安排好当前发展的同时，为未来的发展创造更好的条件。

（三）空间利益协调

空间利益协调，即当代人之间的公平。在处理城乡之间、发达地区和欠发达地区之间的发展关系时，应充分尊重和考虑农村或贫困地区的权益和未来的发展，不能为治理城市污染而向农村转移污染行业，也不应将富裕地区的污染行业转移到贫困地区。在当前发展水平总体较低、各方都想迅速发展生产力的情况下，面向可持续发展的管理协调主要是克服发展中的短期行为，实现当前利益与长远利益的统一；克服部门利益至上，实现局部利益与整体利益的统一。在我国社会主义市场经济条件下，协调各个地区和部门的利益结构，一是要对资源实行资产化管理，改变"资源无价、原料低价、产品高价"的传统观念，把资源纳入成本核算体系，使资源的价值在产品中得到反映和补偿，从而提高资源的利用率；通过对资源的资产化管理，使国家对资源的所有权和企业对资源的使用权适当分离，既要保证国家对资源所有权的完整性和统一性，又要最大限度地提高单位资源的利用效益，合理协调中央和地方、不同所有制企业等利益主体之间的利益关系，把资源优势转化为经济优势。二是要运用经济手段保护环境，逐步建立和完善排污收费、征收生态环境补偿费和环境保护税制度，对环境治理、综合利用和生态保护工程，落实优惠政策，防止环境污染的扩散和转移。三是要遵循优势互补、利益互惠的原则，加强各个地区和行业的横向交流与协作，提高资金、资源和劳动力的利用效益。

可持续发展管理具有二重性，它既是目标管理，又是过程管理。可持续发展管理的对象是可持续发展系统，即复杂的社会经济生态复合系统，目的是通过协调复合系统中三个亚系统的发展关系，使人们的经济活动遵从经济规律和自然生态规律，最终实现系统的协调、优化、进化的目标，因此，可持续发展管理是以实现可持续发展为目标的管理。由于可持续发展战略目标的实现是一个长期的任务，要制定阶段目标、规划阶段任务，逐步加以实施，它是一个不断努力的过程，因此，可持续发展管理必然又是过程管理。

三、可持续发展管理的作用

（一）可持续发展管理是政府管理的重要领域

在我国社会主义市场经济体制的建立、完善和发展过程中，政府的职能也在发生着转变。从经济理论研究结果看，政府存在的必要性和作用主要在于弥补市场的不完整，矫正市场失灵与扭曲，以"看得见的手"去协助"看不见的手"，作为游戏规则的制定者对经济的运行进行宏观调控。在外部性存在的条件下，各经济行为主体利益最大化的行为不能实现资源的有效配置，需要政府出面通过各种法律法规和政策措施，制定各种规则，设计各种机制，将外部性内部化，以影响和制约各个经济个体的经济行为。然而，政府的调节也需要成本。只有政府干预的成本小于自由市场交易的成本，并且也小于干预所带来的社会经济收益时，政府干预才是值得的，或者说是有效的。

在人口、资源、环境等可持续发展相关领域存在广泛的外部性。虽然政府调控的成本和收益往往难以准确度量，但是，如果没有政府的有效调控，人类自身的生存与发展将面临不可持续的严峻挑战，因此，可持续发展领域需要政府的宏观调控和管理。在充分竞争的市场经济条件下，能够实现自然资源配置的帕累托最优，但这个帕累托最优是一个静态的概念。现有的市场经济体系由于后代人缺位，没有充分考虑后代人的利益，仅仅依靠政府的力量是不能保证后代人的利益的，不可能保证动态的帕累托最优的实现，所以也需要政府的干预和调控。

实施可持续发展管理，实现城市和区域的可持续发展，是政府的主要职能所在。值得注意的是，中国可持续发展战略的实施是与社会主义市场经济建设同步进行的，这一特点使得我们要调整和理顺政府的管理职责范围，确立政府在经济、社会和可持续发展方面的宏观调控职能，完善政策和法制体系，强化执法监督功能，建立和健全可持续发展的综合决策及协调管理机制，发挥其在制定和实施可持续发展战略中的主导作用。

（二）可持续发展战略的实施需要由政府来推动

可持续发展已经被确立为我国的基本发展战略。可持续发展战略的制定和决策本身是政府主导的行为，而且在可持续发展战略的贯彻实施过程中，政府担负着积极行动和推动的直接责任。我国是人口大国，人均资源较少，发展不平衡，资源环境压力很大。当前可持续发展法律法规体系还不完善，资源环境产权改革仍在探讨中，人们的可持续发展意识比较薄弱，生产力水平比较低而且不平衡，个人利益、地方利益和部门利益矛盾冲突很多，没有政府的管理、调控和正确引导，可持续发展只能是梦想。因此，实施可持续发展战略，需要以政府为主导的可持续发展管理，需要发挥政府的引导和推动作用。

（三）可持续发展管理有助于规范市场主体的行为

尽管有效的管理不能直接创造自然资源，但是，它可以有效地利用自然资源，减少污染物的排放，用较少的资源做更多的事情。

各种可持续发展管理手段的合理选择和运用，能够有效地调整市场主体的行为，对解决具体的可持续发展问题具有重要的意义。对于个人，可以通过管理增强其环境保护和可持续发展意识，提高参与可持续发展的自觉性。对于企业，要加快环境资源产权制度改革，制定并实施科学的经济政策，促进企业环境信息公开和舆论监督，引导企业降低资源与环境成本，实现企业外部行为的内部化；对于政府行为，如政策制定、新工程项目上马等能够导致环境破坏的行为，要加强政府行为的可持续发展评价和论证，建立符合可持续发展要求的综合决策机制。

第四章 城市与区域可持续发展的管理组织结构

第二节 城市与区域可持续发展管理的组织体系

城市与区域可持续发展管理过程中所构建的组织是为了实现可持续发展目的而形成的群体，是为了确保人们的社会活动正常协调进行、顺利达到预期目标的体系。当我们确定了可持续发展的目标并且编制出相应的计划与战略时，就要考虑如何通过组织的实施使它们变为现实。解决这一问题的根本途径就是，管理者按照组织的预定目标、计划和战略提出的要求，设计出科学、合理、高效、可操作性强的组织结构和体系，合理配置组织的各种资源，通过科学的管理方法和管理过程，实现城市与区域的可持续发展。

一、可持续发展管理的组织构成

（一）什么是组织

不同的人对"组织"一词的看法是不同的。对一些人来说，组织是一个有形的结构；但对另外一些人来说，组织是试图完成某件事情的一群人。在人的一生当中，一个人会属于和经历许多组织，如家庭、学校、公司、协会、俱乐部、工会等。不同学科的学者都定义过"组织"一词。路易斯·A·艾伦将 IE 式的组织定义为：为了使人们能够最有效地工作去实4现目标而进行明确责任、授予权利和建立关系的过程。赫伯特 A·西蒙认为，组织指的是一群人彼此共同和彼此关系的模式，包括制定及实施决策的过程。这种模式向个体成员提供大量决策信息、决策前提、标的和态度；它还预测其他成员目前的举动以及他们对某个个体成员言行的反应，并向该成员提供一系列稳定的易于理解的预期值。切斯特·巴纳德将一个正式的组织定义为，有意识地协调两个或多个人活动或力量的系统。根据巴纳德的定义，组织的三个要素是共同的目的、服务的意愿和服务的沟通。研究发现，多数对组织的定义似乎都强调了如下的因素：组织象征着群体的努力；群体的努力指向一个目标；群体的努力通过协调来实现；职权和责任的关系有助于实现协调。

组织既是有形的，又是无形的。一般有形的组织称为组织体系，而无形的、作为组织内的关系网络活力和力量协作系统称作组织结构。无形的组织结构和有形的组织体系之间是一种手段和目的的关系。作为协作系统存在的无形组织，本身并不具有自身的目的，它只不过是完成组织目标的手段。例如，国家发展与改革委员会、国家科学技术部、外交部、国家经贸委以及国家环保总局等都可以称其为独立的组织,他们与其他相关的国家部委联合组成的为国家可持续发展服务的中国21世纪议程领导小组,也是一种组织。因此,组织的形式是多种多样的,它的关键要素不是一个建筑、一套政策和程序,组织是由人及其相互关系组成的,是无形的。由此,我们可以把组织定义为以下几点:

1. 组织是一个社会实体

从实体角度来讲,为了实现组织的既定目标,组织内部就要进行分工与合作,分工与合作体现了组织的有效性,而没有分工的群体不能称为组织。劳动分工可以提高劳动效率,而合作可以降低交易成本,从而实现实体交易的内部化,因此,只有分工与合作在实体内部都能实现时,才能实现"1+1>2"的综合效率。分工之后,为了使各个部门、各个工种、各人员各司其职,就要赋予其完成工作所必需的权力,同时,明确各部门及个人的责任。有权无责或有责无权都会使组织内部陷入混乱无序状态,从而偏离组织目标,因此,组织要有不同层次的权力与责任体系,这是组织目标实现的保证。对于城市与区域可持续发展管理而言,这种管理通常与诸多的职能部门有着千丝万缕的联系,而且只有各个部门、各种机构之间进行良好的合作,才能实现既定的管理目标。

2. 组织有确定的目标

任何组织都是为了实现特定的目标而存在的。组织目标是组织存在的前提和基础。从本质上讲,组织本身就是为了实现共同目标而采用的一种手段或工具。在区域可持续发展过程中,很多省市、地区都建立了由领导负责或者一把手亲自抓的领导小组,这些就是以区域可持续发展战略为目标的一种组织。当人们为了实现共同目标而采取一致行动时,问题不在于行动的结果对个人意味着什么,而在于他们对整个组织意味着什么。严格地说,组织目标对于个人并没有直接意义,而参加组织的每个人都具备双重人格:个人人格和组织人格。从协作的观点来看组织目标时,指的是个人的组织人格,即通常所说的忠诚心、团结心、团队精神、凝聚力,这些只有相对于组织目标而言才是有意义的。所以管理人员应当经常向组织成员灌输共同目标的信念,并根据环境的变化和组织的发展不断制定新的目标。

3. 组织有精心设计的结构和协调的活动性系统

作为一个实体,组织必须有一个由许多要素、部门、成员,按照一定的联络形式排列组合而成的框架体系,即组织结构。这个框架体系一般可以用组织图来反映。任何组织都在努力解决如何进行组织这个问题。当外部环境、技术、规模或者竞争战略发生变化时,组织结构也必须做出相应的调整。管理者面临的挑战是要懂得如何通过设计组织结构来实现组织的目标。组织结构决定了正式的报告关系，包括管理层级数和管理者的管理跨度；决定了如何由个体组合成部门，再由部门组合成组织。它通过所包含的一套系统，保证跨部门的有效沟通、合作与整合。一个理想的组织结构应该鼓励其成员在必要的时候提供横向信息、进行横向协调。斯蒂芬·P·罗宾斯认为，组织结构是指对于工作任务如何进行分工、分组和协调合作。管理者在进行组织结构设计时，必须考虑六个关键因素：专门化、部门化、命令链、控制跨度、集权与分权、正规化。

组织工作被定义为一个组织结构的创设过程，该过程非常重要，而且服务于多重目的。一般情况下，组织工作的主要目的在于将任务划分为可由各个职位和部门完成的工作；将工作职责分派给各个职位；协调组织的多项任务；将若干职位组合为部门；设定个人、群体及部门之间的关系；建立起正式的职权线；分配及调度组织的资源。

4.组织与外部环境相互联系

组织是在一个特定的环境中发挥其功能的，环境与组织之间相互影响、相互作用。劳伦斯和洛斯奇通过对环境的性质及其对组织的影响的研究表明，组织结构及其功能随环境的变化而变化。稳定环境中的组织一般有正规的结构，活动也比较有规律；动荡环境中的组织则比较灵活，缺少正规的结构。当组织需要对外部环境的迅速变化做出反应时，部门间的界限同组织间的界限一样变得灵活不定。

对于我国而言，未来的发展不但是经济的发展，而且是要走一条可持续发展的道路。这是一种新的发展观，它所追求的是经济、科技、社会、人口、资源、环境的协调发展，要在保持经济高速增长的前提下，实现资源的综合、持续利用，环境质量的不断改善，不仅使当代人能够从大自然赐予人类的宝贵财富中获得我们的所需，还要为子孙后代留下可持续利用的资源和生态环境。因此，在可持续发展管理中，我们所要面对的是一个不断变化的自然、社会环境，在这种动态中寻找组织的合理结构，以达到组织与外部环境的协调，在管理过程中是一个非常重要的环节。

在推进循环经济发展过程中，构建生态化企业模式是一个重要工作环节。国内有关学者提出了工业生态化企业模式的组织构架：

（1）信息化、数字化。重视作为管理组织媒介的企业信息，充分利用信息资源，通过企业数字化、信息化技术，提高企业管理信息化水平，及时把握市场机遇，更好地组织企业物力、人力、资金、技术等资源。推进企业办公自动化系统、管理信息系统技术的应用；运用在财务管理、企业资源计划、客户关系管理以及供应链管理等现代管理模式应用的成功经验；推动企业应用互联网，开展电子商务等业务，与国际交流并参与国际竞争；与其他企业建立网络关系，相互利用各自的废弃物、副产品和产品。

（2）ISO14000环境管理体系。企业积极建立ISO 14000环境管理体系，并获得认证，按照该标准所提倡的过程化、程序化、文件化等管理思想，建立完善的管理体系，对自身的各种环境问题进行系统地识别、预防和控制，提高企业管理水平，适用国际市场竞争机制的经营和管理模式。

（3）企业环境报告制度。实施企业环境报告制度，企业在年度报告和财政核算中充实环境方面的内容，阐述企业的环境影响信息、环境行为及环境业绩、环境会计信息；明确企业运作的环境风险，建立完善的风险防范应急体系；充分做到企业环境信息公开化，满足信息使用者对企业环境信息的需求，有利于社会公众监督企业履行环境责任，有利于树立良好的绿色企业形象。

（二）组织的类型

组织根据不同的划分标准可以有多种类型，有营利性组织和非营利性组织，公共组织和私人组织，正式组织和非正式组织，生产型组织和服务型组织，大、中、小型组织等之分。这些都是由组织设立的目标及所处的阶段所决定的。

1. 营利性组织和非营利性组织

一般的企业组织都是营利性组织，它们经营运作就是为了实现营利的目标。与营利性组织相反的是非营利性组织，它们的主要宗旨是向社会提供服务，如提供教育、医疗卫生以及社会经济和资源环境的可持续发展管理等。对于这些服务可能要收取一定的费用，这些费用要用于维持组织的生存。这些组织通常不必向政府纳税，还会受到政府的财政补贴。有时一些非营利性组织也从事营利性活动，这些活动迫使政府加强对所有非营利性组织的控制。对非营利性组织施加控制可能会妨碍它们的运营效率，因此，组织必须遵守一定的规章制度。在城市与区域可持续发展管理中，为了充分发挥非营利组织的作用，应当对非营利组织有一个比较全面的认识。比如，在公共服务方面，非营利组织可以发挥以下几方面的功能：

（1）发展公共政策。非营利组织在直接参与社会事务的处理过程中，能够发现许多公共问题。同时，非营利组织通过广泛运用影响力（如提供信息、陈述请愿、影响大众传媒等）影响政府的决策。对于长期的政策，通过持续的分析研究为政府的政策制定和决策提供意见或建议。

（2）监督市场。在政府无法充分发挥功能的领域，非营利组织可以扮演市场监督者的角色，如消费者权益保护。在许多方面，非营利组织可以直接提供选择方案，提供更高品质的产品给社会。

（3）监督政府。虽然政府组织有防止弊端的机制，但仍不能完全公正无私。非营利组织可以不断地提醒政府与公民，使政府与公民认清其责任，更关心公共事务。

（4）直接提供公共服务。对于政府无法履行的公共服务和社会福利的职能，非营利组织可以弥补其不足，尤其是在社会服务、文化教育、医疗卫生、社区发展、社会互动等方面发挥很大的功能。

（5）维护良好的社会价值。非营利组织对公共服务的奉献精神，对人、自然、社会的关爱，对平等权利的重视，对参与的重视等，均体现了民主社会的基本价值，它们通过自己的行为，倡导和维护着社会正面的价值观。

（6）倡导积极的民族精神和扩大社会参与。非营利组织所倡导的是积极的民族精神，这种精神强调公民应积极主动地介入公共事务，对社会应有仁德与爱心；社会要承担个人的道德责任；要有利他主义的精神。这种精神是民主社会最重要的精神。更重要的是，非营利组织为公民参与公共事务提供了一条重要途径，也为培养积极的民族精神提供了场所。

2. 公共组织和私人组织

以个人投资为主体的组织为私人组织，而与之相区别的是由政府和第三部门来经营的公共组织，主要包括一些公共服务部门以及关系到国计民生的基础设施、重大科学、国家安全、生态维护等领域。

公共组织的结构具有自身的一些特点：

（1）结构的复杂性。公共组织结构的复杂性是指公共组织内部横向各部门之间的沟通与协调关系及纵向各层级之间的协调、沟通和控制。组织的规模对组织结构复杂性的影响较大，因为组织规模的增大将导致工作分工的增加，而工作分工的增加则会增大组织在水平和垂直两个方向上的复杂性，所以组织的规模越大，机构就越精细，组织的职位和部门分工就越细，组织结构也就越复杂，而公共组织的规模通常都比较大，公共组织结构的复杂性也就表现得明显。

公共组织结构横向的复杂性表现在两个方面：一是组织成员之间受教育和培训的程度、专业方向和技能、工作性质和任务等方面的差异程度。一般来说，受教育程度越高，培训的时间越长，组织的复杂程度也就越高，专业程度越高，组织的复杂程度也就越高。因为高度专业化要求对专家的行为进行协调，以保证工作不会互相重叠，保证公共组织总任务的完成。二是由此而产生的组织内部门与部门之间的差异程度。公共组织通常都是按照工作的性质设置部门，从而将繁杂的工作分别归类到各个部门，并使各部门有明确的职权。专业越细部门也就越多，因此，存在一个专业化和部门化的关系问题。劳动分工导致了专业化，而专业化又必然产生对从事某一专门或相类似工作的人的活动和行为进行协调或管理的部门化，部门化是解决相同或相类似的专业分工的一种有效的方法。公共组织的专业分工越细，部门化就表现得越强劲，同时部门与部门之间进行协调的难度也就增大，由此使得公共组织结构的复杂程度增加。

公共组织结构的纵向复杂性主要表现在公共组织结构中纵向各层级之间的沟通和协调的复杂程度。在公共组织中，通常都是上级对下级下达任务或目标，下级在执行过程中应当与上级保持目标的一致，上级的管理者也应当了解下级的工作活动及完成任务的情况，层级越少，沟通越为顺畅，层级越多，沟通就越为复杂，虽然纵向分化的复杂程度没有横向那样复杂，但纵向的层级数是对公共组织结构纵向复杂程度很好的测量。一般来说，如果一个组织中纵向管理层级数增加，其纵向组织结构的复杂程度就会提高，控制、协调和沟通也都会存在潜在的困难。

复杂性是公共组织结构的一个基本特征，任何公共组织都是由各种要素组成，在这些要素中，既有人的要素，也有物的要素；既有流动要素，也有固定要素，而这些要素又被安排成不同的排列组合方式，形成不同的结构模式，既有垂直的也有水平及空间上的，由此构成了一个复杂的公共组织结构体系。

（2）结构的规范性。公共组织结构的规范性是指公共组织中各项工作的标准化程度，即公共组织结构不是随机形成的，它是公共管理者根据国家的法律法规及正规的办事程序，有目的、有意识地安排，而且构成公共组织结构的各要素也都是在一定程度的规范化指导下，为了实现某一目标安排的。公共组织结构中的规章、程序、惩罚办法等预先就确定了公共组织结构内部成员的行为及活动的标准，健全而严密的规章制度，清晰而详细的工作程序和工作过程的说明，将有助于提高组织的工作效率，减少不确定性的因素，提高公共组织工作的协调性。在一个高度规范化的组织中，规范化的程度主要受三方面因素的影响：一是技术和工作的专业化程度。一般而言，技能简单而又重复的工作具有较高的规范程度，反之，其规范性程度就低。二是管理层级的高低。组织中高级管理人员的日常工作重复性较少，并且多需要解决的问题也较复杂，因此，其工作的规范性程度较低，相反，低级管理层人员工作的规范程度就较高。三是职能分工。一般来说，职能范围相对广泛的部门，规范性程度会低些，职能范围相对狭窄的部门，其规范性程度较高。

（3）结构的开放性。公共组织结构的开放性特征是指公共组织面对的是整个社会的公共事务和全体人民，因此，它必须与外界进行信息、物质和能量等各个方面的交流，只有对外界开放，其公共组织系统才能新陈代谢，才能根据社会的需要和环境的变化调整组织结构以适应社会发展的需要，使其具有适应环境的能力和旺盛的生命力。所以公共组织结构具有最大限度的开放性特征，可以说，公共组织结构的开放性是公共组织生存和发展的前提。

（4）结构的稳定性。公共组织的稳定性主要表现在公共组织结构一旦形成以后，在一定的时期内不会发生重大的根本性改变，相对来说处于均衡不变的状态。因为公共组织是代表人民和社会行使公共权力的机构，其结构的稳定性是公共权力发挥作用的基础，也是公共组织结构的核心，一般情况下，没有上级领导的同意和经过法定的程序是不会变更的。

（5）集权与分权。公共组织结构内的集权与分权是指权力或决策权集中于公共组织中哪一层级上的差异。集权与分权主要看两个要素：一是强调权力在公共组织内部层级的配置。集权表现在公共组织的大多数决策都是由高层做出的，当然，组织的低层人员也会做出很多决策，但他们的决策要受到组织政策程序的制约。分权意味着决策权力分散在公共组织的各级管理层，乃至低层的工作人员，是决策权力的分散或是低度的集权。二是对活动的评估。评估过程包括对确定工作做得是否恰当、良好或及时的评价。如果评估是由组织的高层人员进行的就是集权，反之，就是分权。另外，作为公共组织中的管理者，无论在组织的指挥命令链中处于何种位置，都要做出有关目标预算分配、人事工作开展的方法、如何提高其单位部门的效益等方面的选择或决策。在决策执行之间，必须要授权其下属，如果决策者控制着决策过程中的所有步骤，决策是集权的。而当其他人获得了对这个过程的控制时，就意味着分权，如果决策者只控制对各种方案做出选择这一步时，说明组织内的分权程度很高。

（6）职权与权力。

职权与权力也是公共组织的特征。公共组织结构中的职权是管理职位所赋予的可以发号施令且可预期命令会被遵守的权力。它与组织中的职位有关，而与管理者的个人特质无关。当管理者被授予职权的同时，也被赋予相称的职责，职权和职责必须对等。职权包括两种类型：一是直线职权。它存在于主管与部属之间，由组织的最高层沿着指挥链，贯穿到最底层，在指挥链上，管理者有权指挥其部属工作，以及做出决策，而无须征询其他人的意见。二是幕僚职权。它是为了支持、协助、建议和减轻直线管理者的信息负担而设立的。而公共组织结构中的权力则是影响决策的能力，因为职位而拥有的正式权力即职权只是个人影响决策过程的方法之一。权力包括强制权力、奖赏权力、法定权力、专家权力以及参与权力。

3. 正式组织和非正式组织

正式组织一般是在一个正式的组织企业中有意形成的角色职务结构。把某一组织称为正式组织，绝对不是说它是固有的、一成不变的或是有什么不适当的限制的意思。如果管理人员想要做好组织工作，组织的结构一定要提供这样一个环境，使个人在不论是现在或是将来的工作中都十分有效地为集体目标做贡献。正式的组织必须具有灵活性，在最正式的组织中应留有酌情处理的余地，以利用有创造力的人才并承认个人的喜好和能力，但必须把集体结构下的个人努力引向集体的和组织的目标。

著名的管理学家切斯特·巴纳德将非正式组织定义为，任何没有自觉的共同目的的共同个人活动。非正式组织通常是为了满足一些社会要求而形成的。这些组织可能存在于正式组织中，也可能独立存在和运行。

在我国的可持续发展战略管理体系中，中央的推进可持续发展战略领导小组是一个部级议事机构，属于正式组织；而一些民间的环保组织、协会等则属于非正式组织的范畴。

4. 肯尼斯·博尔丁的组织五等级体系

肯尼斯·博尔丁创立了一个引人注目的组织等级体系，这个体系包括从历史上经常出现的领导者—追随者型组织到未来学家阿尔文·托夫勒定义的特殊结构——本质上是一个充分利用沟通策略的有选择性的分权的结构。

（1）领导者—追随者型组织。人类社会中最自然的关系就是领导者与追随者之间的关系，然而这种关系并不像它给人的初步印象那么简单。比如，领导者的权威很少满足于仅仅基于常识或尊敬的服从，而是像马克斯·韦伯所说，权威试图在追随者中印出另一些东西，如爱、恐惧，甚至是敬畏。因此，正统的权威有三种类型：法律上的、传统上的和领袖气质的。

我们将法律上的权威与符合宪法的政府联系在一起；将传统的权威与国王和家长联系在一起；而领袖气质的权威是与领导者—追随者型组织最密切相关的，它基于成员摈弃自己，通过神圣感、英雄主义或楷模的作用来使自己服从一个杰出的个体，这种类型关系的凝聚力是强大的，但在领导者与追随者之间是极少见到的，而且大多数情况下，领导者不愿适应新的挑战，这种较低的适应能力的原因是变革可能会影响领导者的绝对权力。

（2）网络型组织。网络是由两个或更多的组织为了某个特定的目的聚合在一起的一个联合、合伙、合作或联盟。网络在规模、寿命和整合方面都会有极大的不同。网络型组织对于公共资源的管理组织而言具有十分明显的优势。每个社会都不可避免地面对着同一个问题：如何使用诸如牧场、森林等一类的公共资源，如果每个人只看到自己的利益而最大限度地去开发资源，资源很快就将会耗尽枯竭。市场的力量无法在此起作用，因为社会无法将该资源划分成个人可以控制的各个部分。在这种环境下，一个网络组织可以提供第三个选择。埃利诺·奥斯特罗姆在分析了美国南卡罗来纳依赖水源灌溉的农民是如何管理有限的水源供应后，发现在每一个流域，人们自发地建立一个志愿协会，提供一个论坛，面对面地讨论共同的问题及可能的联合战略。在一个不确定的法律结构下，供水公司与公用事业部门的律师一直建议他们的客户用泵抽吸足够他们有利可图的水资源，再担心如何保护自己的水权。论坛的建立改变了这种情形，要从不知他人如何决定而各行其是转变成一个相互交流、讨论各自选择的环境。讨论本身并不足以改变参与者的用水策略，但讨论的确导致了诉讼的开始，这能使参与者达成一项可实行的协议以限制对水源的抽取。正如奥斯特罗姆所说的，这个网络性决策机构的结构对改变有关个人利益在何处的观点起到了决定性的作用。活动的机构，即网络把他们从一个狭窄的自私的行为者转变成为一个理性的行为者。他们短期的私利只能使他们孤立地行动。但当这些人发现自己在网络中时，他们必须为自己的行为辩护并为其负责，随后，社会规范变得至关重要。行为者重新定义他们的自我利益，目的是为了与共同利益相符：不耗尽公共资源。如此，该机构提供了一个开放的讨论和争辩的场所，熨平了个人的偏好。

（3）金字塔形组织。金字塔的几何图形象征着金字塔形组织的结构。在金字塔形组织内部的相互作用与组织的等级制度是一致的，它强调上级—下属的关系。在金字塔形的组织结构内，通常是按照目标的不同来进行劳动分工的；而等级制度是建立在梯形原则上的，规定权力与责任从组织的最高级至最低级按直线垂直排列；在处理上级与下属的关系时应当让他们知道他们是以职能人员还是以第一线员工的身份在行动。

（4）矩阵型组织。矩阵方法的得名是由于当一些项目管理者实施计划、时间表、成本控制以管理分配到各自项目中的员工时，另一些管理者施行较传统的线性控制以管理同样的员工。这样两组管理者都要对同一批员工负责。当机构所进行的工作是大量的标准化服务时，如废物处理，不宜使用该种形式；而当工作是围绕着某个特定的专门项目时（如建立某个自然保护区），就可以有效地使用矩阵结构。

（5）团队型组织。现代社会，人们更多地在尽力寻找公共部门与私人部门的授权方式，将责任降至较低水平，并建立参与团队来完成组织所赋予的使命。在一个信息流和技术迅猛发展的环境下，团队型的组织更加灵活，反应更加敏捷。团队型组织的形式使得组织保持了职能型结构优势，如规模经济和深度训练，同时改善了团队关系。部门间的障碍被消除了；团队成员更加相互了解，各自的问题更容易找到解决的办法；由于并不是每个决定都需要送至最高级管理者以获批准，从而使决策更加迅速，经常性的管理成本下降；最后当责任扩大、工作充实时，士气也就上升了。团队组织模式也有缺陷，由于经常性的管理开支减少了，团队可能减少管理成本，但是因为更多的时间花在了会议和协调上，成本也可能会增加。过度分权化的危险也需要重视。当事情变糟时，传统意义上制定决策的公共管理者应该为之负责，而当团队离组织自身目标走得过远时，这些高层管理者也有不能推卸的责任。由于在矩阵型组织中，团队成员很难看到组织的全景以及决定在政治上的衍生结果，因此，高层管理者不应逃避保持团队始终与组织目标一致的责任。

（三）组织的功能

组织会通过不断地变革和调整来适应外部环境的变化，同时组织也以各种方式改变着我们的生活。例如，依据循环经济理念和工业生态学原理而设计建立的新型工业组织形态——生态工业园，实现了工业产业与自然环境的协调发展，因此，组织对现代经济和社会的影响是非常大的，那么，组织的存在究竟有什么作用呢？

首先，组织汇聚了人、财、物资源，通过生产、加工、协作系统完成特定的目标。它是社会资源的配置载体，是优化资源配置的一种方式，也是改善资源配置效率的场所。组织的投入产出系统能够使组织制造出比个别资源效益更大的整合效益。

其次，组织提供了社会成员需要的产品和服务。随着市场经济的发展，社会成员的需求日益丰富多彩，出现了高选择性。高选择性是指在买方市场中，社会成员有权选择符合使自身价值最大化的产品和服务。组织通过创新努力寻求满足成员需求的新途径，也就是说，组织不仅仅是产品和服务的供给者，更是创新主体。通过运用现代制造技术和管理的重组，组织不断适应变化着的环境，为社会成员价值的提升做出前瞻性的选择和努力。

同时，组织必须适应劳动力多样化和社会转型的挑战，更加注重伦理、环境和社会责任，建立学习型组织，努力为员工创造全面发展的环境。概括地说，组织是资源体、服务体、创新体和社会体的总和。

二、可持续发展管理的组织目标

(一) 组织目标的含义

组织目标是与组织宗旨相联系的一个概念。组织宗旨表明了一个组织的存在对于社会的意义,是一个组织最基本的目的,它需要通过目标的具体化才能成为行动的指南。组织目标就是指一个组织在未来一段时间内要实现的目的,弗鲁姆将它定义为对事物寄予期望的未来状况。

(二) 组织目标的类型

一个组织有多种类型的目标,其作用各不相同。组织目标有不同的类型,包括正式目标、经营目标和作业目标。组织通过连续更新的宗旨或目标来保持其延续性,目标和宗旨完成后组织不会消亡,它会设置新的目标和宗旨,组织为实现这些新目标和宗旨而继续存在。

2004年5月,北京市发展与改革委员会提出了"3+2"首都经济圈以及"一轴、两核、三区"为框架的京津冀都市圈发展战略构想。"一轴"即以京津塘高速公路为轴心形成高新技术产业带,在此建成将各市利益凝聚在一起的产业链和产业集群。"两核"即以京津两市作为首都经济圈的双核心,将北京的首都优势与天津的港口优势、北京的知识经济优势与天津的外向型经济优势结合起来,促进京津冀都市圈合理地域分工体系的形成。"三区"即京津塘产业区、京津保产业区、京张承生态涵养区。"3+2"是在现有京津冀合作的基础上,加入内蒙古和山东的部分地区,发挥内蒙古、山东肉菜蛋奶、劳动力供应方面的优势,实现技术、信息、人才、资源和市场在更大空间范围内的流动与配置。为此,七个省市区的领导一致同意在河北廊坊设立一个负责日常工作的合作委员会,以推动四省一区两市的定期会晤和磋商。这预示着环渤海经济圈的建设已进入实际操作阶段。合作委员会这一组织的目标就是要为"3+2"首都经济圈的建设服务。

(三) 组织目标的制定

组织的基本功能是通过为社会提供产品或服务,来换取组织生存和发展所需要的各种资源。组织在确定目标时,一般应遵循以下原则:

(1) 根据组织宗旨确定具体目标。组织宗旨是社会所赋予的基本职责,作为社会的基本单位,每个组织在制定组织目标时都应考虑到应尽的社会责任。

(2) 目标应当适时适度。一个好的目标应规定具体的时间幅度范围,应该具体规定是短期、中期还是长期目标。同时,制定目标是为了实现目标,组织目标必须是切实可行的。在制定目标时,要全面分析组织的各种资源条件和主观努力能达到的程度，既不能定得过高，无法实现，产生心理打击；也不能不求进取，把目标值定得过低，从而失去方向和激励作用。

（3）以满足社会成员的需求为前提。只有当以最快的速度把社会成员的需求转化为现实供给时，组织存在的意义才能体现，组织才能得到社会的承认并能不断地发展。

（4）制定目标应以提高组织的投入产出率为出发点。

在制定城市与区域可持续发展管理的组织目标时，还应当特别注意以下原则。

（1）公平性原则。可持续发展强调的公平性原则包括代内公平和代际公平两个方面。一是代内公平。可持续发展要满足全体人民的基本需求，并且应提供给他们以实现较好生活愿望的机会。但是，目前的贫富悬殊、两极分化状态阻碍了可持续发展的实现，因此，给人们公平的分配与发展权，消除贫困，是可持续发展首要考虑的问题。二是代际公平，也称为世代公平。由于人类赖以生存的自然资源数量和环境容量是有限的，所以当代人不能因为自己的发展和需求而损害了人类世代所需的自然环境与资源，应该给予后代人公平利用自然资源和保护良好生存发展环境的权利。代际公平要求当代人应当为后代人保存自然和文化资源的多样性，为后代人保持地球生态环境的质量，为后代人保存平等接触和使用前代人的遗产的权利，只有这样，人类社会的发展才能永续不断。

（2）可持续性原则。可持续发展是在地球承载能力范围内自然、经济、社会复合系统的协调、优化和高级化的过程。可持续性原则的核心思想是指人类的经济建设与社会发展不能超出自然资源与生态环境承载能力。可持续发展原则要求我们改善决策和行为模式，并且建立、改造相应的组织，将资源可持续利用和生态环境建设寓于发展中，将其与经济发展和决策相联系，这是可持续发展的本质要求，体现了人与自然互动与协调的关系。

（3）共同但有区别的责任原则。实现可持续发展是全世界共同的目标，也是人们共同的责任。考虑到地球的整体性和人们的相互依赖性，可持续发展目标的实现离不开全球共同的联合行动。但共同的行动并不是同样的行动，共同的责任绝不是同样的责任。事实上，由于国情不同，可持续发展的具体目标、政策及实施步骤也会有所不同。

（4）效率与公平相统一。可持续发展对效率与公平赋予了新的内涵和要求，是公平与效率相统一的发展模式。可持续发展是在保证可持续性条件下的扣除环境和社会成本的综合效益最大化，追求的是经济效益、社会效益、环境效益所构成的综合效益的最大化，因此，可持续发展强调效率与公平间的统一、协调，是实现效率与公平的有机统一的发展模式。

明确了组织目标制定的原则，如何制定组织目标呢？这是一项极其复杂的工作，组织可以在以上原则的指导下，运用各种方法制定组织目标。

一般来说，区域可持续发展战略目标可以分成总体目标和具体目标两大类，它们构成一个完整的目标体系。总体目标是区域可持续发展方案的高度概括，一般只用一两个具体的指标，加上适当的描述来表达。制定总体目标的目的在于明确区域可持续发展的方向，概括追求的区域可持续发展的理想模式或理想状态的总体面貌，动员和组织各方面的力量为实现理想的追求而努力，所以总体目标应该是能够体现社会经济的发展、人们生活水平的提高。而具体目标是一系列的指标体系，它要以总体目标为依据，又是总体目标的具体反应。区域可持续发展战略规划的具体目标包括可持续经济目标、人口与社会目标、资源可持续利用目标、环境保护与生态建设目标四大类，而每一类又可以分许多次一级的类别，共同形成一个组织的战略目标系统。

三、组织设计

1. 组织设计的步骤

在设计组织时应该重点解决四个问题：结构应该是紧密的还是松散的；单位是什么；哪些单位应该联合，哪些单位应该分离；决定出自何方。

（1）结构应该紧密还是松散？设计组织结构的目的是组织资源完成组织的目标。结构的元素，诸如指挥链、集权或分权、正式权力、团队及协调设置，组合在一起构成一个全面的结构形式。在一些组织中，正式的、垂直的等级制度被作为完成控制和协调的方式予以强调。在另一些组织中决定的产生是分权式的，所使用的是职能团队，员工享有进行自己认为合适的工作的自由。在许多组织中权衡产生了，因为强调垂直结构意味着减少横向协调，反之亦然。当垂直的结构非常紧密时，组织是机械性的，组织强调垂直控制，任务被分解成常规性的工作并被严格定义。存在大量规则时，等级制的权力是控制的主要形式。决定的产生是中央集权的，沟通是垂直的。当横向的结构占主导地位时，组织是有机的，呈现出松散结构。为了适应雇员及环境的需要，任务经常被重新确定，规则较少，权力基于专业技术而不是等级制度，决定的产生就是分权式的。沟通是横向的，通过工作小组、团队和整合者来促进沟通。一个有机组织可能没有职位描述甚至组织图表。

在20世纪末，在美国著名的国家绩效回顾报告（NPR）中，就建议公共组织用松散—紧密型特征取代曾经困扰联邦政府机构的紧密—松散型特征,他们认为松散—紧密型结构是取得出色绩效的前提。国家绩效回顾将使公共管理者最受约束的三个经常开支费用的系统更加灵活。其目标是使政府在机构如何完成目标方面放松,但政府对其目标也需要抓紧,因此,国家绩效回顾建议公共行政长官应被授予更多权力来组织他们的部门和形成政策,而作为回报,国家绩效回顾要求这些行政长官对未来有一个清晰的远景目标。这对于探讨我国的可持续发展管理组织的组织构建和结构设计都是非常有启示性的。

(2) 单位应该是什么?组织设计需要对组织的目标进行回顾,这是因为组织实际上可以被定义为"一个机构的目标的理想的具体反映"。对目标的回顾可以使管理者开始决定什么是关键活动,哪些方面对于完成目标是至关重要的,哪些方面缺少绩效将危及组织的结果甚至生存,最后,对于组织而言真正的价值又是什么。这一系列的询问会使管理者能够更好地回答这个关键性的问题——单位应该是什么。

(3) 单位之间应该保持什么关系?为什么在单位运作时,要将他们划分类别呢?有不同的贡献作用的活动应该被区别对待,贡献决定等级与职位。那么,什么单位应该相互联合呢?产生结果的活动绝不应从属于不产生结果的活动;支持性活动不应当与产生结果的活动相混合;高层管理活动与其他活动是不同的。

(4) 决定由谁做出?这个问题的关键是授权,也就是确定决策权应该放在哪一个层面上。从经验上来说,决定应在尽可能低的层级中产生。如果决策权不授予他人,那就是集权制的。绝对的集权制,只在前面谈到过领导者—跟随者模式中出现。因此,对于大多数的政府组织而言,存在某些分权是不可避免的;另外,如果所有权力都被分配,管理者的职位就会消亡。如何实现集权与分权的权衡是一个难以明确回答的问题。

2.组织设计的标准

在进行组织设计的过程中,应当把握好以下四个原则。

(1) 明晰。含糊的关系可能会导致摩擦、冲突和低效,因此,组织成员必须对责任与权力有一个清晰的理解,必须明确自己及同事的任务,如组织图表、职务分类法等工具可以帮助管理者实现这个明晰的原则。

(2) 简单。许多组织过于庞大的原因是没有认识到组织仅仅是为人们有效工作提供了一个架构。较窄的控制跨度和烦冗的监管层都可能导致组织过于繁杂,而违背了简单的标准。

(3) 适应性。组织有一种内在的能力,能及时做出改变以适应环境的变化,

第四章 城市与区域可持续发展的管理组织结构

这种能力就是一种灵活性。与明晰、简单一样,适应性是一种管理者必须最优化,而不是最大化的标准。也就是说,将任何一项标准推至极致,组织都将变形。只有适应性有助于完成组织目标和解决组织的应急事件时,它才是一项有力的管理工具。

(4)连贯性。各部分相互的逻辑联系在组织设计中是极为重要的因素。在组织设计过程中应当始终贯彻连贯性。

第三节 城市与区域可持续发展管理的组织运行

一、可持续发展管理的组织制度

(一)组织制度的特点

组织制度是组织中全体成员必须遵守的行为准则,它包括组织的各种章程、条例、守则、规程、程序、标准等。良好而健全的制度是组织健康运行的根本保证,各类组织都必须制定规章制度,以便按规则运行。组织制度是保证共同劳动得以有效进行的重要管理手段,因此,组织体系的制度都必须具有并反映出以下特点。

1. 科学性

制定的制度如果想要达到预想的效果,第一个前提条件就是制度本身要科学合理。制度的科学性主要表现在,它既符合业务活动的技术性要求,充分体现所规范经营管理活动的客观规律,又是合情合理的。这也是保证制度相对稳定的重要条件。随着可持续发展在国际社会中被重视程度的不断提高,越来越多的专门从事可持续发展战略管理的机构不断出现,因此,具有一套科学合理的组织制度,对于这些专门管理机构的存在和发展来说都是一件非常重要的事情。

2. 合法性

组织的制度必须遵守所在国家和地区的法规。组织的规章制度是组织内部实施的行为规范,它有充分的内部行政权威作保证。但如果与国家、地区的有关法规相违背,那么它最终是要失去约束力而成为废弃物的。

3. 系统性

组织各部门和各环节的业务紧密相关,因此,规范组织行为的各项规章制度,必须既反映组织层次的要求,又要有严密的系统性和完整性,形成相互衔接和补充的、严密完整的制度规范体系。特别是在对可持续发展的管理组织进行制度规范时，由于其大多涉及诸多的部门、行业、人员，其制度的系统性就更加重要。

4. 权威性

制度一经实施，组织中的所有成员都必须执行。制度的权威性，一是来自制度本身的科学性、合法性和系统性；二是因为它是组织中拥有相应职权的行政领导的意志。例如，在以奥地利、芬兰等国家为代表的可持续发展管理组织中，制度由具有相当权威的政府首脑来亲自负责，这也在一定程度上维护了组织的权威性。

5. 强制性

强制性是制度得以遵守的约束力量，它是为组织的长期实践所证明，并为组织内部大多数职工所遵守的规范。强制性主要表现在它对任何部门和任何人都具有相同的约束力；一旦有人违反了制度，组织就会利用行政手段采取强制性惩罚措施。在我国，可持续发展战略是以公众参与为基础的，为了能够尽快实现发展目标，在战略实施的初期，一些行政性干预和评价体系都是十分必要的。目前，众多学者所提倡的绿色GDP，以及对干部任职考核的绿色评价指标，都将可持续发展列为其非常重要的一个考察方面。

6. 稳定性

制度总是要经过一段时间才能被人们熟知，并被人们转化为自觉的行为，其作用才能够深入人心。这就需要制度在适当的时期内稳定不变。由于历史原因，虽然近些年的城镇化进程在不断加快，我国的农村人口比重仍然比较大，生活比较封闭，文化水平不高，因此，他们对于新思想、新观念的理解和接受有一定的时滞，而这部分农村人口是实现可持续发展战略的重要基础。让他们逐渐理解、接受可持续发展的内涵和作用，并且在实际行动中体现出可持续发展的精神，需要一个比较漫长的过程，稳定的组织制度成了这一过程最终实现战略目标的一个重要保障。制度的科学性、系统性和合法性是制度稳定性的重要保证，制度的稳定性是维持制度权威性的重要基础。但是，制度也不是长期不变的。为了保证它的科学性和权威性，在条件发生较大变化时，制度应作相应的调整。

（二）组织制度体系

1. 组织的基本制度

组织的基本制度是组织其他制度的依据和基础。它是规定组织方式，决定组织性质的基本制度，主要包括规定组织法律地位、组织章程等方面的制度，以及组织的领导制度和民主管理制度等。由于可持续发展属于公共物品的供给，因此，制度确定了组织提供公共物品的类型、供给方式以及数量确定；规定了组织经营者、雇员以及受益群体之间的权利、义务关系；决定了组织管理方式其他制度的内容及相互衔接的关系。

2. 专业管理制度

专业管理制度是任何组织正常运转都必须的。它既是组织基本制度得以执行的具体保证，又是组织进行专业化管理的具体手段。制定专业管理制度的关键是要形成既有核心又相互配套和衔接的体系。

（1）责任制度。责任制度是规定组织内部各级部门、各类人员应承担的工作任务、应负的责任以及相应职权的制度。例如，规范、科学的公务员政绩考核和奖惩制度就是对可持续发展管理的一个有力的责任制度体现。责任制度要明确规定岗位与责任、责任与权利、权责与利益三方面关系的具体内容。责任制度是专业管理制度的核心，它是建立完整的专业管理制度体系的出发点。也就是说，管理制度的建立，要以责任制度为中心，由此作辐射状的配套制度体系的构造。责任制度的规定和要求要在配套的制度里得到具体的反映和落实。

为了更好地贯彻落实新世纪可持续发展的一系列精神，推进全球可持续发展，2002年的约翰内斯堡峰会明确提出了在各级组织建立有效的促进可持续发展的体制框架和制度安排。因为善政是可持续发展不可缺少的，健全的经济政策、符合人们需要的牢固的民主体制和更完善的基础结构是可持续的经济成长、消灭贫困、创造就业机会的基础；自由、和平与安全、内部安定、尊重人权，包括发展的权利和法治、两性平等、面向市场的政策和对正义民主社会的全面承诺也是必不可少的，两者是相互加强的。可持续发展的体制框架主要由三个层次组成：一是国际一级；二是区域一级；三是国家一级。在国际一级，大会明确了联合国及所属的国际组织，如联合国大会、经济及社会理事会、可持续发展委员会与其他国际组织的作用及功能；强调加强联合国与国际金融机构、全球环境基金和世界贸易组织之间的协调。在区域一级主要是加强各区域委员会、联合国基金会、计划署、区域开发银行及其他机构内部可持续发展方面的协调与合作，支持制定和实施反映国家与区域的可持续发展战略和行动计划。在国家一级，主要是加强现有的制定政策、协调和执行及执法的权力机构和机制、制定国家级可持续发展战略、制定相关法律（包括提供必要的基础设施、促进透明度、问责制和公平的管理与司法机构）及建立社会广泛参与机制等。

（2）组织的技术规范。技术规范是针对组织的业务活动而制定的技术标准、技术规程等。由于组织的业务活动有比较大的差别，技术规范在不同组织之间的差别是非常大的。规范关键要反映组织业务活动的特定技术要求。在可持续发展管理过程中，要针对不同的管理对象，采取不同的管理技术、手段和标准（如人口管理、自然资源管理、生态环境管理等）。例如，上海市正在长宁区试点文明社区、小区创建标准升级版的制定工作，生态环境、社区服务数字化水平、政治文明的建设将是升级的三个主要方面。在现行评价体系中，社区环境整洁的标准项下只有7个考核点，长宁区的程桥街道则将其升级为24个考核点；社区服务数字化的程度将是评价体系的另一个拓展重点。而升级版的标准涵盖小区的网上服务水平以及电子政务的建设程度，要求用网络更好地服务社区居民；政治文明建设将成为升级版中最大的亮点。

（3）业务规范。它是组织在反复实践中总结出来的通过行政命令的方式予以认可的工作程序和作业处理规定。业务规范带有很强的经验性。

（4）个人行为规范。个人行为规范是对个人在执行组织任务时应有的个人行为的规定。浙江省委最近决定，从现在起用一年左右的时间，在全省县级以上党政领导班子中开展"树立科学发展观，树立正确的政绩观，树立牢固的群众观，创为民、务实、清廉好班子"的"三树一创"集中教育实践活动。其重点是，对照科学发展观的要求，检查在加快发展中是否坚持以人为本，注重全面、协调、可持续的发展；对照正确的政绩观要求，检查在创政绩的过程中是否做到了求真务实、为民造福；对照牢固的群众观要求，检查在思想上是否真正牢记党的宗旨，勤政廉政。对照要找差距，围绕问题抓整改，重点解决本地本部门的发展战略和发展思路上存在的突出问题，解决一些人民群众普遍关心的突出问题，解决一些领导干部队伍中的突出问题。

（三）组织制度优化

管理者制定制度的目的是在组织内部形成规范行为，使组织高效率地运转。随着各方面条件的变化，制度必然会出现滞后，因此，它可能成为保护落后、束缚进步的枷锁。不断优化组织的制度体系是管理者的重要职责。

1.组织制度要从组织的需要出发，以组织的实际情况为基础

不同组织的业务性质不同，技术要求不同，人员素质不同，其制度规范就应有所不同。在一个组织中，适用的制度应该来自这个组织，体现组织的特点，并最终根据组织实际条件的变化而予以调整，这样才能保证制度具有可行性和实用性。

2.优化组织制度要以加强科学管理、以人为本为中心

制度总会有约束力，但它如果不科学、不合理，就会严重挫伤成员的积极性。制定不必要的制度会扰乱组织的正常活动。制度最终需要由人来落实，所以制度既要规范人的行为，更要尊重人，要有一定宽松度，充分反映人性的特点和创造力。

3.制度要系统配套

制度的全面性固然重要,但制度的系统配套性却是制度得以有效执行的根本前提。各种规章、条例、规程以及管理办法等要构成内容统一、相互配套的体系。核心制度的各项条款要在其他配套制度中得以具体落实,要避免口径不一致乃至相互冲突。

4.制度的修订要有广泛的群众基础

特别是可持续发展要以广泛的全民参与为基础,因此,既要体现横向各部门成员的要求,也要体现纵向各层次成员的要求。要充分发动群众参加制度的补充和修订,组织群众进行讨论,听取群众对过去制度执行情况的反馈意见。

5.要定期和不定期地审视组织制度

这样做的目的是及时掌握外部条件的变化并进行制度调整。在许多情况下,外部条件变化之所以最后才引人注意,主要是因为质的变动,而人们容易忽视量变过程。如果不能及时跟踪、掌握外部条件的量变信息,制度修订就没有必要的动力;如果等到环境条件发生了重大质变才考虑进行制度调整,那将是没有准备的,因而是十分被动的。

6.要强化制度执行的监督和管理

实践证明,多数组织不是没有制度,也不是制度不健全,而是有法不依,执法不严。长此以往,这种情况在组织中造成的负面影响将是相当严重的。管理者的威信可能会荡然无存,各种制度形同虚设,各种破坏性的挑战乘虚而入。这种状况一旦形成,在短期内是无法消除的,因此,在各个方面加强监督管理是优化组织制度管理的一项重要工作。

二、可持续发展管理的运行机制

下面四种原则为可持续发展管理的运行机制提供了理论基础。

(一)全成本原则

根据全成本原则,所有的环境资源使用者都必须支付全部的成本。例如,那些把环境当作一个垃圾场的公司,不仅要根据法律规定负责全部的控制污染费用,除了一些极细小的环节外,还要修复环境遭受的破坏以及赔偿受到的损失。

这个理论是基于人类有权利拥有一个相当安全健康环境的基础上的。因为大气同温层内和世界海洋的各个部分的人共同拥有这种权利,所以没有一个行政实体既有责任又有权力来保护这种权利。结果是资源的使用遵循了先到先服务的原则,后到者没有得到任何补偿。

虽然全球变暖和臭氧耗竭产生了国际社会和几代人之间的环境成本，但是目前这种成本还未形成，甚至还未被那些最终控制这个问题大小的人所认识。此外，那些单方面采取减少排放措施的公司面临着它们将承担更高成本的问题。

全成本原理的应用给环境资源使用者传递了一个很强的信号，即空气是稀少珍贵的资源，应得到科学合理的对待。生产工艺流程的产物对环境有害且相对成本较高，那些由对环境无害的生产流程产生的产品成本则相对较低。实行全成本原则从一开始使任何造成污染的行为得不到隐性补贴。当经济行为的水平较低时，相应的津贴也很小，因而不足以引起政府的注意，然而，随着经济规模的扩大，这种津贴费用将变得非常大，忽略它就会导致资源的严重变形。

根据全成本原则，导致臭氧减少的物质也应负担税费。臭氧消耗税和全球变暖税是分开衡量的，像CFC这样的物质，其对全球变暖和臭氧减少均有影响，因而要负担双重的税费。

要过渡到一个更加具有可持续性的管理系统，要依赖新技术的发展和获得比目前高得多的能源效率水平。除非存在普遍的经济激励政策的支持和鼓励，否则这些过渡是不会实现的。一旦征收温室气体税和臭氧消耗税，经济激励因素就会随之改变，更高的能源效率水平和新技术的发展就成为首要的目标。

法律体系的内容也应遵循全成本原则。例如，国际法规定允许完全恢复由于石油溢出和其他环境事故所造成的破坏。不但受污染的地方应该得到最大程度的恢复，而且那些可证实的损失也应得到完全的赔偿。

使原来隐藏着的环境成本明晰化只是事情的一方面，另一方面是要取消不恰当的补贴，任何不符合全成本原则的补贴都应当取消（隐性补贴和显性补贴一样要取消）。例如，当环境资源的定价服从政府规定时（如美国西南部的水资源），其价格不应只简单地取决于历史的平均成本，它还应反映资源的稀缺性。

要达到这一点，递增的限制定价提供了实行这个建议的切实可行的办法，而不违反传统的法律约束，即水资源配给公用单位只能赚取合理的盈利。使用递增的限制定价，额外消耗的水的价格随着每单位时间消耗水的数量的上升而上升。每个月消耗的在达到预先设定点之前的每单位水的价格相对较便宜，在超过一定点之后的每单位水的价格则高得多。这种价格真实地反映了资源的稀缺性，要确保边际消耗量以其全成本来定价，我们要引入适当的激励措施来保护资源。

过渡到全成本原则是一个循序渐进的过程。先从一定的部门开始，熟练应用这个方法后再应用到其他部门。

如果一种政策能以可能的最低成本达到它的目标，那么这种政策是有成本效益的。成本效益因为可以限制造成资金支出的浪费，减少了政治上的强烈反应，因而是一个重要的特征。

推行全成本原则可以自动产生成本效益作为副产品，然而，如果对全成本原则的接受还存在疑虑的话，那么成本效益原则就会被当作首要的政策目标，这是它自己的价值使然。成本效益原则虽然并非完美，但至少也提供了一条理想的退路。

在世界各国中如何分配有害气体的拟削减量，是为限制温室气体排放而建立的国际协议中最困难的部分。公平无疑是谈判中最重要的一方面，很可能会导致一些费用分担的形式，费用怎样进行分担呢？

排放交易是实现成本效益原则的一种合理的途径，同时也为解决费用分担问题提供了契机。建立温室气体排放交易的过程，可以从设定每个国家在一年内可以排放的气体的数量开始，这种限量是可以转让的。排放减少量大于协议中要求的减小量的国家可以得到可转换排放削减分，这种分值可以卖给别的国家。购买了可转换排放削减分的国家就可以增加这个分值相对应的排放额。

排放削减分的国际市场促进了它们从有能力低成本得到它们的国家流向那些面临很高的额外控制成本的国家。不管初始的排放许可证如何配置，实现成本效益的能力是排放交易的一个重要属性。通过这种方法可以探索一种配置分担费用的市场方法。用排放交易作为一种策略，那些要达成新的国际协议的各方就有了设定排放限量的很大的空间，并且这种限量是合理的，在政治上可行，又不影响成本效益。随着西方国家以市场价格从那些出卖生产许可证的国家购买必要的生产许可证，会发生大笔的财务转移。转移的规模取决于市场力量，而不是协商。

（二）产权原则

在现代环境问题中，明显的缺乏效率部分包括不清晰的产权问题，它造成了不合理的激励。根据产权原则，当地社区在它们的区域内拥有对动植物的财产所有权，这种产权使得当地社区可以分享所有由于保护这些物种而获得的收益。确保当地对遗传学资源的产权清晰并人人遵守它，将给当地因使用那些资源而得到一部分的全球利益带来大得多的投资，同时使实施起来更有效。

我们以遏制大象数量减少这个问题作为例子。根据象群的迁移性和产权理论，生活在大象栖息地的居民有捕杀一定数量的大象而从中受益的权利。拥有受益权以及只要象群存在就能保证受益权的存在，保障了给当地带来的收入，也使当地居民对保护象群进行投资。因为偷猎者对当地社会造成威胁，而不仅仅是损害了在远方的对此事无能为力的政府的利益，所以防止偷猎的发生变得更容易。

与产权理论多少有些相关的应用，为生物资源极其丰富的热带雨林的减少提供了另一种解决办法。关于保持生物物种多样性的一个论点就是它为将来开发产品，如药品和粮食作物，提供了很有价值的基因库。然而，通常的情况是，管理这种丰富的生物基因库的人们，并不能分享由它们制成产品所创造的财富。解决这个问题的一个办法是建立这样的一个准则：拥有这些丰富的生物资源的国家，有权对由使用这些物种的基因所开发的任何产品或所有产品提取规定的版税。

通常只有对于那些能够进行大量广泛科学研究的国家和公司，开发基因库以及由此所得的经济利益才会增长。然而要实行这个准则并非易事。虽然准许那些研究活动和收集动植物标本并不难，但是，要设计出一个可确保对每一种派生的基因新产品都能提取版税的方法就难得多了。就第三世界国家而言，要认识到新发明的产品就够难了，而要想对位于其他国家的公司加以限制，更需要消耗大量的时间和金钱。

（三）可持续性原则

根据可持续性原则，所有资源的使用方式都必须考虑到后代的需要。采用前面的三种原则对提高效率是有效的，而提高效率会逐渐向可持续性结果转变。我们知道，仅仅提高效率并不够，还要采取其他政策来满足可持续性原则。

在对可消耗性资源的使用中，恢复代与代之间的公平可以作为一个合适的起点。从经济模式中可以很清楚地看到，当前对分享由可消耗性资源的使用而得到财富的激励是偏重于当代的，即使在有效率的市场中也是如此。显然这种情况可以通过将部分得到的财富转移到将来而进行纠正，但是要转移多少呢？

萨莱·E·塞勒派运用了一个巧妙而实用的方法来解决这个问题。计算从提取一种可消耗资源在其使用寿命期间所能得到的净收益的现值，这即是要分享的财富。利用标准年金表计算连续不断地每年从这笔资金可提取多少数量（实质上，这些提取的资金是从总财富中划分出来的资金和利息，总资金不变）。这些连续每年提取的资金即是从可消耗资源产生的财富中所消耗的部分，收到的超过这个数目的资金（在提取并出卖资源的年份）必须放到总资金中去，这样后面的每一代都得到相等的年度提取金，并且这种年度提取金将永远持续下去。

这些提取金，与其投资在产生财务盈利的方面，不如投资到研究中去。例如，可以设想这样一种办法，从可消耗性资源所获得的收益中提取一定的比例作为研究资金，用于研究后代可能使用的替代资源。例如，以石油燃料作为例子，可以资助聚变动力或太阳能的研究，以便当石油燃料耗尽时，后代可以有能力转换别的可替代资源，而在这些过程中不必降低他们的生活水平。

另一种调节将会面临物种灭绝的可能性。因为灭绝的物种给后代进行补偿（在有效配置中的隐性策略）并不恰当，不但我们不知道实际补偿应达到什么程度，而且可能后代的偏好是这样的，即保存下来物种的价值超过我们这代人愿意提供的任何可能的补偿。考虑到他们偏好的不确定性，我们的策略是，把保护物种包含到可持续性的定义当中，以允许后代人做出他们自己的评价。不管净收益的计算结果如何，这种导致物种灭绝的策略显然是不可行的。保留后代的选择不是试图事后评价他们的偏好，而是保护他们的利益。

调整国民收入账目将是可持续性原则的另一个直接含义。这些收入账目必须符合希克斯塞收入的定义，在计算国民收入的数据时，所有的费用包括自然资金的贬值，都要从总收益中扣除。没有做到这一点，就会像目前一样，给公众部门提供非常错误的信息，这些信息极大地鼓动着公众从事违反可持续性原则的经济活动。

人类的经济和社会发展必须维持在资源和环境的承受力范围之内，以保证发展的可持续性。要坚持这一原则，人类必须约束浪费资源、破坏环境和污染环境的行为，必须保护和加强资源基地建设，修复环境。这就要求人们在开发和利用自然资源的同时，要补偿从生态系统中所取的东西，使自然生态过程保持正确的秩序和良性的循环。为了有效地维护自然生态系统对经济社会发展持久的支撑能力，人类应当对自然资源进行价值预算，估计由经济活动带来的环境质量退化造成的经济损失，把它们计入环境费用。

（四）信息原则

民意测验通常表明，不管社会环境怎样，公众都会关注环境并且愿意承诺保护环境资源，然而，为了激励和强调这种美好意愿，有必要保证公众对现状的了解。认识到这一思想的明智之处，就是为在环境政策中提高公众参与性的一系列新策略实施铺平了道路。

可以采取多种形式来贯彻信息原则。在一些国家里，新闻界可以报道环境问题的自由度越来越大了。在另一些国家，则更容易查到排放到空气和水中的污染物的数量和类型，具有环保意识的消费者可以购买贴有绿色产品标签的商品。

信息策略的一个优点就是，当很多的传统方法失效时，它们有解决问题的能力。例如，在很多发展中国家，人力、财力的短缺致使传统控制污染的调节方法行不通。幸好这些因素并不必然导致污染控制失控。即使没有传统的监测和实施系统，正确制定信息策略，污染也可得到有效的控制。

1992年英国颁布的《环境信息条例》明确规定，除了某些例外，任何寻求环境信息的个人都有从任何公众机构获得信息的权力，所有拥有环境信息的公共机构都有义务，只要有请求，这些机构必须尽可能地在两个月内提供环境信息，任何拒绝都必须以书面的形式予以回答，并伴以对拒绝的原因进行说明。1999年英国又颁布了《信息自由法案》，该法案使公众获取环境信息的渠道更加广泛，环保社团和当地社区可以利用这些信息对不同级别的政府决定提出反对意见。

1969年美国《国家环境政策法》要求联邦机构对计划建设中的项目要进行环评。其实此项要求并不只是要求对项目的环境影响进行评估和完成环境影响报告，其最终目的在于改善决策制定的质量，希望项目的业主在意识到该项目对环境有潜在的不利影响时，应采取对环境更敏感的措施。其另一个目的是告知公众，让人们知道计划中的项目和它所产生的影响。公众参与环评的实质在于可以行使自己对拟行动决策的质询和否决权。这一制度在此后被西方工业化国家广泛采用。

第五章　城市与区域可持续发展的管理领域分支

第一节　循环经济与可持续发展

循环经济是21世纪国际社会推进可持续发展的重要实践模式。在中国，发展循环经济有极其重大的现实意义。改革开放以来，我国经济高速发展，GDP高速增长，但是，由于以前的发展模式基本上是"三高"（高消耗、高能耗、高污染）的粗放型发展模式，大量消耗资源导致资源短缺与生态环境恶化。在人口众多、资源相对贫乏、生态环境脆弱的背景下，资源和环境的瓶颈作用将会越来越严重，进而制约经济的增长，因此，我国要实现全面建设小康社会、走新型工业化道路的战略目标，经济增长方式的转变迫在眉睫，现阶段要多层次、多角度的积极进行循环经济发展的理论与实践探索。

循环经济理论提供了实现城市与区域可持续发展的重要途径。城市与区域的可持续发展战略中，应将循环经济作为实现可持续发展的战略模式。

一、循环经济的基本概念

（一）循环经济的由来

循环经济的思想萌芽可以追溯到环境保护兴起的20世纪60年代，美国经济学家鲍尔丁提出的宇宙飞船理论可以作为循环经济的早期代表。他认为，地球就像在太空中飞行的宇宙飞船，要靠不断消耗自身有限的资源而生存，如果不合理开发资源、破坏环境，就会像宇宙飞船那样走向毁灭。

在20世纪70年代，世界各国关心的问题仍然是污染物产生后如何治理以减少危害，即环境保护的末端治理模式。80年代，人们注意到采用过滤化的方式处理废弃物，思想上和政策上都有所升华，人们的认识经历了从排放废弃物到净化废弃物，再到利用废弃物的过程。但总的来说，20世纪七八十年代环境保护运动主要关注的是经济活动造成的生态后果，而经济运行机制本身始终落在他们的研究视野之外。

到20世纪90年代，源头预防和全过程治理才替代末端治理成为国家环境与发展政策的真正主流，人们在不断探索和总结的基础上，提出以资源利用最大化和污染排放最小化为主线，逐渐将清洁生产、资源综合利用、生态设计和可持续消费等融为一套系统的循环经济战略。

（二）循环经济的内涵

循环经济是对物质闭环流动型经济的简称。所谓循环经济就是把清洁生产和废弃物的综合利用融为一体的经济，它要求运用生态学的规律来指导人类的经济活动。按照自然生态系统物质循环和能量流动规律重构经济系统，使经济系统和谐地纳入自然生态系统的物质循环过程，建立起一种新形态的经济。循环经济的实质是以尽可能少的资源消耗和尽可能小的环境代价实现最大的发展效益。

循环经济本质上是一种生态经济，它要求运用生态学规律而不是机械论规律来指导人类社会的经济活动。

从物质流动的方向看，传统工业社会的经济是一种单向流动的线性经济，即资源—产品—废物，线性经济的增长，依靠的是高强度地开发和消耗资源，同时高强度地破坏生态环境。循环经济是一种促进人与自然的协调与和谐的经济发展模式，要求运用生态学规律把经济活动组织成一个资源—产品—再生资源的反馈式流程，实现低开采、高利用、低排放，最大限度地利用进入系统的物质和能量，提高资源利用率，减少污染物排放，提升经济运行质量和效益。所有的物质和能源要能在这个不断进行的经济循环中得到合理和持久的利用，以把经济活动对自然环境的影响降低到尽可能小的程度。循环经济为工业化以来的传统经济转向可持续发展的经济提供了战略性的理论范式。

从一般的角度看，城市经济活动系统必然包括物质、能量、信息和人力等要素的流动，这些要素的流动以价值的流动为基础。循环经济系统运行过程中伴随着物质流和能量流，必然产生价值的增值和货币的流动，从而形成循环经济的价值链。循环经济价值链的形成是以其利润大于零为前提条的，也是循环经济持续发展的经济动力。

（三）循环经济的原则

减量化、再利用、再循环是循环经济最重要的实际操作原则。减量化原则属于输入端方法，旨在减少进入生产和消费过程的物质量，从源头节约资源使用和减少污染物的排放；再利用原则属于过程性方法，目的是提高产品和服务的利用效率，要求产品和包装容器以初始形式多次使用，减少一次性用品的污染；再循环原则属于输出端方法，要求物品完成使用功能后重新变成再生资源。

值得注意的是，减量化、再利用、再循环原则在循环经济中的重要性并不是并列的。循环经济不是简单地通过循环利用实现废弃物资源化，而是强调在优先减少资源消耗和减少废物产生的基础上综合运用3R原则，3R原则的优先顺序是减量化—再利用—再循环。

二、国内外循环经济的发展

目前，在日本、德国和美国等发达国家，循环经济正在成为一股潮流和趋势，取得了许多成功的实践。国内在循环经济理论和实践方面也进行了多方面的探索。

（一）企业层面的循环经济

美国杜邦化学公司于20世纪80年代末把工厂当作试验新的循环经济理念的实验室，创造性地把3R原则发展成与化学工业实际相结合的3R制造法，以达到少排放甚至零排放的环境保护目标。他们放弃使用某些环境有害型的化学物质、减少某些化学物质的使用量以及发明回收本公司废弃物的新工艺，到1994年已经使生产造成的塑料废弃物减少了25%，空气污染物排放量减少了70%。

我国在企业层次的循环经济实践主要是清洁生产。我国是国际上公认的清洁生产搞得最好的发展中国家。20世纪70年代末期起，我国有些企业开展了无废工艺、生产全过程污染控制等工艺改革，出现了许多成功的案例。我国推行清洁生产，从宏观的产业调整开始，实施的主体是企业。近年来，在电力、钢铁、化工、煤炭、水泥、食品、橡胶等行业，企业清洁生产得到了大力的实施，结合循环经济建设，取得了较好的效果。

（二）区域层面的循环经济

20世纪90年代，生态工业园区成为世界工业园区发展的趋势，在欧洲的丹麦、奥地利、瑞典、爱尔兰、荷兰、法国、英国、意大利等国家也正在迅速发展。1999年，我国国家环保局开始启动生态工业园区建设项目，据不完全统计，截至2004年8月底，我国已有批准在建的国家级生态工业园区10个，通过规划论证的国家级生态工业园3个，其他地方各级在建生态工业园区50多个。按照循环经济和生态工业的理念，对现有的经济技术开发区和高新技术开发区的改造工作也正在全国范围内展开。

（三）社会层面的循环经济

德国的双轨制回收系统（DSD）是一个很好的示范。DSD是一个专门组织对包装废弃物进行回收利用的非政府组织。它接受企业的委托，组织收运者对他们的包装废弃物进行回收和分类，然后送至相应的资源再利用厂家进行循环利用，能直接回用的包装废弃物则送返制造商。DSD系统的建立大大促进了德国包装废弃物的回收利用。

我国城市生活垃圾回收清运制度早已形成较完整的体系。在社会层面上，废旧物资回收、再生循环利用已经出现了跨地区的网络化和规模化格局。北京市海淀区从2003年开始着手建设以再生资源回收网点、再生资源集散地和加工利用三位一体的社区回收体系，在社区居民、企业、机关、院校废旧物质出售和再生资源利用企业之间建立畅通的渠道。

在垃圾资源化利用中，北京市利用废报纸制成质量较高的再生纸、将废塑料经热解后制成油气作能源使用已形成规模生产；北京还成立了废旧物品交易市场，通过市场化运作来扩大废品回收和利用率。青岛市把生活垃圾预处理后产生的无机物质用作制砖的原料，制成的烧结砖符合国家建材标准，并已大批量生产。南京市经过研究和试验，设计出一项垃圾资源化系统技术，正投资建设一座日处理量为1000吨的垃圾资源化示范工程，该工程构织成一个让垃圾处理实现生态循环的技术体系，使垃圾中各种资源得到最充分的利用。

另外，我国还结合国情，进行了省、市循环经济实践。国内许多城市在建设循环型城市的过程中进行了有益的探索。辽宁省被确定为循环经济试点省，贵阳市被确定为循环经济示范市。北京、上海、天津、重庆、沈阳、太原等城市被作为清洁生产试点城市。

总体上，生态工业和生态农业是发展循环经济的源头，对经济发展水平和科学技术进步的程度依赖性强，短期内可能较难有效地全面实践，但可以分地区和行业有重点地循序推进。根据发达国家经验，消费领域是发展循环经济的助推器，是重要的战略环节。废旧资源综合利用在我国具有较长的历史，形成了一定的规模，产生了不小的经济、环境效益以及社会效益。

三、循环经济对区域可持续发展的影响

可持续发展的首要原则是发展，以可持续性为约束条件。循环经济体现了一种新的可持续发展的思维模式和活动方式。循环经济不仅仅是城市与区域可持续发展的战略，更重要的是循环经济具有可操作的模式，能够帮助城市与区域在经济、社会、环境等多方面逐步实现可持续发展。

（一）对区域经济可持续发展的影响

经济发展模式把发展经济看作是一个社会—经济—自然复合生态系统的进化过程，所投入的各种物质、能量和信息在这个复合生态系统中.闭合循环利用，系

统良性循环，健康发展，使经济增长具有可持续性。

城市与区域的经济发展过程主要有以下三种模式：

1. 传统的经济增长模式

基本沿用"三高"（高消耗、高能耗、高污染）的粗放型发展模式。这种模式可以持续下去的必要条件是资源取之不尽、用之不竭，且廉价易得，所产生的环境污染和生态破坏不影响人类自身的生存和发展。这种经济发展模式将难以为继。

2. 先污染、后治理的经济模式

只讲发展速度和经济效益，不顾环境污染，开始注意环境问题时，治理成本过高，导致经济效益、社会效益和生态效益难以兼顾。西方发达国家实现工业化过程中普遍采用这种模式，但资源危机和生态灾难无情地打破了人类与自然的友好关系，使人们对这种模式产生反思。

3. 循环经济模式

它是建立在进入系统的物质能量不断循环利用基础上的生态经济，实现经济活动生态化。其过程是一个资源—产品—再生资源的反馈式循环，通过延长产业链，在系统内进行废弃物全面回收、再生资源化、循环利用；其特征是低消耗，低排放，高效率，高循环；其结果是提高资源利用率和利用效率，节约资源，最终污染物排放量和对环境影响最小化。可见，循环经济使物质资源得到充分、合理的利用，把经济活动对自然环境的影响降低到尽可能小的程度，是符合可持续发展原则的经济发展模式，是一种资源节约型、环境友好型的可持续发展途径。发展循环经济，实现资源的高效利用和循环利用，是缓解经济发展无限和资源有限矛盾的根本出路。

循环经济的发展将促进城市与区域新一轮绿色产业革命。通过资源的高效利用和循环利用节约资源；废弃物排放最小化，对环境造成的影响控制在生态系统可以自我调节的范围之内，使经济活动对自然环境的影响降到最低；通过废弃物再生资源化，循环利用，节约资源，改善环境。大力发展循环经济可以提高资源的利用率和产出率，降低生产成本，提高经济效益，并使产品符合国际环保标准，增强国际竞争力。

循环经济对区域生态经济系统的整体优化运行具有极其重要的战略性指导作用，发展循环经济将成为区域可持续发展向生态化建设高速迈进的有效实现途径。按照循环经济原理来重组区域产业结构，优先鼓励环保型高新技术产业和功能型第三产业发展，逐步调整淘汰传统产业。组建资源闭路自循环的产业生态园区，加大对环境无害化技术的联合攻关，逐步实现生态要素价格市场化，建立环境资源的生态补偿制度，通过区域循环经济的构建，提升国家或地区的综合竞争力。

（二）对区域环境可持续发展的影响

循环经济是以资源节约和循环利用为特征的经济形态，也被称为资源循环型经济。与粗放利用资源的经济模式不同，循环经济倡导的是一种与环境和谐的经济发展模式。城乡共同构成区域，城市与区域物质流、能量流的可持续发展依赖循环经济的具体实施，大力发展循环经济可以从根本上改变城市资源过度消耗和环境污染严重的局面，是实现城市可持续发展战略的必然选择。

借鉴自然界生产者、分解者、消费者的宏观构成，区域经济与社会运行同样具有生产者、分解者、消费者的功能。

所谓生产者是区域利用生产力要素的组合，产出满足社会需求的各类产品，其中必然产生相应的废弃物和污染物。所谓消费者是指利用中间产品和最终产品的广大用户，他们在消费过程中也会产生不同的废弃物和污染物。所谓分解者是指对上述各类废弃物和污染物的解除、自净和消纳。一个区域应当对上述三大功能实施综合协调并达到流畅的循环。

目前，由于单靠自然的自净能力已不能有效地担负起分解者的作用，因此，必须通过人为地加大环保力度进行污染治理，去帮助区域缓冲能力的提高和自净能力的恢复，实现人类向自然的索取必须与人类对自然的回馈相平衡的核心目标，这就是开创循环经济的基本理念。

长期以来，我国一直都在探索如何能将区域的环境与发展有机连接起来并形成有效的互动体系，使其既能克服二者之间所产生的矛盾，又能利用二者之间所存在的互补关系，达到既要高速发展经济，又要大力改善环境，形成一种健康的、和谐与平衡的发展道路。全面推进循环经济，将经济社会活动对自然资源的需求和生态环境的影响降低到最低，可以从根本上解决经济发展与资源紧缺和环境保护之间的矛盾。

（三）对区域社会可持续发展的影响

循环经济以可持续发展理念为基础，以人的健康安全为前提，坚持以人为本的原则，以社会效益、经济效益和生态效益全面协调发展为目标，通过资源的循环利用，致力于从根本上解决自然、社会、经济和生态系统之间的矛盾。循环经济价值链的意义不只局限在经济本身，还具有社会价值和生态价值，是在更高层次上对经济价值、社会价值和生态价值的整合。循环经济的目标不是高能耗、高产出、污染严重的物质文明，而是整体协调、循环再生、健康持续的生态文明；

是建立资源节约型、环境友好型社会,推动整个社会走上生产发展、生活富裕、生态良好的文明发展道路。

循环经济的实施有一套独立的、严谨的和合理的指标体系,从而把环境质量、环境建设、环境管理同区域的经济发展、社会进步、文化建设完整地结合在一起,既保证了环境促进经济,又保证了经济改善环境,达到符合可持续发展要求的良性循环,真正把环境与发展有机地联系在一起,形成了区域可持续发展的新合力。

四、发展循环经济实现城市可持续发展的途径

发展循环经济实现城市可持续发展的基本途径包括规划促进以及企业、区域和社会层面的全面推进。

在对我国循环经济战略框架、立法和指标体系等深入研究的基础上,国家环保总局起草了《关于加快发展循环经济的意见》,制定了循环经济示范区和生态工业园区建设规划技术指南,并于2003年发布了循环经济示范区与生态工业园区的申报、命名和管理规定。近年来,区域性(如经济区、开发区)、地域性(省、市)单位纷纷出台相关规划,有力地推进了循环经济的发展,为进一步开展与落实循环经济指明了方向。

城市与区域要实现可持续发展,首先要在编制总体规划和各类专项规划、区域规划以及城市规划的过程中,把发展循环经济放在重要位置。一方面,要把发展循环经济作为编制规划的重要指导原则,用循环经济理念指导各类规划的编制;另一方面,在规划编制过程中,要加强对发展循环经济的专题研究,加快节能、节水、资源综合利用、再生资源回收利用等循环经济发展重点领域专项规划的编制工作。

城市与区域可持续发展重在规划的促进实施,在宏观战略和规划层面将循环经济的理念融入各级发展规划的具体施行中,将使循环经济示范区和生态工业园区等一系列建设有章可循。

第二节 生态城市与可持续发展

一、生态城市的基本概念

(一)生态城市的内涵

城市作为人类聚居的一种重要形式,是人类政治、经济、社会和科学文化发

展到一定阶段的产物。随着城市化进程的不断加快，城市数量和规模迅速膨胀。进入20世纪中叶，生产力迅猛发展、人口急剧增加、资源极大消耗以及生态环境的变迁，促使人们对城市问题的研究更加深入。为了解决这一重要课题，人们提出各种各样的方式和途径。其中，最值得注意的是将生态学思想和原理引入到城市发展中，提出建设生态城市的崭新模式。

生态城市是生态文明的必然产物，生态文明强调人与自然的和谐发展，重视自然的生存与发展，追求人与自然之间的平等。生态城市最早是在联合国教科文组织发起的人与生物圈计划中提出的。随后，生态城市的理念迅速发展，成为城市发展的一种新概念。生态城市尽管在20世纪70年代初提出，80年代以来才被国际社会愈来愈广泛地接受，但其理念渊源却很久远。由于国际上并没有真正意义上的生态城市出现，所以生态城市的概念并没有达到统一。这里介绍几种具有代表性的观点。

英国学者霍华德早在1898年就提出了田园城市的概念，充分表现出使城市与乡村相结合的思想和对理想城市的向往。他倡导用城乡一体的新社会结构形态来取代城乡分离的旧社会结构形态，强调建设田园城市，提出不能忽视城乡一体的主题思想，要把一切最生动活泼的城市生活的优点与美丽的乡村环境和谐地组合在一起，从而为人们展示了城市与自然平衡的生态魅力。

生态城市概念产生于联合国教科文组织1971年发起的人与生物圈计划，苏联城市生态学家尤尼斯基提出了生态城市这个理想城市模式。他按生态学原理试图建立一种经济、社会和自然三者协调发展，物质、能量和信息高效利用，生态良性循环的人类聚居地，即高效、和谐的人类栖境。

1987年，美国生态学家理查德·莱斯特对生态城市提出了一个十分概括的解释：生态城市追求人类和自然的健康与活力。他提出了生态城市的原则，这些原则从最初简单地包括土地开发、城市交通和强调物种多样性的自然特征，发展到涉及城市社会公平、法律、技术、经济、生活方式和公众的生态意识等多方面更加丰富的原则体系。

20世纪90年代，国际城市生态组织认为生态城市应包括：重构城市，停止城市的无序蔓延；改造传统的村庄、小城镇和农村地区；修复被破坏的自然环境；高效利用资源；形成节省能源的交通系统；实施经济鼓励政策；强化政府管理。

国内著名生态学者马世骏、王如松1984年提出社会—经济—自然复合生态系统理论，指出城市是典型的复合生态系统。1991年他们又指出生态城市建设应满足以下标准：人类生态学的满意原则、经济生态学的高效原则、自然生态学的和谐原则。强调经济发达、社会繁荣、生态保护三者保持高度和谐，技术与自然充分融合，城乡环境清洁、优美、舒适，能够最大限度地发挥人的创造性。

综合中外学者的各种观点，生态城市是运用生态学原理和方法，指导城乡发展而建立的空间布局合理，基础设施完善，环境整洁优美，生活安全舒适，物质、能量、信息高效利用，经济发达、社会进步、生态保护三者保持高度和谐，人与自然互惠共生的复合生态系统。生态城市是由经济、社会、自然构成的复合生态系统。其中，自然子系统是基础，经济子系统是条件，社会子系统是目标。生态城市的本质是追求人与自然的真正和谐，实现人类社会的可持续发展。

近年来，对于城市发展的出现很多类似的提法，如山水城市、园林城市和可持续城市等。

山水城市、园林城市强调城市建设的"形"，对城市的社会和经济属性论述较少，但是这种提法符合某些城市和区域的实际特点，易于操作；可持续城市以城市的可持续发展为目的。可持续城市强调城市当代人与后代人之间，以及当代不同地域之间，在地球资源和环境问题上的公正、公平和平等，并要处理好城市或区域内经济、社会、人口、资源和环境之间的协调关系，强调城市或区域的持续发展状态。

生态城市理念把城市作为一个复合生态系统来看待，在复合生态系统内，实现经济发达、社会进步、生态保护三者高度和谐，物质、能量、信息高效利用；生态城市要求构成城市的各要素要高效、和谐和循环，包括自然生态化、经济生态化和社会生态化。一般认为，生态城市比山水城市、园林城市和可持续城市涵盖的内容更多、更广泛。山水城市、园林城市和可持续城市可以作为实现生态城市的具体操作步骤。可持续发展是生态城市的明显标志，生态城市是未来理想的城市形态，是可持续发展的最终形态。

(二) **生态城市的特征**

从生态学的角度看，城市是一个独特的生态系统。生态城市是可持续的、符合生态规律和适合自身生态特色发展的城市。城市的生态化模式是人口控制，社会、经济持续发展，资源与环境的节约、保护与恢复相统一，追求城市社会、经济与环境整体效益最好的模式。

城市的生态化表现为环境生态化、城市经济的生态化、社会的生态化。环境生态化强调保护生命保障系统，发展以保护自然为前提，发展与环境的承载能力相适应，合理利用自然环境和自然资源；经济生态化强调低消耗、高效益、低投入、高产出的经济增长方式，对经济增长不但重视质量，而且追求质量的提高，提高资源的再生和综合利用水平；社会生态化采用可持续的生产、消费、交通和住区发展模式，强调生态意识，保证生活质量、人口素质、健康水平等，创造和谐的社会环境。一般说来，生态城市具有以下几个基本特征。

1. 和谐性

和谐性是生态城市概念的核心内容，主要是体现在人与自然、人与人、人工环境与自然环境、经济社会发展与自然保护之间的和谐，目的是寻求建立一种良性循环的发展新秩序。生态城市是营造满足人类自身进化需求的环境，充满人情味和浓郁的文化气息，拥有强有力的互帮互助的群体，富有生机与活力。

2. 高效性

生态城市将改变现代城市高能耗、非循环的运行机制，转而提高资源利用效率，物尽其用，地尽其利，人尽其才，物质、能量都能得到多层分级利用，物流畅通有序，废弃物循环再生，各行业各部门之间通过共生关系进行协调。

3. 持续性

生态城市以可持续发展思想为指导，公平地满足当代人与后代人在发展和环境方面的需要，保证城市社会经济健康、持续、协调发展。

4. 均衡性

生态城市是一个复合系统，是由相互依赖的经济、社会、自然生态等子系统组成，生态城市不是单纯追求环境优美或自身繁荣，而是兼顾社会、经济和环境三者的效益，各子系统在生态城市这个大系统整体协调下均衡发展。

5. 区域性

生态城市本身是一个区域概念，建立在区域平衡基础之上，而且城市之间是互相联系、相互制约的，只有平衡协调的区域，才有平衡协调的生态城市。生态城市同时强调与周边区域保持较强的关联度和融合关系。

二、国内外生态城市的发展

20世纪70年代以来，以城市可持续发展为目标，以现代生态学的观点和方法来研究城市，逐步形成了现代意义上的生态城市理论体系。目前，已经在美国的伯克利市（1990）、澳大利亚的阿得雷德市（1992）、塞内加尔的约夫市（1996）、巴西的库里蒂巴（2000）和中国的深圳市（2002）召开过五届国际生态城市大会。

创建生态城市已经成为21世纪国际上更多城市发展的方向和目标。生态城市思想提出后，有关的示范建设也在世界上广泛展开。目前，国内外已有不少城市取得了建设生态城市的经验和效果。国际上有许多城市正在按生态城市目标进行

第五章　城市与区域可持续发展的管理领域分支

规划与建设。在城市格局、基础设施和社会文化等方面已经具有生态系统或可持续发展能力的特征。

1992年，美国在加州伯克利实施了生态城市计划，其理念和做法在全球产生了广泛的影响。位于美国西海岸的滨海城市伯克利的生态城市建设实践卓有成效，有人认为它是全球生态城市建设的样板，也可以认为是生态城市建设的一个试验。它将生态城市建设的整体实践建立在一系列具体的行动之上，如建设慢行街道，恢复废弃河道，沿街种植果树，建造利用太阳能的绿色居所，通过能源利用条例来改善能源利用结构，优化配置公交线路，提倡以步代车，推迟并尽力组织快车道的建设，召开有关各方参加的城市建设会议，等等。伯克利还具有典型的城乡一体化的空间结构，在住宅区内，每隔一栋独立住宅就有一块占地数个住宅面积之大的农田，农田上种植的蔬菜和水果作为绿色食品很受当地居民及附近城区居民的喜爱。

澳大利亚的哈里法克斯生态城项目不仅涉及社区和建筑的物质循环规划，还涉及社会与经济结构，它走出了传统商业开发的老路，提出了社区驱动的生态开发模式。具体战略要点包括：评价土地的生态承载力；使建筑物与景观植物完美结合并与环境协调；建筑物规划、建设过程中从材料选择、结构设计到施工等对环境不产生副作用；培育居民的生态环境意识，使居民参与社区的规划、设计、建设、管理和维护的全过程。

新加坡经过几十年的努力，已建设成举世公认的花园城市和生态型城市。新加坡实施区域通行证政策、电子道路收费系统等措施，贯彻公交优先政策，以公交出行的人数占出行总人数的46%。另外，新加坡为促进生态城市建设还成立了花园城市行动委员会，它主要负责城市园林绿化的建设和管理。规定道路及各种公用场所必需预留充分空间用于绿化，并种植适于市区环境生长的热带植物；建设生态化公园，在公园内开展社会公益活动，各公园之间由生态廊道连接；制定政策法规，依法对公园实施管理。

巴西的库里蒂巴以"可持续发展的城市规划典范"而享誉全球，其公交导向式的交通系统革新与垃圾循环回收项目、能源保护项目曾荣获国际大奖。

西班牙的马德里与德国的柏林合作，重点研究、实践城市空间和建筑物表面用绿色植被覆盖、雨水就地渗入地下、推广建筑节能技术材料、使用可循环材料等，改善了城市生态系统状况。

日本的九州市，从20世纪90年代初开始以减少垃圾、实现循环型社会为主要内容的生态城市建设，提出了使某种产业产生的废弃物为别的产业所利用，地区整体的废弃物排放为零的构想。

总结国外影响较大的生态城市建设案例，其成功的经验主要在于明确而具体的目标体系、具体的项目、突出的重点领域、城市建设与生态建设的一体化、详细的分工实施体系、广泛的公众参与，加上具有明确法律地位和角色定位的推进和实施机构及完善的法律条例、市场化的管理体制等作为支撑条件。

为实施可持续发展战略，推动区域社会经济与环境保护协调发展，中国国家环保总局在全国组织开展了生态省（市、县）建设工作，全国生态省（市、县）建设发展迅速。1999年海南成为我国第一个生态省试点。2003年，国家环保总局发布了《生态县、生态市、生态省建设指标（试行）》。截至2007年，已有海南、吉林、黑龙江、福建、浙江、安徽、江苏、辽宁、陕西、河北、四川、广西和山东13个省、自治区已经开展或即将开展生态省建设工作。

一批市（县、区）开展了生态市（县、区）创建工作，受到社会的广泛关注，产生了积极的影响。2006年，江苏省张家港市、常熟市、昆山市、江阴市被命名为国家生态市，上海市闵行区为国家生态区，浙江省安吉县为国家生态县。

自20世纪80年代以来，我国开始进行生态城市建设不同层面的探索，在几十年的实践历程中，已有生态城市建设案例上百个，但真正成功且在国际国内产生重大影响的并不多见。相对于国外的生态城市建设，我国的生态城市建设仍然需要努力缩小与国外的差距，注重结合城市与区域特色，进行符合自身特点、具有可操作性的生态城市创建工作。

三、创建生态城市实现可持续发展

（一）生态城市建设的基本内容

创建生态城市，实现城市与区域的可持续发展已经成为各国的共识。各城市由于具有不同的经济基础、自然环境和地理位置，采取的措施既有相似之处，也各有侧重，各具特点。

根据联合国的标准，生态城市至少包括六个方面的内容：有战略规划和生态学理论做指导；工业产品是绿色产品，提倡封闭式循环工艺系统；走有机农业的道路；居住区标准以提高人的寿命为原则；文化历史古迹要保护，自然资源不能破坏，处理好发展与保护关系；把自然引入城市。

美国生态学家理查德·莱斯特在全面分析和总结生态城市建设理论与实践的基础上，提出了生态结构革命的倡议，并提出了生态城市建设的十项计划：普及与提高人们的生态意识；致力于疏浚城市内部、外部物质与能量循环途径的技术和措施研究；减少不可再生资源的消耗，保护和充分利用可再生资源；设立生态

第五章　城市与区域可持续发展的管理领域分支

城市建设的管理部门，完善生态城市建设的管理体制；对城市进行生态重建，力求为居民创造多样的自由生存空间；建立和恢复野生生物的生存环境；调整和完善城市生态经济结构；加强旧城、城市废弃土地的生态恢复；建立完善的公共交通系统；取消汽车补贴政策；制定政策，鼓励个人、企业参与生态城市建设。

澳大利亚城市生态协会提出生态城市的发展原则：修复退化的土地；城市开发与生物区域相协调，均衡开发；实现城市开发与土地承载力的平衡；终结城市的蔓延；优化能源结构，致力于使用可更新能源；促进经济发展；保护历史文化遗产；纠正对生物圈的破坏……

我国学者普遍认为生态城市的规划与建设应遵循自然生态规律与城市发展规律，以持续发展为目标，以生态学为基础，以人与自然和谐为核心，以现代技术为手段，综合协调城市及其所在区域的社会、经济、自然复合生态系统，以促成健康、高效、文明、舒适、可持续的人居环境的发展。在新一轮的城市规划中更多的城市提出了建设生态城市或生态型城市的规划目标。

生态城市建设必须以实现人与自然的协调发展为目标，立足于城市的市域范围，综合考虑城市周边地区乃至所在区域生态环境的影响因素，将城市用地布局、环境资源保护和污染控制、园林绿化建设、城市基础设施建设等与城市发展环境密切相关的各个方面均纳入生态城市建设的范畴。因此，生态城市建设的基本内容应涵盖以下几个方面。

（1）城市用地布局。土地利用的空间配置，直接影响到生态环境质量的优劣，在城市生态系统内尤为重要。无论是建设新城市还是改造旧城市，都必须因地制宜地进行城市土地利用布局的研究，除应考虑城市的性质、规模和产业结构外，还应综合考虑用地大小、地形地貌、山脉、河流、气候、水文及工程地质等自然要素的制约。

（2）城市绿地系统建设。绿地系统应保证城市自然生态过程的整体性和连续性，减少城市生物生存、迁移和分布的阻力，给生物提供更多的栖息地和更便利的生存空间，改善生物群体的遗传交换条件，为生物群体的发展创造更好的生存和繁衍环境。

（3）城市的自然保护。城市自然保护的主要内容包括：自然资源和自然环境的保护，土地、矿产、水资源、自然历史遗迹和人文景观的保护和管理。

（4）城市基础工程建设。城市基础工程是建设城市物质文明和精神文明的最重要的物质基础，是保证城市生存、持续发展的支撑体系，是保障优良的生活质量、高效的工作效率、优美的城市环境所必备的条件。当前，人们对城市基础设施的需求日益强烈,并且主要集中在交通、水、能源、通信、防灾、环卫等系统。

(5)环境污染控制工程建设。从根本上说,城市生态与环境问题的产生来自能源和资源的流失与浪费,因此,最基本的对策应是改变能源结构,更新与改造技术设备,提高能源与资源的利用率,建立一套完整的环保系统工程,加强对城市"三废"及噪声污染的综合整治。

(二)生态城市建设的步骤

生态城市建设可以分三步走,即三个阶段。

第一步:起步期(初级阶段)。大力宣传、倡导生态价值观,唤起人们对生态城市建设的重视,制定行动计划,建立示范工程,加强能力建设,对社会经济组织结构、功能进行初步调整,为建设阶段做好准备、打下基础。

第二步:建设期(过渡阶段)。逐步调整、改造社会经济组织结构,提高生活质量,改善环境质量,加强生态重构和生态恢复,增强城市共生能力,进一步增强人的生态意识,使之自觉广泛地参与生态化建设。

第三步:成型期(高级阶段)。这一阶段生态城市并不是处于"静止"的理想状态,而是自觉地通过各种技术的、行政的和行为诱导的手段实现其动态平衡、持续发展,自组织、自调节能力强,但若其正负反馈失衡或自我调控失灵也会导致衰败。

(三)生态城市建设指标

根据国家环保总局《生态县、生态市、生态省建设指标(试行)》,生态城市(含地级行政区)是社会经济和生态环境协调发展,各个领域基本符合可持续发展要求的地市级行政区域,生态城市是地级市规模生态示范区建设的最终目标。生态城市的主要标志是生态环境良好并不断趋向更高水平的平衡,环境污染基本消除,自然资源得到有效保护和合理利用;稳定可靠的生态安全保障体系基本形成;环境保护法律、法规、制度得到有效的贯彻执行;以循环经济为特色的社会经济加速发展;人与自然和谐共处,生态文化有长足发展;城市、乡村环境整洁优美,人民生活水平全面提高。生态城市要满足以下基本条件和建设指标:

(1)制定了《生态市建设规划》,并通过市人大审议、颁布实施。

(2)全市80%以上的县达到生态县建设指标,中心城市通过国家环保模范城市考核验收并获命名。

(3)全市县级(含县级)以上政府(包括各类经济开发区)有独立的环保机构,并为一级行政单位,乡镇有专职的环境保护工作人员。环境保护工作纳入县级(含县级市)党委、政府领导班子实绩考核内容,并建立相应的考核机制。

第五章　城市与区域可持续发展的管理领域分支

（4）国家有关环境保护法律、法规、制度及地方颁布的各项环保规定、制度得到有效的贯彻执行。

（5）污染防治和生态保护与建设卓有成效，三年内无重大环境污染和生态破坏事件，外来物种对生态环境未造成明显影响。

（6）资源（特别是水资源）利用科学、合理，未对区域（或流域）内其他市域社会、经济的发展产生重大生态环境影响。

生态城市建设指标包括经济发展、环境保护和社会进步三类，共28项。

什么是"宜居"？大连市市长夏德仁用"适合人们生活与工作"九个字进行了概括。这也几乎涵盖了大连市为生态宜居城市建设所设定的所有目标：生态环境良好、配套设施完善、商务环境优越、城市管理规范，以及人民群众生活水平提高等。宜居是一个综合性的概念，除环境之外，还包含经济和社会发展的各项指标。

1. 宜居城市归根结底是以人为本的城市

大连市的决策者意识到，宜居城市归根结底是以人为本的城市，要满足人的需求，城市宜居不宜居，老百姓最有发言权，市民的首肯是关键。"十五"期间，大连新增绿地面积936万平方米，城市绿化覆盖率突破40%，而绝大部分新建游园绿地和公园广场都选在百姓家门口和城市周边的新开发地区。结合环境综合整治，越来越多的大连市民过上了"推窗见绿""走出家门进公园"的生活。同时，街巷路得到大面积维修，主城区基本消灭了摸黑路，一系列惠民工程改善了百姓的居住条件。

公共交通网络完善，道路桥梁建设合理，住在大连，你会发现，无论行车，还是走路，都很便捷，大连目前仍是全国交通最畅通的城市之一。随着生活质量的提高，市民的满意度也相应提高。

2. 建设生态宜居城市和转变经济增长方式相辅相成

要让百姓切实感受到城市宜居，大连市政府提出，还必须依托经济发展这个前提条件。宜居，不仅要有诸如环境、收入、社会治安、人与人和谐相处等条件，还要有好的商务条件，让人们感觉在这个城市办事方便、快捷、省事，感到这个城市适于发展，感到这个城市充满发展的生机和活力。大连将着力通过加快经济发展，使宜居的条件更好；通过改善环境，使宜居环境更温馨；通过改善投资环境，使商务成本更低廉……在这里，建设宜居型城市不仅是一个目标，还是加快城市经济增长的一种手段，而经济增长方式又是影响宜居的首要条件。经济增长方式的调整，往往能够推动生态宜居型城市的建设。建设生态宜居城市和转变经济增长方式相辅相成。

按照科学发展观的要求，大连市政府提出，要不断调整产业结构，从根本上转变经济增长方式。"十一五"期间,大连市的能耗和水耗分别要下降20%,这是硬指标。软件产业是无污染产业,政府将继续大力发展电子信息软件产业;同时,全力根除污染源,全面推进甘井子工业区的环境整治,加快大钢、大化这两个污染严重企业的搬迁力度。

建设生态宜居型城市必将成为促进经济增长方式转变、加快经济结构调整的有效途径。

3.宜居城市功能定位全新升级

在大连市政府工作报告中,有这样一段话:"按照生态宜居市的标准,提高城市建设与管理水平。充分发挥大连城市建设的良好基础和品牌优势,按照生态环境良好、配套设施完善、商务环境优越、城市管理规范的目标,加快生态宜居型城市建设。"这标志着建设生态宜居型城市将是一个综合性的目标,需要多领域、多角度、多层面共同推进。

大连市建设生态宜居型城市的基础较好,无论是基础设施建设、生态环境的保护和整治,还是投资软环境的改善、城市管理的规范化,都走在了全国的前列。2006年,大连市再次对城市功能定位进行全新升级。首先要重点解决城市交通拥堵问题,力保畅通。为此,本着优先发展分共交通体系的原则,安排一系列路桥的新改扩建工程,启动新老市区第二通道项目工作,进一步完善交通基础设施,力争使城市路网建设能符合宜居城市的标准。

根据新老城区不同的功能定位搞建设。按照建设国际旅游港和商务中心的思路,全力推进大连港东部港区的开发建设;加快旧区拆迁后的规划建设与综合开发;除计划中的旧区改造外,坚持老城区零开发原则,保护好大连特有的城市风貌和建筑历史文脉。

继续高度重视生态环境建设与保护。除了全面推进甘井子等几个工业区环境的综合整治外,还加快城市污水处理厂及配套工程的建设,开工建设城市生活垃圾焚烧厂;加大烟尘区域综合整治力度,继续做好拆炉并网工作;实施污染企业排污许可制度。

开工建设三处公园,提高城市绿化美化水平,城区植树50万株,新增公共绿地150万平方米,绿化覆盖率达到42.8%,人均公共绿地面积增加到10.6平方米。开工建设三处热电厂,启动或完成净水厂改造工程,实施部分地区供水工程建设,加快大伙房水库引水工程前期工作;完成水网改造73公里任务,改造居民室内水管5万户,全面完成二次加压泵改造。开工建设煤气新厂二期工程,完成煤气管网新铺和改造40公里。

大连市政府明确提出建设生态宜居城市，按照生态宜居城市的标准，进行城市建设和环境保护。为实现这一目标，大连市将按照生态环境良好、配套设施完善、商务环境优越、城市管理规范的目标，加快生态宜居型城市建设。大连市的生态宜居型城市的建设构想，体现了生态城市的综合性构架，即除环境之外，还包含经济和社会发展的各项指标。这个设想涵盖了生态城市建设的基本内容，并结合大连特色，坚持以人为本的基础设施工程建设，以经济增长方式转变为动力的产业结构调整，以重点项目为依托，高度重视城市生态环境保护实现城市功能升级。

四、城市规划体系内改造：当务之急在于凝聚共识

当前我国城乡发展面临环境、经济、社会三大危机，转型发展要求十分强烈。传统城市规划工作奉行大发展和效率至上的准则，具有市场取向的功利特征，难以长期持续发展。环保规划、主体功能区规划、国土规划等相关规划领域努力以各种途径落实生态、低碳发展要求，形成对城市规划工作有关生态思想与生态价值观的肢解。众多生态城市规划、城市生态规划等因未融入法定城乡规划体系，处境尴尬。基于"生态城市"理念，城市规划工作改进的当务之急在于凝聚共识，即从指导思想、程序机制、规划内容、实施保障等方面实现城市规划的体系内改造与再生。

（一）三大危机与转型发展的强大信号

自改革开放特别是进入新世纪以来，我国城乡发展所取得的经济繁荣世所瞩目，然而，经济高速增长的背后也蕴含着三大危机。

（1）环境危机。我国正以历史上最脆弱的生态系统，承受着历史上为数众多的人口和最高强度的发展压力，空气污染、绿地萎缩、水资源枯竭、沙漠化、城市内涝等一系列环境问题日益严重。

（2）经济危机。经济增长高度依赖低成本资源和生产要素的高强度投入，我国已成为世界上煤炭、钢铁、铁矿石、氧化铝、铜、水泥消耗最大的国家，同时经济增长对投资和出口高度依赖，投资和净出口对经济增长的贡献率超过60%。

（3）社会危机。社会形态处于剧烈的变动期，城乡之间、行业之间、阶层之间贫富差距日益扩大，人与人之间的关系越来越复杂多变，情感纽带脆弱，居民生活安全感和归属感降低，群体性重大恶性事件频发，公众道德水平下降，社会不稳定因素增强。

正是在这样的背景下，从"建设生态文明"，到"提高生态文明水平"；从"资

源节约、环境友好"两型社会建设，到节能减排的国际承诺，近年来国家转型发展的信号已十分强烈，转变发展模式已成为社会经济发展的主线，并深刻影响着各行各业的实际工作与长远发展。尽管中国转型之路颇为艰难，但一系列转型的举措还是在持续推进。例如，在中央政府层面，我国在哥本哈根会议前向国际社会做出单位GDP碳排放减排承诺，并把该指标纳入强制性的国民经济发展纲要中；在地方政府层面，以珠三角的绿道建设和重庆市的中央公园建设为代表，表明了推进转型改革的务实行动。

（二）内部之忧：传统城市规划模式难以持续

然而，当我们把目光转向城市规划专业领域，却充满了深深的忧虑。伴随中国的改革开放进程，城市规划以一种"应对市场失灵的宏观调控手段"的光亮姿态而得到加倍的重视，规划设计业务持续增长，人才队伍不断壮大，各类学术活动日益繁荣。就城市规划类核心期刊而言，也由早期的《城市规划》一枝独秀，转向《城市规划学刊》《城市发展研究》《国际城市规划》《规划师》等百花齐放。在2011年度，城市规划界还欣喜地迎来了"城乡规划学"成为一级学科的"胜利"，更使城市规划的社会地位得到空前提高。然而，这些内容在业内人士看来，似乎只是城市规划工作的一些外部繁荣现象，就具体的城市规划工作的实质内容而言，却是危机重重的，甚至可用积重难返予以形容。

（1）我国已进入到城市快速发展的阶段，发展被认为是理所当然的第一要务。众多城市规划以发展为要务，以城市建设的快速开展为目标，将效率作为城市规划的价值准则，于是城市建设出现了无序扩延，城市外围空间迅速被占领，资源利用效率低。

（2）做过总体规划的都知道，前面的社会经济综合研究做得再好，往往和后边的规模论证乃至布局毫不相干。一些城市领导对城市未来的规模先入为主，甚至有从省委、省政府的文件中获得指令性的依据。很多情况下，总体规划编制要完成的主要是落实这些指令，体制和决策过程还没有为持有否定意见的规划师提供足够的权利。

（3）在城市总体规划等编制过程中，对于城市用地和人口规模等的确定上缺乏严格的科学依据。一方面，规划从业者面对来自地方行政力量干扰时缺乏足够的说服力，而不能严格控制城市规模；另一方面，在规划管理过程中，面对调整规划的要求时不具备过硬的技术底气，缺乏坚持原有规划数据的理由。城市规模等通常在规划调整的过程中一再变大。对规划层次的控制不力，在一定程度上导致了城市大规模扩张的问题。

第五章　城市与区域可持续发展的管理领域分支

（4）城市规划中人本主义思想漠视自然，并依据人的主观思维而改变自然存在的价值，也是自然环境逐渐被城市蚕食的主要原因之一。

（5）目前中国城市规划行业的生态敏感和生态努力远远不够，翻看众多城市的规划文本，显示出目前城市规划的主要目标仍是经济增长、发展需要、空间美学等。在业内，生态节能环保等被许多人认为是专项技术，至多也只是规划的一个专门分支。目前讨论生态节能环保问题较多的是暖通、给排水、环保等专业人员，传统空间规划设计的主体——规划师、建筑师对于生态导向的城市发展趋势认识不足、学习不够，影响了城市规划作用的发挥和更大发展。

笔者认为，导致上述局面出现的原因是极其复杂的，关键原因之一在于：城市规划作为一种职业活动，其服务的对象，即通常所说的甲方，是城市政府；然而，城市规划技术文件试图要管控的对象，归根到底也是城市政府的行为活动，这就造成了一种内在的伦理错位。当规划师认识到地方发展实际中存在的巨大问题时，也会听到来自另一只耳朵的声音："他是甲方，规划费是他给的……"是啊！没有规划费，何来奖金、津贴、补助……且不论这些个人利益，就城市规划各类业务活动而言，如学术活动的举办、期刊的出版、许多行业类的公益和服务类项目的组织落实，很多都是挂靠在规划设计单位，从源头上都需要规划经费做坚强后盾。此乃业内人士心知肚明之事，但却又往往无可奈何。

更有言辞激烈者："在某些情况下，城市规划已成为权钱交易的'中介'。规划图纸可以使官商夺地牟利的计谋合法化。于是城乡一体化规划、市域规划、城市群规划、区域规划……纷纷出台，不一而足。圈地规模之大远胜于清初的圈地令和英国的圈地运动。规划行业也就成为有利可图的香饽饽。"

值得一提的是《城乡规划法》的实施评估。《城乡规划法》的立法背景和立法目标，突出体现了转型发展的迫切要求，如城乡统筹被明确写入制定和实施城乡规划的基本原则，旨在改变就城市论城市、就乡村论乡村的规划制定与实施模式，促进城乡统一规划、统一建设及协调发展；强调城乡规划的综合调控地位，突出公共政策属性，严格城乡规划的修改程序和法律责任，旨在扭转城市政府在城市建设中脱离实际、不顾环境资源承载能力和经济条件以及不遵守城乡规划擅自盲目建设，更加突出地把改善人居环境、维护公共利益、促进社会公平和改善民生等作为规划工作的重要目标……但是，就具体的实施情况而言，却并不尽如人意：各类规划编制中"大发展"仍是主旋律，而非"受限发展"，科学编制城乡规划的理念有待进一步落实。在《<城乡规划法>实施评估及政策建议——以西部地区为例》一文中，笔者已就有关问题逐一讨论，这里不再赘述。

· 145 ·

总而言之，在市场机制中运行的城市规划，更多地具有了市场取向的功利特征，当我们试图以一种转型的思维期望其推进改革之时，面前的阻碍已绝不仅仅只是规划师的价值观念或思想认识问题，其背后有很多深层的制约因素。

（三）外围之患：相关规划的"生态"取向及对城市规划工作的冲击

内忧与外患并存。这里所谓的"外患"，主要是就与城市规划有紧密联系的相关规划而言。面对国家转型发展要求，相关规划领域的改革大刀阔斧，努力以各种途径落实生态、低碳发展要求，已形成对城市规划工作的重要"围堵"。

首先是环保规划。早在1979年，我国就把项目环评作为法律制度确立了下来，以后陆续制定的环境保护法律均含有项目环评的原则规定，2002年颁布的《环境影响评价法》也把规划环评作为法律制度确立了下来，要求"国务院有关部门、设区的市级以上地方人民政府及其有关部门，对其组织编制的土地利用的有关规划，区域、流域、海域的建设、开发利用规划，应当在规划编制过程中组织进行环境影响评价，编写该规划有关环境影响的篇章或者说明"。2009年8月，《规划环境影响评价条例》以国务院令的方式正式颁布。

其次是主体功能区规划。2007年7月国务院发布《关于编制全国主体功能区规划的意见》（国发[2007]21号），提出将国土空间划分为优化开发区域、重点开发区域、限制开发区域和禁止开发区域四类主体功能区，要求确定主体功能定位，明确开发方向，控制开发强度，规范开发秩序，完善开发政策，逐步形成人口、经济、资源环境相协调的空间开发格局。2010年6月，国务院常务会议审议并原则通过《全国主体功能区规划》，规划的全文在2011年6月8日正式向社会公布。规划序言中指出："国土空间是宝贵资源，是我们赖以生存和发展的家园。我国辽阔的陆地国土和海洋国土，是中华民族繁衍生息和永续发展的家园。为了我们的家园更美好、经济更发达、区域更协调、人民更富裕、社会更和谐，为了给我们的子孙留下天更蓝、地更绿、水更清的家园，必须推进形成主体功能区，科学开发我们的家园"，字里行间流露出对全国各地的建设发展回归理性科学的殷切希望。从规划内容来看，有关限制开发区域和禁止开发区域的划定受关注度最高，"国家层面限制开发的重点生态功能区是指生态系统十分重要，关系全国或较大范围区域的生态安全，目前生态系统有所退化，需要在国土空间开发中限制进行大规模高强度工业化城镇化开发，以保持并提高生态产品供给能力的区域"，"国家禁止开发区域是指有代表性的自然生态系统、珍稀濒危野生动植物物种的天然集中分布地、有特殊价值的自然遗迹所在地和文化遗址等，需要在国土空间开发中禁止进行工业化城镇化开发的重点生态功能区"，显然，这正是生态、低碳发展理念在国家空间规划层面落实的重大努力。

在本质上，主体功能区规划只是空间区划方法的一种类型而已，城市和区域规划工作中针对某一特定规划范围进行空间管制分区，并制定相应空间政策的做法由来已久，如《城市规划编制办法》就明确规定城市总体规划工作应当划分禁建区、限建区、适建区和已建区（简称"四区"），并制定空间管制措施。然而，经过有关部门与专家学者的改头换面，主体功能区规划要比城市规划领域的"四区划定"更加来势汹汹，特别是当其以国务院的名义出现在各级政府的官方文件和主导舆论中时，其权威性更是不容置疑。

最后是国土规划。自1996年国务院18号文开始，国土资源部的许多法规和政策对城市规划"传统的"工作领域形成"包围"。2009年，国土资源部加大了国土规划工作推进力度，成立了专门的工作组，全面、系统总结了20世纪八九十年代国土规划工作，重点对已经完成国土规划编制的天津、深圳、辽宁、广东4个试点省市国土规划工作的经验和问题进行了总结，完成了报国务院《关于开展国土规划工作的请示（征求意见稿）》。经国务院同意，全国国土规划纲要编制工作于2010年9月正式启动。根据会议通过的《全国国土规划纲要编制工作方案》，国土规划的任务主要是立足国土资源环境承载能力，围绕优化国土开发格局，合理配置国土资源，提高能源资源保障能力和改善国土生态环境，统筹提出国土开发、利用、保护和整治的战略目标和重大任务，制定统一的国土空间开发利用政策措施，保障和促进经济社会全面协调可持续发展。毫无疑问，通过国土规划的编制，旨在加强国土生态安全建设、优化配置国土资源、合理组织国土空间，这正是在国土开发层面有效落实生态、低碳发展要求的重大举措。

（四）生态城市规划：处境之尴尬

近些年来，国内已掀起越来越多的"生态、低碳城市规划"编制热潮，有关生态、低碳城市规划的技术导则、编制办法、标准体系研究等也在大力推进。然而，当我们把目光转向生态、低碳城市规划的具体实施，其矛盾性和复杂性的特征又十分显著。特别是很多生态、低碳城市规划，乃至有关生态、低碳城市规划的技术导则、编制办法、标准体系研究，很多都是以一种独立于城乡规划体系之外"自成体系"（另起炉灶）的方式而出现，值得追问的是，它们与城乡规划体系的关系如何？是否有法定性？没有法律保障的规划何谈实施？

（五）城市规划体系内改造：推动生态城市理论建设与城市规划工作长远发展的必然选择

基于"生态城市"理念，城市规划工作如何加以改进？笔者认为，首要问题也是当务之急，仍在于凝聚共识。的确，如果我们不能以一种全局的眼光审视城市规划工作的当前处境，我们就无法认识到城市规划工作所面临的重大危机，以及这些危机的严峻性；如果我们不能以一种推进改革的积极心态去思考具体规划工作的改进，我们就无法认识到貌似"空""虚"的生态、低碳概念背后所蕴含的强大社会发展趋势，城市规划工作发展势必被相关规划的改革进步所超越——我们常常仍在沾沾自喜，自喜于城市规划事业的"空前繁荣"，自喜于城市规划行业相比其他部门所具有的空间规划研究科技优势。

要化解当前城市规划工作存在的诸多问题与矛盾，只有凝聚改革共识，重振改革勇气，才有可能找到解决问题和矛盾的思路、渠道、方法；要落实有关生态、低碳的基本理念，只有凝聚城市规划体系内改造的基本共识，形成改革合力，才能实现生态城市理论建设与城市规划工作长远发展的相互促进和共赢发展。只有凝聚共识，中国城市规划发展的列车才有重回正确轨道的可能，中国城镇化与城市的健康持续发展才有可能找到积极的内生动力。

共识并不等于所有成员就所有问题达成完全一致的意见，而意味着我们要养成互动、讨论、争辩、协商和妥协的习惯，要容忍异议的存在。共识意味着一种对创新和改革的克制与冷静，一种为实现共同发展目标而进行集体合作的心态。

基于"生态城市"理念，实现城市规划体系内改造，是城市规划工作改进的关键和前提。实现城市规划体系内改造是一项系统工程，需要坚持不懈地持续推动。笔者认为，几个关键的环节在于：基于生态、低碳发展的理念，改造我们的认识论与价值观，推动城市规划指导思想与观念的切实转变；改进城市规划工作的制度设计，形成有利于生态、低碳发展理念切实落实的内在机制；从不同的规划层次落实生态、低碳发展的具体内容，推动城市规划编制内容的完善；从规划实施角度加强生态、低碳发展的有关内容，为规划实施提供有效的保障。在下面的章节中，将逐一就这些关键环节做进一步的探讨。

五、规划范式转变：城市规划思想观念的革新

范式转变是城市规划工作改进的关键内容。在现代城市规划理论的发展演进过程中，生态理念始终起到了主导性的促进作用。中国当代城市规划的转型，必须以生态理念为思想导向，改造规划价值观，更新规划认识论，从被动的生态环境保护转向主动式的宜居环境建设，从经济主导的发展规划转向民生主导的协调性规划，从孤立单一的城市自身规划转向城市—区域的共同协作与治理。就当前的新一轮首都空间战略规划而言，规划观念的转变也是最为紧迫的论题，需要树

立"区域健康、协调、可持续"的基本观念,通过"宜居首都、文化首都、区域首都"建设,推动规划范式的切实转变。

范式的混乱是城市规划理论研究中的问题最为根本、最为重要的基础原因,对根本原因的消解是解决城市规划理论研究中各种问题的捷径,其途径是建立主流城市规划理论范式(吴志松、钱晨佳,2009)。规划范式包括规划理念、规划方法、规划内容等多方面内容,本章重点就城市规划的思想观念进行探讨。

城市规划是对一定时期内城市未来发展的战略性、前瞻性的调控手段,先导性是城市规划战略性、前瞻性的重要保障,而城市规划的先导性必然要有科学的理念为先导。城市规划的思想观念(或基本理念)涉及城市发展与城市规划价值观的正确引导,在城市规划工作中具有统领性、决定性、主导型的作用和意义。或者说,有什么样的思想观念,就会有什么样的城市规划。

纵观现代城市规划理论的发展历程,"生态"思想和"生态"价值观的存在与实际作为,自始至终对于城市规划理论的建构和完善发挥了关键性的激发作用。在当前中国社会和城市发展的重要转型期,中国特殊国情条件下城市规划理论建设的关键时期,"生态"理念必然会对城市规划工作的未来走向和范式转型产生特殊的导向意义。

(一)"生态城市"理念与现代城市规划理论的演进

1. 理论起源

从现代城市规划理论的起源来看,工业革命与工业化大发展造成大气、水、土地等资源环境恶化,污染加剧,人居条件恶劣,促使人们思考人与自然的关系,畅想新的城市发展模式,并逐渐走上以城市规划方式作为应对措施的实践轨道。不难理解,传统而朴素的"生态"思想和"生态"诉求是现代城市规划理论产生的重要时代背景与社会条件。

现代城市规划理论的创立,以霍华德所著的《明日的田园城市》、格迪斯所著的《进化中的城市》和柯布西耶所著的《明日之城市》三部世界名著的问世为主要标志。霍华德所提出的"田园城市"概念,虽然不是直接以"生态城市"为名,但却充满着生态思想与生态智慧,因此,当人们谈到"生态城市"的理论渊源时,时常将霍华德的"田园城市"思想观念加以追溯。柯布西耶所倡导的"现代城市"理论,似乎与"生态城市"并不沾边,然而深究起来,柯布西耶对于新技术条件下新型城市空间结构模式的探索,通过对现有城市的内部改造、"在城市中建城市"的内涵式发展的基本观念、创造大面积绿地和开敞空间(特别是市中心建设95%的绿化面积)等主张,不能不说是一种"另类"的"生态城市"思维。姑且不论"田园城市"和"现代城市",仅就格迪斯所著的《进化中的城市》而言,其所蕴含的"生态"理念对于现代城市规划理论起源的影响可谓根深蒂固。

作为一个著名的生物学家,进化论权威T·赫胥黎的学生,格迪斯的生态学家身份及其所具有的生态思想不容置疑。众所周知,《进化中的城市》一书将生态学的思想应用于城市规划研究领域,强调对于人与环境的相互关系的研究,开创了生态学、人文地理学与城市规划多学科交叉研究的独特传统。然而,真正把《进化中的城市》翻译成中文,纵观全书,却并没有看到什么"生态"或"生态城市"的言论。格迪斯的生态学思想,更多地体现在从进化论视角审视城市的发展变化方面。作者所谓城市的进化,并非对城市起源的展示,而是关于当代社会进化的研究,对于未来前进趋向的探究。关于城市问题,就像单一的科学领域一样,源自所调查和说明的事实,借此我们得到对进化趋势的宏观认知,甚至于预见其更长足的发展;因为,通过经由选择的最优化成长,我们能够培育出更佳的品种。开展城市进化研究的根本目的在于推动城市的复兴与繁荣,而其手段则是城市调查与城市规划。对于将要被规划的城市,我们的调查和分析工作再怎么深入都不为过,最重要的是,既然规划是要面对问题,那就必须预见它已经开始的发展趋势。对于它的城市特征,它的集体精神,应或多或少地进行辨识和讨论,对于它当前的日常生活,应当更深入地接触,它的经济效率,应当更深度地激发。通过城市活力和生活的自我复兴,人们已改善的生活条件被明确地予以考虑,内部循环和外部更大范围的流通活动将变得更加清晰,建设性的效率和艺术影响都将比之前更加可靠。这是因为,对于城市的考量,必须阐明和控制其地理性要素,反之亦然。因而,理想主义和客观事实并未被割裂开,而必须被紧密地联系起来,因为我们日常的脚步被理想的趋向所引导,它们不可能远及星辰,但必须有所成就,避免走向衰败。格迪斯主张把规划建立在研究客观现实的基础之上,即周密分析地域环境的潜力和限度对于居住地布局形式与地方经济体系的影响关系,这促使他的有关规划思想大大突破了一般城市的常规范畴,而是强调了把自然地区作为城市规划工作的基本构架,对于当时城市规划仅仅是局限于局部范围内的城市设计而言是一种重大革命。可见,《进化中的城市》中的有关思想,其实正是基于生态学(生态城市)理论对城市规划工作改进的一系列改革呼吁。

2.理论发展

在现代城市规划理论的发展过程中,"生态"理念同样发挥了十分重要的促进作用。1916年,美国生态学家R·E·帕克在《城市:环境中人类行为研究的几点建议》一文中提出城市人类在竞争与合作中所组成的各类群体相当于动植物群落,因此支配自然生物群落的某些规律也可以应用于城市人类社会，1936年又运用生命网络、自然平衡等生态学理论研究人与环境的关系，并把其提到"居于地理学思想的核心地位"，以后经过E·伯吉斯（1925）、H·麦凯（1929）、H·霍伊特（1939）等人的补充与完善，形成了一套城市与人类生态学研究的思想体系，开创了著名的芝加哥学派。1969年，美国著名学者麦克哈格出版《设计结合自然》一书，运用生态学原理，研究大自然的特征，充分结合自然进行设计，并创造了科学的生态设计方法。美国规划师协会针对美国20世纪中后期以来的城市蔓延问题，提出"精明增长"发展理论，强调必须在城市增长和保持生活质量之间建立联系。应该讲，有关"生态"发展的理念贯穿现代城市规划理论发展的始终，甚至一度成为城市规划理论的核心主导思想，并极大地改变了城市规划的工作内容与工作方式。

3. 理论走向

从现代城市规划理论的未来发展趋势来看，以应对全球气候变化为主要时代背景，生态理念面临的新的发展与更新走向，也必将引发相关城市规划理论的深刻变革。著名城市学者彼得·霍尔（Peter Hall，2008）将城市规划理论归纳为三个时期：第一个时期是物质规划时期；第二个时期是科学化、定量化、模拟化时期；第三个时期是关注全球气候变化时期。他认为前两个时期都已经过去了，现在全球的规划学者都应该来关注气候变化、全球增温对全人类的影响，所以规划界的所有学者也应该重新思考城市规划理论、方法和原理。可以预言，在现代城市规划理论未来进一步发展的过程中，生态、低碳等理念必将引领城市规划科学范式的重大转变。

（二）"生态"导向的当代中国城市规划范式转变

当前，中国处于快速的工业化与城镇化发展进程中，中国的城镇化发展与美国的高科技被诺贝尔经济学奖获得者斯蒂格利茨称为21世纪影响人类社会进程最深刻的两大事件。中国的城市发展与城镇化进程究竟应当采取何种模式，不仅对中国自身发展至关重要，对于全球的可持续发展进程也有重大意义。在这一进程中，城市规划工作与时俱进，积极转变思想观念与工作方式，责任重大，使命光荣。

1. 价值观的改造

城市在发展过程中所表现出来的种种问题，从本质意义上来看，都是城市人类没有摆正人类与自然的关系，没有认识到城市发展除了经济、社会、空间等的发展外，还包含着城乡生态环境发展这一极其重要的领域和方面。大量的城市问题也表明，人们对城市的认识、对城市发展的认识都必须深刻反省，必须在城市规划的思维方式上进行更新和完善，以从根本上摆脱城市发展过程中产生的困境。长期以来，城市规划奉行的是人本主义的思想观念，城市规划的核心目的是解决人类如何更好地生活，自然环境在规划中只是人类生存目标的附属物，因此自然与人类之间只存在给予与索取的关系。正因为现实中的城市发展过多考虑了人类自身的需求，许多城市周边重要的自然生态空间、湖泊、湿地、基本农田等被逐渐蚕食，摊大饼的城市形态在各地不断涌现。正确处理人与自然、人与社会的关系，首先必然需要正确的思想观念，这就需要对以往的人本主义思想观念进行积极改造，切实建立起生态导向的价值观念。生态价值观认为，人们爱护大自然是出于对大自然的内在性、独立性的尊敬或敬畏，要充分地认识到大自然的价值绝非只是人的工具的价值。换句话说，生态伦理学提出自然价值的明显意图就是要改变人们对价值问题的习惯性、偏颇性理解，重新建立一种新的价值论模式。

总之，基于"生态城市"理念改造我们的价值观，从根本上说，就是要彻底纠正"生态只是一种点缀"的片面认识，彻底扭转以人类自我为中心的思维模式，树立人与大自然共生、共存、共荣的生态文明观念，进而，以健康、协调、可持续发展的积极心态去正确认识和处理城市规划与城市发展的各种问题。

2. 认识论的更新

当我们有效地树立起生态价值观的时候，我们对城市和区域发展的很多认识都会发生革命性的变化。随着生态、低碳新技术的不断发展进步，这样的认识也必然日益增长。

3. 规划范式的转变

应对价值观的改造和认识论的更新，城市规划必须实现自身工作范式的积极转变：①从被动的生态环境保护转向主动式的宜居环境建设。必须树立自然生态优先的指导思想，要尊重既有生态系统的分区和自然的边界，如河流、湖泊、湿地、山体、森林、田园等，城市规划的用地评价和选择要转换视角，改变过去让土地、水、能源等被动适应城市发展需要的状况，更加强调用地的生态适宜性和敏感性，重视城市空间扩张对生物区和生物多样性的保护和最小侵扰，从而为生态导向的城市发展提供良好的自然环境。②从经济主导的发展规划转向民生主导的协调性规划。改变过去单一或主要追求经济发展效益的片面做法，将推进自然、经济、社会各子系统的协调发展作为规划工作的主要着力点，并下大力气做好民生问题的规划应对，真正使规划的成果造福于人民。③从孤立单一的城市自身规划转向城市—区域的共同协作与治理。只有坚决摒弃"以邻为壑"的观念，加强城市之间、城市与邻近区域的合作和联系，才能实现城市—区域的整体协调发展。

当前，可持续发展已成为全球城市和区域发展共同追求的基本理念。而对于首都发展而言，可持续发展则是容易做到的：由于首都的特殊性，"全国支援首都"，"全国保障首都"！只要国家政权稳定，首都发展自然不会出什么大问题，然而，对于首都的发展而言，只有可持续是不够的。基于"生态城市"理念，实现首都真正的可持续发展，必须要以健康、协调为基础，以区域为保障，这才是首都未来发展所需要的科学发展观。

六、法定生态专项研究：城市规划工作程序的机制改进

程序和制度对于城市规划工作改进具有重要意义。既定与生态有关的规划模式均在局限性：非建设用地规划、限建区规划等以自然生态为主，割裂了非建设用地与城市建设用地的联系，常常与法定规划相脱节，未能发挥其应有的积极作用；主体功能区规划、"反规划"、规划环评等是冠以不同称号、但实质内容与非建设用地规划等雷同的规划模式；生态城市规划、城市生态规划等一旦提出，即意味着对传统规划思想或既定方法的否定或抛弃，大量的生态专题研究也有值得改进之处。研究提出整体系统改进城市规划工作的"法定生态专项研究"工作机制的制度设计，重点从生态调查与评价、生态导向的规划目标选择、生态空间布局的战略性调控、生态支撑体系与政策、规划实施评估之生态分析等环节落实生态、低碳发展理念与要求。

（一）制度建设对于城市规划工作改进的重要意义

制度，作为一种人们共同遵守的行为准则，在社会的发展与进步过程中具有不可估量的重要作用。对于中华人民共和国的城市规划发展而言，制度建设也发挥了决定性的作用。1989年颁布的《中华人民共和国城市规划法》，明确规定了在城市规划区内进行各项建设，必须依法申请核发选址意见书、建设用地规划许可证、建设工程规划许可证的制度（简称"一书两证"），这一制度对于加强城市建设发展的规划管理具有里程碑式的意义。自2006年开始，住房和城乡建设部正式实施向国务院负责规划审批的重点城市派驻规划督察员制度，这一制度对于理顺规划管理体制、完善行政监督体制机制具有重大意义，成为制约地方当权者"以人代法、以权代法、违法干预、私改规划"的必要手段，以及防止规划部门被动违规或违法审批的利器。基于"生态城市"理念谋求城市规划工作的科学改进，必然也要重视长效机制和制度建设。

（二）对现有若干规划模式的分析与讨论

1.非建设用地规划、限建区规划、绿地系统规划、生态廊道规划、生态控制

线规划等这些规划模式名称各不相同,但内涵却较为接近,大致可划为一种类型。以非建设用地规划为代表,所谓"非建设用地"(或称非城市建设用地、城市非建设用地),是由"城市建设用地"所派生出来的一个相对概念,它的提出与被关注反映了社会对环境与资源保护的重视,以及城乡统筹等新发展观的确立,亦可以说,它是"城市规划"向"城乡规划"演进过程中,研究视角与对象、规划理念与工作思路等多方面转变的产物。"非建设用地"实质上是用地分类问题——若干用地分类的集合,这些分类的共同特征是在规划期内不适宜或不允许在其分区内进行集中的城市化开发建设活动。把非建设用地的研究对象、空间范畴、规划调控强制程度等做一定的调整,也就转变为绿地系统规划、生态廊道规划、生态控制线规划、水源地保护规划、限建区规划、禁建区规划等,它们在规划理论上通常强调自然资源保护与城乡统筹的基本原则,在规划研究方法和技术路线上融入了生态学、环境学、景观学、循环经济等领域的概念、思路和技术方法,相关研究工作与规划实践对于转变以建设用地为核心的传统城市规划理念、探索生态空间的有效管制途经等具有积极意义。

然而,上述规划模式在具体实践中仍有不少问题:

①"非建设用地"毕竟是"城市建设用地"为参照的派生概念,多方努力之下仍难成为一个完整范畴,也不足以构成独立的规划研究或编制对象,不论是以空间管制、生态规划还是其他视角为切入点的规划工作,若割裂"非建设用地"与"城市建设用地"的联系,仅仅关注前者或后者,都是片面和不合理的。相关研究正是意识到这一点,才在严格意义上的"非城市建设用地"(90版用地分类国家标准)的基础上不断扩充其内涵,但由此也造成了相关概念的层出不穷及其定义上的混乱。

(2)"非建设用地"、限建区、生态廊道、绿地系统等,基本上都属于"自然生态"的范畴,这类规划如果不考虑(或不充分考虑)社会、经济生态系统的有关内容,不仅规划内容无法体现城市—区域作为自然—经济—社会复合生态系统的内涵,有关"自然生态"的规划内容也必然由于受到更深层次的社会、经济生态系统的牵制而难以取得积极成效。北京市限建区规划获得全国优秀规划设计一等奖,但同时北京的绿色生态空间在持续被蚕食,即为例证。

(3)这些规划模式大多强调以一种相对独立的规划内容或规划类型而存在,傲然与法定规划内容相脱节,致使合理的规划成果缺乏法律权威和强制实施的体制保障,未能发挥应有的积极作用。

总的来讲,该类型规划在生态空间规划控制等方面积累了丰富的规划技术探索经验，未来的发展方向应当主要是转变工作方式，突出强调与法定规划工作的密切配合与统筹推进。

（2）生态城市规划、城市生态规划、城市生态环境规划、生态专题研究。

①生态城市规划。近年来，冠以"生态城市规划"之名的规划成果越来越多，甚至已有关于"生态城市规划"立法的呼吁。"生态城市规划"意味着是为"生态城市"而"量身定做"的规划，一种全新的规划类型，问题是："生态城市"不仅是物质意义上的，还包括文化、精神等意义。它的要求是很高的，既是"量"，也是"质"，是高度完美的和谐，是整个系统（包括所有子系统）协调而良性的运作。这是现代的"理想城市"。但是直至今天，还没有见到对"生态城市"完整的描述，也还没有看到一个完整的生态城市的出现。在当前实际情况和条件下，把"生态城市"作为有期限的规划目标，对绝大多数城市来说，是否适宜？

关于"生态城市"概念本身并不清晰，尚有诸多争议，何谈对"生态城市"进行规划？毕竟现在许多所谓生态城市规划、低碳城市规划，只不过是应用了一些生态、低碳的技术而已，城市规划最根本的方法和技术路线，还是百余年来现代城市规划工作一脉相承的传统内涵。试想，在生态、低碳概念提出以前的那些优秀的"传统"城市规划，难道就不符合生态、低碳原则吗？

在中国城市规划设计研究院邹德慈、夏宗玕等主持完成的《温州市城市生态环境规划研究与对策》（1998年）工作中，未把"生态城市"作为研究目的，主要是考虑到："生态城市"作为一种概念，已经提出有几十年之久。但是对它的研究尚处于探索的阶段，因而它的规划理论和方法并不很完善，实践方面也缺乏比较成熟的经验；我国目前处于社会主义初级阶段，经济体制处在转轨时期。经济还要快速增长，发展变化较大，温州是个大城市、旧城市，已形成较为庞大复杂的城市实体，难于在一定时期达到理想的生态目标；从理论上讲，生态城市不能脱离其所依托的宏大环境而孤立存在。温州所在的区域（市域、省域）如果没有整体的协调配合，温州难于单独建成为一个科学意义上的"生态城市"。

同时，要避免当前片面的（或简单化地）理解"生态城市"的偏向，主要是：把"生态城市"或生态环境仅仅理解为"加强绿化"，以为只要增加绿化面积，提高绿化水平，就是"生态城市"了；把"生态城市"和生态环境仅仅理解为加强环境保护与治理，以为只要环境指数达标，就是"生态城市"了。加强城市绿化和环境保护都是必要的，十分重要的。两者都有利于城市生态环境质量的改善和提高，但它们不是城市生态环境问题的全部。

② 城市生态规划、城市生态环境规划。"城市生态"更多是相对"农业生

态""海洋生态"等而言，实际上是关注城市各个生态系统及生态关系的研究，与"城市生态环境"大致是一回事。与"规划"相联系，意在从城市规划的角度寻求城市生态环境的改善或建设对策。相比较而言，"城市生态规划"和"城市生态环境规划"较"生态城市规划"更为务实，可以作为城市规划的一种专项规划而加以实践。问题是：改善和提高城市的生态环境质景，自现代城市规划诞生之日起，就一直是一项十分重要的目标和规划内容（如"田园城市"的思想）。从《城市规划条例》（1984）到《城市规划法》（1990），再到《城乡规划法》（2008），都集中体现了保护和改善城市生态环境的基本精神和要求。无论是生态城市规划、城市生态规划，还是城市生态环境规划，一旦提出，即意味着对传统规划思想或既有方法的否定或抛弃。但是，以生态和生态环境的观点来处理大量的规划问题，如城市人口与经济发展问题，交通发展战略与交通政策问题，城市土地合理利用问题，以至历史文脉的保护与永续问题等，都会产生新的视角和新的观念。因此，在城市规划工作之中，以保护、改善和提高城市的生态环境质量作为一项极为重要的指导思想，体现和落实在各个方面，是十分重要的。

③ 生态专题研究。相比上述各种规划模式，生态专题研究是一种更为普遍的工作模式。在大量的城市和区域规划实践中，很多已经将生态专题研究与产业专题研究、交通专题研究等作为规划编制工作的一个重要组成部分，对于改进规划工作方法，提高规划成果科学性等已经产生了十分积极的推动意义和实践价值。

然而，从具体的规划实践情况来看，生态专题研究的工作机制仍有值得改进之处：生态专题研究通常由 GIS、园林绿化等方面的技术人员完成，专题研究成果仍主要反映自然生态的有关内容；生态专题研究通常在规划编制工作的前期进行，大多作为用地空间布局的一种"图底"工作，不但较少进行全过程的跟踪，而且在空间规划的方案论证环节也介入较少；生态专题研究内容更多的就技术层面的有关问题进行讨论，常常缺少从战略高度和战略层面对有关生态问题的严峻性做出深刻剖析，更奢谈以"生态导向"统领整体的规划编制工作。

在某种程度上，生态专题研究逐渐演变为规划编制工作的一种附庸和陪衬，规划人员真正在乎的常常只是一些"花花绿绿"的适宜性评价图纸，以及那些反映多年动态变化趋势的建设用地空间拓展图，这往往是规划方案汇报时能够吸引眼球的一些重要素材。因此，基于"生态城市"理念改进城市规划工作，还不能仅仅满足于现有的生态专题研究的工作模式，必须与时俱进思考科学改进之策。

（三）城市规划工作机制改进的内在要求

综上所述，现有与生态城市规划相关的各种规划模式既具有鲜明的创新与特

第五章 城市与区域可持续发展的管理领域分支

色,也存在与法定城市规划体系相脱节、实效性有待提高等问题与局限。基于"城市规划体系内改造"的基本公式,以"生态城市"理念为指导改进城市规划工作,关键是在工作机制方面理顺关系,其内在要求突出体现在以下三个方面:

以法定城乡规划体系为基础。只有将有关生态研究与生态规划的各项成果内容有效转化为法定城乡规划成果的组成部分,才能使生态规划的有关内容具有真正的权威性与法律效应,获得良好的实施保障。

系统工程思想指导下的整体性过程控制。鉴于生态城市规划建设的矛盾性与复杂性,城乡规划工作内容的综合性,基于"生态城市"理念对城市规划工作进行改进,必然不可能只着眼于某一环节或某方面内容,而是要在规划内容上体现相对的综合,规划过程上强调全过程的系统控制。

面向重点战略问题的有效应对措施。当前,部分生态城市规划存在陷入"大而全"的"全能型规划"泥潭的不良倾向,由于生态城市规划建设不可能一蹴而就,因此,必须在树立长远综合目标的同时,突出强调对于重大战略性问题的把握与积极应对,从而使城市的生态化建设与改造分阶段有序推进。

(四)推进"法定生态专项研究"制度建设的若干思考

笔者初步考虑,为有效改进城市规划的工作程序与运行机制,可建立一种"法定生态专项研究"的制度体系,与法定城乡规划工作密切配合,强化生态、低碳研究的技术支撑,落实有关政策要求,实现规划范式的切实转变。"法定生态专项研究"的几个关键环节是:

(1)生态调查与评价。社会调查是城市规划的重要基础性工作,只有进行广泛、深入的调查研究,才能有效把握制约城市发展的重大问题及其发展趋势,为科学制定城市规划提供依据。当前,城市规划开展生态专题研究的基础性工作往往以 GIS 支撑下的用地适宜性评价为主要内容,这是重要的和必要的,但仅仅有此还远远不够。必须深入实地,开展野外调查,深入接触社会实际,获得对生态问题的鲜活体验,如河流水系生态状况、污染企业分布、规划图纸中的一些"绿色"内容在现实中的实际状况、城镇建设用地扩张情况等,亲眼所见与理论和文献分析对城市规划工作所能起到的作用不可同日而语。通过生态调查,目的是对城乡发展的生态问题有现实、直观的认识,进而结合一定的生态分析技术,对区域生态状况进行综合评估,识别主要的生态问题,为目标与发展战略提供技术支撑。

(2)生态导向的规划目标选择。在城市规划工作中落实有关生态、低碳发展要求,首先要科学选择城市的发展目标,作为对城市发展方向的重要引导。在邹

· 157 ·

德慈先生所撰写的《城市可持续发展的目标选择》(1999)一文中,就此问题有系统的阐述,概括而言,城市发展目标的选择应当重点关注以下内容:适当的人口规模和增长速度。适当的人口规模首先要考虑区域对城市的要求及城市在区域中的地位,城市环境的合理容量和建设条件(如可供建设的土地、水资源等)是制约城市人口发展的重要因素;合理的土地利用。"合理"的标准应该是社会、经济、环境三个效益的统一。就城市的土地利用而言,最高目的是创造优化的生活和工作环境;高效的经济发展。城市经济发展的结构和规模要和人口发展的数量、结构、素质相适应,应追求人均效益(包括国内生产总值和地方收入)的提高,而不是人口规模的扩展而导致的人均效益的降低;健康的社会发展。牵涉到治安、就业、文化、教育等很多方面,也涉及城市文化,教育等设施的建设,如博物馆、图书馆、展览馆、文艺、美术、音乐等场馆设施;宜人的居住环境。它不仅包括住房本身,还包括居住的安全、舒适(有足够的各种公共的和市政的设施)、方便(便利的公共交通主要包括上下班、教育、购物等交通)、卫生(洁净的供水和污水、污物的处理等)、美观(赏心悦目的景观环境)和管理(维护及可承受的价格等);便捷的交通通信。应该具有完善的路网结构和合理的用地布局,以减少不必要的远距离出行,增大使用非机动交通及步行的比例;节俭的资源消耗。在城市用地发展形态上只能走"紧凑型"城市的路子,且应该有别于"立体"城市,更应该避免走向极端的"高层高密度",还应注意所有资源的综合利用,再生重用;清洁的空气水体。使用高效"清洁"能源,实行正确的交通战略和加强地面绿化等都是重要的对策;完善的历史保护。可持续发展的城市,除了人口、经济、资源等要素外,环境要素应该包括自然环境和人文历史环境两大部分,人文历史环境很大程度上体现在城市现存的物质实体上,因此必须十分重视保护好城市的历史文物、场所、遗存、历史性建筑和街区、地段,以至特定条件下的整个古城;安全的防卫体系。有效的做法是建立城市综合性的防灾减灾体系,特别要注意采取合理的"防卫标准"和提高"生命线工程"的保证度;协调的城乡发展。城市和农村向来就构成相互联系、相互依存的整体,它们的各自发展(尤其与城市相邻的农业地区)必须相互协调。总之,21世纪理想的中国城市应该是经济、社会、环境协调发展的、可持续发展的城市,以高新技术为基础的高效能、高效率城市,宜人居住环境的可居性城市,具有高度文化素质的文明城市。

(3)生态空间布局的战略性调控。在城市规划工作中,针对城市空间的拓展过程与趋势,识别对若干战略性生态空间的控制,为良好的城市空间结构创造条件。著名生态城市学家黄光宇先生1987—1989年承担四川省乐山市城市总体规划的时候，敏感地识别出位于城市中心的农业和生态空间（当时为丘陵林地），它们紧邻现状建成，遵照城市常规发展趋势正是未来城市发展的重要发展方向，而黄先生则以生态学理论为指导，从创造良好的城市空间结构的高度，结合乐山的自然、生态环境条件，将其谋划为城市"绿心"，面积达8.7平方千米的城市绿心作为永久性的绿地，按不同的功能开辟自然森林区、花卉绿茵观赏区、珍贵动物放养区、小鸟天堂、水景区、野营露宿区等，使之既满足市民游乐、休息的需要，又能维持城市良好的自然生态平衡，使山林置于城市之内，城市又处于几重生态圈之中，即绿心——城市环——江河环——山林环。绿心既是城市结构的重要组成部分，又是旧城与新区发展的过渡与分隔地带。规划各城市片区之间以绿地、农田、水系溪流相隔，并使绿心得以延伸，片区之间形成绿带分隔。乐山中心城区形成"绿心环形生态城市"的布局结构，形成"山水中的城市、城市中的山林"大环境圈的总体构思。采取这种城市结构形态，充分发挥了乐山自然优势，突出体现了乐山独特的山光水色的自然特征与历史文化名城的性质，而且能够保证良好的自然环境与人造环境之间的协调平衡。

（4）生态支撑体系与政策制定。借鉴中新天津生态城规划，促进生态、低碳内容落实的支撑体系和政策措施主要包括下述方面：产业政策。设定产业准入门槛，禁止生态型产业、高新技术产业和无污染产业以外的产业进入，建立科技创新奖励制度、环保类研发财政投入制度；公共财税政策。建立面向社会服务的公共财税体系，通过高端产业的引入保障公共财政，试行物业税制度；教育政策。加强生态科技人才高等教育和外来务工人员职业教育，推进环保普及教育、环保意识教育、绿色消费方式教育；文化政策。对生态文化教育、创意产业予以政策扶植，对公益性文化设施免收门票或降低门票价格，鼓励开展社区文化、教育普及活动；交通政策。制定利于绿色交通发展的小汽车拥有与使用政策、停车收费结构与收费方式等相关政策，深化交通投融资体制改革，提升城市绿色交通系统的公益性法律地位，形成政府定期资金投入制度；环保政策。推行企业污染零排放制度、清洁生产制度、循环经济奖励制度，制定阶梯水价，征收节水税，实施绿色建筑制度。

（5）规划实施评估之生态分析。《城乡规划法》于2008年1月1日起施行，规划实施评估作为科学评判城乡规划实施效果的法定程序，成为规划制定的重要环节。基于"生态城市"理念改进城市规划工作，必然要在规划实施评估环节加强生态分析的有关内容，包括对城市生态化发展的目标体系进行测度，对城市产业结构调整、生态空间保护、基础设施建设和社会事业发展等进展情况进行跟踪。

通过生态分析、监测、监督既定生态规划成果与现实条件的符合性及其实施过程的科学性和实施效果的合理性，及时掌握城乡生态发展变化趋势，适时调整规划实施的具体措施，从而促进城乡规划建设水平的提升。

七、"生态"理念的规划落实：城市规划编制内容的完善

为有效落实生态、低碳发展要求，需要在城乡规划的不同阶段积极完善规划编制的有关内容。在区域规划层面改进规划编制工作，其重点在于加强环境承载力分析，识别主要生态影响要素，建构区域生态安全格局，划定生态分区，加强各类空间管制，协调自然生态空间与城镇发展空间的耦合布局关系，组织多核心、网络化的城镇发展空间结构，建设便捷、高效的综合交通运输支撑体系。在城市总体规划层面改进规划编制工作，其重点在于研究城市"生态位"，合理进行城市发展定位，以"转型"为主线科学制定城市发展战略，开展生态演化的情景分析，提高对城市生态问题的认识，开展生态演化的情景分析，提高对城市生态问题的认识，加强适宜性评价和"四区"划定，提高用地布局的科学性，采取适度集中紧凑的发展模式，提高土地利用的集约化水平，构建绿色基础设施系统。在控制性详细规划阶段，要把生态的核心要求纳入控规指标体系，把控规作为实施生态导向的城市规划的重要抓手。

（一）加强环境承载力分析，作为区域发展的限制性条件

环境承载力也称资源承载力，是指在一定时期内，在维持相对稳定的前提下，环境资源所能容纳的人口规模和经济规模的大小。人类赖以生存和发展的环境是一个大系统，它既为人类活动提供空间和载体，又为人类活动提供资源并容纳废弃物。对于人类活动来说，环境系统的价值体现在它能对人类社会生存发展活动的需要提供支持。地球的面积和空间是有限的，资源是有限的，承载力也是有限的。因此，人类的活动必须保持在地球承载力的极限之内。例如，我国是一个缺水的国家，很多地区的水资源所能承载的人口和产业发展是十分有限的。对于一个旅游区而言，它所能容纳的游客人数并不是没有限度的，相反，游人的过度密集会引发许多环境、经济问题和社会矛盾，乃至影响区域旅游的可持续发展。

从种群生物学的角度看，承载力反映的是生物在自然条件制约下的种群数量增长规律，表示一定空间所能维持的某一特定物种的个体数的最大限值。在没有人为干扰的稳定的自然环境中，各个种群在物理因素和生物因素的制约下，出生率和死亡率一般都是平衡的，因此种群的体积（个体数）是稳定的。但是，如果没有环境因素的制约，如在实验室中给以充分的食物和其他条件来培养单一的生物

第五章　城市与区域可持续发展的管理领域分支

如细菌或原生动物等，就可看出生物的出生率多是大于死亡率的。在有充分的食物供应且没有其他生物与之竞争的适宜环境中，种群的增长是直线上升的。但是，尽管物种具有如此巨大的增长潜力，自然界中的种群也不能无限制地增长。因为随着种群数量的增长制约因素的作用也在增大。种群密度增高会引起传染病流行而使死亡率增加，捕食者也会因捕食对象增多而更多捕食，而更重要的是食物的供应将越来越不足，所以自然界中的种群总是在增长到一定限度后，其增量和减量的差异逐渐消失而达到平衡。这样，在自然环境中所有生物的种群增长曲线不是直线而是一个 S 形曲线，即开始时经过一个适应环境的延滞期后开始进入指数增长期（即个体呈指数增长），然后增长速度变慢，最后增量和减量相等，种群不再增长而达到最高密度的稳定期。

基于群落生态学的视角，区域发展中的城镇发展空间在根本上对自然生态空间具有"寄生"性的依赖要求，诸多城镇空间的健康发展必须以一定用地比例的自然生态空间作为生态支撑。区域发展中土地、水、大气等各种生态危机的出现预示着区域自然、社会、经济的生态系统平衡遭受破坏，自然空间对城镇发展空间的容纳、缓冲、净化、还原等生态调控和服务功能严重退化。从群落生态学的角度看，想要获得良好的区域空间结构和生态安全格局，必须强调对自然生态空间的保护和控制，城镇空间的发展必须局限在适度的用地比例范围。

当今存在的种种环境问题大多是人类活动与资源承载力之间出现冲突的表现。当人类社会经济活动对环境的影响超过了环境所能支持的极限，即外界的"刺激"超过了环境系统维护其动态平衡与抗干扰的能力，也就是人类社会行为对环境的作用力超过了环境承载力。1972 年，罗马俱乐部发表的《增长的极限》深刻揭示了产业革命以来的经济增长模式所导致的全球性人口激增、资源短缺、环境污染和生态破坏等问题，正引导人类走上一条不能持续发展的道路。

根据人类生存所需环境资源条件的不同，环境承载力可分为土地资源承载力、水资源承载力等多种类型。从其他的角度看，还有一些近似的概念，如大气环境容量是从大气污染扩散角度出发的一种环境承载力概念。在区域规划中，需要根据区域生态问题的主要特征因地制宜地确定承载力分析评价的具体内容，也可根据某方面主导生态要素的重要性进行专门的分项评价。例如，我国以北京为核心的首都地区水资源极度匮乏，在"环首都经济圈总体规划"工作中，就对区域水资源进行了专项研究。

在相关研究中，关于环境承载力还有一些类似概念，如生态足迹、生态心用等，它们的基本思想是一脉相承的。以生态足迹为例，它是从生态学角度衡量区域可持续发展的一种方法，指一定人口和经济条件下，维持区域内人类生产与生活的资源消费与吸纳废弃物所需要的生物生产型土地面积。根据区域的人口数量，可以对支撑这些人口所需的自然生态空间用地面积进行估算。

另外，我们也可采取"经验统计"的方法，即通过对国际上典型城市域系统的城镇空间与自然空间的用地面积情况进行统计，以及对其可持续发展情况进行分析，以便获得较为"可靠"的城镇空间与自然空间构成比例。这一方法的难点在于获取统计数据的难度。

（二）识别主要生态影响要素，建构区域生态安全格局

所谓区域生态安全格局，即针对区域上的一个或几个主要生态环境问题，依据空间格局与生态过程相互作用的原理，以生态系统恢复和生物多样性保护为基础，提出解决这些问题的生态、社会、经济对策和措施，并具体落实到空间地域上。区域生态安全格局的一个显著特点是区域性，从以往重视小尺度的机制问题研究扩展到解决区域问题的水平。区域生态环境问题的根源多为大尺度发生或区域性存在的人类干扰，因此这些生态环境问题的最终解决也需要上升到区域尺度。

区域生态安全格局研究关注区域尺度的生态环境问题、格局与过程的关系、等级尺度问题、干扰的影响、生物多样性保护、生态系统恢复以及社会经济发展等，并强调这些方面的综合集成，其理论基础涉及景观生态学、干扰生态学、恢复生态学、生态经济学、生态伦理学和复合生态系统理论等多个学科的内容。

从区域生态安全格局研究的具体目标看，主要是针对错综复杂的区域生态环境问题，规划设计区域性空间格局，保护和恢复生物多样性，维持生态系统结构过程的完整性，实现对区域生态环境问题的有效控制和持续改善，因此区域生态安全格局的规划设计应该是一种多尺度、多渠道的综合性研究。

区域生态安全格局规划设计可采取如下步骤：

（1）区域生态环境问题的分析。在区域内存在一定生态环境问题的情况下，以主动性、针对性、等级性的指导原则，通过区域景观格局与功能的分析以及相关的生态系统分析和干扰分析两大类方法对生态环境问题存在的范围、强度、起因、过程等进行分析，然后提出一系列相应的对策。① 景观格局与功能评价运用RS、GIS技术和景观生态学数量方法等进行区域景观格局分析、格局与功能的分析，识别景观格局的状况与区域生态环境问题的关系。② 生态系统综合评价以及生物多样性状况评价采用生态学研究的数量化方法或其他非定量的评价方法对生态系统的服务功能和健康状况进行评价，辨识生态系统存在的主要功能问题，评价生物多样性状况并评价指示物种的濒危状况，以识别生态系统状况与区域生态环境问题的关系。③干扰分析在区域景观、关键生态系统类型和重要物种3个层次上进行干扰分析，即分析景观生态功能是否完好，如果不是，是受到什么干扰影响的结果；生态系统是否健康，如果不是，是受到什么干扰影响的结果；生物物种生存状况如何，受到什么干扰的影响。同时，分析干扰的来源、频率、强度等特征和风险程度以及社会经济驱动机制，并依据目前对自然和人为干扰对生态问题的产生和缓解的机理的研究结果提出干扰控制对策和相应的社会经济对策。采用的方法多是生态学、景观生态学、干扰生态学的一些定性和定量的方法。

（2）预案研究。将生态功能恢复对策、干扰控制对策以及社会经济对策与预案研究进行结合未来的不同的干扰水平变化情况下的生态安全水平进行预测。以一系列连贯的干扰变化，或者一些交错的综合的干扰变化，或者一些极端类型的干扰变化为基础设计预案。预案研究中采取决策支持系统、预测模型、空间模拟技术等方法，来对各预案可能导致的生态安全状况进行比较和定位，对区域生态经济效应进行评估和比较，最终获得反映不同生态安全层次的一组预案和评价结果。

（3）确定安全层次和总体规划目标。依据对区域生态环境问题的分析结果对区域生态安全现状进行一个综合的定位；依据对上述预案进行评价比较，在决策者参与之下，提出规划设计的总体目标。这将决定规划对象区域景观格局的生态功能选择。这些规划环节需要站在环境和发展的较高层次上进行，需要平衡生态环境保护与社会经济发展的各种矛盾。因为生态安全规划目标也有多种类型，如农业发展区域、保护生态系统自然性的自然保护区以及满足人们居住和发展的城乡区域等各有不同的安全期望值。总体规划目标的探讨阶段需要考虑相关的政策指令、决策者的目标和利益相关者的意见等，并且随着区域生态安全格局设计方案的实施，生态安全总体规划目标也要有适应性的变化。

（4）区域生态安全格局设计。基于格局与过程原理和总体规划目标创建能够不断优化的区域生态安全格局，这个空间格局应考虑区域内多尺度、多层次的生态安全问题，多方面并尽可能地从根本上控制人为干扰，诱导有利的自然干扰。这一阶段需要完成区域生态安全格局规划设计方案。在以上几个阶段的分析基础上，以自然性、异质性、综合性原则为指导，提出一组能实现不同生态安全水平的方案。每一个方案包括以下行动内容：①顺应一些原有的景观格局、生态系统和干扰；②防止格局中一些关键部位被破坏；③恢复和改善格局中一些关键的部位的相关措施，对不利干扰的抵御和进行生态恢复的干扰都包含其中。

（三）划定生态分区，加强各类空间管制

所谓区划，即区域的划分，是在一定的区域范围内根据其地域差异性划分成

不同区域。区划是城市规划的一项基本工作方法。我国的控制性详细规划即是从美国的"区划法"演变而来。区域经济、城市交通、空间政策等不同领域也常会用到区划的方法，如经济区划、交通区划、政策区划等。根据不同空间的生态差异性进行区域划分即生态区划，这是生态思想向空间规划转化的关键一环。

生态功能区划就是在分析区域生态环境特征与生态环境问题、生态环境敏感性和生态服务功能空间分异规律的基础上，根据生态环境特征、生态环境敏感性和生态服务功能在不同地域的差异性和相似性，将区域空间划分为不同生态功能区的研究过程。

生态功能区划是以恢复区域持续性、完整性的生态系统健康为目标，基于区域的自然地理背景，界定生态功能分区及其子系统的边界，结合区域水陆生态系统、社会经济与土地利用的现状评价与问题诊断对生态系统空间格局的分布特征、生态过程的关键因子以及动态演替的驱动因子进行识别，明确影响生态系统服务功能的景观格局与结构、景观过程与功能以及景观动态变化，构建生态功能区划的指标体系，制定区划的原则与依据，同时以3S技术为主导构建区划的技术体系，从而实现生态功能多级区划，并为决策者更为全面和综合地开展生态系统管理提供科学依据。

与生态区划密切相关的一个概念即发改委系统力推的"主体功能区"。基于主体功能区划制定不同功能区的差异化空间发展指引，这是在区域层面上落实"生态城市"理念的重要内容。

重点开发区域应该在优化结构、提高效益、降低消耗、保护环境的基础上推动经济较快发展，成为支撑未来全国经济持续增长的重要增长极。重点任务在于根据区域的资源环境承载能力明确开发方式，确定经济和人口发展规模；提高公共基础设施的质量和水平，提高资源利用效率和环境保护水平；加大对传统产业的改造力度，优化产业结构，提高技术水平；发展循环经济，提高发展质量；调整能源结构，提高能源利用效率；利用后发优势实现低碳经济发展。

优化开发区的低碳生态城市发展要注重优化产业结构；集约化布局，提高集聚经济效应；合理安排产业组织，优化行业内资源配置；提升产业技术水平。要强化用地标准，注重土地挖潜，结合新增用地调控，鼓励高新技术产业、自创新产业以及现代服务业发展，推动产业结构高级化。要确立资源节约与环境友好的总体发展方向；建立政府环保投资增长机制；大力发展循环经济。

（四）协调自然生态空间与城镇发展空间的耦合布局关系

适度的城镇发展空间用地比例仅是从数量上对城市—区域空间结构的一种约

束，在数量一定的情况下，不同布局形态的自然生态空间对城市—区域空间发展的生态支撑作用是各不相同的。在空间结构的布局形态上，必须强调自然生态空间与城镇发展空间相耦合的空间布局关系，这对理想的城市区域空间结构模式而言至关重要。

自然生态空间与城镇发展空间相耦合即在城市—区域的复杂系统中以追求效率、公平及活力（可持续）为目标，城镇发展空间与自然生态空间两个系统组织通过各自的耦合元素在社会、经济、自然子系统间产生相互作用、彼此影响、共同生长的动态过程。城镇发展空间与自然生态空间的生态耦合并不否定城镇发展空间与自然生态空间之间的差别，而是寻求两者之间的稳态，建立城镇发展空间与自然生态空间无对立、良性互动的共同生长耦合关系。

第三节 水资源与可持续发展

一、水资源在城市可持续发展中的作用

水资源是生命之源，是实现城市和区域可持续发展的重要保证。水资源是人类生活和社会生产不可缺少的，同时是人类良好生态环境的最根本的基础。水环境与城市的可持续发展是城市系统运行的两个重要方面，既对立又联系。城市经济活动不断地从水环境获取必要的生产和生活要素，同时把各种废弃物排放到水环境中去，这种循环过程体现了水环境既是城市可持续发展的前提，又是城市可持续发展的根本决定要素，而城市的可持续发展又是解决城市水环境污染和破坏的有效途径。

城市水资源是指一切可以被城市利用的、具有足够数量和质量的、能供给城市居民生活和工农业生产用水的水源，包括当地的天然淡水资源、外来引水资源、可再生的水、使用过的水和经处理的污水等。

城市可持续发展中的水资源具有重要作用。一是为城市居民提供水源和良好的生活环境。城市人口高度集中，其发展必须得到与城市发展规模相适宜的饮用水源的保证，所以城市一般都建在水资源相对丰富的地区。同时，水体有自净能力，可以受纳城市地表径流与污水，给城市居民提供良好的生活环境。二是保证城市社会经济活动的顺利进行。工业用水一般可分为工艺用水、冷却用水、锅炉用水和厂内生活及其他用水，所以水是工业生产所需的，既是某些工业的原料，

又是大多数工业生产物料和能量的载体。但不同的生产工艺对水量与水质有不同的要求，因此提供满足相应工业生产所需要的水是工业生产正常运行的根本保证。

因此，在追求以人为本的可持续发展目标下，必须更加注重水资源管理问题，以保证所有人类维持基本生存的用水需求以及在此前提下提高生活质量的用水需求、经济社会进一步发展的用水需求、与水资源相关的良性生态环境的维护和改进。

二、水资源对城市可持续发展的约束

水资源对城市可持续发展的约束是多方面、多角度的，主要表现为功能性约束、生态性约束、经济性约束以及制度性约束。这些约束中有的是自然形成的，需要通过人为调节来改善，而有的约束则是在城市的发展过程中由于生产、生活方式不合理而造成的，这样的约束需要通过人们思想意识的提高和相关配套制度的创新来改善。

（一）功能性约束

自古以来，水就与城市相依相存。比如，除少数军事重镇外，世界各国的城市几乎都建立在河边、湖边和海边，特别是从事商品交易活动的城市。水资源是有限的，并且在时空及区域分布极不均衡。不同地区、不同城市由于其历史及所处的地理位置等原因具有不同的区域特点和优势，这在一定程度上限制了城市自身功能的规划和发挥。要缓解这样的约束一般需要人为的调节。

（二）生态性约束

这种约束主要表现为随着城市的发展城市水环境日益恶化。我国许多城市在水资源的开发利用过程中只重视追求经济效益和水利效益，对水环境的保护和改善不够，由此产生了一系列的生态问题，对城市未来的进一步发展造成了生态性障碍。生态型约束同时表现为一种长远性和难以修复性。城市水资源一旦遭到破坏，其产生的影响不会在短时间内体现，其影响是长期持久的且水体的治理需要花费较长时间。

（三）经济性约束

水资源对城市经济的影响表现为一种间接的约束力。城市水资源作为人们生活必不可少的城市基础设施，始终决定着一个城市的质量，决定着一个城市的存亡。水环境的优劣是衡量一个城市文明和先进程度的标准之一。同时，在水环境上的投资已经在经济上制约着政府的行为。一旦城市水环境遭到破坏，其必然要影响到城市的生产和生活环境，从而对城市投资硬环境产生限制性影响，而返将会影响城市经济的快速、持续发展。

（四）制度性约束

它主要表现为城市水资源开发利用制度自身的缺陷对城市可持续发展的约束。任何一种城市水资源开发制度都是依据当时的客观形势为完成特定的阶段性目标而确立的，具有一定的时效性。然而，客观事物的发展变化不以人们的主观意志为转移，时间的推移会使一些事物存在的条件发生重大的变化。城市水资源的开发制度如果不根据客观条件的变化适时进行相应调整，必将产生制度性缺陷，进而导致决策的失误。因此，必须加快制度创新，以此来指导城市水系统的规划及相关技术、经济和投资政策的制定，促进城市发展的良性循环。

三、城市水资源管理

城市水资源管理可以分为两部分：一是城市水资源管理所应遵循的原则；二是城市水资源管理创新的途径。

（一）城市水资源管理原则

1. 可持续利用原则

水资源可持续利用的出发点和根本目的在于保证水资源的持续、合理和有效使用。水资源的开发、利用、治理、配置、节约、保护过程中必须充分发挥水资源对社会经济环境发展的积极作用。该项原则要求人们在使用水资源的过程中既要保证水资源满足当代人的需要，又不对后代人满足其需要的能力构成危害。它是以水资源环境的保护为条件，以经济社会发展为手段，谋求当代人与后代人共同繁荣、持续发展的一种水资源利用模式。

2. 可持续发展战略原则

（1）综合体原则。可持续发展是一个综合的和动态的概念。它是经济问题、社会问题、环境与生态问题和资源问题四者互相影响、互相协调的综合体。社会是可持续发展的目的，经济是推动力，环境与生态是保障，资源则是可持续发展的基础。

（2）流域整体性原则。以流域可持续发展为目标，把流域作为一个生态系统，把社会发展对水土资源的需要、水土资源开发对生态环境的影响以及由此产生的生产后效联系在一起，对流域进行整体、系统的管理。可持续的水资源利用原则就是要使开发的工程从长期考虑，不仅效益显著而且不致引起不能接受的社会、环境和生态的破坏。

（3）按行业优先制定的原则。流域的可持续发展是流域内各主要行业可持续发展的总和。工农业生产和城市大都位于一定的区域，其发展和环境保护必须成为当地政府乃至每个人的具体行动，因而制定区域可持续发展和环境保护战略时必须做好各个点与所在区域的协调。

（二）城市水资源管理创新的途径

城市水资源管理创新是一项极其复杂的系统工程，包括较为丰富的内容，只有建立一套严格的管理体制，促进公众的广泛参与，才能保证水资源管理制度的有效实施。

1. 建立完善的城市水资源管理创新体制

城市水资源管理的对象十分复杂，涉及的方面众多，包括水利部门、环境部门、供水部门、城建部门以及各用水部门。为了实现水资源统一规划、统一管理、确保水资源合理开发利用、国民经济可持续发展以及人民生活水平的不断提高，必须建立健全水资源管理法律法规和体制。

从国内外城市水资源管理的经验可以看出，水资源开发利用和保护必须实行全面规划、统筹兼顾、综合利用、统一管理，充分发挥水资源的多种功能，以求获得较大的经济效益。同时，水资源管理体制越健全，这些优势体现得越充分。

水资源问题的解决涉及社会、经济、资源、环境多方面，涉及多个行政管理部门，因此必须从国情出发，逐步健全水资源统一管理体制，推行城市事务管理机制。从行政机构的职能上理顺水资源管理的关系，以适应城市水源管理创新的需要。

2. 加大宣传力度，鼓励公众广泛参与

公众参与是实施城市水资源可持续发展利用战略的重要方面。一方面，公众是水资源管理执行人群中的一个重要部分。尽管每个人的作用没有水资源管理决策者那么大，但是公众人群的数量很大，其综合作用是水资源管理的主流，只有大部分人群理解并参与水资源管理，才能保证水资源管理政策的实施，才能保证资源的可持续利用。另一方面，公众参与能反映不同层次、不同立场、不同性别人群对水资源管理的意见、态度及建议。水资源管理决策者仅反映社会的一个侧面，其决策可能仅考虑某一阶层、某一范围人群的利益。这就给政策的执行带来了阻力。例如，许多水资源开发项目的论证没有充分考虑可能受影响的人群，导致受影响的群众产生不满情绪，严重影响了项目的顺利实施。

3. 城市水资源管理的经济运行措施

水是有价格的。水资源具有可利用性、相对有限性、可再生性等特点，是一种特殊的垄断性商品，同时具有明显的社会公益性。水资源的稀缺程度、可利用程度、需求程度以及水资源利用中的劳动投入是影响水资源价格的主要因素。

水价作为一种有效的经济调节杠杆，涉及经营者、普通用水户、政府等多方因素，如用户希望获得更多的低价用水，开发经营者希望通过供水获得利润，政府则希望实现其社会政治目标。从综合的角度看，水价制定的目的在于合理配置水资源，鼓励和引导合理、有效、最大限度地利用可供水资源，充分发挥水资源的间接社会经济效益。

水价的制定要考虑用水户的承受能力，保障生存用水和基本的发展用水。对于不合理用水部分，则可通过提升水价，利用水价杠杆，来强迫减少、控制并逐步消除。实行阶梯式水价，即用水量越大，价格就越高，其主要目的是促进节水和减少污水量，增强水资源的可再生能力。

因此，采用经济运行机制是水资源管理创新的一个有效措施。这主要依赖政府部门制定的有关经济政策，以此为杠杆来间接调节和影响水资源的开发、利用、保护等水事活动，促进水资源的可持续利用和社会经济发展。

四、我国城市水资源可持续利用的途径

目前，我国许多城市已经面临严重的水资源制约瓶颈，有300多座城市缺水，其中130座城市严重缺水，直接经济损失达2 300亿元，因此城市水资源的可持续利用与保护问题对实现城市可持续发展具有重要意义。解决城市水资源短缺，保证可持续发展，通常具有三个主要的思路：节约、回用和开发。

（一）节约用水和合理调配

由于水价过低等原因，我国许多地区一方面水资源短缺，另一方面存在着大量浪费水资源的现象。从这一现实看，节水、杜绝浪费是缓解水资源危机的首要任务。水资源短缺地区应发展节水型工业，各种工业宜采用节水型工艺，减少单耗。生活方面要采用节水型用水器具，提高器具质量，加强管理。通常情况下，城市管道的漏损量很大，可达10%以上，所以减少漏损非常重要。节水不仅可以减少从天然水体的取水量，缓解水资源危机，还可以减少供水和给水的处理费用。此外，节水还可以减少排水量和污水、废水处理费用。据测算，随着我国城市化进程和经济的发展，城市用水量会不断增加，相应的排水量也会不断增加。为实现水的良性循环，不仅水资源贫乏地区要节水，水资源充足的地区也要节水。

农业灌溉用水量很大，而且大都取自于天然水体。城市用水为满足人们的生产和生活需要，也要求取自天然水体。这就形成了城市和农业争水的矛盾。如果将经过处理的城市污水回用于农业灌溉，将原来用于灌溉的水供给城市，就能够在一定程度上缓解争水矛盾和出现的水资源危机。我国已有不少城市的污水经过处理后用于农田灌溉。

(二) 废水回用和废水除污

可行的污水、废水回用有许多方面，工业企业内部水的循环利用和重复利用是应用最广的一种。但是，我国在这方面与发达国家尚有很大差距。城市污水回用于工业，需要进行比排入天然水体更复杂的水处理，但对于水资源短缺地区来说，这仍然是比较经济合理的一种方案。

由江河取水的城市，若水质受到上游城市或其他污染源的污染而不宜再作为水源时，称作水质型水资源短缺。现代的饮用水除污染技术能够将受到一定程度污染的水处理到符合生活饮用水水质标准的要求。

我国城市污水的二级处理率至今不到15%，再加上工业废水及农业面污染源，致使城市水域90%受到污染，所以城市水质型水资源危机是我国普遍存在的现象。据测算，即使到2050年，我国城市污水处理率达到80%，但城市污水、废水量也会相应增加，这意味着那时水环境污染状况仍不能得到根本改善。所以，饮用水除污染与污染源治理应该同时给以重视。但现实是污染源治理已受到高度重视，而饮用水除污染却重视不足，这就导致我国城市受污染水源的饮用水除污染率仅为1%左右。

(三) 利用海水和雨水

海水可大量用于工业冷却用水，从而减少城市对淡水的需求。对于沿海地区的城市而言，利用海水是缓解水资源危机的重要途径。同时，沿海城市和地区充分利用海洋资源大力发展海洋产业是推动城市和区域可持续发展的重要力量。

雨水是一种重要的淡水资源。现代大城市市区面积很大，大部分地面为不透水铺面覆盖，遇到暴雨会形成洪涝灾害。例如，年降水量为500毫米的半干旱地区，1平方公里年降水体积为50万立方米；100平方公里的市区面积，年降水体积可达5 000万立方米。在城市住宅小区或适当地方贮积雨水，可用于浇洒绿地、道路、水景以及下渗补充地下水，改善生态环境，并缓解水资源危机。

(四) 远距离调水

当城市出现水资源危机时，也可以从远处的水体调水。当然，远距离调水需要比较高的费用，并且与调水的距离相关，即调水距离愈长，费用愈高。远距离调水应在充分节水的基础上进行。因为若不节水，用水浪费严重，用水效率低，必然要调更多的水，并且调来的水也会有相当部分被浪费掉，不能充分发挥调水的效益。调水愈多，城市污水增加也愈多，这不仅增大了调水费用，还增大了污水处理和排放的费用，若不能同步建设污水处理设施，还会加重对水体的污染。

远距离调水应与节水及污水、废水回用进行经济比较。城市节水及污水、废水回用在许多情况下比远距调水经济。对水质型水资源短缺，远距离调水应与饮用水除污染进行经济比较。据测算，城市自来水厂因进行饮用水除污染而增加的投资约和25～50公里的输水投资相当，即当调水距离超过25～50公里时，其投资将比饮用水除污染工程投资要高。为降低远距离调水的成本，有的工程采用明渠输水，但明渠输水大多数会受到污染，调来的水也需进行饮用水除污染处理，使水的成本更高。水对于人类社会而言是不可替代的，却是可以再生的。水在城市用水过程中不是被消耗掉了，即水量上不发生变化（理论上），而是水质发生了变化，失去了使用功能。水处理可以改变水质，使之无害化、资源化，能够实现水的良性循环。这样既减少了对水资源的需求，又减少了对水环境的污染，对人类社会发展有着重要意义。

五、节水型城市建设的途径

要确保城市经济社会的可持续发展，从根本上解决城市水资源短缺问题，必须提高城市水资源利用效率，创新城市水资源管理，把建设节水型城市作为未来城市可持续发展战略的重点。

《节水型城市目标导则》中将节水型城市定义为一个城市通过对用水和节水的科学预测和规划调整用水结构，加强用水管理，合理配置、开发、利用水资源，形成科学的用水体系，使社会、经济活动所需要的水量控制在本地区自然界提供的或当代科学技术水平能达到或可得到的水资源量的范围内，同时能够使水资源得到有效的保护。

（一）建设节水型城市应遵循的原则

1. 保证生活用水

城镇居民生活用水方面应大力普及节水及节水型器具，完成供水管网的改造，使大部分城市污水得到集中处理，使中水利用形成规模。农村生活方面应逐步改善和提高农村的供水水平，关注饮水安全。

2. 调控工业用水

在保证城乡生活用水的前提下，根据工业发展规划对区域水资源进行宏观调控。按照以水确定产业发展的原则，合理调整产业结构和工业布局，严格限制新上和引进高耗水、高污染的工业项目，淘汰落后高耗水工艺和设备，大力推广节水新技术、新工艺、新设备。对工业废水要实施强制性处理，处理后的中水作为农业及生态用水。

3.稳定农业用水

要稳定农业用水总量不变,确保农业用水实现零增长的目标;通过各种节水工程措施,实现有效灌溉面积逐步增加;建立相应的农业用水补偿机制,以有偿转让水权的方式确保农业用水水权。

4.维系生态用水

按照国际惯例,对一条河流的开发利用程度不能超过40%。在注重经济发展的同时,必须充分考虑水资源和水环境的承载能力,维系最低的生态用水需求,确保各水域能够持续利用。合理安排生态用水和污水的处理回用能够使水体功能逐步恢复,生态环境逐步改善,形成人与自然和谐相处、经济与社会协调发展的良好环境。

(二)建设节水型城市的途径

1.树立节水型城市发展理念

首先,进一步提高全民的水资源节约意识。在全社会广泛开展水资源节约宣传教育活动,传播健康的生活方式和消费理念,不断提高全民的水资源节约意识和环保意识;深刻认识建设节水型城市的重要性和紧迫性,增强厉行节约的责任感和使命感;传授节约水资源的技能和技巧,在日常工作生活中厉行节约。

其次,树立科学发展观、新的政绩观,更新发展思路。城市发展的过程就是不断探索、开发、利用自然资源的过程。传统粗放式的社会发展模式在国民经济核算中忽视了资源的稀缺性,忽视了经济发展带来的资源消耗问题,使资源不足问题日益显现。因此,在加快城区经济发展的同时,必须树立新的理念,改革和完善政绩监督考核体系,将水资源等资源指标列入监督考核体系,树立建设节水型城市的发展理念和思路。

2.突出建设节水型城市的重点

建设节水型城市,要在生产、流通、消费等经济社会发展的各个领域,通过采取行政、经济、法律等综合性措施提高水资源的利用效率,以最少的水资源消耗获得最大的收益,保障经济和社会的可持续发展。

首先,要科学制定城市规划。建设节水型城市必须做好城市规划,选择节水型的城市化发展模式。根据水资源匹配条件加强城市间的协作和分工,使区域水资源在各城市实现优化配置,避免盲目竞争和水资源内耗。同时,搞好农村小城镇规划,引导乡镇企业向园区和城市集中,防止高耗水企业过多地向农村转移。以产业集群为纽带,发展块状经济,形成多层次、开放性、网络式、布局合理的现代城市体系。

其次，严格执行建设项目水资源论证制度。统筹经济社会发展和水资源开发利用的关系，加强水资源保护和节约用水。制定城市水资源综合利用规划、城市节约用水规划，重大建设项目的布局应当与当地的水资源条件相适应，通过科学论证使城市社会经济发展和产业布局与水资源条件相符合。建立排污许可与排污权交易制度，实行排污总量控制制度，根据排污总量控制指标分配排污权，发放排污许可证，建立排污权交易制度，促进排污许可权交易。加强排污监管，进一步提高污水处理标准，对超标准排污的企业要采取相应的惩罚措施。严格执行节水产品认证和市场准入制度。强化节水设施、节水器具生产质量的监管，确保节水产品优质高效，保护用户利益和节水的积极性。

3. 重塑节水型城市的体制和机制

加快行政管理体制改革，切实转变政府职能。进一步推进政企分开、政资分开、政事分开，提高政府的社会管理和公共服务水平，改变政府在当前水资源节约和综合利用管理中存在的比较严重的缺位现象。

转变经济增长方式，提高水资源利用效率。我国平均每立方米水资源的GDP产出仅为世界平均水平的1/5；全国农业灌溉用水有效利用系数为0.4～0.5，而发达国家为0.7～0.8。因此，节水要从优化产业布局和调整产业结构开始，着眼于经济增长方式的转变。

建立健全更加合理的水权制度，形成更加顺畅的水价机制。制定城市水资源综合规划，明晰初始用水权。分配初始用水权时，要统筹生态用水和环境用水，协调好与相邻城市之间的水权关系以及城市和农村、工业和农业之间的关系，水权分配要有利于促进经济结构和产业布局调整，优化水资源配置，提高水资源承载能力。实行用水权有偿转让，建立健全水权登记、公示、调整、中止等管理制度，促进水资源的高效利用和优化配置。要建立合理的水价形成机制，以补偿成本、合理收益、优质优价、公平负担的原则确定水价。居民生活用水实行阶梯式水价，工农业生产用水根据用水定额和用水计划实行定额内用水平价、超定额计划用水累进加价，促进节约用水。

水作为经济社会发展中十分重要的战略资源和生态环境的重要控制要素，在促进循环经济发展中具有非常重要的地位。建立节水型社会是解决我国水资源短缺问题的必然选择，有助于减少污水排放，改善生态环境，是发展循环经济的重要措施。

未来15年将是我国节水型社会建设的关键时期。目前，水利部启动了一批有代表性的国家和地方节水型社会建设试点工作。通过试点取得经验，逐步推广，初步建立节水型社会的法律法规、行政管理、经济技术政策和宣传教育体系,为全面开展全国节水型社会建设奠定基础。甘肃省张掖市、四川省绵阳市和辽宁省大连市进行的全国节水型社会建设试点以及宁夏、内蒙古进行的水权转让工作主要取得了以下几个方面的经验:

(1) 在建立以水权、水市场理论为基础的水资源管理体制和运行机制上取得了突破,如张掖等城市的节水型社会建设在管理体制和运行机制上突出了政府调控、市场引导和公众参与。

(2) 在经济结构调整,提高水资源利用效率上取得了突破。通过节水型社会建设对产业结构进行调整,提高了水资源的利用效率。

例如,绵阳市进行农业种植业内部结构调整,减少高耗水作物的种植面积,增加经济作物的种植比例,发展高效节水农业,同时依托科技城建设,拓展技术含量高、耗水量低的新技术产业,压缩高耗水产业,发展节水型产业、服务业,促进水资源的优化配置。大连市也从城市总体发展战略角度,对水资源的优化配置进行了宏观调控,加快城市工业企业的产业结构调整,严格控制用水量大的新建项目,鼓励和支持低耗水、低污染和高效益产业的发展,采取果断措施淘汰技术落后、水耗高、经济效益低、污染重的产品和产业。

(3) 在推广各项节水技术、提高水资源利用效率上取得了突破。在节水型社会建设中,重视节水技术研究,不断提高工业企业的节水水平,提高了水资源利用效率。

例如,大连市首先积极支持科研单位、大专院校进行节水新工艺、新技术、新材料的研究,在城市污水回用技术、海水应用新工艺和新设备等方面组织科技攻关,并取得了丰硕成果;其次,坚持组织企业进行用水平衡测试,不断挖掘企业的节水潜力,指导企业加强用水管理,提高节水水平;再次,在新建、改建项目中,坚持节水设施与主体工程同时设计、同时施工、同时投入使用,对安装不符合节水要求的器具和设施不予供水;最后,在生活用水中大力推广节水设施。大连市在全国率先推广设计水量小于9升/次的坐便器,在居民住宅中推广应用每次冲便用水6升以下的坐便器,并对全市不同时期建造的房屋卫生洁具进行全面改造。

此外,宁夏和内蒙古在水权转让方面也进行了积极的探索。实践证明,建设节水型社会是社会主义市场经济条件下解决干旱缺水问题最根本、最有效的战略措施。建设节水型社会可以使资源利用效率得到提高,生态环境得到改善,可持续发展能力不断增强,促进人与自然的和谐相处,从而推动整个社会走上生产发展、生活富裕、生态良好的发展道路。

六、区域水资源管理创新

从20世纪90年代末开始,在寻求复杂水资源问题解决对策的过程中,特别是在长江洪水、黄河断流、南水北调实施方案的酝酿等水资源管理实践的推动下,我国有意识地加快了水资源管理思路转变的步伐。

新型区域水资源管理思路可概括为以资源水利为指导,强调人与自然和谐、人水关系和谐,管理方式以需求管理、统一管理为主,重在水资源的节约和保护。这一新思路可以概括为三个方面:水资源管理理念的转变;水资源管理体制的探索;水资源管理手段的创新。

(一)水资源管理理念的转变

在反思传统的区域水资源管理思路的基础上,提出了新的水资源管理理念:水是基础性的自然资源,是生态环境系统的控制性要素,在水资源管理中要坚持按自然规律办事,从人类向大自然无节制地索取转变为人与自然和谐共处;在防止水对人的侵害的同时,特别注意防止人对水的侵害;从重点对水资源进行开发、利用、治理转变为在对水资源进行开发、利用和治理的同时,要特别强调对水资源的配置、节约和保护;重视生态与水的密切关系,把生态用水提到重要的议程,防止水资源枯竭对生态环境的破坏;从重视水利工程建设转变为在重视水利工程建设的同时,要重视非工程措施,强调科学管理;从以需定供转变为以供定需,按照水资源状况确定国民经济的发展布局和规划。

(二)水资源管理体制的探索

新型水资源管理的基本思路:水资源以流域为单元,地表水和地下水相互转化,上下游、干支流之间的开发利用相互影响,水量与水质相互依存,水资源的开发利用、污水处理及中水回用等各个环节紧密联系,要科学合理地配置水资源,必须对各个环节统筹兼顾、综合治理。传统水资源管理的最大弊端是多龙治水,新型的治水思路,要坚持推进流域水资源统一管理、统一规划、统一调度,积极探索城乡地表水与地下水、水量与水质的统一管理,逐步实施流域的统一管理和区域水务一体化管理。

(三)水资源管理手段的创新

水是商品,是战略性的经济资源,在市场经济条件下,要坚持按照经济规律办事,实现政府宏观调控和市场机制的有机结合,充分发挥市场在资源配置中的拉动作用,积极探索建立水权制度和水权交易市场,深化水利投融资体制改革和水价改革,促进水资源的节约利用、优化配置和有效保护。新型水资源管理思路还非常重视法律手段和技术进步的作用,提出要完善水法体系,坚持依法治水,重视水利信息化建设,以水利信息化带动和促进水利现代化。

第四节　城市发展与可持续发展

随着全球工业化和城市化的快速发展,城市人口比重将达到70%左右,城镇将成为人类聚居的主要场所,因此大多数人对环境问题的关心将以城市为中心。因为城镇既是人类技术进步、经济发展和社会文明的结晶,又是环境污染、生态破坏和社会问题的汇合处。城市环境污染问题正在成为制约城市发展的一个重要障碍。城市的可持续发展,尤其是城市环境的可持续发展不仅对城市本身具有重要意义,还对全人类的生存和发展产生了重要影响,所以在城市发展的过程中,追求环境的可持续发展是实现城市整体可持续发展的重要方面。

一、城市环境的特征

(一)对环境属性的认识

环境是一个相对的概念,总是作为某项中心事物的对立面而存在。环境因中心事物的不同而不同,随着中心事物的变化而变化。对于人类来讲,环境指的是以人类为主体的外部世界,是指围绕人群的空间和作用于人类这一对象的所有外界影响与力量的总和。

通俗地讲,环境就是每个人在日常生活中面对的一切。人们每天从早到晚的生活,吃、穿、住、行,无一不需要外界环境的供给。如果失去了外界环境的供给,人类就会失去生存的条件。

我国《中华人民共和国环境保护法》(以下简称《环境保护法》)规定的环境定义与通常意义上所说的环境有所不同,它是有一定范围的,是能够通过法律手段来保护的环境。《环境保护法》给环境所下的定义如下:"环境是指影响人类生存和发展的各种天然的和经过人工改造的自然因素的总体,包括大气、水、海洋、土地、矿藏、森林、草原、野生生物、自然遗迹、人文遗迹、自然保护区、风景名胜区、城市和乡村等。"

根据人类对环境的作用,环境可分为自然环境、人工环境和社会环境三类。自然环境、人工环境和社会环境共同组成了人类生存环境。

环境系统是一个复杂的动态系统和开放系统。无论从何种角度分类,环境都具有一些共同的特性。

1. 整体性

我们所探讨的环境是一个以人类社会为主体的客观物质体系。人与地球环境是一个整体,地球的任意一部分都是人类环境的组成部分,且人类环境各个组成部分之间存在相互联系、相互制约的关系。局部地区的环境污染或破坏总会对其他地区产生危害。例如,全球的温室效应、跨区域的水体污染等。环境保护是没有地区界限、省界和国界的。

2. 有限性

人类环境的稳定性有限,资源有限,环境容量有限,自净能力有限。环境容量是指在人类生存和自然环境不致受害的前提下,环境可能容纳污染物质的最大负荷量。环境的自净能力是指污染进入环境后,环境可以自动清除污染的能力。当人类产生的污染进入环境的量超过环境容量或环境自净能力时,就会导致环境恶化。

3. 有机性

环境是一个有机的整体。构成环境整体的各个独立的、性质各异而又服从总体演化规律的基本物质称为环境要素。环境要素有其重要的属性:

(1) 最差限制率。整体环境质量不由环境要素的平均状态而定,而是受环境诸要素中与最优状态差距最大的要素控制。这很像人们日常所说的"木桶定律",即决定木桶盛水量的恰恰是最短的那块木板。因此,在改进环境质量时,必须遵循由差到优的顺序,只有依次改造各个环境要素,才能使整个系统达到最佳状态。

(2) 整体性大于个体之和。也就是说,环境的整体性不是等于各个环境要素的和,而是比"和"丰富、复杂得多。集体效应是个体效应质的飞跃。

(3) 依赖性。各个环境要素通过能量流、物质流相互联系、相互制约。

(二)城市环境的特征

今天,世界上有许多人都居住在城市中。楼房林立、马路纵横的城市面貌被不少人看作现代化生活的标志。从生态学的角度来说,城市是一个容人、物、景于一体,生产生活相互制约,不断新陈代谢的有机整体。城市环境是一个巨系统,由城市自然环境、城市人工环境和城市社会环境三个子系统构成。城市集聚了大量的人口和资源,呈现出不同于乡村环境的突出特征。人们能直接感受到的城市环境特征是城市人口密集,供水、供电设施配套,污水、垃圾处理集中,交通系统便捷,等等。我们可以将城市环境特征抽象为以下几点:

1.高度人工化

城市环境最显著、最基本的特征就是高度人工化的自然—人工复合环境。自然环境是城市环境的基础；人工环境是城市环境的主体。城市是人口最集中，社会、经济活动最频繁的地方，也是人类对自然环境干预最强烈的地方。人工控制对城市系统的存在与发展起着决定性的作用，有些过程甚至是不可逆转的。例如，城市的建筑、道路、设施等使城市的降水、径流、蒸发、渗漏等都产生了再分配，使城市水量与水质发生了较大变化。

2.以人为主体

在城市生态系统中，人口高度集中，其他生物的种类和数量较少。人是城市生态系统中主要的消费者，生产者、消费者所占的比例与其在自然生态系统中相反，是以消费者为主的倒三角形营养结构。

3.高度开放性

城市每时每刻都在进行大量的物质、信息的流动和转化加工，包括各类资源、废弃物等，所以城市的环境与周围区域的环境密不可分，与周边环境保持着物质、信息交流，呈现出高度的开放性。

4.脆弱性

城市内部分工越来越细，系统功能复杂，一旦某一环节失效或比例失调，就会造成污染物流失。可以说，城市环境因其复合的性质而更显脆弱。城市环境的污染源头很多，包括生活性污染、工业性污染等。污染源的复杂性会使城市环境问题更趋复杂。

5.公共品特性

城市环境具有典型的公共品特性，既具有共同性，又具有非排他性。城市的自然环境、人工环境和社会环境不能被单独使用，而是作为公共品被大众共享。城市环境的公共品特性容易引发"公有地的悲剧"，导致城市环境问题的发生。

二、城市环境问题对可持续发展的影响

从公元前3500年两河流域城市的出现至今，世界城市化经历了5 500多年的发展历程。城市在推动人类社会文明和进步的历程中发挥着越来越重要的作用。但是，随着城市化的迅速发展，人们在感受到城市化带来的丰富的物质和精神生活的同时，面临着日益严峻的城市生态环境危机。

城市环境污染问题，特别是20世纪30年代至20世纪70年代西方国家一些城市发生的触目惊心的公害事件，为人类单纯追求经济增长的模式敲响了警钟。

城市固有的基本特征决定了城市生态环境的脆弱性。

传统的城市环境问题主要包括四个方面：大气污染、水污染、噪声污染和固体废弃物污染。下面以我国目前的环境状况为例，看一看城市面临的生态环境问题。

（一）城市大气环境污染

和天气预报一样，城市空气质量日报已经成为城市居民关注的重要内容。引起城市大气污染的污染物主要包括可吸入颗粒物、二氧化硫、氮氧化物和碳氧化物等。我国城市的大气污染相当严重，污染以煤烟型为主，污染物的排放大多来源于煤炭的燃烧，燃煤二氧化硫的排放使酸雨污染面积不断扩大。随着城市化进程的加快，大气污染的类型正在逐步向以汽车尾气、扬尘、垃圾焚烧为主的新的污染类型转化，污染的类型更加复杂化和多元化。

（二）城市水环境危机

城市的水环境危机主要表现为水资源短缺和水体污染严重。城市的水体污染包括点源污染和面源污染。城市的点源污染主要是城市中工业污染源和生活污染源通过管道集中排放造成的水污染，城市的面源污染主要是雨水径流冲刷地面的垃圾、沉积物等造成的。点源污染目前是城市水污染防治的重点，城市污水处理厂的建设、运营已成为城市水污染防治的重要方面，但是目前城市污水处理情况并不乐观。

（三）城市噪声污染

噪声环境污染已经成为城市现代化公害之一。城市噪声的污染源可分为交通噪声、工业噪声和施工噪声、生活噪声等。交通噪声的来源主要是汽车、火车、飞机。由于机动车保有量的增多，道路交通噪声已经成为影响最广泛的污染。工业噪声和施工噪声主要来自市政施工和工业生产中的机械振动、摩擦、撞击等，局部影响较交通运输更严重。生活噪声来源于生活和社会活动。据《2005年中国环境状况公报》的相关数据，全国351个市（县）中，城市区域的声环境质量好的城市有11个（占3.1%）、213个城市区域的声环境质量为较好（占60.7%）、118个城市为轻度污染（占33.6%）、6个城市属中度污染（占1.7%）、3个城市为重度污染（占0.9%）。

（四）城市垃圾污染

随着城市规模日趋庞大、城市人口迅速增加，城市垃圾问题已经成为影响城市环境的主要问题之一。城市垃圾主要包括生活垃圾和工业垃圾两类。工业垃圾中还包括危险废物。城市垃圾数量庞大，而且我国城市垃圾一直没有实行分类管理。中国最常用的垃圾处理方法是掩埋、堆肥和焚烧。掩埋是最常用的垃圾处理方法，但是受到土地利用的制约。焚烧会造成对大气的二次污染。目前，我国600多座城市中，有1/3以上被垃圾包围，城市的垃圾处理能力已经达到饱和状态。据《全国城市环境管理与综合整治年度报告》的相关数据，2005年生活垃圾无害化处理率为零的城市有130个，占城市总数的25.59%；地级以上城市危险废物集中处理率为零的城市有80个。

在许多传统的城市环境问题还没有得到基本解决的同时，许多新的城市环境问题接踵而来，城市环境污染边缘化问题日益显现。城市周边地区更多地承担着来自中心城区生产、生活所产生的污水、垃圾、工业废气的污染，影响了城市区域和城乡的协调发展。城市自然生态系统受到了严重破坏，城市热岛、城市荒漠等问题突出。城市自然生态系统的退化进一步降低了城市自然生态系统的环境承载力，加剧了资源环境供给和城市社会经济发展的矛盾。

三、城市环境与城市经济的协调

从实现城市与区域可持续发展的角度看，城市环境必须与城市经济发展相协调。表面上看，城市环境与城市经济的发展似乎是矛盾的，在一些城市中，为了追求经济的发展，人们以不惜牺牲环境为代价。城市经济的发展是直接导致城市环境恶化的原因，但是城市经济的发展又是城市发展唯一有效的途径，是追求经济发展，还是追求环境良好，这是很多城市管理者难以抉择的问题。在这方面，环境库兹涅茨曲线似乎给出了很好的解释。

库兹涅茨环境曲线是一条倒"U"形的环境曲线。1995年，美国经济学家格鲁斯曼和克鲁格在环境经济学研究中，受诺贝尔经济学奖获得者西蒙·库兹涅茨的库兹涅茨曲线的影响，在对全球60多个国家的不同地区多年污染物质排放量的变动情况分析研究后提出，大多数环境污染物质的变动趋势与人均国民收入水平的变动趋势间呈现倒"U"形关系（就像反映经济增长与收入分配之间关系的库兹涅茨曲线那样），即污染程度随人均收入的增长而先增加，后下降的趋势。据此，他们提出了环境库兹涅茨曲线。

环境库兹涅茨曲线通过人均收入与环境污染指标之间的演变模拟说明了经济发展对环境污染程度的影响。在经济增长、产业结构和技术结构演进的过程中，资源与环境问题先出现逐步加剧的特征，但到一定拐点时环境质量又随经济进一步发展而逐步好转。也就是说，经济发展和资源、环境关系的变化很可能是从互竞、互斥逐步走向互补、互适。

环境库兹捏茨曲线这种先恶化后改善的变化趋势曾经是不少工业化国家在经

济发展过程中走过的道路，但是学界并没有认同从部分环境污染指标分析所得出的环境库兹涅茨曲线是环境污染的普遍规律，更没有认同先污染后治理是经济发展过程中不可改变的规律。

城市环境与城市经济的关系可以是互竞、互斥或者互补、互适的。西方发达国家的工业化道路曾经使环境与经济呈现互竞、互斥的矛盾，发展中国家的城市在发展的初期同样存在这个矛盾。但是，不是每一个城市都必须走先污染后治理的道路，对于发展中国家的城市来说，走出与发达国家不同的道路是可能的，即坚持城市可持续发展战略，走新型工业化发展道路，在发展经济的同时，重视对环境的保护，使经济持续、稳定、健康的发展。

四、城市环境的外部性及可持续发展途径

（一）城市环境外部性分析

外部性概念是1890年由马歇尔在其名著的《经济学原理》中提出的。外部性是指某一经济主体的活动对其他经济主体产生的一种未能由市场交易或价格体系反映出来的影响，会导致资源配置不能达到最大效率，即不能达到帕累托最优。它反映的是私人收益与社会收益、私人成本与社会成本不一致的现象。

外部性分为两种：一种是负的外部性（外部不经济），如城市工厂在生产过程中，烟囱排放的烟雾影响了周围城市居民的身体健康；城市的交通节约了时间，使生活便捷，但是产生了汽车尾气污染和噪声污染。另一种是正的外部性（外部经济），如城市居民庭院的绿化给路过的行人带来心情的愉悦和感官的享受，行人却不用为此付费。

对城市环境外部性认识的不足是产生环境问题的重要原因。城市环境具有典型的外部性效应。城市环境的改善带动了城市品位的提升，促进投资和旅游等行业发展能够促进经济增长，这是正外部性的表现。但是，城市在开发过程中对资源、环境的过度利用，特别是环境污染会造成外部不经济。

城市环境还拥有公共品的属性，具有非排他性和非竞争性的特点。公共品属性是极端形态的外部经济。城市环境的公共品属性表明，城市环境无法通过等价交换的机制在供应者和消费者之间建立联系，如果采用市场资源配置方法进行环境供应，势必导致市场失灵，这就是城市经济中产生城市环境污染问题的根本原因。

（二）城市环境可持续发展的途径

城市环境可持续发展的途径主要是城市环境外部性内在化问题。负的外部性内在化的一般途径主要有政府管制、市场机制和社会监督等。

1. 政府管制

政府管制这一思路的特点是，由政府从宏观角度或微观角度对经济部门进行调控，以达到资源的最佳配置，从而实现帕累托最优。政府管制又分为强制性管制和诱导性管制。

强制性管制是指政府发挥城市环境管理者的职责，强制性地对城市环境问题制定规则、进行管制。在宏观层面，应科学确定和适当控制城市发展规模，合理进行城市规划和布局，加强城市环境基础设施建设和强化环境管理，以政府部门的行政命令或法规条例的形式向污染者提出具体的污染物排放标准，从而直接或间接限制污染物的排放，以达到改善环境的目的。微观层面主要指环境管理部门的行政管制。环境行政管制的方式很多，如明令禁止某些生产经营活动或资源利用与排污，规定只有持有政府行政主管部门颁布的生产经营许可证才能生产或排污，强制性地规定企业必须使用或不使用某些生产要素。行政管制对城市环境问题来说，行政管制往往在短期是最有效的。城市环境的公共品属性使政府的干预极其重要，强化政府的环境管理是解决城市生态环境危机的重要手段。

2. 市场机制

政府力量不可能解决所有的负的外部性问题。相对而言，依靠市场力量解决这类问题有较大优势。市场办法解决负的外部性问题的突出代表是科斯提出的产权协商定理。科斯认为，只要市场交易的费用为零，无论产权属于何方，通过协商交易的途径都可以达到同样的最佳效果。也就是说，在交易费用为零的条件下，效率结果与产权有关。

著名经济学家戴尔斯在科斯定理引入产权和价格机制的基础上，结合政府的作用提出了著名的"污染权"概念。政府可以在专家的帮助下，把污染废物分割成一些标准的单位，然后在市场上公开标价出售一定数量的"污染权"，每一份"污染权"允许其购买者排放一单位的废物。排污权交易是环境管理当局制定排污量的上限，按此上限发放排污许可证，许可证可以在市场上买卖，而且在产生外部性的污染者之间，政府也应允许其对污染权进行竞购。在竞争中，企业会在控制污染成本和排污许可证价格之间进行衡量和比较，一些能用最少的费用处理污染问题的公司则愿意自行解决，使之内部化，剩余的份额可以拿到市场交易。同时，有一部分企业由于控制污染成本高，会到市场购买一定份额，这样就形成了交易市场。排污权一旦发放，就可以按照规则自由交换。该方法的实质是运用市场机制对污染物进行控制管理，把环境保护问题同市场机制的运作有机地结合起来。

3. 社会监督

社会监督是除政府和市场之外解决负的外部性问题的民间社会力量，如家庭、学校、公共场所、社会舆论监督机构、民间绿色组织和环境资源保护协会等。从现实来看，社会道德教育和舆论监督对抑制外部不经济的产生具有不可替代的作用。

与此同时，社会舆论监督也可以在一定程度上有效地防止甚至制止负的外部性的产生。例如，报刊、广播、电视等新闻媒介对环境及资源的破坏者进行广泛深入的跟踪报道，可以形成对外部不经济的制造者的外部约束监督机制。

从理论上看，无论政府管制、市场机制，还是政府与市场之外的社会监督，对纠正负的外部性问题都各有优势。在实际操作中，对于不同类型的负的外部性问题应有针对性地采取对策，或者把这几种方法有机地结合起来，以便有效地解决城市环境中的负的外部性问题。

五、绿色空间与城市的可持续发展

（一）城市绿色空间的概念

由于研究阶段与目的的不同，城市绿色空间的定义以及涵盖范围也有所不同，从狭义和广义概括起来大致有以下几种：早期西方国家的城市规划中不提倡绿色空间，而是提倡开敞空间，只强调其自然属性和公益性。随后，绿色空间的概念将私人的以及人工的也扩充进来，基本等同于城市园林绿地的概念。随着人们对农田等农业生产用地生态功能认识的加深，绿色空间的范围再一次扩充，将城市农业生产用地纳入，形成了等同于城市绿地系统的概念。而后，具有重要生态意义的水域湿地也被纳入绿色空间的概念范畴。

对于城市可持续发展而言，广义的绿色空间概念更为重要。城市绿色空间是由园林绿地、城市森林、立体空间绿化、都市农田和水域湿地等构成的绿色网络系统，它与建筑物和铺装物覆盖的城市扩建相反，是以土壤为基质、以植被为主体、以人类干扰为特征，并与微生物和动物群落协同共生的生态系统。

（二）绿色空间在城市可持续发展中的作用

城市是社会环境与经济环境相互作用、紧密联系的复杂系统。对于城市的发展而言，关键自然资本在城市可持续发展中有重要作用。关键自然资本的识别条件如下：①对于人类与生态系统而言具有重要的生态服务功能，即具有源、沉降吸收、生命支持、人类健康与福利等功能；②不可替代性；③环境过程或资本存量变化的不可逆性直接影响代际公平。

城市绿色空间各要素具有多种重要的生态服务功能，作为城市绿色空间组成部分之一的市域农业生产用地与林业生产用地可以为人类提供食物、木材与纤维等；城市绿色空间还具有固碳释氧、减污滞尘、杀菌减噪等净化功能；城市森林与园林绿地等具有调节空气的温度与湿度、改变风向等小气候调节功能，以及涵养水源、保持水土等功能；城市森林、水域湿地等重要生态系统还具有维持生物多样性、促进养分循环、防护减灾等生态安全与生命支持功能。

2001年至2005年期间开展的国际合作项目——千年生态系统评估在各种生态系统服务功能分析的基础上，建立了自然资本生态服务功能与人类福祉相互联系的框架。将这一框架应用于城市绿色空间，可以建立绿色空间生态服务功能对城市可持续发展的作用体系。绿色空间的源功能在城市可持续发展中的作用相对较弱，而沉降吸收、生命支持以及人类健康与福利功能担当着重要的角色，在城市可持续发展中起着关键作用。从绿色空间的整体功能看，对经济可持续性的作用较弱，而对环境可持续性作用最强，对社会可持续性的促进作用也较强。

城市绿色空间具备识别关键自然资本的重要生态服务功能，同时除了部分生产功能具有一定的可替代性之外，其他生态功能通过社会经济因素调节的潜力很低。在现代城市中，天然的绿色空间已经很少见了，即使采取一系列的生态修复措施，自然生态系统所独有的生态服务功能也已经无法完全恢复，城市绿色空间生态功能的退化与丧失将是不可逆的，必将影响后代的发展。由此可见，城市绿色空间具备关键自然资本的条件，是影响城市可持续发展的一个关键因素。

六、环境安全与城市和区域的可持续发展

从全球范围看，环境安全已经成为一个重要的全球性问题。环境问题日益恶化所引起的环境安全问题以及由此带来的政治和经济社会安全问题正在从安全层次上严重威胁着人类社会的生存与发展，已经成为人类社会在21世纪面临的重大问题。

尽管目前对什么是环境安全还没有形成一致的观点，但是环境安全的探究和实践基本上可以归结为三类问题。第一类问题是环境问题与传统安全的关系，主要是指环境问题对传统安全（军事安全、国家安全等）构成了一种新的安全威胁。第二类问题是日益严重和恶化的环境问题对人类社会的危害上升为安全层次上的重大威胁。第三类问题是用安全的视角来研究生态系统、自然资源、能源、自然灾害、人工环境灾害等问题，就形成了生态安全、生物安全、资源安全、能源安全、人工环境安全等研究领域。由此也形成了环境安全的三个研究视角：①传统安全视角：从传统安全的视角研究环境问题对传统安全的影响；②狭义环境安全

视角：从安全的视角研究日益恶化的狭义环境问题；③广义环境安全视角：从安全的视角研究生态、资源、灾害等领域的广义安全问题。

在我国，环境安全已经引起学术界、政府和公众的广泛重视，对环境安全的基本概念，西部大开发、长江流域发展的生态环境安全问题，黑河下游绿洲资源的环境安全问题，环境安全与国家安全关系及中国生态环境安全问题等进行了初步研究。

环境安全研究是从安全的视角重新认识和思考日益恶化的环境问题对人类社会生存与发展构成的安全层次上的根本威胁。从环境问题到环境灾害，再到环境危机，环境安全问题清楚地表明了环境问题的本质和终极形态，构成了人类社会实现可持续发展的一个最重要的挑战，即人类社会对赖以生存和发展的自然环境的破坏反过来又对自身构成了"继续生存还是自我毁灭"的生存危机。

环境安全问题的研究对城市与区域的可持续发展，对人类社会的生存与发展具有重大意义。

七、城市经济与可持续发展

城市产生的本质决定了城市经济发展的特征，城市经济的可持续发展受到多种因素影响，在不同矛盾之间的权衡选择，赋了了城市经济可持续发展较为广泛的内涵。这主要体现在以下几个方面：集聚效应和分散效应的权衡，产业结构的弱知识性与强知识性权衡，经济体系的自我循环与开放性权衡，城市经济特色与区域经济协调发展的权衡。国内学者对城市经济可持续发展问题的特征也有过相似的描述，认为由城市经济和经济空间组织结构所决定的城市经济可持续发展问题的特征，主要体现在聚集性、产业结构高级化、开放性等方面，并对区域可持续发展产生举足轻重的影响。我国应该在城市资源与环境、城市生产、城市市场、城市消费和城市管理与协调等方面全面实施城市可持续发展战略；要特别注重技术进步和生产率提高、消费者对环境质量的需求增长、减轻经济增长的人口压力、减少经济增长的不公平性和保持经济增长与资源环境保护的同步性措施。

（一）集聚效应和分散效应的权衡

城市是各种要素空间集聚的结果，城市最优规模，即有利于城市经济可持续发展的规模受到集聚效应和分散效应两种力量的作用。一方面，集聚经济作为空间集聚的吸引力推动着城市区域的形成和发展；另一方面，伴随着城市集聚到一定规模产生向外扩展的排斥力，集聚不经济逐渐加强，分散效应发挥作用，城市经济在分散发展过程中收益增加。因此，要充分发挥集聚效应，这有利于城市规模扩大，促进城市经济的快速发展；还要避免城市规模片面地扩大，不能仅仅为了追求城市规模带来的经济效益而忽视分散效应，影响城市发展的长远利益，最后造成城市发展的不可持续。

1. 城市的集聚效应

马歇尔认为，城市经济中的外部经济导致集聚效应出现，其原因在于：地理集中的产业有利于专业化供应商的大量出现；类似厂商集聚有利于创造共同的劳动力市场，有利于劳动力流动和最优配置，在共同区域的信息传播成本低，出现知识和技术溢出效应。

一般来讲，中心城市的集聚主要源于中心城市的规模效益、市场效益、信息效益、人才效益、设施效益等，正是这些效益的吸引，使区域中的二、三产业，人口、人才、原料、资金和科学技术向中心城市集聚。这里特别值得一提的是科学技术向中心城市的集聚。集聚经济效益主要体现在以下三个方面：

（1）区位经济。这是由于某项经济活动的若干企业或联系紧密的某几项经济活动集中于同一区位而产生的。区位经济的实质是通过地理位置靠近获得综合经济效益。

（2）规模经济。这是指由于经济活动规模在一定范围内的扩大而获得内部的节约，使边际成本降低，从而获得劳动生产率的提高。

（3）外部经济。外部经济的效果是增长极形成的重要原因。经济活动在区域内的集聚往往使一些厂商可以不花成本或少花成本获得某些产品和劳务，从而获得整体收益的增加。这些收益既是上期集聚经济的果实，又是下期集聚经济的诱导物。

集聚效应并不是无限的，在集聚的过程中，也会积累制约因素，其原因有两点：一是受收益递减规律的作用，企业的边际效益达到最高点以后开始下降，从而对投入的吸引力减小。二是地域范围是有限的，发达地区的空间容量、环境容量和经济容量是有限的，极化到一定程度后，进一步极化，就会导致城市病的产生。这两方面的制约因素会削弱极化效应，增强分散效应。

2. 城市的分散效应

分散是城市的另一个显著特性。城市作为一个确定的利益主体，总会不断地以自身具有的实力拓展腹地，为产品和服务寻求足够大的市场；城市还以其技术、资金、管理、观念、生产体系等优势带动腹地的经济发展，从而进一步确立对腹地的主导性作用。城市在集聚的同时总是在不断地进行扩散—辐射。正如贸易中的出口和进口的关系一样，扩散是为了更好的集聚，是对集聚的一种有效保护。

第五章　城市与区域可持续发展的管理领域分支

从单纯的经济活动看，城市的集聚是为了获得规模效益，然而，规模效益并不是要求城市经济规模无限扩大。过分的城市集聚往往会导致集聚不经济，如资源短缺、环境恶化和诸多的社会政治问题。

在市场经济条件下，城市经济系统受利润和价值规律的支配，本质上有一种与其他经济系统在技术上、经济上、组织上以及再生产过程中相互渗透、融合的趋势。这种趋势包含了四个方面：①工业内部各行业的渗透；②产业间的相互渗透；③城乡之间的相互渗透；④城市与区域之间的相互渗透。它们的共同组合形成城市的扩散效益。这种扩散趋势的存在，保证了集聚在一个合适的度内进行，从而保证了集聚的效益。另外，扩散是为了进一步增强集聚的能力。城市的产品与服务最终必须在市场上才能实现，但城市本身的市场是有限的，因此，城市必须向农村、向其他城市扩散。通过这个扩散过程，城市的实力进一步增强，集聚力进一步增加。

城市的扩散功能主要源于中心城市自身结构的优化和科技进步的推动，也由于规模效益的消失、土地价格的上涨、生活费用的攀升。当经济发展到一定阶段时，中心城市的扩散是不以人的意志为转移的客观规律。其扩散形式主要有周边式扩散、等级式扩散、跳跃式扩散、点轴式扩散等。虽然经济中心城市的扩散并不单纯采取一种形式，往往呈现为混合式扩散，但近年来特别引人注目的是点轴式扩散形式，即由中心城市沿主要交通干道串珠状向外延伸，从而形成若干扩散轴线或产业密集轴带，反映出交通干道往往是产业经济向外扩散的基本传递手段，它们在形成合理的经济布局、促进经济增长中发挥着极其重要的作用。

诺贝尔奖获得者西蒙·库兹涅茨根据统计资料，对14个国家近50年的经济增长进行了分析，认为在人均国民生产总值增长的构成中，25%归因于生产资源投入量的增长，70%归因于投入生产要素的生产效率的提高。因此，经济增长主要是靠生产效益的提高（而不是资源投入数量的增加）推动的，生产效率的提高又是由技术不断进步引起的，技术进步依赖于人才、资金、信息等要素，而能够提供这些要素的场所，只有中心城市。

城市的空间扩散指的是创新的扩散。所谓创新，即新知识、新思想、新技术、新组织、新观念和新风尚等。创新的扩散是城市系统和城市空间相互作用的重要内容。城市的空间扩散具有三种扩散形式：一是扩张扩散，是指创新通过人进行的扩散，即当创新出现时，总是被一小部分人了解、掌握。然后通过人与人的相互接触，创新逐渐由已知者传播给未知者。随着时间的流逝，越来越多的人将了解、掌握这项创新的过程。二是新区位扩散，是指创新由传播者的自身移动，将创新带到新的地方的过程。三是等级扩散，是指创新的扩散往往是首先向同级规模的城市转移，然后向次级规模的城市转移的过程。

(二) 产业结构的弱知识性与强知识性权衡

1. 城市产业结构的定义

城市产业结构是城市生产力结构中的首要组成部分，是指城市各产业部门之间特定的联系和比例关系，通常划分为第一、第二、第三产业。第一产业包括农业、畜牧业、林业和渔业；第二产业包括采掘业、制造业、建筑业；第三产业则含有三个层次：第一层次为流通部门，第二层次为生产和生活服务部门，第三层次为提高科学文化水平和居民素质服务的部门。总的来讲，第三产业就是更多地吸收和应用知识作为经济增长的动力和要素。研究城市经济结构中的产业结构，其根本目的就是不断实现城市产业结构的合理化、高度化和知识化，增加城市总供给，推动城市经济增长。

综合考察一下世界各国城市的经济发展历程，可以得出这样的结论：当第一产业比重大于10%时，表明该城市尚停留在工业化的初始阶段；当第一产业比重小于10%，并且第二产业比重高于第三产业比重时，表明该城市处于产业化的加速阶段；当第一产业比重小于5%，并且第二产业比重与第三产业比重大致相当时，表明该城市处于工业化的成熟阶段。当城市经济步入后工业化社会时，第三产业比重成为经济结构中的主要部分。

2. 城市产业结构与城市经济的可持续发展

城市经济可持续发展对产业结构的要求主要包括以下四个方面：① 产业结构合理化；② 产业结构高度化；③ 产业结构能够发挥资源的比较优势；④ 发展环保产业。根据资源比较优势原则，资本和技术占优势的国家就应主要发展资本和技术密集型产业；劳动力占优势的国家则主要发展劳动密集型产业，并且资源的比较优势也不是一成不变的。随着资源比较优势的变化，产业结构的类型也应该相应发生变化。产业结构反映了国民经济中产业的构成及相互关系。不同的产业结构具有不同的经济发展能力、不同的环境保护能力、不同的资源利用能力、不同的社会服务能力，并导致不同的发展质量。

优化的产业结构能够极大地促进社会经济高效快速的发展，不合理的、低层次的产业结构则严重妨碍社会经济的发展。由于传统的产业结构是建立在向自然索取的基础上的，存在诸如加工产业能力过大，基础产业生产能力不足；一般加工产业的生产能力过大，高水平产业的加工能力不足；产业的地区分布不够合理，地区产业分布趋同；企业组织结构分散，生产集中度差，专业化水平低；出口产

第五章　城市与区域可持续发展的管理领域分支

品结构层次低；资源消耗多，环境污染严重；第三产业落后等问题，不符合可持续发展需要。城市可持续发展是城市社会经济发展的最佳模式，只有具备相应的产业结构，才能真正实现可持续发展。城市可持续发展对产业结构的要求主要包括以下四个方面。

（1）城市可持续发展要求产业结构合理化。产业结构合理化意味着各产业之间的比例关系协调、社会再生产能够顺利进行、供求基本平衡、资源能够合理有效配置、不断变化的市场需求能得到较好的满足。城市可持续发展强调社会经济发展的整体性、系统性、协调性、稳定性、持久性，要求国民经济各部门的比例协调、生产结构与需求结构基本一致、经济总量大致平衡。产业结构合理化是城市可持续发展的基本要求。只有比例协调的产业结构，才能更好地实现总量平衡，保证社会经济在总体上协调、稳定、持续地发展。

产业结构的合理化对城市可持续发展的作用主要表现在三个方面：①随着社会生产力的发展，社会分工日趋专业化，部门间商品交易更加频繁，交易的内容和规模日趋扩展。结构的优化有助于降低部门间的交易费用，提高经济效益。②现代经济增长不但取决于资本、劳动力的投入，而且取决于资源的合理配置。如果产业结构扭曲，资源配置的效果就会降低，社会经济的持续、稳定、协调发展将不能实现。③技术进步对城市可持续发展的作用是通过产业结构关联实现的。技术进步会导致产业结构的变动和调整，但技术创新不可能在所有部门之间均匀展开，科学技术要转化为现实生产力，必定首先被某个特定生产部门吸收，然后再向别的部门扩展，产生波及与放大效应。如果产业结构不合理，结构关联将发生扭曲，技术创新的波及与放大效应必然会受到严重的限制。

（2）城市可持续发展要求产业结构高度化。产业结构高度化是产业结构按自身发展规律由低层次向高层次演进的过程，是以知识技术代替资源消耗推动经济发展的过程，也是经济增长由粗放式向集约式演进的过程。城市可持续发展注重的不是数量的增长，而是质量的改善和提高，主要依靠科学技术进步和管理的科学化。因为绝大多数的自然资源具有稀缺性和不可再生性，主要依靠自然资源难以实现城市的可持续发展。而知识具有丰富性、可再生性，能够无限创造和开发，运用知识能够高效利用现有的稀缺的物质资源，开发新的富有的物质资源，所以只有依靠科学、技术、信息、管理等智力资源，才能真正实现城市可持续发展。由此可见，产业结构的高度化是城市可持续发展的根本条件。

产业结构高度化对城市可持续发展的意义主要表现在：①成为集约型增长方式的主要决定因素。在现阶段，经济发展将越来越取决于科技进步。在丹尼森的分析框架中，经济增长的因素分为过渡性要素和持续性要素两类。资源配置的改善和规模经济属于过渡性因素，唯有知识的进展、技术的进步能够持续地对经济增长做出贡献。②对自然资源的利用与环境保护有重要意义。一方面，以技术和信息替代物质消耗，体现了物质消耗和环境污染的减少。另一方面，各种自然物质可能被多次使用和反复使用。物品在使用功能完成后可重新变成可利用的资源，因此，产业结构高度化可以使经济增长与资源、环境相协调，有利于可持续发展。

（3）城市可持续发展要求产业结构能够发挥资源比较优势。城市可持续发展是高效率的发展，要求优化资源配置、节约并高效利用资源。高效利用资源不仅要求减少资源消耗，还要能够发挥本国、本地区资源的比较优势。发挥资源的比较优势，降低生产成本，获得国际和地区分工的比较利益，增加收益和积累，实现经济的高效发展，而能否发挥资源的比较优势，又与产业结构的类型紧密相关。产业结构不同，则一定的资源在不同产业中的分配就会不同，带来的经济效益也不相同。资本和技术占优势的国家就应主要发展资本和技术密集型产业；劳动力占优势的国家则主要发展劳动密集型产业，并且资源的比较优势也不是一成不变的。随着资源比较优势的变化，产业结构的类型也应该相应发生变化。只有这样，才能发挥资源的比较优势，提高经济效益，更好地实现可持续发展。

（4）城市可持续发展要求发展环保产业。城市可持续发展追求经济增长质量和生活质量的提高，强调生产和生活必须与环境的承载力相协调。要求改变传统的生产方式和生活方式，鼓励清洁生产，提倡绿色消费。环保产业正是提供保护环境和资源、防止环境污染和资源破坏、维持和恢复生态平衡的产品和服务的部门。

城市可持续发展的目标是建立一个资源节约型的、有利于环境保护的产业结构。这就要求在制定产业政策和进行产业结构调整时，把各种产业、各种产品的资源消耗和环境影响作为重要的因素考虑。严格限制能源消耗高、资源浪费大、污染严重的企业发展；积极扶持质量效益型、科技先导型、资源节约型的产业发展；重视科技进步对企业技术升级、治理污染的作用，大力发展环保产业。

（三）城市经济体系的自我循环与参与区域分工的权衡

每个城市作为一个单一的封闭经济体系具有各自的特征，自我循环可以为城市经济带来多样性，有利于满足消费者的不同偏好。但是，过度的封闭经济又不利于充分发挥各自的差异优势，不利于形成分工带来的收益。因此，城市经济可持续发展一方面要求城市经济要有一定的完整性，以较低的成本满足本地区复杂多样的偏好；另一方面，又要求积极主动地参与区域分工，实现城市经济自我循环与参与区域分工的最优组合。

第五章 城市与区域可持续发展的管理领域分支

从生态学的角度看,城市本身并不是一个完整的和自我稳定的系统,城市系统要维持非均衡的平衡状态,需要不断地从系统外输入能量和物质,包括自然资源、人力、资金、技术和信息等。从城市系统外输入的能量和物质所生产的产品(包括能源和物质之总和),只有一部分供城市内部消费使用,相当大的部分需要向系统外输出。另外,城市系统内缺乏分解者,也缺乏足够的分解空间,城市经济活动产生的大量的废物难以在系统内分解和容纳,需要输送到系统之外。因此,城市的可持续发展与城市系统外的可持续发展是密切相关的。

从经济学的角度看,城市经济是一个开放的系统,而不是一个封闭的系统。城市要依赖农业的剩余维持生存,农产品是城市生产的重要原材料来源,乡村地区是城市产品的重要市场。随着经济的发展,一些城市产业将转移到城乡边缘区和乡村地区,虽然生产活动与销售和管理活动在空间上出现了分离,但现代产业间的联系不但没有割裂城市与乡村之间的联系,反而使城市更加依赖于乡村经济,同时乡村经济对城市经济的依赖性也更强了。这种依赖性也必然反映在城市与乡村可持续发展的相互依赖性不断增强。

城市不但对乡村是一个开放的系统,对其他城市和区域也是一个开放的系统。一个城市与其乡村之间的开放是纵向的开放,与其他城市和区域之间的开放可视为横向的开放。城市与其乡村之间的开放与联系形成的是纵向的空间分工,城市的空间分工结构和层次总是高于所对应的乡村地区,故城市的可持续发展问题也总是先于乡村而出现,可持续发展战略实施的优先和有利程度也优于乡村地区。城市与其他城市之间的开放与联系形成的是横向的空间分工,体现为依经济发展水平而确定的城市等级体系。等级层次较低的城市在发展进程中,客观上必然要被动地接受较高等级层次城市可持续发展问题转移的影响,因而在区域可持续发展联系中处于较为被动和不利的地位。

(四)城市经济特色与区域经济协调发展的权衡

城市经济融入区域经济协调发展的框架中,对城市可持续发展提出一个问题:如何既保持自身的经济特点,不影响自身的经济发展,又能与区域内的其他城市相互配合,实现协调发展。实际上,不同城市之间既存在竞争,又存在合作。竞争与合作是一对矛盾的统一体。著名经济学家、哈佛大学教授迈克尔·波特的企业竞争理论在国内外学术界和企业界影响深远。波特在《竞争战略》一书中明确地提出了三种通用的战略:总成本领先战略、差别化战略、专一化战略。城市之间通过竞争形成分工与战略联盟,竞争有利于专业分工的深化。城市之间竞争以企业间的竞争为基础,尤其是实施差别化的战略,有利于区域专业化分工的加强。城市之间的竞争应该是建立在双方有共同利益趋向的前提下,恶性的竞争将会导致对双方的不利,不能够产生协同效应。

组合城市的概念来源于霍华德的田园城市理论。近年来,由于大都市连绵带、城市群的发展,组合城市的发展越来越受到关注,尤其是对区域影响较大的城市备受关注,如北京、天津建设组合城市,长沙、株洲、湘潭一体化发展建设组合城市。组合城市不仅在空间上紧密相连,还可以降低城市之间的交易成本,实现交通、信息、政策一体化。

上述理论与实践反映了世界大城市地区发展的一些共同规律,对我国大中城市的发展具有重要的借鉴意义。当然,不同国家和地区处于不同的发展阶段,必须因地制宜,寻找适合自己的发展道路,创造性地寻求从区域经济协调发展解决城市问题的可行途径。

八、城市文化与可持续发展

(一)城市文化对城市可持续发展的影响

文化是整个社会广泛认同的价值观及其决定的人们的行为方式,是一种自觉意识和共同行为。城市文化是指城市外在形象与精神内质的有机统一,是历史文化与现代文化的有机统一。

城市文化同城市发展密不可分。城市本身是人类文明进步的产物,是文化的结晶,正如有些学者所说的"文化即城市",在城市的变迁、发展和建设中,一刻也离不开文化。特别是人类文明发展至今,文化在现代城市发展与创新中的重要地位和作用日益突显。现代城市的竞争实质上是文化的竞争,如果发展忽视了文化因素,必然会在未来的竞争中失败。文化已经被视为发展的伙伴,甚至成为发展问题的中心。具体表现在对经济、环境、社会三个方面可持续发展的影响。

1. 对城市经济可持续发展的影响

文化可以帮助我们产生社会及文化资本,是经济可持续发展的重要推动力。文化产业作为21世纪的朝阳产业,已成为国民经济新的增长点,在推动结构调整、经济增长、社会主义精神文明建设方面发挥着越来越重要的作用。

当经济发展到一定阶段,其趋势是由劳动密集型经济发展到知识密集型经济。当城市经济更少地依赖于制造业而更多地依赖于知识的时候,城市文化的经济价值也日益凸现,其中最重要的是文化产业对经济增长的推动。

文化产业是当今世界的新兴产业。世界一些发达国家的文化产业已成为其重要的经济支柱。例如,美国400家最富有的公司有72家是文化企业,美国音像

第五章　城市与区域可持续发展的管理领域分支

业仅次于航天业,居出口贸易的第二位。英国文化产业平均发展速度是经济增长的两倍。日本娱乐业的产值仅次于汽车工业。文化产业的发展已经成为世界潮流,在经济发展中具有越来越重要的地位。我国文化产业发展迅速,已成为国民经济发展富有潜力的增长点,特别是在大城市发展更为迅猛。文化活动吸引的就业人数不断增加。在欧美国家,从事文化活动的就业者占全部就业人数的1.5%～3.5%,在文化中心(如英国的伦敦和美国的纽约),超过20万人在文化部门工作,占城市就业人口的5%。

2. 对城市环境可持续发展的影响

生态环境问题的产生有其深刻的文化根源,人类生态环境思想的演变随着文明进程的发展而发展。人类进入文明社会演替至今,大体经历了采猎文明、农业文明、工业文明和后工业文明这几个阶段。

从对自然的态度以及人类的认识可以看出,人类从最初的听天由命,质朴的牧童经济,再到工业文明阶段,最后走向善待自然,可持续发展之路。工业文明阶段,发达国家传统的工业化道路使人类社会付出了过量的资源消耗、环境污染、生态破坏的沉重代价。如果这种状况持续下去,地球将不堪重负,经济发展也将难以为继。面对全球生态破坏与环境污染,世界上不同国家致力于发展新型工业文明,以实现生态、经济、社会三者共赢的目标。20世纪中叶以来,在处理环境问题的实践中,人们逐步认识到单靠科技手段或用工业文明的思维定式去修补环境是不可能从根本上解决问题的,必须在各个层次上调控人们的社会行为和改变、支配人们行为的思想。环境问题是一个发展问题、社会问题以及涉及人类文明的问题。

城市文化对城市生态环境有深刻的影响。城市生态环境是高度人文化的,生态环境问题产生的原因除了技术、机制等外在因素外,更重要的原因是人们在生态环境方面的观念和意识,跟不上城市可持续发展的需要。建设一个可持续发展的城市必然要有与之相适应的可持续发展的城市文化形态,否则,人们缺乏对环境的认识,就会忽略城市的环境建设。

3. 对城市社会可持续发展的影响

城市社会可持续发展需要建设良好的城市文化。城市是一个复杂的巨系统,在组成这个系统的诸多要素中,文化是城市社会可持续发展的内在动力。

城市文化对市民的行为具有导向作用。文化是城市价值品位的体现,市民素质、社会风气、民俗风情等各国文化现象和文化活动会自觉规范市民的文明行为,取得道德上的共识和精神上的共鸣,成为城市社会可持续发展的基础。一个城市的先进文化能够激发城市居民热爱城市的意识,成为一个城市凝聚力和自信心的源泉，进而成为支持城市社会可持续发展的内在动力。

城市文化不仅能够促进市民提高自身素质，还对整个社会的发展有延伸辐射作用。城市文化有助于城市居民形成向上的精神风貌，减少犯罪，减少城市居民危害自身和社会的行为，使城市居民把精力转到城市的文化和经济的发展上，引导城市健康持续地发展。

（二）城市文化促进城市可持续发展的途径

一个城市在其发展建设过程中，只有注重城市文化内涵，重视文化建设和保护，以文化优势促进城市发展，打造城市文化品牌，城市可持续发展才能够实现。城市可持续发展的关键在于是否具有自己的城市文化。加强城市文化建设，实现城市可持续发展，可以从不同的层面、多角度考虑，如城市生态文化建设、城市特色文化建设、城市文化产业建设等。

1.城市生态文化建设

与可持续发展的城市相适应的文化是城市生态文化。城市生态文化对城市经济、社会和环境的可持续发展起着至关重要的作用，这里重点探讨城市生态文化建设。

（1）生态文化内涵。生态文化是人与环境和谐共处、持续生存、稳定发展的文化，不同于传统文化之处在于其综合性、整体性、适应性、简朴性和历史延续性，旨在处理好局部与整体、眼前与长远、竞争与共生、开发与补偿的生态关系。生态文化是一种物质生产与精神生产高度发展、自然生态与人文生态和谐统一的文化。其基本内涵包括了可持续发展的战略、完善和健全的环境法律法规、正确的环境道德伦理和广泛的环境科研、科普、教育等诸多方面。

文化是人类适应环境的产物。漫长的历史进程中形成了神本文化、人文文化到生态文化，这是世界先进文化发展的大趋势，也是人类社会发展的必然结果。生态文化不同于神本文化（天定胜人，由神主宰），也不同于人本文化（人定胜天，由人主宰），而是回归自然、天人合一的现代文化。

生态文化不仅涉及一个城市的外在形象，而且包含市民的生态伦理、生态道德、生态文明程度、经营管理体制与机制。作为城市建设的内在动力，生态文化对城市经济、社会和环境的可持续发展起着至关重要的作用。

（2）城市生态文化建设内容。生态文化建设内容包括资源有限的价值观、绿色消费观及可持续发展观，同时，要有保证生态文化教育进行的体制，因此，生态文化建设包括体制建设、企业生态文化建设、社区生态文化建设、学校生态文化建设、村镇生态文化建设等。

①体制建设。建立具有权威性的生态文化建设管理协调机制；加强生态文化建设的法规建设；建立相关制度，将生态文化建设纳入法制管理轨道，并严格执行，不因人事变动而另行其事。例如，全民生态环境教育计划；生态环境影响评价制度；重大决策实行听众会制度；建立健全生态文化建设群众监督举报制度和舆论监督机制；建立有效的信息反馈机制，实现信息双向交流以提高人民群众生态文化建设的责任感和参与意识。

②企业生态文化建设。一方面，提高企业家的生态环境保护意识。由企业领导层带头，实施企业生态化战略。只有企业的负责人懂得环境伦理原则，企业的整体环境伦理意识才能提高，从而重视企业的生态文化建设，自觉地按照环境伦理的原则办事。另一方面，建立企业生态文化的教育与培训制度。培育与发展企业独特的生态文化价值观念，以此指导企业整体经营活动的开展。具体行动包括：第一，将生态行为准则写入员工手册或企业规章，并纳入员工考核指标，作为奖惩依据。第二，对企业从事清洁生产的管理与技术人员开展技术培训，将ISO9000和ISO14000系列的原则逐步渗透到企业文化中，采用多种宣传形式，吸引企业职工参与环境管理及相关决策。第三，以生态保护为主题，塑造颇具文化内涵的企业形象。建立自然、和谐、发展的企业理念和热爱大自然、享受大自然、保护大自然的市场形象定位，使每一个员工成为生态的倡导者和保护者。

③社区生态文化建设。社区包括每一个居民、每一个家庭，应利用多种渠道把生态文化建设同文明社区、文明家庭等活动结合起来，着力提高市民的生态文明程度；倡导文明向上的新型生活方式；倡导简朴和谐的生态消费方式。

2. 城市特色文化建设

文化特色是城市可持续发展的竞争力所在，没有个性的城市就没有生命力。城市建设要强化特色意识，塑造具有特色的城市文化在竞争中体现出城市文化的特色和优势，所以在城市建设中，要发现各具特色的文化个性，并在城市发展中保持和完善这些个性和特色。除了城市外貌、建筑物特征和文物古迹等物质性的特色之外，可以进一步挖掘城市的精神文化，提炼出崭新、独特的文化元素。

在我国新一轮城市建设中，城市文化的定位和建设备受关注。广州提出"城市以文化论输赢"，要把作为"我国古代丝绸之路的发祥地，岭南文化的中心地，中国近代革命的策源地，改革开放的前沿地"的广州建设成为现代化的中心城市，把城市的综合竞争力定位于文化，积极响应广东"建设文化大省"的号召；武汉市提出城市环境创新要面向世界，张扬城市个性，突出文化底蕴，营造新的城市亮点，建成"文化武汉"；浙江省的城市建设也十分重视文化定位，"学在杭州、住在杭州、创业在杭州"已成为经营杭州、发展杭州的文化理念。可见,保持城市文化特色,确保城市竞争地位,将有利于城市的可持续发展。

3. 城市文化产业建设

我国自改革开放以来,部分城市的综合经济实力迅速增长,并且其产业结构已初步完成了都市化转型,第三产业的增长率在20世纪90年代后期均已超过了第一、第二产业,这无疑为文化产业的发展创造了广阔的上升空间。例如,北京、上海、广州、深圳等已经形成各自发展的模式:高起点、高规格的文化产业定位,实行现代管理理念的上海模式;示范经营、联合创办、共同管理的北京模式;坚持市场导向、突显产业属性的广州模式;文化资源和企业资本融合,可持续发展和制度创新互动的深圳模式。

发展城市文化产业,需要制定城市文化发展战略,对文化部门及企事业单位进行战略性的改组及产权制度改革,实现文化资源的优化配置和文化产品生产机制的转变。我国的城市文化产业,无论是产业规模、结构体制、人才,还是社会化、产业化的水平,与发达国家相比,都有较大的差距。对文化产业的认识、研究、规划和实践仍需要依据城市自身的特色,探寻适合自身的发展模式。

第五节 社会管理与可持续发展

一、人口管理与可持续发展

(一)人口数量与可持续发展

人的生存与发展需要有必要的物质基础,人在工作和生活中的各种需求可以带来经济的繁荣和发展,消费结构的变化、消费能力的增长能够对整个社会经济的发展产生强大的推动作用。一定数量的人口可以为社会生产提供充裕的劳动力资源和智力资源,从而为城市与区域发展劳动密集型和技术密集型产业奠定劳动力和人才资源基础。

人既是生产者,也是消费者。人作为生产者是有条件的,作为消费者是无条件的。人口数量越多,消费需求量越大,从而影响到积累和扩大再生产的投资,最终将严重影响社会经济发展资金的投入。巨大的人口规模会造成过量的剩余劳动力,超过了经济发展创造的就业机会,导致就业压力变大。人口增长导致的劳动力剩余不仅是对劳动力资源的巨大浪费,还会成为社会的负担。在城市与区域

第五章　城市与区域可持续发展的管理领域分支

发展过程中，贫富差距拉大容易使贫困者产生心理上的不平衡，从而引发违法犯罪活动，破坏稳定的社会环境，制约城市与区域经济的发展。

人口数量过多还会对提高社会发展水平产生消极影响。例如，人口过多会使一部分人不能享受到良好的教育，甚至失去了接受教育的机会；人口过多必然要加剧住房、交通的拥挤，使生存竞争压力增大，心理负担加重。

作为世界上人口最多的发展中国家，我国首当其冲地承受着巨大的人口压力。统计资料显示，每掀过一张日历，就有37万个婴儿降生在已经十分拥挤的地球上，其中包括5万个中国娃；地球每绕太阳一周，全世界就净增人口8296万，其中我国净增1184万。由于人多地少，人们将斧头挥向了山林和草场，导致生态恶化，沙尘暴频频光顾；由于大量农村剩余劳动力必须就地消化，影响了农业采用新技术和规模经营，农业的边际效益出现了下降趋势……种种迹象表明，人口过多、增长过快成了制约经济社会可持续发展的关键因素。

（二）人口质量与可持续发展

人口是可持续发展的关键，人口又可分为数量、素质、结构三个基本的方面。结合我国实际，在生育率经历了30多年的持续下降、人口年龄结构步入老年型以后，虽然控制人口数量增长仍是今后二三十年的一项重要任务，但人口素质和结构方面的问题相继浮出水面，并且变得越来越突出。因此，可持续发展不仅要关注人口的数量变动，还要关注人口素质和结构的变动。

在人类社会的发展历程中，人口素质对国家和地区社会经济的发展以及竞争力的不断提升具有重要的作用。进入21世纪，科学技术的日新月异、工业社会和信息社会的发展，对人口素质提出了更高的要求。世界各国都十分重视人口质量的变化及其对社会经济可持续发展的影响。我国是世界上最大的发展中国家，需要通过各种方法和途径提高人口素质，推动城市与区域的可持续发展。

可持续发展作为一种新的发展模式，代表了新的伦理观、价值观和道德观，需要人们转变传统的生产方式和生活方式；需要不断提高人们的环境保护意识；需要针对实际问题做出科学的决策；需要建立可持续发展的生产模式和生活模式；等等。所有这些都需要有高质量的、高素质的人口作保障。比如，人口的文明素质是指一个国家、地区的人口反映出的该国家和地区社会进步的状态和程度。它包括总体人口具有的道德水准、法治观念、文化素养等，但它是通过社会进步文明程度表现出来的，因而是可以度量的。社会成员的仁爱之心、助人为乐的文明程度怎样，可以通过捐助、义卖、亲情关怀等形式表现出来；遵守公德、环保意识文明程度怎样，可以通过排队候车、是否随意乱丢废弃物等表现出来；社会是否和谐、法治观念怎样，可以通过社会犯罪率、恶性案件发生率等的变动表现出来；等等。人口的文明素质，不仅反映了一个方面的人口素质的本质，还对构建社会主义和谐社会和全面建设小康社会有不可替代的现实意义。

（三）人口结构与可持续发展

合理的人口结构（包括人口的性别结构、年龄结构、职业结构、城乡结构）是实现城市与区域可持续发展的条件之一。社会生产力发展和社会经济条件的变化，自始至终都离不开人口结构的相应调整、发展和变化。例如，城市人口过多会导致城市人口生活质量下降，产生大量的城市问题，降低城市生态环境质量；农村人口过多，会导致人对自然资源的粗放性开发，既浪费了资源，又污染了环境，从而制约了可持续发展。

在我国城市化进程中，有大量的农村剩余劳动力进入城市中，从事着各种类型的工作。流动人口的大量增加也引起了城市政府的广泛关注。如何加强对流动人口的管理、满足流动人口生产和生活的需求、维护城市社会经济发展的秩序是可持续发展领域需要面对和解决的新问题。

人口的老龄化问题也会影响城市与区域的可持续发展。按国际老年人口的标准，2003年中国在总体上已成为60岁及以上老年人口比例超过10%或者65岁及以上老年人口比例超过7%的老年型国家。中国人口老龄化有两个特点：一是人口老龄化的速度可能是世界上最快的。原因在于中国总的生育率下降相当快，同时平均预期寿命延长。进入20世纪90年代，中国的生育率结束了20世纪80年代的徘徊局面，进一步下降。研究结果显示，中国的总和生育率比原定的人口计划提前8年下降到了更替水平。这意味着中国人口老龄化的速度比预计的要快。二是人口老龄化超前于经济社会的现代化，我国是在人均收入水平较低、综合国力有限、社会保障体系不完善的条件下提前进入老龄化社会的。这与发达工业化国家形成了明显的反差。也就是说，中国的生育率大幅度下降所产生的一些副作用使我们猝不及防，各方面准备都不充分。总之，中国人口老龄化快速和超前的特点意味着我们将在不具备相应的经济实力和社会保障能力的条件下，就面临了严重的人口老龄化问题，所以在我国城市与区域的可持续发展过程中，必须十分重视人口老龄化问题。

（四）人口生态生产与可持续发展

适度人口理论为可持续发展战略的实现提供了良好条件。如果进一步考察可持续发展概念的内涵，不难发现人口特质在可持续发展中居于核心地位，特别是其空间分布特征更具有现实意义。人口生态生产是指人口生产过程要符合生态化的要求，

第五章　城市与区域可持续发展的管理领域分支

它是一个动态的过程，并依据人类科学技术、社会生产力和生态生产力的发展不断演化，总体上要求人口的数量不应超出生态环境的容纳限度，人口的质量素质适应当今以及未来人类可持续发展的时代需求，人口的结构框架凸现人类进步趋势和发展方向，人口的分布格局更加优化合理和协调平衡。

（1）人口数量生态化是指出生率、死亡率、自然增长率的未来预测与科学评估要符合生态化的要求，人口总量要控制在具体而动态的生态环境承载容量阈值之内。这样一个限额不是一个具体的定值而是一个区间，包括生态人口上限和生态人口下限。一个地域的人口数量是否符合生态化要求，标准不是其绝对规模大小，而是相对的。当环境发生变化，则该区域的生态人口数量也将发生相应波动。

（2）人口质量生态化是指人的身体素质、心理素质、科学文化素质及环保生态素质要符合生态化的要求。生态素质作为以生态世界观和方法论为核心，以生态价值观和生态伦理观为观念，以生态思维方式和生态行为规范为主要内容的内化物，它必将体现当今乃至未来人类素质的主体内容和发展的主导趋势，也很好地体现未来人口质量与生态素质提升的主导方向。

（3）人口结构生态化是指人口的性别结构和年龄结构等要符合生态化的要求。一定的人口性别结构与年龄结构是保证人类生存发展的重要指标之一，人口结构的生态化决定了人口再生产的合理化，确保了社会学意义上的"生态平衡"。

（4）人口分布生态化不仅包括人口的空间地理（地域）分布，还包括人口数量分布的生态化和质量分布的生态化这样彼此关联的有机构成。努力优化和逐步实现这些人口分布生态化格局是保持或达到一定区域（空间上）生态平衡与和谐、保证或实现一定区域的发展得以可持续的重要条件。人口的生态化分布不仅应考虑一定地域的人口数量，还应考虑与其地域经济等条件相匹配的质量内涵。人口分布生态化最终将实现具有一定人口特质的人们自觉地分布或被自觉地分配到一定的地区，主动避免人口的过度集中而造成的生态环境的压力，维护各地区的生态和谐。

（五）加强人口管理，推动城市与区域的可持续发展

努力稳定低生育水平，确保不突破人口控制目标，为全面建成小康社会创造良好的人口环境。全面落实以人为本的科学发展观，在切实改进宣传教育、实施必要有效的法律和行政管理措施的同时，着力解决导致现实多生多育的实质性问题。重男轻女思想是造成农村生育率较高的重要原因之一，因此要转变观念，提高妇女的地位，加强对农村妇女各种权益的依法保护，使家庭和个人的权利侵犯和冲突能够得到有效解决。

进一步建立健全人口调控体系和管理机制，坚持人口与发展的综合决策，以人的全面发展为中心，完善社会保障体系。城市管理者要全面认识人口流动和城市外来人口问题的长期性、复杂性，要转变观念和管理方式。在城市管理中，不应仅仅把流动人口看作管理的对象，也应当是服务和保护的对象。城市政府与流动人口之间的关系要逐步从粗放型管理转向精细型服务，从而使处于弱势群体地位的流动人口能够有一个比较公正的社会发展起点。要给予流动人口平等的就业权，对于流动人口可以实施与城市居民同样的就业政策。建立城乡统一、区域相通的劳动力市场，完善劳动力市场的运行规则，通过建立失业调控体系，利用劳动力市场有效控制失业的增加。

把优先开发和利用人力资源作为一项基本国策。通过人口质量投资工程，使人口资源转化为合格的人力资源；通过人力资本投资工程，使一般的人力资源向优质的人才资源转化。中国人口资源的含金量不高，要变中国人口资源数量上的优势为现实的经济优势，就不能不重视人口质量投资战略和人力资本投资战略；根据市场经济运作中的"投资主体与收益主体的一致性和排他性规则"，要调动人力资本投资主体的积极性，就必须构建人力资本投资与回报的合理机制。按照西方经济学的效用价值论，具有较高文化素质劳动力所创造的财富更多，理所当然得到更高的回报。如果社会提供的机会不是有利于劳动者学习技术、钻研技术，或者说劳动者不通过提高自身素质而能获得更多的收入，那么他们当然就会放弃技术学习的投资，而转向其他能获得更多收入的机会。

对于老龄人口的管理，除了要逐步建立健全相应的社会保障机制和养老保障制度外，还应从老年人的特点出发，采取灵活就业和自愿参与社会公益活动的方式，延长老年人的职业生涯和丰富老年人的业余生活。这既可以促进老年人的身心健康，发挥他们的积极作用，又可以增加社会财富，减轻社会保障的压力，有利于经济和社会发展。老年人在身体状况允许、本人能够并愿意的条件下，继续以适当方式参与有报酬的工作和无报酬的义工，这已被联合国确认为老年人的一项基本权利，也为建立不分年龄、人人共享的社会所必需。近年来，许多发达国家延长退休年龄，缩短领取养老金时间，建立按照退休金个人缴收状况确定增加和减少退休金支付的奖惩制度等，这些都反映了这一共识。应该看到，老年人的智慧、阅历和经验资源以及敬业、诚信和参与的自觉性使他们成为连接过去、现在和未来的桥梁。老年人在科学、教育、文化、卫生、管理、咨询等现代高端服务部门以及在城乡基层社区服务部门，都拥有自己就业和参与的优势和特点，并与中青年具有很大的互补性。政府应采取适当的措施使我国老年人力资源不因时间的流逝而降低甚至丧失，使全社会的人力资源都能得到优化配置和最大限度的发挥。

二、社会保障与可持续发展

（一）社会保障制度的作用

"社会保障"是由英语中"social security"一词翻译而来的。社会保障制度是指国家为了保持经济发展和社会稳定，对公民在年老、疾病、伤残、失业、遭遇灾害、面临生活困难的情况下，由政府和社会依法给予物质帮助，以保障公民的基本生活需要的制度。建立和完善社会主义市场经济体制是我国经济体制改革的目标，而完善的社会保障制度是建立社会主义市场经济体制、实现城市与区域可持续发展的前提和保证，因此加强和完善我国社会保障制度具有重大的战略意义。

1. 完善的社会保障制度是维护社会稳定的安全网

没有社会的稳定就没有经济的发展和社会的进步，而社会保障制度则是社会稳定的重要防线。完善的社会保障制度通过实现老有所养、病有所医、工伤有保险、灾害有赔偿、失业有救济、残疾有安置、贫困有支援保障社会成员的基本生活，解除人们的后顾之忧，从而有效地化解有可能发生的各种社会矛盾，实现国家的安定和社会的稳定，从而为经济的发展创造良好稳定的社会环境。

2. 完善的社会保障制度是经济发展的助推器和稳定器

因为雄厚的社会保障基金能够有力地支撑经济发展，并对经济发展的格局发挥宏观调控的作用。雄厚的社会保障基金占GDP的比重很高，通过对债券、房地产、股票、储蓄等进行合理投资能够对经济的发展产生巨大的影响。在经济发展低迷的情况下，高额的社会保障基金的投资能支撑经济的发展并带动经济的再次腾飞。另外，通过调整社会保障基金在债券、房地产、股票、储蓄等方面的投资比例，从而对经济格局发挥宏观调控作用。从微观经济的视角来看，完善的社会保障制度的建立可以规范和均衡企业的社会负担，有助于社会主义市场经济微观基础的形成，特别是有助于我国国有企业建立现代企业制度，从而促进经济的稳定增长。

3. 完善的社会保障制度是社会公平的调节器

社会公平是人类社会发展中产生的一种客观要求。社会公平体现在经济利益方面主要是成员之间没有过分悬殊的贫富差别，即所谓"不患贫，患不均"。在市场经济条件下，收入分配机制与竞争机制必然形成社会成员之间在收入分配方面的不均等，甚至相差悬殊。为了解决这一社会问题，就需要运用政府的力量对社会经济生活进行干预，通过社会保障措施，通过对社会成员的收入进行必要的再分配调节，将高收入者的一部分收入适当转移给另一部分低收入的社会成员，从而在一定程度上缩小社会成员之间的贫富差距，弥补市场经济的缺陷，缓和社会矛盾，以促进社会公平目标的实现。

（二）社会保障制度的类型

1. 养老保险

在世界各国，提供养老保险津贴的模式主要有以下三种。

（1）全民津贴型，即向超过一定年龄的所有居民发放津贴。这种全民津贴型又可分为对居民收入进行调查和不进行调查两种方式，前者如南非，后者如丹麦、瑞典等。澳大利亚和新西兰则是两者均采用的混合型。

（2）社会保险型，即向受保老年人提供津贴，从其完成就业年限或缴费年限为基础计发。这种制度在养老保险中最为普遍，德国、美国、意大利、日本、瑞士、菲律宾、巴基斯坦等国都实行这种模式。

（3）预防基金型，或称公积金制，即在缴费人到达规定年龄时，发给其一笔相当于缴费总额的本金，并附加利息（有时本金转换成年金形式发放）。新加坡、智利等国就实行这种模式。

2. 医疗保险

按覆盖范围划分，世界上的医疗保险制度可分为两种：一是全民医疗保险，即所有人均可享受医疗保险，如英国、法国及大部分北欧国家实行这种制度；二是部分医疗保险，即一部分人可享受医疗保险，而另一部分人则没有享受医疗保险的资格。

按运作和组织方式划分，世界上的医疗保险制度也可以分为两种：一是直接制度。在这种制度下，社会保障机构与私营或公立的医疗卫生机构签订协议，受保人接受医疗机构服务后不用支付现金，而由社保机构和医疗单位进行结算。这种模式多见于工业化市场经济国家。二是间接制度。在这种制度下，病人在接受医疗服务后先支付现金，然后到社保机构报销。这种模式多见于发展中国家。

3. 失业保险

世界上的失业保险制度是针对失去工作，又在积极寻找工作的人员的一种经济补助。目前，世界上建立失业保险制度的国家多集中在欧美发达国家，拉美、非洲和亚洲建立失业保险制度的国家很少。例如，亚洲只有日本、中国和蒙古有失业保险制度。各国的失业保险制度大致可分为两种类型：一是在大多数国家实行的失业保险制度，又可细分为强制型和自愿型两种；二是在少数国家实行的失业救济制度,即由公共基金向失业者提供补助,但这种补助应根据收入情况进行核定。

(三) 我国社会保障体系面临的主要问题

自20世纪80年代以来,随着改革开放和市场经济的建立,我国的社会保障制度改革有了很大的发展,建立了有别于原有社会保障的新模式,体现在养老保险、失业保险、医疗保险制度逐步建立,农村养老保险的基本框架已经明确,城市居民最低生活保障制度开始实施等方面。然而,社会保障制度改革也有突出问题,主要表现在以下几个方面。

1. 社会保障覆盖面狭窄,制约了保障功能的发挥

目前,我国的养老保险项目主要限于国家行政事业单位、国有企业和部分集体企业,不能满足更多的社会成员对社会保障的需要。

失业保险制度仅对全民所有制企业四种具体情况适用:宣告破产企业的职工、濒临破产企业法定整顿期间被精减的职工、企业辞退的职工和终止解除劳动合同的职工。全民所有制企业因经营亏损而暂停发放工资的职工则不能享受失业保障。其他经济性质企业的职工则更享受不到失业保险待遇。

2. 基金收缴困难,影响社会保障工作的正常运转

近年来,由于企业效益下降资金紧张等原因,社会保障基金收缴难度越来越大。基金收缴困难给社会保障工作带来许多问题。一些地方违背国家政策,竞相提高社会养老统筹的比例,增加了地方部门的利益,加重了企业的负担。

3. 社会保障尚未纳入法制化运行的轨道

法制不健全给社会保障制度改革带来了严重影响。一是基金收缴没有法律做后盾,拖欠基金现象日益严重,基金收缴困难。企业不为职工缴纳保险金,职工的基本社会保障权利得不到法律保护。二是从社会保障基金的运用上看,也存在一定的随意性。特别是结余基金的使用存在挪用浪费现象,不仅降低了使用效益,还危及社会保障基金的安全。

我国的社会保障还处于发展之中,实际运行中还存在不少问题,尚不能适应社会经济可持续发展的要求。必须改革现行的社会保障制度,建立适应我国经济发展、具有中国特色的社会保障体系。

(四) 建立有利于城市与区域可持续发展的社会保障制度

1. 建立多层次的社会保障体系,逐步提高保障水平

完善的社会保障体系不仅取决于覆盖范围的大小,还取决于保障水平的高低。近年来,我国GDP年均增长10%以上,财政收入增长接近20%,职工工资增长较

快,而退休人员基本养老金水平仍然较低,群众看病难、看病贵的问题还没有得到较好解决,最低生活保障、新型农村合作医疗、社会救助的标准也都较低。因此,在扩大覆盖面的同时,不断提高社会保障水平是广大人民群众共享改革发展成果的需要。从制度层面讲,一是要按照权利与义务相对应、公平与效率相结合的原则,建立参保缴费与待遇挂钩的激励约束机制,鼓励人们参保缴费;二是要改变目前主要依靠基本保险、保障形式单一的局面,推进企业年金和补充医疗保险,发展商业保险和社会救助,建立多层次的保障体系;三是要建立保障费用正常增长机制,根据经济发展、职工工资、物价变动等情况,适时调整和提高保障水平。当然,保障水平的高低归根结底取决于经济发展水平。保障过高,就会超出经济发展水平和各方面的承受能力,实际上难以做到;保障过低,又难以保障居民的基本生活,社会保障的作用便不能得到有效发挥。

2.努力扩大覆盖范围,让更多的人享有社会保障

经过20多年的改革和探索,我国形成了以养老、医疗、失业、工伤、生育保险和城市居民最低生活保障制度为主要内容的社会保障体系,但覆盖面窄的问题仍然十分突出。建立覆盖城乡的社会保障体系就是要统筹考虑城乡社会保障制度,逐步将各类人群纳入覆盖范围,实现城乡统筹和应保尽保。但是,城乡统筹不是城乡统一,城乡生产力水平和各方面情况不同,城乡居民在现阶段享有的保障项目和保障水平会有所区别,不可能是一个标准。在城镇,应当继续完善养老、医疗、失业、工伤、生育保险制度,逐步把各类职工和灵活就业人员都纳入覆盖范围,同时抓紧建立城镇居民医疗保险和农民工社会保险制度,加紧研究制定城镇没有参加养老保险的困难集体企业和无工作老年人的基本生活保障办法。在农村,应当全面建立农村最低生活保障制度,进一步推进新型农村合作医疗,探索农村社会养老保险制度,建立与家庭保障、土地保障相结合的保障体系。当前,要特别注意解决被征地农民的就业和社会保障问题,做到即征即保,确保他们的生活水平不因征地而降低。

3.加强社会保障基金的筹集和管理,不断提高支撑能力和安全程度

加强基金的筹集和管理,做到应收尽收、确保安全和实现保值增值是当前完善社会保障体系的重要任务。"十五"以来,我国五项社会保险基金收入年均增长21.5%,支出年均增长18.4%,积累年均增长34.9%。这种收大于支和积累逐年增加的形势为确保社会保障支付提供了资金保证,但基金总量与人民群众对社会保障的需求相比,还远远不够。当前,我国要扩大覆盖范围和提高保障水平,必须进一步加强基金征缴工作,充分发挥其主渠道作用,同时要建立公共财政体制,不

断加大财政对社会保障的投入力度。近年来,社会保障基金规模快速增长,管理制度不断完善,基金安全程度逐步提高,基金管理的总体情况是好的。但是,仍然有一些地方没有严格执行国家政策规定,社会保障基金管理不规范问题比较突出,有的甚至挤占、挪用基金。现阶段,要进一步加强监管工作,建立健全内部控制制度、信息披露制度和要情报告制度,完善社会保障监督委员会的工作机制,加强监督队伍建设,开展基金安全教育活动,加大监督检查力度,发挥行政监督、专门监督和社会监督的协同作用。在社会保险基金中,养老保险个人账户基金是长期积累型基金,能否做到保值增值,直接影响到职工退休后的保障水平,也关系到未来的支付能力。随着个人账户逐步做实,要制定基金投资管理办法,既支持资本市场发展,又确保获得较好的收益,避免基金贬值。

4. 坚持以人为本,提高社会保障管理服务水平

以人为本是社会保障工作的根本原则。各级社会保障部门要把为社会保障对象提供优质的管理服务作为工作的出发点和落脚点,不断提高管理服务水平。

(1) 抓好基础设施建设。加快公共服务设施和服务网络建设,在县以上地区普遍建立社会保障服务中心,在街道社区普遍建立退休人员活动中心,搭建街道社区社会保障工作平台,提供贴近基层、贴近社会保障对象的管理服务。

(2) 发展老年服务业。随着人口老龄化和家庭小型化趋势的发展,必须加快构建以居家养老为基础、社区服务为依托、机构养老为补充的老年服务体系。2006年对全国地级以上城市的1 800万退休人员进行的问卷调查显示,有11%退休人员希望在退休人员公寓养老,有8%的打算聘用养老护理员。这说明,兴建退休人员公寓和开展老年护理有较大的需求,开展这两项工作还可以增加1 000万左右的就业岗位。从现在开始,应当通过政府引导、社会参与、市场运作的方式,选择一些大中城市进行试点。

(3) 增强提供社会保障的能力建设。其核心是推进社会保障的规范化、信息化和专业化建设。特别是社会保险机构,要优化业务流程,规范服务标准,改善管理服务手段,不断提高管理效率和服务水平,通过真心、真情、真诚的服务,对社会保障对象"记录一生,跟踪一生,服务一生,保障一生"。

5. 加快社会保障立法,把社会保障纳入法制化轨道

社会保障法律体系的健全和完善对推进社会保障具有十分重要的作用。在实际工作中,推进社会保障工作遇到的很多矛盾和问题都与法制不健全、监察手段不足有关,因此迫切需要加强法制建设。把成熟的经验和做法上升为法律,尽快出台社会保障的法律法规。加强法制建设,形成基本法律、行政法规和政策措施

相结合的法律政策体系，将为社会保障事业发展提供法律依据，推动社会保障事业的健康有序发展。

6.开展社会保障理论和战略研究，为制度和机制创新提供支持

我国人口众多，经济发展总体水平不高，城乡和地区之间发展不平衡，这是建立和完善社会保障制度的基本国情。从计划经济体制向社会主义市场经济体制转换，这是我们建立和完善社会保障制度的历史特点。人口老龄化、就业方式多样化和城镇化呈现加速发展态势，这是建立和完善社会保障体系面临的新形势和新挑战。从解决历史遗留问题和当前紧迫问题向建立长效机制转变，从解决城镇社会保障问题向统筹城乡社会保障转变，我国社会保障体系建设面临着一系列重大理论和实践问题。但是长期以来，我国社会保障理论与战略研究滞后，社会保障规划和制度设计缺乏系统性，政策不衔接，责任不清晰，使有限的资源得不到充分利用，影响和制约着社会保障事业的发展。目前，迫切需要集思广益，推动社会各界深入开展有关社会保障的理论和战略研究。理论研究要着眼于总结我国社会保障的实践，充分认识社会保障的地位和作用，正确把握社会保障的规律和特点，不断探索实现社会保障的方法和途径，形成和丰富有中国特色的社会保障理论，以增强工作的坚定性和自觉性；战略研究要在认真分析当前及今后一个时期经济社会条件的基础上，加强宏观性、前瞻性、战略性研究，对覆盖城乡的社会保障体系进行总体设计和系统规划，明确社会保障体系建设的战略目标、战略重点、战略步骤和主要任务，以增强工作的系统性和科学性。

第六章 城市与区域可持续发展的管理流程

第一节 城市与区域可持续发展管理的计划

一、计划的内涵和目的

计划是一个连续的行为过程，只要组织存在，这个过程就会一直进行下去。计划是一个组织达到目标的逻辑过程。预见未来的机遇和挑战并用现在所做出的决策抓住机遇、战胜挑战，这正是计划的精髓。

计划工作包含定义组织的目标、制定全局战略以实现目标以及开发一组广泛的相关计划以整合和协调组织的工作。计划工作既关系到结果，又关系到手段。计划工作既可以是正式的，又可以是非正式的。所有的管理者都在某种程度上参与了计划工作。

从计划的目的性来看，计划给出了管理者和非管理者努力的方向，当组织成员认识到组织的方向以及如何为达到目标做出贡献时，他们会自觉地协调他们的活动，相互合作，采取措施实现目标。计划还可以降低不确定性，通过迫使管通者具有前瞻性降低不确定性。虽然计划不能消除变化，但是管理者可以通过预测变化、考虑这些变化的冲击和制定适当的措施响应变化。计划将阐明管理者所采取行动的经过。计划可以减少活动的重叠和浪费。当工作和活动围绕已经确立的计划进行时，时间和资源的浪费就会被降到最低程度。计划设定目标和标准，这些目标和标准可以用于控制。在计划工作中，设定目标和计划，通过控制将实际的绩效与目标进行比较，发现存在的重要差异，以及采取必要的纠正活动。没有计划是不可能进行控制的。

制订计划也是为了不断提高组织的管理绩效。一般来说，正式的计划工作通常带来较高的绩效；计划工作的质量以及实现计划的适当措施通常比计划本身对绩效的贡献更大；某些对正式计划工作的研究表明，正式计划并不必然导致高绩效，外部环境的影响通常是更关键的。政府、法规以及其他的关键环境力量会限制管理者的选择以及削弱计划对组织绩效的影响。

计划是管理的主要职能,它构成了所有其他职能的基础。没有计划工作,管理者就不知道如何组织、领导和控制。事实上,没有计划也就不会有组织、领导和控制。

二、计划的基本特征

1. 未来性

计划是面对未来的,是一种预先的安排,即事先决定干什么、如何干、什么时候干和谁去干,所以要确定目标和通向目标的途径及措施手段等。

2. 行动性

计划是行动方案,它不仅关注编制,还关注实施。计划的内涵包含了对计划的执行和控制。

3. 管理职能性

计划是计划主体的重要管理职能,意味着计划行为主体的责任性。

计划的内涵与预测、决策、政策等概念有联系也有区别。预测是对未来实践的估计与预报,不包括任何促使和阻止未来事件发生的行动,只是计划工作的前期阶段;决策是在一系列可供挑选方案中选出最优方案,它具有未来性,却不具有行动性;政策是行为规范的总原则,是计划的目标表现。

三、计划的类型

目标确定之后,管理者就可以选择一个最适合的制订计划的方法。计划成功的关键在于对环境变化的灵活性和适应性。在可供选择的制订计划的方法中,比较重要的有理性计划、城市和地区计划、应急计划、战略计划。

(一) 理性计划

这是人们比较熟悉的计划制订过程的一个有意义的系统框架。理性计划模型的优点表现在以下几点:

(1)明示管理者要把抽象的目标转化为具体行动,避免空谈。

(2)提出了计划的优先次序,要求集中力量完成优先目标,避免把资金浪费在低效率项目上。

(3)指出了计划和行动关系的一个重要问题,即当目标确定后,要根据目标要求设计一个有效的组织结构,因为不是所有的组织结构都适应于一个特定的目标。这就是所谓"结构跟随战略"的具体表现。

（4）提醒管理者在大规模的计划正式实施前，要先进行分析、试验和局部实验的评估，以了解计划的可行性、局限性等各种问题。

（5）强调了计划过程中反馈的重要性和持续性，组织只有通过反馈，才能提高绩效。

（6）扩展了实际管理者的时间范围，即要求他们审时度势，在一个更大的动态框架内考虑工作。他们必须定期地审视环境，发现新的危机与机遇，因为"一个人处于何种位置的分析"比"一个人该往哪走的思考"更重要。

（7）理性计划模型有助于形成一个原本没有的信息系统——以实现模型内在的对于目标、选择和资源配置之间的严密细致的沟通的要求。

当然，理性计划模型也存在一些不足。比如，模型要求管理者先要明确目标，然而在实践中，计划目标容易带来脱离实际的问题。同时，模型假设计划者能够深刻和清晰地预见未来，而事实上不确定事件常常出现而打破计划安排，因而预测只能是短期的，实践中的计划是一种渐进式的过程。此外，它不重视政策制定过程中的主观和定性因素的作用，忽视了组织内外各种政治力量之间的交错影响。

（二）城市和地区计划

城市和地区计划成为现代社会处理复杂问题的根本性机制。这些复杂问题包括社区生活质量恶化、景观破坏、交通拥挤、环境污染、自然灾害、价格稳定、经济增长等。城市计划已成为城市政府全面协调地解决这些问题的基本职能。城市和地区计划的主要内容包括以下几点。

1. 综合性计划

它是城市规划过程的产物，是预测和促进有效经济增长及发展模式的方法。它通过社会各界的充分协商，产生一个关于城市未来发展的共同看法，描绘出交通系统、公用事业、公共设施、土地利用的模式，还包括经济发展战略、社区稳定、环境保护、开放空间的保护和市民场所的设计纲要。

2. 地区计划

它主要表现为土地利用计划。对此，新地区主义者推荐了三个开发土地的简单原则：一是在公共管理中确立"地区"的概念，它是一个以中心城市为核心的经济区域；二是尽可能地"集中发展"；三是"最大化地使用现有土地"以建造融合了住宅、商店和办公楼的"城市村"。

（三）应急计划

它是一个组织为了应对特殊情况（如意外事故、市场风险、公共卫生问题等突发事件）而制定的行动方案。制订这类计划，要求公共部门的管理者具备对一些不可控制的因素（如经济波动、自然灾害、技术发展等方面）的识别能力，然后尽力做出减少或消除这些因素的决策。应急计划弥补了常规计划"按计划创造历史"中的人为倾向的缺陷和不足。为此，所谓"情景计划（方案计划）"受到人们的重视。作为应急计划的长期版本，情景计划对"未来可能产生的情景"或"未来历史"进行确认，制定出应对各种可能情景的计划方案，一旦未来发生了所预见的情景，紧急调用相应的情景计划，会使突发事件对当前计划实施的影响最小化。

（四）战略计划

战略计划包括确定组织的任务、设立目标和制定使组织能够在环境中成功运行的战略。战略计划与其他类型的组织活动存在如下区别：战略计划是高层管理者的决定；涉及大量资源的分配，如资金、劳动力等；具备长期效应；关注组织与外部环境的相互作用。战略计划的制订过程如下：

1. 确定任务和预期结果

战略计划确定了组织的活动以及以资金、人员、空间和设施等形式的资源配置。每一份战略计划应包括一个全面的任务陈述，该陈述基于机构的法定要求，是一系列与结果相关的战略目标和准备如何实现这些目标的打算。它包括以下三方面内容。

（1）考虑利益相关者。一个成功的战略计划是建立在利益相关者的利益和预期的基础上的。利益相关者通过参与计划的制订过程，了解公共机构和企业组织所拥有的资源以及与需求之间的平衡关系，帮助公共机构和企业确保管理工作和资源用在最需要的地方，这是战略计划制订的基础。没有社会上广大的利益相关者的支持，战略计划就无法完成。

（2）评估环境。战略计划是在对环境评估的基础上调整并保持其长期目标的。组织通过持续和系统地监视其内部和外部环境，确定适应环境和有可能改变环境的计划方案，并使计划保持一定的调整弹性。外部环境包括新出现的经济、社会与技术变化趋势、新的法律法规和司法要求等；内部环境则包括一个组织内部的变化、管理实践和业务流程等。两者同等重要。

（3）确定预期的结果。以预期结果导向制订计划，往往会遇到收集项目绩效数据的问题；不能准确计量影响组织结果的多种复杂因素和组织缺乏对这些因素的控制；战略计划的行动结果具有长期性，无法在短期中正确衡量。尽管存在这些问题，但只要经常分析环境的变化，就能够在制定战略计划中把握预期效果（绩效）的衡量标准的。

2.整合组织的活动和资源

任何一个以成果为导向的组织都会努力使它的日常活动发挥支持其组织任务的作用，从而推动组织活动接近战略目标。在这一活动过程中，需要组织根据计划活动对实现任务和达到目标的资源进行整合。组织本身日益倾向以成果为导向，就会更多地调整自身的活动和计划，更有效地提供服务，以满足各方面的利益和需求。

3.实施

计划方案确立后，就进入实施阶段。在这一阶段，组织先在制定目标和政策的较高层面综合考虑各种选择和实施的预想结果，然后必须准备好资金或做好预算，这是计划过程的核心阶段。

总之，战略计划是长远的、纲领性的、主题性的远景计划，它的制定需要考虑更多的因素。

四、计划的实践意义

为什么城市与区域的可持续发展管理需要进行计划工作？这是因为计划在管理工作中能够发挥以下重要作用。

（一）为组织成员指明方向，协调组织活动

计划工作协调了组织成员所做的各项努力，当组织所有成员了解了组织的目标和为达到目标需要做出什么贡献时，他们就能开始协调各自的活动，将个人的力量朝向组织目标的方向，这可避免由于缺乏计划而导致的组织成员力量的内耗，有利于实现组织的目标。

（二）预测未来，减少变化的冲击

计划工作促使管理者展望未来，预见变化，考虑内外环境变化给组织带来的冲击，从而制定适当的对策，减少组织活动中的种种不确定性，降低变化给组织带来的不利影响，甚至能变不利为有利，抓住变化带来的机会。

（三）减少重复和浪费性的活动

计划工作明确了组织成员活动的目的和手段，避免了多项活动并行过程中出现的种种不协调现象，并可以减少重复和浪费性的活动。

（四）设立目标和标准以利于控制

如果管理者不清楚要达到什么目标，也就无法判断是否达到了目标。正是由于在计划工作中设立了目标和标准，管理者才能在管理工作中将实际的绩效与目标进行比较，发现已经和可能发生的偏差，采取必要的纠偏行动。没有计划就无法对组织活动实施控制。

对计划的作用应有一个全面、正确的认识。一般来说，高质量的计划工作和对计划的良好执行能产生较好的组织绩效，而且计划并不像人们所想的那样会降低管理工作的灵活性。计划工作意味着承诺，但只有管理部门把计划工作看成一次性行为，它才是一种限制。计划工作应当是一种持续的活动。推理明晰、构想清晰的正式计划比存在于一些高层管理人员头脑中模糊的假设要容易修改得多，但对计划的作用不能做不客观的夸大，计划并不是万能的。计划工作不是对未来的决策，它涉及的是当前决策对未来事件的影响。计划工作涉及未来，但计划工作的决策是现在就做出的，计划工作并不能消除组织内外的变化。管理者不管做什么，变化总是客观存在的，从事计划工作是对各种变化和风险进行预估，并对它们做出有效的反应，所以计划工作不能做到完全预言和控制未来。尽管管理者由于有限理性，很多情况下不能确切预知未来，那些超出管理者思考和控制的因素可能干扰制定最佳的计划，但是计划工作迫使管理人员通盘思考问题，对未来出现的情况做出相对理性、合乎情理的推论和预测，在管理工作中会拥有更多的主动性。

尽管所有的管理职能在实际管理工作中交织在一起，形成一个管理系统，但是计划具有独特地位，这主要体现在以下两个方面：一是计划工作的首要地位。计划工作要为全部的组织活动确立必要的目标。管理者必须先制订计划，才能确定组织需要何种结构和人员，按照什么方针领导组织成员，以及采用什么样的控制措施。如果要使所有其他管理职能发挥效用，必须安排好计划。计划和决策是密不可分的，计划是决策的载体，决策的成果由计划体现出来。计划和控制更是不可分割的，计划提供控制工作的标准，没有计划，没有事先制定出的一套标准，就不可能对组织活动进行衡量、比较并纠偏。二是计划工作的普遍性。无论是什么组织，也无论是组织中哪个层次的管理者，要想实施有效管理，就必须做好计划工作。组织中的每一位管理者尽管职权和管理范围存在不同，但都拥有制定计划的部分权力和责任，都要进行计划工作。计划工作是全体管理人员的一项职能。

第二节 城市与区域可持续发展管理的决策

一、决策的概念与类型

（一）决策的含义

赫伯特·A.西蒙对决策过程的定义如下：决策就是找出要求规定决策的条件，

寻找、拟订和分析可能的行动方案，选择特定的行动方案。这三步过程包括收集信息、拟订可供选择的方案和选择特定的行动方案。

邓肯对决策的定义如下："理性的人对需要采取行动的局面以恰当的反应。"这个定义将合理性引入决策过程中。人类拥有理性，要对环境恰当地做出反应，这样做显示了他们的聪明才智。

韦伯斯特词典对决策的定义如下："决策就是从两个或多个的一组行为备选方案中有意识地选择其中一个行为方案。"根据这个定义，决策过程包括两个基本要素：一是有意识的选择；二是备选方案。简单地说，决策就是决定得出结论的方式。

还有一种关于决策的定义：决策是指根据既定环境的要求，管理者从备选方案中选择一项行动方案的活动过程。这个定义似乎和西蒙给出的定义有点类似。这个定义强调了既定环境的要求，因此它将权变方法引入了决策过程。换句话说，管理者的决策依赖环境的类型。引进技术改革的决策在一个组织中可能产生了良好的效果，但是同样的决策可能不适合另外一个组织，尽管这两个组织相似并处于同一行业中。

这些定义和其他一些定义似乎在决策的重要方面都趋于一致——决策就是指在一些可能的方案中选择一个行动方案的活动过程。

（二）决策的类型

依据各种不同的划分标准，决策可以分成许多类型，了解各种类型决策的特点，有助于管理者合理决策。

1. 战略决策、管理决策和业务决策

（1）战略决策。战略决策是对涉及组织目标、战略规划的重大事项进行的决策活动，是对有关组织全局性的、长期性的并关系到组织生存和发展的根本问题进行的决策，具有全局性、长期性和战略性的特点。比如，在确定区域可持续发展目标的时候，需要对多种备选方案进行决策，对这种战略性问题的选择就是一种战略决策。

（2）管理决策。管理决策是指对组织的人力、资金、物资等资源进行合理配置以及经营组织机构加以改变的一种决策，具有局部性、中期性与战术性的特点。与战略决策相比，管理决策是战略决策的支持性步骤和过程，也是管理中的主要业务决策。管理决策的制定必须纳入战略决策的轨道，为组织实现战略目标服务，如机构重组、人事调整、人力资源的配置和培训等都属于管理决策的范畴。管理决策不直接或在短期内影响组织的生存和发展，但它对整个组织的运行起着重要作用，直接影响着组织战略目标的实现。

（3）业务决策。业务决策是涉及组织的一般管理和处理日常业务的具体决策活动，具有琐细性、短期性与日常性的特点。如果许多业务决策都考虑不周，很难想象经营决策能够顺利执行。业务决策是组织所有决策中范围最小、影响最小的具体决策，是组织中所有决策的基础，也是组织运行的基础。业务决策的有效与否在很大程度上依赖于决策者的经验和常识。

在不同类型的组织决策活动中，不同的管理层面对的问题和所授权限不同，所能负责的决策任务也不同。基层管理者主要从事业务决策，中层管理者主要从事管理决策，高层管理者主要从事战略决策，但这并不意味着基层管理者对战略决策与管理决策可以漠不关心。实践证明，基层管理者必须了解管理决策与经营决策，时刻将业务决策与组织战略目标体系相结合，才能做出合理的业务决策。在民主性组织中，基层管理者经常参与战略决策、管理决策。中层管理者在做出管理决策时，为使决策合理，必须对战略决策有深入的理解，同时必须指导和帮助基层管理者进行业务决策，使全体成员接受决策的结果，参与决策，实现管理民主化。这是提高管理效率的有效途径。高层管理者除制定战略决策外，还通过战略决策来示范并引导管理决策和业务决策，从而促进战略决策的贯彻实施。

2.程序化决策和非程序化决策

（1）程序化决策。程序化决策是指能够运用常规的方法解决重复性的问题以达到目标的决策。组织运行中面临的问题极其繁多，但有许多问题是管理者日常工作中经常遇到的。在处理这类问题时，管理者凭借以往的经验就能找出问题的症结，并提出解决问题的方法。很多组织把这些经验和解决问题的过程用程序、规范等规定下来，将这些包含管理实践的规则作为指导以后处理类似问题的依据和准则。程序化决策使管理工作趋于简化和便利，可降低管理成本，简化决策过程，缩短决策时间，也使方案的执行较为容易。程序化决策具体规定了决策的过程，能够使大量的重复性管理活动授权到下一级管理层，使最高管理层避免陷入日常繁忙的事务中，有时间考虑组织的重大问题，有精力处理与组织的生存和发展等有关的非常规的重大战略问题。对于组织来说，应尽可能运用程序化决策方法解决重复性问题，并有意识地把烦琐的管理事项交给下一级管理层处理，以提高管理效率。

（2）非程序化决策。非程序化决策是指为解决偶然出现的、一次性或很少重复发生的问题做出的决策。对于组织来说，应对偶然出现的问题加以辨别，确定这些问题是偶然的还是一次性的、很少重复发生的问题。当这类偶然性的问题再次出现或出现频率增加时，及时制定出程序性文件，将其纳入程序化决策范围。

管理者必须依靠非程序化决策找到独特的解决办法。

当然，在现实社会中，极少的管理决策是完全程序化的或完全非程序化的，这仅是两个极端，绝大多数决策介于两者之间。程序化的决策程序有助于找出那些日常重复性的、琐碎问题的解决方案，非程序化决策则能够帮助决策者找到独特的突发性问题的解决方案。

3. 确定型决策、风险型决策和不确定型决策

（1）确定型决策。确定型决策是指各种决策方案对未来的情况非常明确，决策者确知需要解决的问题、环境条件、决策过程及未来的结果，在决策过程中只要直接比较各种备选方案的可知的执行结果，就能做出精确估计的决策。事实上，在组织中，确定型决策并不多，特别是对高层管理者来说，这是一种理想化的决策活动。

（2）风险型决策。风险型决策是指决策者不能预先确知环境条件，各种决策方案未来的若干种状态是随机的，但面临明确的问题，解决问题的方法是可行的，可供选择的若干个可行方案已知，各种状态的发生可以从统计得到一个客观概率。在每种不同的状态下，每个备选方案会有不同的执行结果，所以不管哪个备选方案都有一定的风险。对于这类决策，决策者应该在计量化基础上进行辨别、筛选。

（3）不确定型决策。不确定型决策是指决策者不能预先确知环境条件，可能有哪几种状态和各种状态的概率无从估计，解决问题的方法大致可行，供选择的若干个可行方案的可靠程度较低，决策过程模糊，方案实施的结果未知，决策者对各个备选方案的执行结果难以确切估计，决策过程充满了不确定性。不确定型决策也可以采用数学模型来帮助决策。实际上，大多数组织的决策都属于不确定型决策。不确定型决策关键在于尽量掌握有关信息资料，根据决策者的直觉、经验和判断，果断行事。

二、决策的程序

（一）发现问题，确定决策目标

发现问题是决策的起点。在城市与区域可持续发展管理活动中，公共部门决策活动的目的就在于针对社会、政治、经济、文化等各个领域出现的问题做出反应，寻找对策，或者主动提出决策问题进行积极的社会经济管理活动。公共决策活动最先面临的是发现决策问题并对其进行科学的分析。

确定决策目标以发现问题为基础。确定决策目标是指确定决策预期达到的标准、指标或结果。决策目标应当具体明确、有针对性，能够为选择决策方案提供衡量标

准，为控制决策提供依据，所以找出公共决策问题产生的原因是制定公共决策目标的依据。公共决策问题的性质和程度决定着公共决策目标的性质和程度。

（二）分析预测，拟订方案

分析预测应针对所要解决的问题，主要应把握三个方面的内容：

（1）在与决策问题有关的环境和条件中，有哪些有利因素和不利因素，在利用有利因素和克服不利因素方面有一些什么方法，未来的环境和条件会发生什么变化，有哪些影响变化的因素，可能出现什么情况。

（2）过去是否遇到过同类或类似的问题，采取过哪些解决途径和方法，效果如何，如何借鉴以解决面临的问题。

（3）科学技术和社会的发展能否提供解决所需要决策的问题的新途径和新办法。

拟订备选方案时要集思广益，对各种可能的途径和办法要认真思考。要注意各个备选方案之间的区别，各个方案在实现同一目标的手段、措施、方法上要有所不同。这样才有对比性和选择性。所拟订的备选方案应具有以下特点：

（1）创新性。在对问题有深入认识的基础上，提出有创新性的解决问题的途径。

（2）可能性。方案要切合实际，立足于已有的人力、财力、物力，有实现的可能性。

（3）群众性。能充分反映广大人民的利益和要求，能调动执行者的积极性。

（4）灵活性。能应付各种复杂的情况，使决策者有比较得失、权衡利弊的余地。

（5）层次性。既有整体方案，又有具体的实施方案，便于选用。

（三）选定决策方案

城市与区域可持续发展管理中的公共决策特别是各级政府的决策应以促进社会安定和社会发展为价值标准。政府的决策是公共事务的决策，要考虑到社会影响和社会承受力问题，不能引起大的社会动荡。

在选定公共决策方案的过程中，经验判断、科学评估和专家论证是常用的方法。经验判断是决策者运用过去工作中积累的知识，对每个方案进行分析、比较、权衡利弊，最终确定决策方案。运用科学评估方法时，要对围绕决策目标提出的要求和所起的作用进行系统分析和全面评价；要注意各方案之间的差异，从差异中全面评价其优劣；不能只评价方案本身，还必须对拟订方案所依据的信息资料的完备性与可靠性做出分析。此外，还可以把方案放到小范围内进行试点，检验其优劣。这在我国已经是广为采用的方法。专家论证法是依靠有关专家的智慧，从必要性、可能性、经济性、协调性等方面做可行性研究和论证，共同评选方案，最后由决策者根据专家提供的意见选定决策方案。

无论采取什么样的方法，方案一经确定，决策过程到此告一段落。决策方案确定后，按规定需要报上级批准的，要及时上报上级机关审批，一旦批准，便可正式执行。有的决策方案只需要上报备案，决策者定案后即可执行。

（四）信息反馈，完善决策

反馈是决策过程中不可缺少的环境，决策究竟是否符合实际情况，是否能达到决策的目标，只有通过实施反馈才能弄清楚。这就要求在实施反馈过程中进行细致的分析，不能简单化和片面化。

管理者在实施决策的过程中遇到问题时，要及时采取正确的措施，改变原有决策，重新决策，这称为追踪决策。追踪决策是对原有决策的审视，它根据实施中反映出来的问题，对原有方案进行局部调整或较大调整，也可能是全部改正。

三、公共决策在城市与区域可持续发展管理中的地位和作用

公共组织尤其是政府组织针对经济社会生活以及资源环境管理中存在的或正在发生的问题做出决策，并转化为相关的公共项目，通过调动各种组织机构，调配各种社会资源，运用各种功能手段，实现政治的稳定和经济社会的发展。因此，公共决策是城市与区域可持续发展管理过程中极为重要的一环，是可持续发展管理的基础。

（一）公共决策是可持续发展管理的起点

从一个孤立的过程来看，可持续发展管理过程可以分为政策制定、政策实施以及效果评估等环节。决策是实施行为的确定。公共组织通过制定政策实施方案，把政策目标分解为具体的执行目标或阶段目标，确定详细的、可操作的行动步骤，合理配置人力、财力、物力资源，把政策目标落到实处。政策目标实现以及效果评估之后，管理活动即告结束。按照系统论的观点，公共组织作为开放系统，必然要与外界环境相互作用。社会环境发生变化，社会不同阶层和群体便产生了不同的需求和期望。这些不同的社会需求和期望通过一定的途径和方式，以信息形式输入公共组织的决策系统。经过决策系统的运作所形成的方案又以政策、法规、项目等形式的信息输出，由执行机构着手执行。这些政策方案执行结束以及效果评估之后，公共组织又要根据新的社会需求拟订新的政策方案，从而引发新一轮的政策执行，因此整个可持续发展管理就是政策制定、执行、评估、再决策、再执行、再评估的循环过程。公共决策是城市与区域可持续发展管理的起点，没有决策，就没有目标明确和卓有成效的执行以及评估活动。

（二）公共决策是可持续发展管理履行各项功能的基础

城市与区域可持续发展管理有计划、组织、指挥、控制和协调等各项基本功能。计划是对如何实现决策目标和任务做出安排，制定系统有序的行为步骤；组织是为实现决策目标而对一些机构和人员的重新组合，或成理新的管理机构；指挥就是建立一个统一、有效的系统，领导和指导组织的工作，实施计划；控制就是监督检查，对可持续发展管理活动中的各种行为加以控制，使管理活动沿着预定的方向推进；协调就是改善和调整各个执行机构、人员和各项活动之间的关系，使各自之间分工合作、密切配合，减少相互之间的重复、矛盾和摩擦。所有这些功能环节都是以公共决策为基础的。

（三）公共决策贯穿于可持续发展管理过程的始终

公共决策既是可持续发展管理过程的一个环节或阶段，又贯穿于整个管理过程。可持续发展管理的其他环节或阶段都包含着决策的活动，同时这些功能的执行又有各自的决策。例如，制订计划，就要对目标和任务做出周密、详细的决策。计划制订后的实施落实也要组织力量，还要进行指挥等工作，对此也要做出决策。可持续发展管理过程就是一个不断决策和实施决策的过程，因此，赫伯特·A.西蒙说："管理就是决策。"

第三节 城市与区域可持续发展管理的领导

一、领导的基本含义

在当代管理科学中，领导的含义可归纳如下：在社会组织中由领导者通过一定方式，引导和影响被领导者，为实现共同目标所进行的非个人的组织行为和活动过程。

领导就是在社会共同活动中，具有影响力的个人或集体在特定的结构中通过示范、说服、命令等途径，动员下属实现群体目标的过程。这一界定涉及领导活动的前提、主体、结构、手段与目标五个环节。

（一）领导活动存在于群体之中，一个人不能形成领导

正是基于群体的生存与发展，才必须通过领导保持一种秩序，提供一种动力，确定一种方向。群体生活成为领导得以诞生的前提。

（二）领导活动的主体由领导活动的发动者、组织者与执行者共同组成

领导活动的主体包括两个要素：一是领导者；二是被领导者。从领导者与被领导者的关系角度看，领导者处于领导活动的主体地位，因为他是领导活动的发动者与组织者。但是，如果仅仅把对领导的理解局限于这一层次，则带有极大的冒险性，因为领导活动必须依赖下属积极地执行决策和实现目标，才能使完整的领导活动全盘展现出来。因此，从领导者、被领导者与目标的关系角度看，领导者与被领导者共同构成了领导活动的主体，其中被领导者的主体地位在一定程度上是不可替代的，被领导者的积极程度是领导活动顺利展开的关键。

（三）领导活动的结构是领导者发动和组织领导活动所依存的体制或规则

领导活动的展开并不是无序的、混乱的。任何组织中的领导活动都有可遵循的规则，都是在一种制度化的规则中进行的。

（四）领导活动的手段是领导者调动和激励下属的方式

领导活动是由领导者的组织、协调和被领导者的执行共同组成的，单有任何一方都不构成领导活动。这就决定了领导者通过什么样的途径调动下属的积极性，使其最大限度地致力于组织目标的实现，按照领导者的意图行动。

（五）领导活动的目标是领导活动的归宿

目标是规定领导活动方向和归宿的载体，一个没有目标的领导活动不但没有成效，而且会迷失方向。

二、领导者的素质

西方研究领导者素质的成果被称作领导特性理论，它集中回答了这样的问题：领导者应该具备哪些素质？怎样正确地挑选领导者？这种理论最先是由心理学家开始研究的，他们的出发点是根据领导效果的好坏，找出领导人之间在个人品质或特性方面有哪些差异，由此确定优秀的领导人应具备哪些特性。研究者认为，只要找出成功领导人应具备的特点，再考察某个组织中的领导者是否具备这些特点，就能断定他是不是一个优秀的领导人。这种归纳分析法成了研究领导特性理论的基本方法。

特性理论按其对领导特性来源所做的不同解释，可以分为传统特性理论和现代特性理论。传统特性理论认为，领导者所具有的特性是天生的，是由遗传决定的，现在已经很少有人赞同这种观点了。现代特性理论认为，领导者的特性和品质是在实践中形成的，是可以通过教育训练培养的。到底领导者应当具有哪些特性，不同的研究者说法不一。

一些人认为，天才的领导者应当具备健谈、外表英俊潇洒、智力过人、自信、心理健康、喜欢支配别人、外向而敏感七项特性。斯托格迪尔发现了与领导才能有关的五种身体特征（如精力、外貌与身高等）、四种智力特征、十六种个性特征（如适应性、进取性、热心与自信等）、六种与工作有关的特征（如追求成就的干劲、毅力和首创性等）以及九种社会特征（如愿意与人合作、人际关系的艺术以及管理能力等）等。还有些人则从满足实际工作需要和胜任领导工作的要求方面研究领导者应具有的才智和个性。美国普林斯顿大学的包莫尔提出了作为一个领导者应具备的十个条件，颇具代表性。

（1）合作精神：愿意与他人一起工作，能赢得人们的合作，对人不是压服，而是感动和说服。

（2）决策能力：依赖事实而非想象进行决策，具有高瞻远瞩的能力。

（3）组织能力：能发掘下属的才能，善于组织人力、物力和财力。

（4）精于授权：能大权独揽，小权分散。

（5）善于应变：机动灵活，善于进取，而不抱残守缺，墨守成规。

（6）敢于求新：对新事物、新环境和新观念有敏锐的感受能力。

（7）勇于负责：对上级、下级和产品用户及整个社会抱有高度的责任心。

（8）敢担风险：敢于承担组织发展不景气的风险，有创造新局面的雄心和信心。

（9）尊重他人：重视和采纳别人的意见，不盛气凌人。

（10）品德高尚：品德上为社会人士和员工所敬仰。

还有一些类似的研究，特性理论并未取得多大的成功，有人认为它不是一种研究领导的好方法，但这些理论并非一无是处。一些研究表明，某些个人品质与领导者有效性之间确实存在着联系。例如，一些研究发现领导者确实具有高度的才智、广泛的社会兴趣、取得成功的强烈愿望以及对员工的关心和尊重。另一些研究则发现，个人的才智、管理能力、首创性、自信以及个性等与领导的有效性有重要的关系。另外，这个理论系统地分析了领导者所应具有的能力、品德和为人处世的方式，向领导提出了要求和希望。这对培养、选择和考核领导者是有帮助的。

我国从 20 世纪 80 年代开始，也对领导者的特性理论进行了一系列的研究，许多专家、学者和人事部门的领导都提出了领导者应具备的基本素质。概括起来，我国优秀的领导者应具备的素质包括五个方面：良好的政治素质、思想素质、知识素质、心理素质和能力素质。例如，对于能力素质来说，处于组织上层、中层和下层的不同职位，对人员的能力素质要求差别很大。领导层要求很强的决策能力和丰富的管理知识，管理层要求很强的管理能力和一定的决策能力，监督层要求较强的管理能力和丰富的操作知识，操作层则要求很强的操作知识和能力。

领导者的决策能力和管理能力与以下几种具体能力有关。

（1）直觉的能力：对外界事物的观察能力、认知能力，也就是人们常说的悟性。

（2）抽象思维能力：透过现象抓住本质的能力、理清支流把握主流的能力、总结实践形成概念的能力、在相互联系中摸索规律的能力。

（3）组织和协调的能力：善于将有限的人力资源组织起来协调工作的能力、处理工作中的矛盾和冲突的能力、知人和用人的能力、改善人际关系的能力等。

（4）自我发展能力：这是不断学习新知识、掌握新技能的自我完善的能力，包括自学能力、自我反省能力、吸收新事物的能力。

（5）创新能力：开拓新知识、新技术、新产品、新方法的创造能力，包括批判力、创造力、联想力和想象力。

三、领导方法

方法是指人们达到某种目的的行为方式和手段。领导方法就是为达到一定领导目标，按照领导活动的规律采取的领导手段。领导方法是领导学体系的重要组成部分之一，其得当有效，会极大地提高领导绩效。

领导方法作为领导活动中最生动的领域，是领导活动艺术化过程的组成部分。著名领导学专家斯道戈迪尔曾对领导艺术提出看法："最有效的领导应该是表现出一定程度的多才多艺和灵活性，自己的行为适应不断变化、充满矛盾的需求。"因此，领导不仅是一种程序化的运作，还是一种创造力的显现。沃沦·本尼斯把领导定义为创造梦想。可见，领导体现了领导者的创造力、聚合力，它是最富有挑战的活动。正是与领导活动的这一特性相适应，领导方法便成为展现智慧的最生动、最具活力的领域。

（一）软硬领导法

软硬领导法要求领导者在权变思维的过程中，通过对组织内部成员的成熟度、计划实施情况、实际执行情况等变量进行判断，然后做出灵活多变的调整，使其既能在软化过程中培植人格的感染力，又能在硬性的规定中展示自身不可侵犯的权威。

在可持续发展管理领域，对于很多情况、很多事务的领导和处理都是采取软硬领导方式。在充分满足居民的人权和感情的情况下，应尽可能地为管辖区域内的个体妥善处理各种问题，但如果区域内的个体的行为违背了准则、触犯了法规，这些个体的行为就要受到严厉的管制和处罚。

（二）会议领导法

会议是领导者实施领导的重要形式，即使是在通信技术十分发达的今天，它仍有不可替代的作用。这种最古老的领导形式一直是展示领导者影响力的重要载体，因此我们把这种领导方法称为会议领导法。

1. 会议的作用

会议有其不可替代的作用。它为人们面对面的接触提供了一种特殊的机制。从领导学的观念来看，会议至少具有以下几点作用：

（1）会议为领导者阐明立场、宣讲决策方案提供了空间。

（2）会议为领导者与被领导者的沟通提供了一种有效的渠道。

（3）会议对统一人们的意识、激励人们积极工作的信心具有不可替代的作用。

（4）通过召开会议，可以形成对与会者有约束力的法规、决议，以推动各项工作。

（5）会议为人们施展才华、领导者发现人才提供了机会。

2. 会议领导法的内容

领导者一般是会议的主持人，因此领导者需要对会议领导法有较为准确的认识。对于领导者来说，会议领导法包括以下内容：

（1）领导者应该分清会议的类型。按照会议的性质内容，可以将会议分为研究决策型和执行协调型两种类型。研究决策型会议具有建设性和立法性的特点。领导者主持这类会议应该心胸开阔，宽以容人，广开言路，引导与会者动脑筋、想办法，最后集中大家的意见，得出必要的结论。要注意的是，又不能使会议在无谓的论争中陷入无序和混乱。

执行协调型会议具有执行性和告知性的特点。这类会议可分为干部会和干部群众大会两种。召开干部会应注意使与会者增强责任感，汇报情况、接受任务或协调矛盾都要实事求是，认真对待，要允许与会者发表意见，但要保持会议的严肃气氛，不能辩论不休，有议而有决，决后即行。召开干部群众大会，会前应认真准备，演说报告内容要针对与会者的特点与素质，使其能够接受和理解，但又富有启发感和新颖感。议程安排要精简紧凑，保持大会郑重的气氛，使与会者产生亲切感和责任感。

（2）掌握召开会议的程序和要领。召开会议的程序和要领包括：① 确定会议主题；② 确定出席对象；③ 掌握下属出席的可能性条件；④ 确定召开会议的时间和地点，如果是关于某一具体工作的，可召开现场会议，如果是告知或动员的会议，可选择较为严肃的地点召开。在确定召开会议的地点和出席对象时，应坚持与会议主题密切相关的原则。

（3）重视会议经济成本核算，制定必要的守则，提高会议效率。在可持续发展管理过程中，特别在具体贯彻、领导可持续发展各部门、各层次战略的时候，比较普遍地采用这种方法。对于生态、人口、自然资源、人口质量、人口结构、水资源、森林资源、企业生态等具体内容，都需要通过会议领导的方式来准确、有效地传递信息和反馈信息，从而达到自上而下、逐层扩散的效果。

（三）危机领导法

危机领导法就是领导者处理突发性事件的方法。所谓突发事件必须同时具备三个条件：一是突发性，即这一事件必须是突然发生、难以预料的；二是关键性，即这一事件所包含的问题极端重要，关系安危，必须马上处理；三是首发性，即这一事件必须是首次发生、无章可循的。

以上三者缺一不可，因此西蒙认为处理突发事件的实质体现为非程序化决策。但是，正是这种无章可循的突发性事件为领导者厚植自己的权威基础提供了具有挑战性的时机。领导者处理突发性事件的方法被称为危机领导法。那么，领导者如何化危机为安全，使危机成为重塑领导者和组织形象的积极力量呢？

（1）从领导者的心态上来说，绝对不能逃避危机事件。领导者应该勇于面对突发事件，把突如其来的危机视为创造、展现形象的契机。这使领导者在处理突发事件、实施危机领导时，可以树立充足的自信心。

（2）领导者准确判断危机事件的影响程度，并找到危机症结所在。

（3）注重打破常规，勇于决策。首先，应采取应急措施控制组织内部以及外部民众的心理。其次，以付出一定的代价来换取组织内外的支持。最后，将克服危机的积极措施通过各种渠道进行传播，以便重新铸就组织和领导者积极的形象。

（4）注重效能，标本兼治。

（四）运筹领导法

组织动员下属去实施决策绝非易事，并非一声令下就能奏效，更非领导者自己亲临现场、事必躬亲就能奏效。领导者需要全面、系统地运筹，对涉及实现决策的种种复杂因素，如内在因素、外在因素、现实因素、潜在因素、物质因素、精神因素等，即人、财、物、时间、信息等要素，进行科学运筹。一切组织系统中的领导人不仅要对自己领导范围中的要素做到心中有数，还要通过对这些要素的全面分析、综合权衡，使之能够组成一个牵一发而动全身的整体，使要素和要素之间能够相互作用，都能成为一种资源，成为推动高效地实现决策目标的不可或缺的资源。运筹领导法有哪些要素发挥作用呢？

1. 人

领导者在运筹时，最难处理的就是人的要素。人是一个活的因素，是很不确定有时甚至很难捉摸的。每个人都有自己的个性。领导者面对的是一个个活生生的生命，如何把不同类型的人纳入领导过程，使他们的行为和思想有助于组织目标的实现；如何配备人力资源，采用什么样的原则将人们组合在一起；如何为下级领导者配备助手，这对领导运筹来说都是极其重要的。需要注意的是，与企业管理不同的是，在可持续发展管理中，人既是领导者领导的对象，又是管理的客体，因此在领导过程中，不仅要考虑如何合理使用人才来完成不同的领导任务，也要充分调动能动的特殊管理对象——人，使其主动配合领导任务的完成，这将有助于领导职能顺利、有效地执行。

2. 财、物

相对于人来说，财和物具有相对的确定性，但如何使其发挥最大的作用也需要正确地运筹。

3. 时间

时间在领导运筹活动中具有十分重要的意义。时间的最大特性是它的不可逆性，这极大地增加了时间的价值。杜拉克说："在每一项领导问题、每一项决策、每一项行动中都存在着一个复杂的问题，这就是时间。领导总要考虑现在和未来、短期和长期两个方面。如果目前的利益足以危及领导目标的长期健全，甚至其存在是以将来为代价而获得的，那就不能说一个领导问题得到了解决。如果为着一个不确定的未来而冒着发生灾难的危险，那种领导是不负责任的。经常发生这样的情况，领导活动中的大人物在他经营企业时取得了辉煌的经济成就，而他遗留在身后的却是一个烂摊子。这是不负责任的领导行为和未能将现在和将来加以平衡的一种例子。那种目前的领导成效事实上是虚假的，并且是以将来的代价而获得的。在任何地方，只要目前利益和未来利益未能同时兼顾，目前的利益要求和未来的利益要求未能加以协调或至少加以平衡，领导者的决策就会受到损失、威胁或破坏。"可见，领导在运筹时应兼顾现在和未来，不能以牺牲未来的收益而获取暂时的利益。在可持续发展管理过程中，对这一要素的考虑是特别重要的。我们一再强调公平是可持续发展的首要原则，其包括代内公平以及代际公平，也就是要解决有限的资源特别是不可再生资源在时间上（现在和未来）的合理分配，以达到既满足当代人的生存需求，又保证后代人生存的生态环境有较高质量的目标。

4. 信息

信息是领导运筹的基础。领导者在充分掌握信息的基础上，对组织内外的各种资源进行配置和重组，有利于各个部分最佳效能的发挥。

（五）目标领导法

目标是领导活动的一个基本要素。确定目标是实施引导功能、推动组织发展的先决条件。能否确定正确的发展目标，实现组织发展的恰当定位，是考察领导者预测能力高低和分析能力高低的一个重要指标。可见，确定目标是领导活动的起点，为决策的制定和实施提供了重要的依据。目标出现错误，可能就会一错再错，因此从某种意义上可以说："目标一旦定好，决策问题已经解决了一半。"

1. 目标领导法的前提

（1）确立目标并不是最终目的。制定目标的最终目的是目标的达成，这就需要落实目标，进行目标分解，将过于笼统、抽象的总目标分解为具体的、便于执行的、可操作和可检验的分目标。不能分解的目标很可能仅是形同虚设。那些形同虚设的总目标在刚刚提出的时候，可以对被领导者产生很大的鼓励效应，但是如果这一总目标仅停留在抽象的层面，而不能通过分解转化为现实的行动，那么这一总目标非但不能转化为强化领导者权威的积极力量，反而会成为侵蚀、瓦解领导者权威的消极力量。

（2）目标是一种激励力量，这是习以为常的看法，但是并非所有的目标都可以产生良好的激励作用，只有那些形式简明、内容集中并能为下属接受的目标才能起到真正的激励作用。领导者运用目标领导法必须注意两个方面的问题：一是目标的实现对被领导者来说一定是有益的，即被领导者在目标达成之后能够从中受益；二是目标的实现对整个组织来说一定是有益的，即目标的实现必须有利于组织的发展。

2. 目标领导法的环节

（1）保持最高目标的导引功能。美国管理学家和领导学家杜拉克认为，一般组织中存在着三种错误领导的因素：一是过分强调领导个人技术第一，以致每个层次的领导者只顾自己的专业技术，而忽略组织的总目标，使整个组织成为一堆散沙；二是过分重视顶头上司的个人所好，以致人人尽力讨好其主管，而忽略了工作的真正需求，使整个组织成为数位主管人员喜怒哀乐的应声虫；三是不同层次的见仁见智的观点，以致上下意见难以沟通，赏罚不一，是非无一定标准，使整个组织成为争吵、怨气、赌气的场所。那么，如何走出这一系列致命的错误领导的渊源呢？杜拉克提出了以目标贯穿各领导层次努力的方向。这里所讲的目标就是与个人价值观相结合的最高目标,故保持最高目标的导引功能就成为目标领导法的核心。

在领导活动中存在着目标接受随层次的降低而逐渐递减这一现象,即愈往组织下层走,员工愈难接受组织的经营目标或发展目标。我们把这一现象称为目标接受递减率。目标接受递减率的存在要求领导者必须保持最高目标的导引功能,使最高目标能够内化为每一个人的价值追求。

从最高主管到基层主管都必须朝目标集中力量,每个人都拥有其努力目标后,才会自我控制,以求个人的行为符合团体的目标。因此,各种组织都需要有一个目标,而且十分重视与价值观相结合的最高目标。因为这种与价值观相结合的目标才更容易把不同层次的人团结起来。成功的领导者总要强调比他们的经营目标更具有崇高意义的最高目标。

(2)纵向到底、横向到边的目标分解。一项积极的、内容科学的目标是决策的原动力,但是在现实中能够有效运转的目标并不是单一的,而是由不同层次、不同性质的目标组成的目标体系。这一目标体系来源于总目标的分解。总目标往往是笼统、抽象、不便于测量与操作的,这就需要把笼统的总目标分解为具体的、精确的子目标。将总目标具体化和精细化的过程在领导学中被称为目标分解。

目标分解的原则是纵向到底、横向到边。所谓纵向到底就是从目标开始,一级一级从上向下,从组织目标到次级组织目标,再到更次一级的组织目标,最后到个人目标。横向分解后的分目标是处于同一层次的,是实现上级目标的不同手段。可见,为达到总目标,必须有部门目标(横向的)和层级目标(纵向的)来支持,这样就把组织的追求、领导者的追求以及部门追求、个人追求统合在一起,在有机整合的基础上形成了一个左右相连、上下一致的目标网络,这样的目标体系才能使整个组织更加紧密、更有力量。

(3)有效选择挑战性目标。确定组织发展的目标是领导活动中最关键的一个环节。现实生活中不乏因错误确定目标而导致的领导失败。选定目标,对于领导者来说往往是感到很头痛的一步。目标过高,不具备完成目标的能力或条件,目标便形同虚设,久而久之,会造成士气低落。目标过低,轻而易举便可完成,对执行者没有任何挑战性和鼓动性,同样不会起到鼓舞士气的作用。那么,到底什么样的目标能使组织士气高涨,将每一位成员的能力发挥得淋漓尽致呢?领导者应该把目光投向这样一种目标:挑战性目标。

目标理论的奠基人洛克提出,困难的目标会引起比容易的目标更高的行为表现水平,具体的困难目标会引起比没有目标或那种"尽力去做"的泛泛目标更高水平的行为表现。所谓挑战性目标就是这种既高又具有现实性的目标。所谓高是指达到目标要有一定的困难,甚至是很大的困难。所谓现实性就是指目标不是不可及的,选定这一目标有其不可辩驳的客观依据,即实现这一目标的关键性因素是具备的。这很像运动员登山,他们热衷于新的高度,也只有新的高度,而不是曾经达到的高度,才能激发他们的激情与斗志。

挑战性目标的实现是有一定难度的,也具有比一般目标更大的失败危险,但真正的挑战性目标却是建立在科学与现实基础上的。美国哈佛大学教授麦克利兰认为,人人都喜欢把自己设想成一个优胜者,而不是一个失败者。一个不断获得成功的人在做一件事时比一个总是失败的人会具有更高的成功率,因此领导者在制定挑战性目标时要因时、因人而异。一般来说,挑战性目标比较适合那些能力较强、潜力较大的人才,挑战性目标会使他们的才能发挥到极致。总之,领导者在制定挑战性目标时,应该坚持这样的原则:不断强化必胜的信念。要把握好挑战性目标的度,以免使其产生副作用,挫伤积极性。

(4)使组织目标成为下属自己的目标。使下属接受组织目标并将其转化为自己的目标是领导活动得以成功展开的关键。从目标领导法的角度来看,领导者如何使组织目标转化为下属自己的目标呢?领导者可以从以下几个方面入手:

① 让下属参与目标的制定。目标领导法的精髓就在于实现了组织目标与个人目标的完美结合,而其中最关键的一环就是使下属参与目标的制定。这条原则对领导者来说是至关重要的。

② 防止目标参与误区的出现。使下属参与目标的确定,毋庸置疑会产生许多问题,如浪费时间,议而不决,与领导者初衷背道而驰的意见占了上风。但这些问题并不是这一原则本身导致的,很可能源自操作上的不当。这就要求领导者应该避免目标参与误区的出现,应该走出目标参与的误区。

③ 正确传递目标信息。目标一旦确定,领导者应当凭借自身的言行来保证目标的权威性。领导者首先应当是一个维护目标权威性的代表人物。

3. 可持续发展目标责任制

在我国当前的政治体制下,地方政府有一种片面追求经济增长、忽视资源可持续利用、环境保护的倾向。这种倾向的产生,一是由于地方政府需要当地企业的发展,人力发展经济来解决当地的各种经济、社会问题,如实现充分就业、提高居民收入水平和生活质量等;二是地方政府面临上级政府的政绩考核,而经济增长是考核的重要指标;三是实施可持续发展战略,解决人口、资源与环境问题一般需要的周期较长,不如抓经济见效快,显效度高。这样,一些地方政府官员为在任期内最大限度地发展经济，实现经济的高增长，往往忽视了资源的保护和可持续利用，对环境污染和生态破坏的重要性、紧迫性认识不足，容易对不可持续的生产方式、消费方式置若罔闻，听之任之，在一定程度上产生了政府失灵现象。要解决实施可持续发展战略中的政府失灵，必须针对地方政府片面追求经济增长的倾向建立一种约束机制：可持续发展目标责任制。

由于实施可持续发展战略是综合性很强的系统工程，涉及多层次、多因素，特别是涉及各地区、各部门、各行业的经济利益，需要具有权威性的部门来统一指挥，统一规划，统一实施，因此对一个地区来说，只有该地区的行政负责人才有能力承担这一任务。可持续发展目标责任制就是为了促使行政负责人切实承担这一任务而设置的。

可持续发展目标责任制就是要在计划生育、环境保护等目标责任制的基础上，形成统一的实施可持续发展战略领导目标考核责任制，把现在实行的"三个一票否决"作为可持续发展考核评估的刚性指标，进行定性和定量的综合考核评估。明确各地区和部门一把手为本地、本部门实施可持续发展战略的第一责任人，任期内要逐年考核，离任时要做出交代，对工作失职、决策失误的要追究责任。把贯彻实施可持续发展战略的工作成效作为考核领导者政绩的主要内容之一，作为晋升和奖惩的基本依据，用激励和监督制度确保可持续发展战略的实施。

通过建立可持续发展目标责任制，建立规范、科学的对各级公务人员的政绩考核和奖惩制度，引导各级政府主要领导关心和重视人口、资源和环境问题，重视可持续发展。强化监督机制，保障可持续发展工作从战略、规划和计划的制定、分解、实施、调整、验收、后评估的全部过程都既符合党中央、国务院的要求，又严格符合法定程序，每一个环节都受到相应的法规、制度和程序的严格制约。要把对领导干部实施可持续发展战略的评估结果和最后验收结果作为定量考核和评估其工作实绩的主要依据，作为对干部考核、提升和任免的重要依据。

一个地区可持续发展水平和能力如何，与可持续发展目标责任制能否发挥应有的作用密切相关。可持续发展目标责任制应该包括责任制的制定、责任书的下达、责任书的实施、责任书的考核等过程。其中，考核指标、责任制的制定及责任书的考核和监督是这项制度的关键。

实施可持续发展目标责任制应首先由各级政府组织有关部门通过调查和协商，建立考核指标体系，制定责任书的具体内容；在下达阶段，以签订责任状的形式把责任目标分解、下达、落实；在实施阶段，在各级政府的统一领导下，责任单位按各自承担的任务，分头组织实施，政府和有关部门对责任书的执行情况定期检查，保证责任目标的完成；在考核阶段，责任书期满，先逐级自查，然后由政府组织力量，对完成情况进行考核，根据考核结果，给予奖励或处罚。

为保证可持续发展目标责任制发挥应有的作用，在制定责任制、建立考核指标体系时，一方面，不仅要重视组织机构建设、政策措施、资金投入等方面的指标，还要注重反映可持续发展水平和可持续发展能力的指标，防止考核指标脱离实际，过于宽松而流于形式，失去了考核的意义；另一方面，应强化考核和监督过程，可以采取上级政府抽查的形式，加强责任约束。同时，通过提高人民群众的可持续发展意识，增强其参与能力，增强对政府的外部约束。另外，发挥各类媒体的舆论监督作用，使可持续发展目标责任制真正落到实处。

四、领导的职能

城市与区域可持续发展管理的领导职能是指领导行为的责任范围和应发挥的作用。不论哪个层次、哪个部门的领导都具有以下几个共同的职能：

（一）计划、决策职能

制订计划是可持续发展管理领导工作必不可少的环节。有了科学的工作计划，整个工作才可以有条不紊地进行，可以得到上级的支持和配合，有利于及时得到反馈信息，以便调整计划，使工作更加切合实际。

决策存在于一切可持续发展管理的领导领域和层次，直接决定着领导活动的效果。决策要按照正确的指导思想，遵循科学的决策原则和程序。

（二）组织落实职能

1. 设计组织结构

任何领导活动都是在一定的组织机构内进行的，并通过一定的组织形式发生领导关系。设计组织结构是完成任务的需要。

2. 建立指挥系统

领导活动要有一定的指挥渠道，以保证指挥统一、灵敏、责权一致。

3. 制定规章制度

组织要具备必要的规章制度，以便用于控制每个单位、每个个人的活动，从组织上提供实现行政目标的保证。制定规章制度要根据实际情况，遵循科学的管理原则。

（三）指挥监督职能

指挥活动的具体职能可概括为发布指令、监督检查、指导和总结职能。现代指挥监督既要凭借职权发布命令，以纪律要求进行监督检查，又要以工作业务和政治思想指导被领导者，以调动组织成员的积极性。

（四）协调沟通职能

协调沟通既是城市与区域可持续发展管理领导的一项职能，也是一种领导手段，贯穿于领导活动的全过程。通过协调沟通来提高组织的凝聚力，促使下属更加努力地为实现组织的目标而努力工作。

（五）激励教育职能

激励教育是现代管理的重要方法。激励教育职能发挥得越好，领导效能就越好。育人、用人是领导的重要职能，没有激励教育，就没有领导。要根据被领导者的实际情况以及可持续发展管理的实际需要，采取不同的激励教育方法。

第四节 城市与区域可持续发展管理的控制

组织愈来愈庞大，环境变化愈来愈快，需要解决的问题就愈纷繁复杂，要把所有分散的资源整合起来，仅靠决策、计划、领导、激励是不够的。城市与区域可持续发展管理过程中的控制工作非常重要，是管理有效性的保证。控制一般有反馈控制、同期控制和前馈控制三种类型。对一个组织的管理来说，这三种类型的控制都是必不可少的。控制的过程一般有三个步骤：确定标准；衡量并分析结果；采取行动，以保证目标的实现。

控制是监视各项活动，保证其按计划进行，并纠正各项偏差的过程。控制是管理的基本职能之一，控制通过对组织内部的管理活动和管理效果进行衡量和校正，确保组织的目标以及为此而制订的计划得以实现。

一、控制的重要性

在管理实践中，人们都深切地体会到，没有控制就很难保证计划顺利执行，而如果各个计划都不能顺利执行，组织的目标就无法实现。因此，控制工作在管理活动中起着非常重要的作用。

显然，如果每个计划都能够完全顺利地实施，并且达到预期的目的，那么控制工作的重要性就不存在了，但问题是几乎所有的计划都不可能完全顺利地得到实施。这主要是由于以下两方面的原因：

（一）组织内部因素的改变

这是指组织中的人、财、物等资源供给数量的状况或者人员行为的结果等与计划中的条件或假设不符，具体包括人员能力的发挥、资金的供给、相关部门的配合等各种组织内部的因素。这些因素与计划中的条件或假设不符，就会导致计划不能顺利实施。例如，组织成员的士气会影响预计的工作进度，资金周转的意外困难会影响整个投资计划的实施。

（二）外部环境因素的影响

即使组织内部各项因素运行正常，但外部环境（如经济、政治、自然、社会等环境）的变化也会影响计划的实施，使计划执行的实际过程和结果与计划目标不符。例如，银行贷款利率的调高会影响融资计划，汇率的波动可能会影响原来制订的出口计划。

由于以上两方面的原因，计划常常不能顺利地执行，而控制工作的目的就是要发现计划执行中的问题和偏差，并且采取纠正措施，使原计划能够顺利地执行。

部门的组织如果不能建立起一套有效的管理控制体系，则失控现象必然会发生。各职能部门之间的冲突使有限的财力、物力和人力资源不能合理分配和有效使用。各部门的发展就会偏离组织的策略和总体计划。一些部门的领导会利用被授予的权力谋取本部门甚至个人的利益而牺牲组织的整体利益。

医治和控制危机的良药是建立一套完整、有效的管理和控制机制。应规范合理的计划、报告及控制体系，包括对部门及其负责人的管理目标设置、业绩考核及激励机制的明确定义并实施。同时，应强化对资金、人力和技术开发等关键性资源的管理，以保证有限的资源能投入符合可持续发展战略的领域。对一个日益庞大而变得松散的组织来说，组织宗旨、组织文化和价值体系可以成为比行政关系更有力的维系。

二、控制的基本内容

控制的内容也就是控制的对象，美国管理学家斯蒂分·罗宾斯将控制的内容归纳为对人员、财务、作业、信息和组织的总体绩效五个方面的控制。

（一）对人员的控制

组织的目标是要由人实现的，员工应该按照管理者制订的计划去做。为了做到这一点，就必须对人员进行控制。对人员控制最常用的方法是直接巡视，发现问题马上纠正。另一种有效的方法是对组织成员进行系统化的评估，通过评估对绩效好的予以奖励，使其维持或加强良好表现，对绩效差的采取相应的措施，纠正其出现的行为偏差。人本管理的实施正在悄然兴起，多数组织领导深知，管理归根到底是对人的管理，是如何调动和发挥个体的积极性和最大潜能的问题。过去的管理偏重于人的体力、智力因素,只注意用经济手段控制人的行为,片面强调物质利益在管理中的作用。研究欧洲组织的管理方式,可以看到一个显著变化,欧洲管理者越来越多地追求"管理平衡",向控制的传统管理理论进行挑战,走出传统的控制管理,实施"指导与激励管理"。按照传统的控制管理,管理者的主要工作就是控制成员的行为,以确保圆满完成组织既定的工作任务。欧洲的管理者认为,在知识经济时代,人们的知识、思维非常活跃,现代科学信息和知识覆盖了组织生产经营的全过程,因此管理不仅仅是"控制",更重要的是"指导与激励"。管理工作从控制转到激励上来,能够开创事业的新局面,带来更高的管理效率与效益。

(二) 对财务的控制

为保证组织的正常运作,必须进行财务控制。财务控制包括审核各期的财务报表,保证一定的现金存量,保证债务的负担不过重,保证各项资产得到有效的利用,等等。公共预算是包括可持续发展管理在内的公共管理活动中最常用的财务控制衡量标准,因此也是一种有效的控制工具。

(三) 对作业的控制

所谓作业就是指从劳动力、原材料等资源到最终产品和服务的转换过程。组织中的作业质量在很大程度上决定了组织提供的产品或服务的质量。作业控制就是通过对作业过程的控制,评价并提高作业的效率,从而提高组织提供的产品或服务的质量。

(四) 对信息的控制

随着人类步入信息社会,信息在组织运行中的地位和发挥的作用越来越重要,不精确、不完整、不及时的信息会降低组织效率,因此在现代组织中对信息的控制显得尤为重要。对信息的控制就是要建立一个管理信息系统,使它能及时地为管理者提供充足、可靠的信息。

(五) 对组织绩效的控制

组织绩效是组织上层管理者的控制对象,组织目标是否得以实现能够从这里反映出来。无论是组织内部的人员,还是组织外部的人员和组织,都十分关注组织的绩效。要有效实施对组织绩效的控制,关键在于科学地评价和衡量组织绩效。一个组织的整体效果很难用一个指标来衡量,生产率、产量、市场占有率、员工福利、组织的成长性等都可能成为衡量指标,关键是看组织的目标取向,即要根据组织完成目标的实际情况并按照目标所设置的标准来衡量组织绩效。例如,在大力推行绿色经济制度时,要贯彻绿色考核制度,主要包括绿色会计制度、绿色审计制度、绿色国民经济核算制度等。这些制度安排从定量的角度将生态环境成本的存量消耗与折旧及其保护与损失的费用纳入经济绩效的考核，从而考核经济主体真实的经济绩效，有利于对经济主体进行定量考核和监督。

三、控制过程

不论在什么地方，也不论控制的对象是什么，控制过程基本上都有以下几个步骤：建立标准；用这些标准评定工作成绩；对在计划执行过程中出现的偏差进行纠正。

（一）建立标准

由于计划是进行控制的依据，所以，控制过程的第一步是制订计划。但是，由于计划的详细程度和复杂程度不一样，主管人员也不可能观察每一件事的进展情况，所以就需要制定一些具体的标准。简单地说，标准就是评定工作成绩的尺度，是从整个计划工作的方案中挑选出来，对工作成效进行评判的关键点。这样就使主管人员在执行计划过程中无须亲历全过程，就能了解整个工作进展状况。

标准可以是多种多样的。其中，最好的标准就是可考核的目标，不论是用定量形式表示，还是用定性形式表示，一般在管理得当的目标管理系统中都要确定这种目标。这些标准可以用量化的数据来表示，也可以用可考核的定性形式或者其他任何能清楚反映工作成绩的方式来表示。

1. 可持续发展定量评估的作用

从实践上看，传统的定性描述无法准确、客观地评价可持续发展管理的成绩和实际效果。建立可持续发展评估指标体系，科学、客观、准确、定量地进行可持续发展管理的绩效评估，在可持续发展管理过程中能发挥不可替代的作用，具有重要意义。

可持续发展定量评估具有多种作用，其中比较重要的有以下几个方面：

（1）反映可持续发展管理的状况。这是可持续发展定量评估指标体系的最基本作用。指标体系并不是全面、彻底地反映可持续发展管理绩效，而是具有较强的选择性、浓缩性，通过选择那些最重要的、有代表性的指标组成指标体系，反映某个特定城市、区域或部门的可持续发展管理状况，力求用尽量少的指标反映城市与区域可持续发展系统的总体水平。

（2）监测可持续发展水平的变化。可持续发展管理手段运用得成功与否，在很大程度上通过城市与区域可持续发展水平的变化表现出来。通过可持续发展定量评估可以监测城市与区域可持续发展水平的变化，也就是在动态中反映可持续发展状况。一方面，可以监测可持续发展系统内部经济、社会、人口、资源、环境等子系统的发展变化，从经济效益的提高、生态环境的改善到剩余劳动力的增减、物价指数的升降，都在监测范围之内；另一方面，可以间接地监测社会经济政策、社会经济计划执行情况以及决策、管理等方面的进程情况。

（3）比较两个或多个研究对象的可持续发展管理状况。如果衡量多个对象的可持续发展水平，就需要对其进行比较。一是横向比较，即在同一时间序列上对不同研究对象进行比较，如同一时期城市与城市的比较、地区与地区的比较、国家与国家的比较等；二是纵向比较，即对同一研究对象的不同时期发展状况的比较，如对环境质量进行可持续发展战略实施前后的比较。横向比较有助于认识自己的特点和位置，明确自己的长处和短处；纵向比较有助于认识自己的状况和发展趋势，明确是在前进、后退或停滞。它们都有助于对研究对象的可持续发展状况做出正确的判断。

（4）评价城市与区域可持续发展的本质特征。这是可持续发展定量评估的反映、监测、比较等作用的深化和发展。因为只有对反映、监测和比较的结果做出评价，才算是对可持续发展管理状况做出了说明，才能把握其本质特征。从这个意义上说，评价作用是可持续发展定量评估的核心作用。

（5）预测可持续发展系统的发展趋势。可持续发展定量评估可以在评价的基础上，对可持续发展系统的发展趋势做预先测算。一方面，对促进可持续发展战略贯彻实施的积极因素进行预测，从而进行正确的引导和强化；另一方面，可以对影响和妨碍可持续发展进程的因素或矛盾进行预测，把握其发展趋势，从而采取有效措施加以弱化并最终解决。

（6）为实施可持续发展战略制定科学的计划或安排。在评价和预测的基础上，可以针对本地区实际，对如何推进可持续发展战略的贯彻实施制订科学、切实可行的计划和中长期发展规划。可以说，在可持续发展管理过程中，任何科学、有效的可持续发展计划或规划的制订和实施都离不开可持续发展定量评估的反映、监测、比较、评价、预测等作用。

2.可持续发展定量评估标准的类型

（1）城市与区域可持续发展评估。对某一个特定的城市与区域的可持续发展状况进行评价，以科学、准确地反映其可持续发展的总体水平，明确其在实施可持续发展战略过程中的优势，洞悉制约可持续发展战略的主要因素和矛盾，把握可持续发展系统的发展趋势，从而有的放矢地采取管理措施，促进可持续发展战略的贯彻实施。

实施可持续发展战略必须站在城市与区域整体的角度，对未来发展进行总体布局和科学规划。在对大的区域进行可持续发展评估的基础上，根据区域原则和区划规律，对区域按可持续发展思想和原则进行可持续发展区划。根据各区域自然、经济社会状况，分析发展潜力和制约条件，制定各城市与区域的发展战略和发展模式，提出推进整个区域可持续发展的战略对策，从而促进可持续发展决策和管理的科学化、系统化、适量化。

（2）可持续发展工程评估。开展重大工程项目对城市与区域可持续发展影响的评估研究，重点分析重大工程项目对人口数量增长及人口素质提高、资源可持续利用、环境保护、经济建设、社会进步等的影响程度，提出定量表示方法，采用可持续发展指标体系对影响效果进行综合评估，为项目论证提供科学依据。将定量评估纳入可行性论证，严禁对城市与区域可持续发展产生严重负面影响的工程项目。

（3）可持续发展政策评估。

随着可持续发展战略的贯彻实施，有许多政策、法规是单纯从行业、部门、区域利益出发制定的，或者与实施可持续发展战略的全局利益相违背，或者制约了其他行业、部门、区域实施可持续发展战略的进程，它们急需被修改、调整与完善，因此，按照可持续发展的原则，对现行的政策、法规进行可持续发展适应性评估，评估其是否符合可持续发展的思想与原则，是否能促进可持续发展战略的实施，是充分发挥这些政策、法规作用的前提和重要保障，也是我国面临的紧迫任务。

（二）评定业绩

用标准来评定业绩应建立在"向前看"的基础上，这样管理者在偏差还没有真正出现之前就能发现这一偏差，并采取适当的措施预防其出现。机敏的、洞察力强的组织管理者常常能够预见可能出现的偏差。但领导者或管理者如果缺少这种能力，就应该尽早地揭示出已经发生的偏差。

如果制定的标准很恰当，也能用于评定下属人员的工作情况，那么对实际和预期的执行情况进行评定就会容易多了。但是，管理者很难为许多活动制定准确的标准，很难对某些活动进行评定。此外，如果工作的技术水平比较低，那么不仅评定标准的制定很难，而且对于工作业绩的评定也很困难。

然而，各个层次的管理者都会制定可考核的目标，这些目标不论是定量的还是定性的，都会成为评定组织机构中各职位工作成绩的标准。新评定方法，可以相当客观地衡量高层和基层管理工作本身的质量，因而一定会相应出现一些有用的评定工作业绩的标准。

评定城市与区域可持续发展战略管理绩效的指标体系，与一般的城市与区域可持续发展指标体系应该有所差别。前者应着重反映管理者在综合运用可持续发展的管理手段，对城市与区域可持续发展系统本身及各要素进行管理后，可持续发展水平、能力、协调度等方面的变化。因此，可持续发展战略管理绩效的评定指标体系应包括以下内容。

1. 可持续发展管理的基础条件

它包括经济社会发展水平、自然条件等。资源与环境状况等自然条件是进行可持续发展管理的基础，其在指标体系中应有所体现。

2. 持续度

在评估周期内，管理者综合运用行政、经济、法律、科技、教育等可持续发展的管理手段之后，评估可持续发展水平的变化情况以及经济、社会、人口、资源、环境等子系统是否能持续、快速、健康发展。

3. 协调度

可持续发展战略管理绩效的评定指标体系除了应反映城市与区域可持续发展的水平、持续度，还应反映经济、社会、人口、资源、环境等子系统及各要素之间的协调程度。毕竟可持续发展系统不是各要素的简单相加，各要素、各子系统之间必须保持协调，这样才能促进系统的可持续发展。单纯就资源论资源、就环境论环境，不可能得出正确的结论。

4. 可持续发展能力

可持续发展管理的最终目的就是提高城市与区域的可持续发展能力。因此，指标体系中的指标，不能只包括水平指标，还要包括能力指标，应注重反映城市与区域可持续发展能力的变化及可持续发展管理能力的提高。对可持续发展系统而言，能力是内因，是动力；水平是外因，是结果。

同时，为准确、全面地反映可持续发展管理的绩效，管理者可以有重点地选择一部分主观指标，反映人民群众的满意程度等，作为定量指标的有益补充。

例如，北京市实施的《北京市区县经济和社会协调发展绩效评价体系》，就是一套由经济发展、社会发展、资源与环境（可持续发展）、综合评价四个专项指标构成的政府绩效考核指标体系，它体现了科学发展观、正确的政绩观和以人为本的群众观。整个体系引导着北京市各区县领导班子的从政行为，在关注本地区经济发展的同时，关注社会发展、资源环境以及群众利益的协调关系。实际贫困人口比重、社会保险覆盖率以及失业人员就业率等一系列社会发展指标将成为干部政绩考核的重要内容。目前，我国的各级政府机构都在制定更加科学、合理的干部考核制度和相应的指标体系。社会政治、经济环境的变化为公共管理者提出了新的挑战，而且旧的考核办法和指标都存在着非常大的漏洞，这间接地成为当前很多干部大搞政绩工程、破坏生态、过度投资的潜在动因。因此，在干部考核指标中将可持续发展作为重要内容之一是一项非常科学、能够保证可持续发展管理实施效果的有力措施。干部的绿色政绩可以间接地反映出各地区的资源利用、人口发展以及经济发展的实际状况。管理者通过对这些指标的跟踪和控制可以找出工作中的偏差和错误，并及时加以纠正；对于有出色成绩的干部，则要利用激励的手段加以鼓励和支持。

（三）纠正偏差

如果能够反映组织机构实际情况的标准已被制定出来，而且人们确实是按这些标准来评定工作成效的，那么管理者就能纠正组织机构中的负偏差，因为管理者已经能够依据委派给个人或小组的任务确知必须在哪个环节采取必要的措施。当然，我们很有可能认为控制就是查找和纠正负偏差，也就是纠正工作中的缺陷。但是，对于标准的偏差也很有可能是正偏差，即工作成果要高于标准，这种情况事实上是经常出现的。发生这种情况固然是一件令人高兴的事情，但是也有必要对这种情况中标准的准确性和恰当性进行检查，然后确定这种正偏差是运气的结果，还是工作表现优秀的结果。纠正计划：工作中管理者把控制看成整个管理系统的一个组成部分，它在管理系统中与其他管理职能结合在一起。我们可以用重新制订计划或修改目标的方法来纠正偏差；可以利用组织手段重新委派任务或明确职责，以纠正发生的偏差；另外，可以用全重新任命人员——解雇的办法来纠正偏差；还可以通过改进指导和领导工作，即把工作职责解释得更明确或更有效地领导工作，来纠正偏差。

有些人认为，纠正偏差不是控制过程的一个步骤，它只是其他管理职能参与控制工作并发挥作用的一个连接点。确实，当工作陷于困境时，控制就不仅包括按标准评定工作成绩，还包括其他弥补工作。控制工作的职能与其他职能交叉在一起，说明管理人员的工作是一个统一的整体，也说明管理是一个完整的系统。之所以要把控制职能与其他管理职能，特别是计划工作职能区分开来，仅仅是因为它是系统地组织管理知识的一种有效方法。

如上所述，标准的确定为比较实际的和预期的工作成果提供了一个尺度。在一项简单的活动中，管理人员可以亲自仔细观察正在进行的工作并对其予以控制。然而，在大多数管理活动中，由于管理活动很复杂，而且管理人员除了亲自观察工作以外还有许多事情要做，因而这种做法就不可能被采用了。这时，管理人员就必须对关键的问题给予特别注意，然后通过观察这些关键点来确认整个工作是否按计划进行。

管理人员所选择的控制点应当是关键性的，它们可能是管理活动中的一些限定因素，也可能是使计划更好地发挥作用的一些因素。有了这些关键点，管理人员就能够管理较多的下属，因而也就能增其管理幅度，最终得以节省成本，改善沟通。换句话说，控制关键点的原理是所有的控制原理中较重要的一个原理。这个原理可以被这样表述：为了进行有效控制，需要对根据各种计划衡量工作成效时有关键意义的那些因素给予特别注意。由于组织和部门各具特性，而要评定的对象多种多样，需要遵循的计划方案种类繁多，所以从来没有一种对所有主管人员都适用的控制标准。但我们可以看到，控制系统中已经出现了一些关键点标准。

选择控制关键点是一种管理技能，因为正确、合理地控制取决于这些关键点。管理人员应当自问：能最好地反映本部门目标的是什么？当工作中发生偏离这些目标的情况时，能最好地指出这些情况的是什么？能最好地计量关键点偏差的是什么？谁应该对此错误负责？什么样的标准所花费的代价最少？经济适用的信息要符合什么标准？等等。

第五节　城市与区域可持续发展管理的执行

一、执行与执行力的含义

执行是依据组织的政策和战略目标，充分调动组织的人力、物力、财力，通过一定的组织形式和组织运作机制实施政策和战略的过程。

执行本身就是战略的组成部分，它是一套系统化的流程，是一个完整的体系。执行力有狭义概念与广义概念之分。狭义的执行力是指一个人的办事能力；广义的执行力是指一个组织、一个企业的执行力，它与在企业、组织达成目标的过程中所有影响最终目标达成的因素有关，如果我们对这些影响因素进行规范、控制及整合运用的话，那么就可提高执行力。

进入21世纪后，执行力对一个企业的发展起着越来越重要的作用，它是企业竞争力的重要组成部分，是决定企业成败的一个重要因素。如果没有执行力，无论战略蓝图多么宏伟或者组织结构多么科学合理，它们都无法发挥其本身的威力。

在激烈的市场竞争中，一个企业的执行力将决定企业的兴衰。执行力是企业达成计划和目标的必要因素。

公共行政执行力是指行政部门及其工作人员贯彻落实上级的战略决策、方针政策和工作部署的操作能力和实践能力，是执行命令、完成任务、达成目标的能力。

二、执行在可持续发展管理中的地位和作用

完成可持续发展管理的根本任务，实现组织的决策目标，依赖于快捷、准确、完善的执行活动。

（一）执行是可持续发展管理的一个重要环节

设立合理的机构、健全工作制度、配备高素质的人员、制定正确的决策，对于完成可持续发展管理任务非常重要，但这些都离不开执行过程。若离开执行活动，可持续发展管理过程中的组织、用人、领导、决策等环节业已完成的工作都会功亏一篑。

（二）执行是可持续发展管理决策目标的实践检验过程

决策目标的确定有无根据，目标规划是否符合客观要求，目标付诸实施的条件是否完备，人们在制定目标的过程中就已经考虑了。但是，这些考虑是否周全，还需要通过执行的实践来检验。在执行过程中，我们若发现决策错误应从速改正，若发现决策有不足应予以补充，若发现薄弱之处要使其逐步完善。总之，执行是检验决策目标正确与否的实践过程。

（三）执行的效果是评估判断可持续发展管理工作的客观依据

执行效果既是完成工作任务的标志，又是管理中诸因素或环节效能的综合反映。组织的结构、人事管理制度、管理效能等都会直接影响行政执行效果。经常以执行效果为衡量可持续发展管理工作的标尺，将有助于改进可持续发展管理活动，提高管理效率，推动管理体制的改革。

三、执行权力的保障与控制

在城市与区域可持续发展管理过程中，执行权力的保障和控制涉及政府、企业和第三部门等不同类型的组织。其中，政府组织是可持续发展管理的重要主体，其执行权力的保障与控制、执行能力的建设，对于城市与区域的可持续发展至关重要，因此，下面的内容主要针对政府组织的执行权力和执行力进行阐述。

（一）执行权力的保障

管理依赖于权力才得以实现。行政机关享有权力是基于维护国家意志、谋求

公共利益、维护公共秩序、增加公共福利的需要。为了有效地行使公共管理职权，保障法律、法规的贯彻执行，国家必须通过宪法和法律赋予特定行政机关行政强制措施权和行政处罚权，确保行政调查和执行的进行，达到行政管理预期的决策目标。

在公共行政执行过程中，有时要采取行政执行的强制措施。行政执行强制措施是行政机关为保障行政效能、实现行政管理目标而采取的强制性手段，包括行政上的即时强制和行政强制执行。

行政上的即时强制（行政处置）是指国家行政机关及公务员为阻止或排除正在妨碍或将要妨碍行政管理活动顺利进行的危害国家和社会利益的突发事件的发生和蔓延而采取的紧急执法行为，是确保行政调查顺利进行和行政处理决定被迅速有效执行的一种强制措施。

行政强制执行是基于公民、法人或其他组织不履行法律、法规规定的义务，行政机关依法采取强制手段迫使其履行义务的行政执行行为。其目的是通过督促义务人履行法定义务，保证国家行政管理活动的顺利进行，提高执行工作的质量和效率，从而实现决策目标。

（二）行政执行权力的控制

行政权力是一种支配他人的权利。国家行政机关凭借这种支配力对社会公共事务进行管理，确保行政活动有序进行。在现代社会，国家行政管理的对象异常复杂，管理的范围相当广泛。由于有效管理的需要，行政权力随之强化和扩大，几乎社会生活的各个方面都被置于行政机关的控制和管理之下。这样，行政权力的行使往往直接涉及被管理者的切身利益。可见，权力的行使如果不受限制，就有可能对被管理者的合法权益造成损害，从而引发社会动荡，违背公共行政活动的目的。

行政权的支配力和强制力孕育着权力的任意性和腐化性，权力不受管制，常使某些工作人员无所顾忌。因此，当今发达国家都通过行政法治手段，从各方面强化对行政权力的控制。

四、行政执行力建设

政府执行力是从企业管理中引入的概念，简单地说，就是保质保量地完成自己的工作和任务的能力。在现实中，我们会遇到这样的情况：某项政策，到了基层，要么完全走样，要么"没那么回事"。我们通过分析不难发现，问题不是出在政策上、理论上，而是出在实践操作层面上，即出在执行力上。因此，从根本上说，如何提高执行力是当前急需解决的问题。在社会体系越来越健全的今天，我

第六章 城市与区域可持续发展的管理流程

们欠缺的或许不是一些决策、法规，而是执行者的"能力"，这个"能力"不仅包括文化知识能力，还包括把决策转变成现实生产力的能力。

行政执行力建设是加强党的执政能力的重要途径，是建设责任、法治、服务型政府的必然要求，是建立行为规范、运转协调、公正透明、廉洁高效的行政管理体制的保障。加强行政执行力建设是贯彻党的路线、方针、政策最基本的要求，直接关系到党和政府的各项工作能不能落到实处。各级管理部门必须有责任感和使命感，进一步提高行政效率和可持续发展管理的效率，进一步改进工作作风和工作方法，切实解决不执行、虚执行或乱执行可持续发展管理的战略决策及工作部署的问题，坚决杜绝推诿扯皮、推卸责任、形式主义、断章取义、阳奉阴违、以会议落实会议、以文件落实文件、部门利益至上、贪小利损大局等种种执行不力的现象。

提高行政执行力必须坚持依法行政的原则，增强人们的法治观念，杜绝行政行为的盲目性和随意性，让依法行政贯穿于可持续发展管理和服务的全过程。切实转变行政理念和方式，增强法制观念和规范意识，依法实施公共服务和管理社会事务，按照法定权限和程序行使权力、履行职责，提高执法水平和办事效率。建立和完善行政机关职能执行机制，形成行为规范、有章可循的执行制度和责任明确、高效执行的执行机制。

提高行政执行力必须加大决策执行、监督和责任追究力度，坚持从严治政，确保政令畅通。完善监督、考核和责任追究制度，使行政监督贯穿于行政决策、行政执行的每一个环节，做到有权必有责、用权受监督、侵权要赔偿、违法受追究。建立和完善执行的责任追究、评议、警示、奖罚制度，把重大决策的执行情况作为考核政绩和领导干部选拔任用的主要依据。

提高行政执行力必须提高行政决策能力，实行依法决策、科学决策、民主决策。提高行政决策透明度，建立健全相关部门充分调查研究、公众广泛参与、专家集中论证、政府最终决定相结合的决策机制，将决策的科学性、民主性与效率性有机地结合起来，使制定的政策符合客观规律并具有操作性，避免朝令夕改，保持政策的稳定性和连续性。建立行政决策评价制度，规范决策的程序，力求以较小的决策成本、较高的决策效率，实现更好的决策效益。

政府要充分履行职能，成为一个有能力、有成效并为广大群众所认可和拥护的政府，创新政府管理理念。一是强化政府服务的理念。强化"行政就是服务"的理念，才能解决滥用职权的问题，才能走出把管理当作管制的误区，才能把各项便民、利民之举措真正落到实处。二是强化责任政府的理念。政府服务的过程也是政府履行职责的过程。因此，责任意识与服务意识相辅相成、相得益彰。若服务意识缺失，政府难以真正尽职尽责；若责任意识缺乏，政府服务也难以实现。确立和强化责任意识，杜绝随意量裁，才能真正做到权为民所用。三是要强化政府效能的理念。效能是政府管理的根本价值所在。政府执行力的提升要体现在政府运转速度快、办事效率高、行政成本低、社会效益好等方面，因此，必须强化效能意识，把成本管理、效率管理纳入政府管理。

第七章　城市与区域可持续发展管理的评价体系

第一节　可持续发展评价与生命周期评价

一、可持续发展评价的指标与方法论

（一）发展指标与可持续性测度

1. 对 GDP/GNP 的反思

用 GDP/GNP 测度经济发展水平源于经济增长观的经济学范式并沿用至今，其依据是国民经济核算体系（SNA）——由联合国设计，用于测算市场交易的收入和生产流量。GDP 与 GNP 是两个基本含义相近，但统计尺度不同的指标。两者均是按市场价格计算的一定时期内国民经济所产生的产品和服务的总和，并扣除中间消耗部分。但 GDP 依据国土原则，包含一切在本国领土上的经济活动，而不论其经济活动参与者是否是本国居民；GNP 依据国民原则，包含本国居民从事经济活动的全部成果，而不问其居住在何处。GDP/GNP 均是流量指标，对于流动的货币或商品是完善的测度指标，但它反映社会福利水平时是有缺陷的。而发展的中心意义是社会和个人的福利增加，因此，GDP/GNP 作为发展指标的局限性也非常明显。

首先，GDP/GNP 对收入与成本不加区分。GDP/GNP 不能揭示出经济究竟靠什么获得了增长，是收入还是资本，是利息还是本金。例如，石油、矿产、森林以及土壤的损耗都是资本的消耗，然而这种不可持续的消耗在 GDP/GNP 中和可持续的生产（真正的收入）是被同等对待的，并没有加以区别。这实际上又造成了 GDP/GNP 对福利水平的高估，尤其是高估了修复人类其他行为导致的环境或健康损害的支出价值。例如，发达国家对小汽车依赖度的不断增加导致了汽车交通事故，进而增加了与这些事故有关的健康服务支出——这很难被看成福利的增加。而大多数发展中国家 GDP/GNP 的增长很大程度上是通过兑现森林、渔业和肥沃的表土等自然资本来实现的，有的甚至以损害国民的健康为代价。以我国为例，每年健康和环境损害占 GNP 的 10% 左右。

其次，GDP/GNP 不包括非市场或非货币化的经济活动。GDP/GNP 不能反映家庭工作（照看孩子和整理家务等）和地下经济（跳蚤交易及其他非法交易等）的产出量，也不能体现生态服务的价值。因此，用 GDP/GNP 测度的福利指标是被低估的，且不能反映收入分配状态和平等机会。

最后，GDP/GNP 以货币单位度量，在进行国际比较时，往往因汇率的折算、各国相对价格结构的差异以及国民收入核算体系等问题，出现较大的统计失真。

鉴于 GDP/GNP 指标的上述缺陷，国际社会和学术界致力于发展指标的研究，这些工作沿着两个方向进行，一是对 GDP/GNP 的修正，二是建立社会指标体系，推动着发展测度理论的不断完善，为可持续发展的指标体系构建奠定了基础。

2. GDP/GNP 的修正与社会指标体系

（1）经济福利测度指标（MEW）与可持续发展的经济福利指数（ISEW）。20世纪70年代，耶鲁大学的威廉·诺德豪斯和阿瑟·托宾创建了 MEW。他们的基本方法是，从 GDP/GNP 中减去那些被认为不是当前消费品的东西，包括贬值、投资和诸如上班的交通费用于及因居住在城市而增加的生活成本。同时他们做出一项明确的假设，即被忽略的项目（如环境污染成本）与那些同样被忽略的收入项目（如无工资的劳动成果）是相等的。通过对美国1929~1965年36年的 MEW 的计算，得出 MEW 与 GDP 存在着某种相关性，即同时增长，但前者慢于后者。

戴利和科布在1989年根据美国情况提出 ISEW，它也被称为真实进步指数（GPI）。他们从个人消费数据入手，对收入分配的平等程度、自然资本的消耗、外债的增加及其他方面的变化做了一系列的调整，发现1950年到1970年间的 GNP 和 ISEW 大致表现为一齐上升，但进入20世纪70年代以后，ISEW 保持原有水平，从20世纪80年代早期开始有所下降，而 GNP 在整个时期持续上升。

从福利测度角度看，MEW 和 ISEW 优于 GDP/GNP 是毋庸置疑的。但 MEW 没有考虑到自然资本如森林、表土和地下水的贬值问题，而它对环境污染成本和健康损失与无工资劳动收入大致相等的假设不能随时间外推。一般我们倾向认为，无工资的劳动收入部分随着越来越多的工作货币化而下降，但难以看出环境污染成本的这一趋势。ISEW 虽然扣除了自然资本的损耗，但仍有保守的成分，正如戴利本人所指出的，ISEW 没有减去有害产品如烟草和酒精的成本，也没有对伴随总收入增长的边际效用下降进行任何修正。

（2）绿色 GDP/GNP。GDP/GNP 的缺陷从本质上讲是国民经济核算体系（SNA）的缺陷造成的，任何对 GDP/GNP 的修正必然涉及对 SNA 的改革。对于统计系统，连贯性和可比性很重要，因此我们有强烈的倾向保留 SNA 和 GDP/GNP，而通过建

第七章　城市与区域可持续发展管理的评价体系

立"卫星账户"来弥补 SNA 和 GDP/GNP 的缺陷。环境账户就是被作为 SNA 的卫星账户而开发的，目前已经形成了自然资源账户、资源和污染物流量账户（物质流账户）、环境支出账户等多种形式。联合国于 1993 年设计的综合环境与经济核算体系（SEEA）将上述多种环境账户形式统一起来，作为 SNA 的附属物，而不改变 SNA 的核心账户。SEEA 的目标在于：① 将 SNA 中与环境有关的流量项目和存量项目分离列出；② 将实物资源核算与货币化环境核算以及资产负债表相联系；③ 评价环境成本与效益；④ 对维持的有形财富给予专门核算；⑤ 对传统的产品和收入指标加以环境调整。在 SEEA 的支持下，对 GDP/GNP 进行资源—环境调整成为可能，新指标被称为绿色 GDP/GNP。它的概念可以被表述为，在不减少现有资产水平的前提下所实现的价值水平。这里的资产包括人造资本（厂房、机器和运输工具等）、人力资本（知识与技术）以及环境资本（矿产、森林及草原等）。

（3）社会指标体系。建立社会发展指标体系始于 20 世纪 60 年代的美国，随后在 OECD、联合国、日本等国家或组织展开。与 GDP/GNP 及其改良指标不同，社会指标不拘泥于一元尺度化或货币化，而试图用一个指标体系来全面衡量国家或地区的经济社会发展水平。1970 年，联合国社会发展研究所（UNRISD）设计的社会发展综合指标包括 16 项（9 个社会指标和 7 个经济指标）。阿尔德曼和莫里斯根据社会、经济和政治因素之间相互作用的方式对发展做出衡量，提出了 40 个变量指标。由于社会指标数量多，价值量与实物量并存，人们难以给出一个综合评价尺度，因此，莫里斯等人提出了生活质量指数（PQU）。它由识字率、预期寿命和婴儿死亡率构成，各项指标根据高低程度按百分制打分排出名次，以同样的权数平均得出 PQU。它简单明了，且以产出（福利的直接度量）而非投入（诸如人均医生数、摄取的热量单位等）为依据。因此，一些发展经济学家建议以此作为 GDP/GNP 的补充形式来衡量发展水平。但也有人认为它还有一些缺点：指数内涵过于狭窄，如就业、住房、收入以及社会和政治参与等重要指标都不被包括在内；指数概念不够清楚，识字率似乎与物质生活质量无直接联系，而与卫生健康有重大关系的发病率又未得到反映；等等。

1990 年，联合国开发计划署（UNDP）提出了"人类发展指数"（HDI），该指数综合了预期寿命、受教育程度和生活质量（实际收入水平）三项指标，将所有国家按照它们所得出的分数高低从 0（最低人类发展）到 1（最高人类发展）排列。HDI 在指标的内涵和计算方法上较 PQU 更丰富和细致。各国的 HDI 排列顺序与人均 GDP/GNP 的排列顺序有较大的差异，这进一步证明了 GDP/GNP 指标的局限性。尽管 HDI 也受到与 PQU 受到的类似的批判，而对它的肯定之处在于"当把 HDI 和传统的衡量发展的经济标准结合在一起时，我们的认识能力就会有一个极大的提高，搞清楚哪些国家真正处于发展过程之中，而哪些国家不是"。

3. 可持续发展的指标体系

从 GDP 测度到社会指标体系，描绘了发展问题的多维属性。进入 20 世纪 90 年代以来，以可持续发展为根本目标的测度指标建立在社会指标体系的基础上，将社会、经济与环境指标纳入可持续发展的指标体系框架下，综合评价可持续发展能力和水平。目前，已形成多种指标体系，其中较为有影响的指标体系有三种。

（1）联合国可持续发展指标体系。联合国可持续发展委员会（UNCSD）与多家国际机构合作，于 1996 年提出了一个初步的可持续发展核心指标体系框架。该框架紧密结合《21 世纪议程》，提出社会、经济、环境和制度四大系统和"驱动力—状态—响应"的概念模型（DSR 模型），共包括 130 个指标。其中驱动力指标用于表明那些造成发展不可持续的人类活动、消费模式或经济系统的一些因素；状态指标用于反映可持续发展过程中的各系统状态；响应指标用于表明人类为促进可持续发展进程所采取的对策。DSR 模型突出了环境受到的压力和环境退化之间的因果关系，因此与可持续发展的环境目标之间的联系密切。但对于社会和经济指标，驱动力指标和状态指标之间则没有必然的联系，且两种指标缺乏明确的界定。此外，指标数目庞大也会造成数据采集困难。

（2）世界银行可持续发展指标体系。世界银行于 1995 年提出的可持续发展指标体系的突出特征是从"收入"测度转向"财富"测度。该指标体系综合了四组要素去判断各国或地区的实际财富以及可持续发展能力随时间的动态变化。这四组要素分别是：自然资本、生产资本、人力资本、社会资本。按照这个指标体系，世界银行计算了全世界 192 个国家和地区的财富价值（未包括社会资本），并为其中 90 个国家和地区建立了 25 年的时间序列。这一方法提供了一种对财富的新认识。传统观念确定财富的首要因素是生产资本，而在这个指标体系中，生产资本占国家财富的份额不超过 20%，这就意味着组成国家财富要素的自然资本和人力资本更为重要。世界银行的研究表明，靠自然资本创造的资产将会贬值，而对人力资源的投资所产生的能力是无穷的。投资于人力资源开发是增加财富、提高可持续发展能力的明智之举。世界银行的财富评价指标体系内涵丰富，兼具时间序列的比较功能，并提出了积极的具有操作意义的政策和建议。然而，这一指标体系仍然存在着某些欠缺。例如，它忽略了不同国家的基础条件，即不同发展阶段和不同的文化背景；该指标体系未能体现发达国家在发展初期因疯狂掠夺自然资本而对全球造成的灾难性影响，因而未涉及有关的国际责任和义务。此外，该指标体系由于没有充分考虑地理空间的不均衡性也受到质疑。

（3）中国可持续发展指标体系。我国率先制定了《中国 21 世纪议程》，在可持续发展指标体系研究方面也表现得异常活跃。特别是 20 世纪 90 年代中期以后，政府机构、科研单位及独立学者在此领域进行了深入探讨，积累了一批研究成果，为国家和地方实施可持续发展战略提供了行动依据。

"中国科学院可持续发展研究组"依据人口、资源、环境、经济、技术管理相协调的基本原理，按照总体层、系统层、状态层、变量层和要素层的"五级叠加、逐层收敛、规范权重、统一排序"的方式构造的可持续发展指标体系由 249 个变量组成，综合成 47 个指数，分属于五大系统（生存支持系统、发展支持系统、环境支持系统、社会支持系统、智力支持系统），并通过系统的结构—功能关系来确定。

国家统计局统计科学研究所和中国 21 世纪议程管理中心成立的"中国可持续发展指标体系研究"课题组，将可持续发展指标体系概括为经济、社会、人口、资源、环境及科教六大部分，提出描述性指标 196 个，评价指标 100 个。而国家计委国土与地区经济研究所"中国可持续发展指标体系研究"课题组把可持续发展指标体系分成两种类型：外延指标（自然资源存量和固定资产存量）与内在指标（由外延指标派生出来的，包括时间指标和状态指标等）。这些指标涵盖社会发展指标 23 个，经济发展指标 18 个，资源指标 6 个，环境指标 20 个，非货币指标 12 个。

除此之外，北京大学的张世秋教授根据 UNCSD 的指标体系框架，提出包括 169 个指标的可持续发展指标体系。中科院的毛汉英教授提出了包括 15 个大类、90 个指标的可持续发展指标体系。

由于对可持续发展的理解偏差，我国可持续发展指标体系各有侧重，在实践应用方面多采取具体情况具体对待的方式，主观色彩浓厚，这使可持续发展指标体系的科学性受到挑战。目前的指标体系研究尽管百花齐放，但已显出无序状态，需要规范和统一，而前期的研究成果又为规范与统一奠定了较好的基础。

（二）可持续发展的综合评价方法

以往对发展的测度目的在于评价发展水平，侧重于对现状或过去的评价，单一指标不能全面反映发展水平。指标体系是必要的，它们从多角度描述发展水平，但很少涉及综合评价或只将其作为一种补充手段。可持续发展评价的目的在于揭示能力，它是对未来发展潜力的评价。根据这一目标构建的指标体系中，各要素是彼此关联、相互制约的，单一指标很难反映可持续发展能力，综合评价是必要的，即用一个能反映各要素影响的综合指标来评价可持续发展能力，以便进行区域或国家之间的比较。由于可持续发展指标体系中的指标数量大且量纲不统一，因而人们通常都采用无量纲化评价方法。我国在这方面的研究案例较多，主要是采用指数化方法、因子分析法和层次分析法等。

1. 指数化方法

指数化方法是目前应用较多的方法，它是采用极差标准化方式，将样本数据转变为 0~1 的指数。一般在应用此方法时，首先应将各类数据划分为正向指标和逆向指标。所谓正向指标，就是指指标数值越大，其反映的事物越积极，而逆向指标代表的意义正相反。在这里将正向指标指数化后所得的数据被称为积极指数，逆向指标指数化后所得的数据被称为消极指数。两种指数的具体计算方法如下：

积极指数 =（实际值 - 最小值）/（最大值 - 最小值）（3-2）

消极指数 =（最大值 - 实际值）/（最大值 - 最小值）（3-3）

用上述方法处理的指标保证了原始数据代表的意义的同向化趋势，同时又消除了不同的量纲。指数化后的数据通过加权求和，得出综合得分。HDI 和 PQU 均属此种方法。廖志杰等人对中国区域可持续发展水平的分析也采用了指数化方法。

2. 因子分析法

因子分析法的基本原理是利用数学上的正交变换及降维思想，将多要素的可持续发展指标化为少数几个综合指标，即公因子，并计算公因子的综合得分，以此来确定区域可持续发展的能力。

应用因子分析法，首先应将原始数据标准化，然后求标准化数据的相关矩阵；相关矩阵的特征根即为提取的公因子，一般公因子提取的条件为特征根值大于或等于1，并同时保证各公因子的累积方差贡献率（X）大于85%，这说明公因子能反映大部分原始变量的信息；求因子载荷矩阵，可解释公因子的含义，如公因子的含义无法解释，则可通过因子旋转得出满意的公因子含义，并求出因子的综合得分；因子的综合得分以各因子的方差贡献率为权重，用各公因子的得分加权求和得出。因子分析方法计算过程复杂，但 SPSS 软件可以使计算过程更简便。王黎明、毛汉英的《我国沿海地区可持续发展能力的定量研究》以及甄峰、顾朝林等人的《江苏省可持续发展指标体系研究》均使用了因子分析法计算可持续发展能力。

3. 层次分析法

层次分析法是一种多目标、多准则的评价方法。它将一些困难的定性问题在严格的数学运算基础上定量化，从而将定量与定性问题综合为统一整体进行综合分析。

层次分析法通过分析复杂问题所包含因素的相互关系，将待解决问题分解为

第七章 城市与区域可持续发展管理的评价体系

不同层次的要素,构成递阶层次结构;然后对每一层次要素按规定的准则两两进行比较,建立判断矩阵;计算判断矩阵最大特征值及对应的正交特征向量,得出每一层次各要素的权重值,并进行一致性检验;在一致性检验通过后,再计算各层次要素对于所研究问题的综合权重,据此计算综合得分。层次分析法的关键是构造判断矩阵并计算综合权重,通常这一过程采用专家评价并配以程序模型来计算。王云才、郭焕成在《鲁西平原农村经济可持续发展指标体系与评价》中,黄朝永、顾朝林等人在《江苏省可持续发展能力评价》中均使用了层次分析方法。

4. 综合评价方法的特点和局限性

(1) 解决了多指标量纲的统一问题,增强了比较功能。可持续发展综合评价方法最突出的特点就是去除了不统一的指标量纲,实现多指标的综合。这与 GDP/GNP 指标或财富指标评价有本质不同,后者试图将不同量纲的指标统一为价格/价值尺度,尽管具有一定的综合性,但转化后各项指标的价值量往往因价格扭曲而失真,这是目前多数价值评价法的缺陷。上述综合评价方法克服了这种缺陷,完美地实现了多量纲指标的综合,有利于国家或区域间可持续发展能力的横向比较。

(2) 对权重科学处理,强化了综合指标的客观性。上述评价方法中均涉及指标的权重问题。指数法和层次分析法主要依靠人为赋权,如果指标数量有限,彼此关系一目了然,直接赋权或以相同权重简化处理是可行的。但指标数量大,又难以准确地把握指标的重要程度,直接赋权的主观性较强,因此需要特殊处理。目前较多运用的是层次分析与专家判别确定指标的权重,这被认为是行之有效的方法。因子分析方法虽然也涉及权重问题,但它的权重通过指标的相关系数矩阵特征值求得,权重的客观性是能够保证的。

(3) 强调结果、忽视过程,综合指标的政策功能丧失。可持续发展的各项指标经无量纲化处理后,只是保留了彼此之间的相关关系,但已失去了固有含义,通过加权求和的综合得分只能反映可持续发展能力的强弱,却不能看出影响因素的作用过程。失去对过程的了解,就难以发挥调控的作用。因此,对可持续发展能力的评价就成了纸上谈兵,只具有比较意义,而无调控作用。一个国家或区域很难依据综合指标制定可持续发展的政策,在探讨政策问题时,又需要回到指标体系层次上考察单个指标的可持续性,而单个指标的片面性必然会影响可持续发展政策的有效性,使政策制定者陷入两难的境地,这就产生了立足于过程的综合评价需求。

二、生命周期评价（LCA）的理论与方法

（一）LCA 从诞生到标准化

LCA 起源于 20 世纪 60 年代化学工程中应用的"物质－能量流平衡方法"，原本是用来计算工艺过程中材料用量的方法，后被应用到产品整个生命周期——原料提取、制造、运输与分销、使用、循环回收直至废弃，是"从摇篮到坟墓"的环境影响评价。1990 年，国际环境毒理学会（SETAC）提出将 LCA 作为正式术语，并给出了 LCA 的定义和规范。其后，国际标准化组织（ISO）组织了大量的研究工作，对 LCA 方法进行了标准化。

1. SETAC 与 LCA

20 世纪 80 年代，欧美学者开始应用生命周期（life cycle）理论评价产品生产和消费过程对环境的影响，分别使用了不同的术语，如"为环境而设计"（design for the environment）、环境意识设计与制造（environmentally conscious design and manufacturing）、产品责任意识（product responsibility）、产品生态设计（ecodesign），等等。1990 年在美国佛蒙特周召开的 SETAC 研讨会上，与会者就 LCA 的概念和理论框架取得了广泛的一致并确定使用 LCA 这个术语，从而统一了国际上的 LCA 研究。1993 年 SETAC 发布了第一个 LCA 的指导性文件《LCA 指南：操作规则》。文件总结了当时 LCA 的研究成果，定义了 LCA 的概念和理论框架，制定了具体的实施细则，也描述了 LCA 的应用前景。但由于 SETAC 指南的非强制性特点，LCA 的实际应用在很多情况下并没有完全遵循这一指南。

2. LCA 与 ISO 14000

由于成功推出 ISO 9000 产品质量系列国际标准，ISO 成为有影响的国际标准化组织。该组织于 1992 年成立了 SAGE（环境战略顾问组）。在 SAGE 的调查报告中 ISO 建议尽快着手建立环境管理的国际标准。1993 年 6 月，ISO 成立了环境管理技术委员会 TC207，正式开展环境管理的国际标准化工作。

ISO/TC207 制定了 ISO 14000 国际环境管理系列标准（表 3-1），将 LCA 方法作为一种环境管理工具列入 ISO 14000 的第四系列标准中，标准号为 14040～14049。该系列是在 SETAC 指南基础上发展起来的。ISO 对 LCA 的标准化有利于 LCA 方法的统一和实施，促进了 LCA 的进一步发展。由于 ISO 的国际影响，以及 LCA 在 ISO 标准中所占的地位，经过标准化的 LCA 的应用领域不断拓宽。

3. LCA 的内涵界定

1993 年 SETAC 给出的 LCA 定义是：通过确定和量化相关的能源、物质消耗及

废弃物排放，来评价某一产品、过程或事件的环境负荷，并定量给出由于使用这些能源和材料对环境造成的影响；通过分析这些影响，寻找改善环境的机会；评价过程应包括该产品、过程或事件的寿命全程分析，包括从原材料的提取与加工制造、运输分销、使用维持、循环回收，直至最终废弃在内的整个寿命循环过程。

1997年ISO在ISO14040中对LCA及其相关概念进一步解释为：LCA是对产品系统在整个生命周期中的（能量和物质的）输入输出和潜在环境影响的汇编和评价。这里的产品系统是指具有特定功能的、与物质和能量相关的操作过程单元的集合。在LCA标准中，"产品"既可以指（一般制造业的）产品系统，也可以指（服务业提供的）服务系统；生命周期是指产品系统中连续的和相互联系的阶段，它从原材料的获得或者自然资源的产生一直到最终产品的废弃为止。

从SETAC和ISO的阐述中可以看，在LCA的发展过程中，其定义不断地得到完善。目前，LCA评价已从单个产品的评价发展成系统评价，然而单个产品的评价是系统评价的基础。

（二）LCA的技术框架与分析方法

根据1997年ISO14040标准的定义，LCA技术框架与分析方法包含四个组成部分。

1. 目标与范围定义

对某一过程、产品或事件，在开始应用LCA评价其环境影响之前，必须明确地表述评估的目标和范围。LCA的评价目标包括：① 评价对象；② 实施评价的原因；③ 评价结果的公布范围。

LCA的评价范围包括：① 评价的功能单元；② 评价的边界定义；③ 输入、输出的分配方法；④ 数据要求；⑤ 审核方法及评价报告的类型和格式等。范围定义必须保证足够的评价广度和深度，以符合对评价目标的定义，评价过程中范围的定义是一个反复的过程，必要时可以进行修改。

2. 编目分析

根据评价的目标和范围定义，针对评价对象搜集定量或定性的输入输出数据，并对这些数据进行分类整理和计算的过程称为编目分析。编目分析是对产品整个生命周期中消耗的原材料、能源以及固体废弃物、大气污染物、水体污染物等，根据物质平衡和能量平衡进行调查并获取数据的过程。编目分析在LCA评价中占有重要的地位，环境影响评价过程就是建立在编目分析的数据基础上的。编目分析继承了物质流分析的核心内容（具体编目方法参见物质流分析部分），是LCA四个组成部分中发展最成熟的部分。

3. 生命周期影响评价

生命周期影响评价建立在编目分析的基础上，其目的是更好地理解编目分析数据与环境的相关性，评价各种环境损害造成的总的环境影响的严重程度。生命周期影响评价的基本过程包括三个方面：影响分类（impact category）、分类标识（category indicator）和总体评价（aggregate assessment）。

影响分类是基于对环境机制的理解将编目分析条目按环境相关性进行分类。而环境机制包括了产品系统与环境之间相互作用的所有自然过程。根据环境相关性程度，影响分类可概括为环境干扰分类、间接影响分类、直接影响分类和保护领域分类，在实际应用中还可以进一步细化分类条目。

分类标识是对影响分类条目单位指标的量化，用来区别不同的影响分类因素（类别）所产生的同类影响程度的差异。如二氧化硫和氮氧化物都能引起酸雨，但同样的排放量引起的酸雨程度不同。分类标识就是对比分析和量化这种程度的过程。通常分类标识采用计算"当量"的方法，用于比较和量化这种程度上的差别。而某一影响类别的环境影响可以通过总量乘以当量来获得。总体评价就是对不同影响类别的环境影响进行综合评价，总体评价可以在不同的阶段进行，最简单的就是输入-输出的环境影响总体评价，也可以在最终的环境损害程度上进行综合评价。综合评价方法可以采用上文介绍的方法，也可以用线性规划或模糊判别等方法。

4. 评价结果的解释

在20世纪90年代初提出的LCA方法中，LCA的第四部分是环境改善评价，目的是寻找减小环境影响、改善环境状况的时机和途径，并对这个改善环境途径的技术合理性进行判断和评价。但由于许多改善环境的措施涉及具体的关键技术、专利等各种知识产权问题，许多企业对环境改善评价过程持抵触态度，担心其技术优势外泄，而且环境改善过程也没有普遍适用的方法，难以标准化。因此，在1997年，ISO在LCA标准中去掉了环境改善评价这一步骤，但这并不是否定LCA在环境改善中的作用。

在新的LCA标准中，第四部分修改为解释过程。主要是将编目分析和环境影响评价的结果进行综合，对该过程、事件或产品的环境影响进行阐述和分析，最终给出评价的结论及建议。

（三）LCA的应用价值和局限性

1. LCA的应用领域和应用价值

LCA作为环境管理工具，旨在通过专业的环境影响评价，让风险者（企业、消费者和政府）了解产品或服务及其开发过程中的环境影响，以便采取积极的改善措施，引导企业、消费者和政府行为的环境保护取向。因此，提供完善的环境影响信息是 LCA 的基本功能。这些信息包括产品或服务的生产工艺和过程，每一阶段的物质、能量输入与输出，流通环节的能量代谢等，需要一个庞大的数据库支持。通常情况下，绝大多数产品或服务的开发系统涉及能量和运输，所以能源生产和不同运输方式的环境编目数据，是一种基础数据，一次收集之后可以被多次利用。与此类似，一种材料也会在多种产品中被用到，所以对常用材料的基础评价也是非常重要的。20 世纪 90 年代以来，全世界围绕 LCA 研究建立的材料环境性能数据库已超过 1 000 个。由于 LCA 的数据具有较强的地域性，许多国家建立了自己的材料环境性能数据库。

为了便于 LCA 数据的交流和使用，国际 LCA 发展组织（SPOLD）提出了一种统一的编目数据格式——SPOLD，并策划建立 SPOLD 数据库网络。该网络由各国（地区）提供的 SPOLD 格式编目数据组成，这些数据按照各自的功能定义组织为数据集，用户可以在网上直接查询 SPOLD 数据集。由于 LCA 评估中需要处理大量的数据，近年来又开发了一批评价软件，如 SimaPro 4.0，GaBi 3.0 等。

LCA 数据库和评价软件可以对产品和过程进行环境影响评价。到目前为止，LCA 在钢铁、有色金属、玻璃、水泥、塑料、橡胶、铝合金等材料方面，在容器、包装、复印机、计算机、汽车、轮船、飞机、洗衣机及其他家用电器等方面的环境影响应用都有尝试。此外，也有对城市建筑和旅游等活动的生命周期评价应用案例。这些实践工作为企业、消费者和政府提供了内容丰富的决策支持依据，充分反映了 LCA 作为环境管理工具的应用价值。

企业处于改善产品系统环境影响的最有利位置上。企业可以利用 LCA 的评价结果，在产品设计初期就考虑选择环境影响小的材料，并设法改进生产工艺，使产品系统趋向环境影响不断减小方向发展。

消费者掌握着主动权，可以利用 LCA 的评价结果，在购买产品时选择环境影响小的产品，成为企业改善产品的环境协调性的动因。

政府除了作为一般意义的消费者外，还具有监督者和政策制定者身份。政府可以根据 LCA 评价结果制定鼓励或限制的环境保护产业政策，也可以制定"生产者责任制度"推动企业在源头控制产品系统的环境影响。

因此，LCA 在引导企业和消费者行为，以及政府的产业政策制定等方面均有重要的指导意义。LCA 已引起国际社会和各国政府的广泛重视，各国正在积极将 LCA 付诸实践。

2. LCA 的局限性

LCA 与其他有影响的评价方法一样，在引起社会广泛关注的同时，也遭到许多方面的质疑。这种质疑首先是来自 LCA 的技术方面的局限性。尽管 LCA 是以一种环境管理工具出现的，但它的评价框架侧重于自然过程评价，不涉及技术、经济或社会效果的评价，也不考虑诸如质量、性能、成本、利润等因素。因此，在 LCA 的评价框架中，社会价值取向考虑得较少，所以在决策过程中人们不可能完全依赖于 LCA 解决所有问题。此外，由于环境机制过于复杂，受认识能力限制，人们目前还不能完全理解产品系统与环境之间的相互作用。因此，LCA 对自然过程的评价也存在着片面性。

关于 LCA 的标准化问题也存在着争议。标准化工作推动了 LCA 的发展，但地理差异与空间尺度大小、甚至是时间尺度变化，都会影响 LCA 的评价结果，给标准化带来一定的难度。尤其是在环境机制尚不明确的前提下，进行 LCA 标准化过程必然涉及诸如假设条件的限制，增强了 LCA 评价的主观性。一些批评者认为，LCA 处于开发的初期阶段，过早地标准化和其中的许多假设都将阻碍对 LCA 方法改进的探索，最终将不利于它的发展。另外，LCA 的评价结果具有较强的时效性，而标准化过程的成本是高昂的，也有人因此而质疑标准化的意义。

尽管存在着上述对 LCA 的批评，LCA 在引导企业、消费者和政府行为方面的作用仍然不容忽视。我们不认为 LCA 是可以取代其他评价方法的唯一可行方法，但却承认其在可持续发展评估中具有不可替代的作用。它可以作为其他可持续发展评价方法的一个重要补充。虽然 LCA 的标准化过程存在许多障碍，但不会影响地方的 LCA 实践。在地方 LCA 的开发过程中，深化对环境机制的理解，融入地方社会价值观体系，使之成为促进地方可持续发展的有效环境管理工具，这将是 LCA 发展所面临的新课题。

三、生命周期评价应用于城市可持续发展评估的指导意义

（一）建立了城市生态系统物质代谢过程与环境影响之间的关联

LCA 是对产品系统物质代谢过程的环境影响评价。产品系统可以被视为城市生态系统的子系统和功能单元，产品系统的物质代谢过程是更高层次的城市生态系统物质代谢的一部分。城市生态系统的物质代谢过程是通过一系列产品系统的物质交流来实现的。LCA 的编目分析提供了城市生态系统物质代谢过程的全貌，而环境影响评价则进一步指出了城市生态系统物质代谢过程对环境产生的干扰程

度,这完全是一种基于物质过程的、对人类活动环境影响的系统评估,建立了过程和结果的直接关联。

(二) 丰富了城市生态系统物质流分析的理论与方法

了解城市生态系统的物质代谢过程有利于揭示人类活动对环境的影响。城市生态系统的物质代谢过程极其复杂,要详细了解这一过程,需要进行科学的分解,进一步划分出子系统和功能单元。LCA 通过"目标范围的定义"与"编目分析",为城市生态系统物质流分析提供了科学的方法论基础;在此基础上开发的"生命周期环境影响评价"建立了物质代谢过程和环境影响之间的关联,并通过"结果的解释"向决策者提供更为综合的结论和建议。因此,LCA 技术框架的开发丰富和完善了城市生态系统物质流分析的理论与方法。

(三) LCA 是改善城市生态系统物质代谢过程的管理工具

LCA 与一般评价方法不同,它不仅提供描述性的分析,也给出具有指导性的评价结论,并从减少环境影响和提高物质效率出发,提出改善建议,因此对城市生态系统的物质代谢过程具有较强的指导意义。它可以针对不同行为主体(企业、消费者、政府),提出改善的建议,引导其行为方向,而这些行为主体又构成了城市生态系统的生产者和消费者群体,他们的行为活动对环境造成干扰,因而改善的措施也要作用于这些行为主体。通过对行为主体的行为调整改善物质代谢过程的环境影响,从本质上是一种源头解决的办法,它是环境管理的基础,LCA 提供的正是这样一种源头解决的环境管理工具。

第二节 物质效率评价与物质效率改善

城市生态系统物质代谢过程中形成了三种压力:人口压力、资源压力和环境压力(社会问题与此相伴而生,在此不做探讨),是城市可持续发展的巨大障碍。人口压力向来被认为是根本问题;控制人口数量是必要的努力,但远非问题的根本。工业文明以来的生产方式和消费方式对环境改变负有不可推卸的责任,由此带来的资源与环境压力对人类社会的可持续发展构成真正的威胁。本书第一章将工业文明的生产和消费模式概括为"大量的生产——大量的消费——大量的废弃"的线性模式,这一模式需要大量的物质能量输入,并伴随着大量的废弃物输出。为减缓资源与环境的压力,就必须减少物质与能量的投入,减少废弃物的输出。简言之,城市可持续发展依靠物质效率的提高。本节就探讨物质效率提高的可能性与改善途径。

一、物质效率的评判依据

（一）非物质中心化与物质消耗强度（intensity of use）

本书第一章在论述产业生态学追求的目标中提出了"非物质中心化"概念，即单位经济产出所需的物质输入和废弃物输出量的绝对或相对减少。这一简单概念建立了输入与输出、生产和消费、数量与质量之间的多重关联，明确规定了物质效率评价的维度与方向。非物质中心化是一个典型的过程评价尺度，它同时考虑输入与输出双向标准，联系了生产与消费两个环节，并把物质的输入与输出数量（物理重量）与经济产出的质量（GDP）有效结合，同时指出了国民经济系统的物质消费的减量化与物质效率提高的趋势。因此，这一概念得到了极大的关注，并成为国民经济系统的物质效率评价的重要标准。而在非物质中心化研究领域，经常使用的一个指标——物质消耗强度，是指单位产出的物质消费数量，可以更为直接地体现国民经济的物质效率水平。因为今天的输入意味着明天的输出，减少输入才能最终减少输出，从输入端评价物质效率具有积极意义。

（二）总物质消费水平

1. 基于重量的总消费水平测度

总物质消费水平是指在经济活动中，各种物质消费量的总和（M）。目前，大多数物质消费量是以物质消费的重量单位来计算的，以物理重量计算的物质消费总量有明确的优点：首先，物理重量的计量是绝对的，无争议的（与货币单位相比）；其次，用物理量计量可以进行输入与输出的平衡运算（物质不灭）。但物质重量计量仍然存在着忽视物质的"质量"差异这一根本缺陷。物质质量的差异引起的物质输入量的差异是巨大的，因此 Cleveland 和 Ruth 提出了一种修正的方法来重新定义总物质消费水平。

2. 基于价格的物质属性界定

经济学家的观点认为，生产要素（输入）的价格是由边际效益所决定的，即增加单位物质的使用量所带来的产出的增加。而物质的边际效益又与其物理属性直接关联，物质的物理属性（强度、表面光泽、抗腐蚀性、传导性能等）决定了其经济价值。价值决定价格，因此价格反映了物质的物理属性，那么物质的质量参数就可以用物质的价格（P）来体现。

尽管以价格界定物质的质量参数存在一定的合理性，但它也隐含一个假设，那就是物质是可以完全替代的，而这个假设的现实根基是十分脆弱的。此外，市场价格信号的准确性也受到质疑。普遍存在的外部性问题是市场不完善的结果，在这种情况下价格往往不反映物质的真实成本,对其经济价值的反映也往往存在着扭曲。当物质效率评价涉及废弃物评价时,这一方法的局限性就充分地暴露出来。因为废弃物是难以用经济价值衡量的一类物质。

3. 基于能效的物质属性界定

罗伯特·艾尔斯和他的同事用能效(energy)描述物质的属性。所谓能效,是指能源从某一最初来源转化为最终服务的效率,通常被称为"第二定律"效率。能效通过过程来体现,任何过程的能效是指该过程理论需要的最小能量与实际使用能量的比率。因此,能效连接生产和消费过程,同时反映资源和废弃物的属性。化石燃料能效就是其能量转化率;对于不同的原料,其能效是由一种稳定状态到另一种稳定状态过程中,其结合的化学能的变化。物质从原料转化成废弃物表现为其固定的化学能的变化,因此能效也是污染程度的一种测算。尽管艾尔斯等人极力主张将能效作为反映物质物理属性的计量标准,但能效尺度也有一些缺点:首先,能效与重量或体积等物理量一样,是物质属性的一个方面,它不能反映物质的其他属性;其次,能效也不能反映能源转换过程中的外部性,如能效虽然能计量一些化石燃料的转化率,却不能反映其在全球变化中的作用,对于某些废弃物的污染程度的反映也是单方面的;最后,理论上能效是可以计算的,但其计量工作量也是惊人的。因此,能效的测度方式同样存在着重大的局限性。

4. 现实的选择

上面的讨论提出了三种总消费水平的计量问题:一是重量,二是通过价格的调整来综合计量,三是用能效度量。三种方法都有各自的优点与不足之处,不能简单地用"谁更优于谁"这样的观点评价。事实上,三种方法都有其特定的适用范围,如强调过程的物质流分析,特别是涉及废弃物的输出评价,一般采用物理重量计量。而在很多情况下,评价能源的物质转化效率大多采用能效的观点,如单位能耗的 GDP 产出指标即是以此为依据。

(三)国民经济的物质账户与国家的物质流分析

物质消耗强度和物质消费水平均是衡量物质效率的基本指标,正如 GDP 作为一项经济指标用来描述国家经济状况,它依赖于一套复杂的货币账户的支持和计量,国民经济同样需要建立一套完整的物质账户,以便详细了解经济活动中的物质输入与输出的情况,这对于准确评价物质效率是必要的。世界资源研究所(WRI)和德国的乌培塔(Wuppertal,一作乌珀塔尔)气候、能源和环境研究所从1997 年以来,一直致力于国民经济物质账户的开发与经合组织(OECD)国家的物质流分析,他们的工作为物质效率评价提供了重要参考标准。

1. 国民经济物质账户的基本框架

1997年，WRI推出了《资源流：工业经济的物质基础》研究报告，首次对几个主要的OECD国家，德国、日本、荷兰和美国的工业经济的物质输入进行分析。

2. 国家的物质流分析与物质效率评价

WRI开发的国民经济物质账户成为许多国家物质流分析的基本框架。这一框架建立在国民经济的总物质需求（IMR）的分析基础上，然后以人均指标（吨/人）和单位产出指标（吨/GDP）进行纵向（时间序列）和横向（国别之间）的物质效率比较。

二、物质效率变化的动因分析

国民经济系统物质效率问题的实质是人类生态系统的物质效率问题。国民经济系统的物质流分析结果显示：一方面，人类生态系统的低水平物质效率形成巨大的资源压力和环境压力；另一方面，资源利用效率水平正在发生变化。因此，有必要深入探讨物质效率变化的动因，以便采取相应的手段提高国民经济系统的物质效率水平。

（一）资源—环境库兹涅茨曲线

1. 相关的趋势研究

20世纪60年代，经济学家西蒙·库兹涅茨在研究经济发展与收入差距变化的关系时提出一个假设：经济发展过程中，收入差异最终随着经济增长而加大，随后这种差异开始缩小。在直角坐标系中，以收入差距为纵坐标，人均收入为横坐标，这种关系在以后的许多基于统计的分析中得到证实，通常将倒"U"形曲线称为库兹涅茨曲线。

一些学者将倒"U"形曲线的假设应用于资源、环境与经济发展的关系研究，同样得出了"资源—环境库滋涅茨曲线"。这似乎证明资源与环境问题是经济发展过程中的必然现象，它将随着经济水平的不断提高而自动地减弱或消失。

2. 对现象的解释

大量的研究案例支持资源–环境库兹涅茨曲线并不是偶然。在较低的发展阶段，经济活动处于一种生存维系状态，自然资源的使用量和加工深度都有限，所排放的废物不仅数量不多，而且大多可生物降解；随着经济的加速发展，人类社会步入农业现代化和工业化起飞阶段，资源消耗速度超过更新或替代速度，废物排放数量和毒性均呈现增长趋势；在较高的知识经济或服务经济发展阶段，更为重要的是环境意识得到了强化，环境管制也更为有效，技术更为先进，环境治理开支增加，使资源压力得以缓解，环境退化得以遏制，因而出现了资源－环境库兹涅茨曲线的逆转现象。

事实上，大多数国家已经经历了前两个阶段，少数先进的工业化国家正在步入第三个阶段。问题的关键是：进入知识经济或服务经济时代，改善的机制如何发挥作用，即环境意识怎样得以强化，技术进步的方向是否都有利于逆转资源与环境压力，以及环境管制发挥的作用有多大。要回答这些问题，就不能以自然发生的观点来解释。在回答这些问题之前，还必须提出一个与经济活动本身无关，但却能决定其持续发展能力的因素——环境阈值。正是由于它的存在，人们才提出了曲线反转的要求。

3. 环境阈值的限制

环境阈值是一个与"不可逆"相关的概念，包括资源过度消耗所产生的不可逆性和生态环境破坏所产生的不可逆性。经济发展过程对自然资源需求不断增加，使可利用的不可再生资源日益减少，这一过程是不可逆的。对于可再生资源，如果开发利用速度超过其再生能力，也会出现不可逆现象，导致物种的灭绝。生态系统不仅提供资源，而且提供生态服务——在一定程度上，能够消除外界的不良干扰，但干扰程度超过一定范围，也会出现不可逆现象，从而丧失生态服务功能。不可逆意味着无法恢复，而环境阈值就是生态环境出现不可逆现象的界限。

经济发展过程中，必然产生的资源与环境压力随着经济水平（人均收入）的提高，到一定时期后会出现的反转现象，必须是在环境阈值范围之内，否则，资源与环境的不可逆现象出现反转几乎是不可能的。这里最大的问题是，当经济发展刚刚起飞时，就遇到了环境阈值，这就意味着资源－环境库兹涅茨曲线的反转机制尚未出现就铸成了不可逆的趋势——这一局面正是今天大多数发展中国家所面临的困境。那么，如何才能控制资源－环境库兹涅茨曲线在环境阈值以下？要回答这一问题需要回到上面提到的技术进步与环境管理问题的探讨中。

（二）技术进步的方向与动力

经济学家通常认为"环境质量"是高级产品，人们随着收入的提高就会增强对高质量环境的需求。当收入增加，人们愿意支付更多的钱购买"环境质量"，并投资于改善环境质量的技术开发。因此，环境意识的强化出现在经济发展水平较高的阶段，并推动环境保护技术的开发。

追求资源效率则伴随着经济发展过程的始终，因为提高资源利用效率意味着增加利润，而利润是技术进步的动力。技术进步总是在获利动机驱使下进行的。企业对利润的追求一方面促使其投资于资源节约技术的开发，另一方面也会推动替代技术开发。当一种资源成为稀缺资源，价格必然上升，再使用这种资源就会变得无利可图，寻找替代资源也就成为必然。因此，新技术趋向于资源节约和可更新资源的使用。

技术进步的推动作用将使某种物质的消费强度（消费量/GDP，人均消费量）的时间函数曲线呈倒"U"形。当一种资源被引进时，由于价格便宜而被广泛应用，此时物质消费需求上升，当增加的消费导致资源价格上升，资源节约技术就会出现，继续增加的消费需求被资源节约技术带来的效益抵销，资源消费强度保持稳定（在倒"U"形曲线的峰值段）。随着时间的推移，这种资源变得越来越稀缺，新的替代资源出现，减少了对原有资源的需求，物质消费强度减少，曲线反转就出现在这个时候。一般情况下，单位产出的物质消费强度曲线反转时间提前于人均消费量的物质消费强度曲线的反转时间。这是因为人均物质消费不仅与技术进步有关，也受消费方式与习惯影响，而消费习惯是一个渐变的过程。也会有这样的情况出现，即在未出现资源耗竭之前，就已处于消费饱和状态，此时曲线反转表现为缓慢的渐变。

总之，技术进步在促进资源效率提高方面发挥着无可替代的作用。但技术进步以需求为导向。一个多维需求的社会，技术进步的方向也是多维的，并不是所有的技术进步都有利于缓解资源、环境压力，而目前人类应用的许多技术正是今天资源、环境问题产生的根源。因此，在依赖技术进步促进资源效率提高时，首先应该确立的是正确的技术理念，这就不是技术本身所能解决的问题。此外，技术进步的速度不一定总能超过资源消耗的速度，在技术进步的道路上，同样存在环境阈值的限制。因此，技术进步是必要条件，但不是充分条件。

（三）环境管制与规则的作用

1. 行政强制与公共投资

环境阈值具有某种程度的必然性，而技术进步并不能完全突破环境阈值，所以人类社会的行政强制手段是必要的。环保部门应采取必要的环境管制措施，加大环境保护投资，规定污染物排放标准，通过制定环境保护法和规章制度等避免环境阈值的提前到来。考察发达国家几项重要的环境污染指标改善的过程，如空气中 SO_2 和 Pb 的污染得到控制的过程，我们有理由相信环境管制所发挥的重要作用。然而，一些经济学家提出，环境管制可能降低一个国家的生产率，如丹尼斯对美国私人部门 1972～1975 年的研究发现，环境管制导致生产率的增长下降 16%，但是雷彼托、罗什曼等人则给出了相反的结论。

发达国家在环境质量的某些方面得到了改善也得益于环境保护的公共投资，OECD 国家在环保方面的公共支出一般占 GDP 的 2% 左右，而大多数发展中国家

第七章 城市与区域可持续发展管理的评价体系

不足1%或更低（2000年我国环保公共支出占GDP的1.1%）。需要指出的是，治理与保护具有不同的含义，治理属于末端解决的办法，高成本且付出巨大的代价，发达国家走过了一条先污染后治理的道路。许多人认为，发展中国家也应该走这条道路，只有经济发展了，才有能力进行环境治理。持这种观点的人显然忽视了今天的发展条件与工业化初期的发展条件存在巨大差异的事实：今天的资源远不如工业化初期那样丰富，而今天的环境质量要比工业化初期差得多，继续走下去将有达到环境阈值的危险。此外，发达国家的实践已经证明，治理与恢复环境的成本往往高于预防和保护环境的成本，水土流失、自然灾害、空气污染对健康的损害等都会阻碍经济的发展。因此，在发展过程中，必须考虑环境影响的后果，坚持走预防为主、治理为辅的道路。

2. 规则的作用

采取预防措施应充分发挥规则的效力。为了保护资源与环境，必须开发一套科学的、行之有效的规则作为行动的依据。迄今为止，人类社会遵循的规则可以概括为三个方面，自然法则、社会规则和经济规则。自然法则是客观规律，不以人的意志为转移，而社会规则和经济规则是在人类社会发展过程中，为追求某一目标而建立的自我约束，是人为的规定，但却是实现目标的有效保证。从可持续发展这一目标出发，要求三者的统一，即社会规则与经济规则必须服从自然法则。现代社会的许多社会规则和经济规则与自然法则并不兼容，例如社会规则中的遗产规则鼓励财富的聚敛，加剧贫富差距和不公平竞争；而经济法则中，生产过程的废弃物被允许，由此而产生的外部性问题严重地威胁着人类社会可持续发展的基础。究其根本，其与自然的生态法则相背离。追求可持续发展，必须进行规则的生态重构，建立一套符合自然法则的社会－经济规则，引导社会发展趋向资源效率化、环境无害化。规则的生态重构是以预防为主、首端治理的有效办法。防患于未然，减少环境成本，避免造成不可逆的环境阈值，而这并不意味着与发展相对立。

同样，生态规则也应成为技术进步的约束条件，是技术开发的基本理念，这样才能消除技术进步的负面影响，成为提高资源－环境效率的无可争议的强大力量。

（四）激励机制：税收和配额交易

严格的管制和强制性措施是激进的环境保护手段，并不能有效地提高资源效率。在有些情况下，完全的禁止是不可能的，典型的如从环境中获取不可再生资源和向环境中排放工业污染物，现阶段不可能实施完全的禁止规则，需要一个逐渐改善的过程和相应的激励机制。目前探讨最多的且正在付诸实践的激励机制是税收和配额交易。

1. 税收的作用

税收作为政府收入的主要来源，是政府实施宏观经济政策的基石，以往主要应用于收入再分配的调节，在公平（收入分配）与效率（经济效率）的平衡中发挥着重要作用。税收在收入分配中扮演着特殊角色，必然也会发生在与劳动相关的收入上，如工薪税和所得税等，这类税收鼓励了一种倾向——对劳动的征税，特别是在发达国家，这种倾向更为明显，如美国联邦税收构成中工薪税和个人所得税两项收入占全部税收入的82%。雇佣劳动需要支付高额的税赋，而使用资本设备可以避免这部分支出（在一些发展中国家，进口资本设备可以免税），从而鼓励了企业用物质资本替代劳动力，进而引导了技术向（物质）资本密集型技术的开发方向发展。一方面，大量机器设备替代劳动力，不仅造成了失业率的上升，也加快了资源的消耗速度；另一方面，使用自然资源可降低税收甚至获得补贴，更加剧了资源的消耗速度。

在税收调节领域，还有一种趋势就是对"好东西"征税，如商品税和消费税等，而对那些所谓的"坏东西"，如环境污染则不征税（目前，许多发达国家开始征收环境污染税收，而大多数发展中国家还没有设立此项税收）。尽管有人认为对诸如酒和烟这类产品征收的消费税含有对"坏东西"的征税，但这也仅是对这类产品的良性输出部分的征税，而未涉及对其生产过程中的不良环境影响的征税。这等同于对生产过程中的良性输出的惩罚和恶性输出的默认，因此造成企业对环境污染的漠视。

值得庆幸的是，经济学家们已经注意到现行的税收体系的负面影响，罗伯特·艾尔斯指出了"最优税收"应包括："鼓励雇佣劳动力和创造新工作"，同时"不鼓励对社会有害活动如武器、酒类、香烟和毒品的滥用，有限和不可替代的自然资源的过早耗尽以及危险废弃物和有害污染物向环境的扩散"。这意味着税收激励机制应减少劳动力课税，增加自然资源税收或环境污染课税（环境污染课税最早源于英国经济学家庇古的福利经济思想，因此这类税收也被称为"庇古税"）。

包括罗伯特·艾尔斯在内的一些学者也认识到对"坏东西"征税的负面影响。罗伯特·艾尔斯引用了"罪恶"税收的反面观点予以说明，指出由于这种税收可以带来财政收入的增长政府可能会采取一系列的措施维持这一收入来源，从而背离这一税收的环境调控宗旨。但是，罗伯特·艾尔斯仍然认为，在无法完全禁止的情况下，起用这一税收调节机制等于向企业和消费者发出了信息，使其有时间为未来可能出现的变化进行规划和准备，如企业将投资于资源节约技术和环境保护技术开发，消费者将增强环境保护意识，最终将推动资源效率的提高和环境质量的改善。

笔者认为，在对"坏东西"征税这一点上应根据不同情况区别对待。对于那些直接产生社会不良后果的"坏东西"，如毒品、有毒废弃物排放等，应采取绝对禁止的措施。而对于那些有潜在危害，但在一定范围内使用或存在并不直接造成危害的"坏东西"，采用税收调控是可行的，如对温室气体排放征税等。它可以被看作对环境服务消费的一种补偿，并可以用于改善环境条件的投资。

2. 可交易的配额制度

如果说税收的调节总是与企业或消费者付出的代价相联系，而没有为表现优异者提供真正的福利，那么可交易的配额制度或许能从福利的收获方面给优秀者予以鼓励。

可交易的配额制度最早出现在美国的 SO_2 排放许可证的交易计划中，该计划于1995年开始实施，在削减美国本土 SO_2 排放量方面被证明是有效的方法。

罗伯特·艾尔斯在此基础上，进一步提出了针对自然资源的可交易消费配额体系，它的基本思想如下：将所有的自然资源（首先从化石燃料开始）以配额的形式平等分配给一个国家的合法居民，成年人为A级——可交易配额，未成年人为B级——非交易配额，由其父母支配，但不能转让给第三者（主要为了控制少数贫穷家庭的父母为取得这部分配额而增加生育）。消费配额少的人将多余的部分出售给额外消费者，价格由供需情况而定。罗伯特认为这种方式既简单，又克服了税收弊端以及政府在福利问题上的种种官僚主义。政府所做的工作只是制定每个人每年的消费配额，可以根据国内的平均消费水平确定，并根据非物质中心化水平逐年调低个人的年配额量。

这一方法同样适用于上述那些适宜征税的"坏东西"。它包含了双向鼓励机制，比单纯的依赖税收的惩戒更有意义。它可以使消费资源少的人获得经济补偿，这种补偿不是来源于政府，而是来源于资源的额外消费者，如步行者（骑自行车的人）可以获得坐汽车的人的补偿。它体现了消费者平等的思想，又包含量力而行、量人而出的可持续消费观，因此有望成为提高资源效率和改善环境质量的有效调控工具。

第三节 生态足迹分析与生态可持续性评价

城市生态系统的可持续发展不仅与物质效率水平有关，还与资源流量与地球资源供给能力的平衡关系有关。在没有掌握物质无限循环技术之前，城市生态系统的可持续发展更为依赖再生资源的可更新能力。满足可持续发展的条件是进入城市生态系统的资源流量必须低于再生资源的可更新能力。前者可以用城市生态系统的消费量来测算，后者即为地球的承载力，与特定的地球空间相对应。为了建立两者的比较关系，本节引入生态足迹概念与方法，并探讨其在城市与区域的可持续性评价中的应用。

一、生态足迹的理论解析

生态足迹（ecological footprint）分析法是由加拿大生态经济学家 William Rees 及其博士生 Mathis Wackemagel 于20世纪90年代初提出的一种度量生态可持续发展程度的方法。它是由一组基于土地面积的量化指标，其中最具代表性的是生态足迹，可以形象地描述为"一只负载着人类与人类所创造的城市、工厂……的巨脚踏在地球上留下的脚印"。生态足迹这一形象化概念既反映了人类对地球环境的影响，又包含了可持续性机制。生态足迹分析法提供了一种认识人类活动生态可持续性的新视角。

（一）生态足迹：生态生产性土地的占用数量

人类依赖自然提供食品、能源和纤维的生产能力，也依赖自然吸纳污染物的能力。如果我们想继续拥有和现在一样好的生活条件，就必须以低于自然更新能力的速度使用自然生产能力，丢弃废物的速度也不能高于自然的降解能力。那么，如何才能知道我们对自然的使用数量，这就需要建立一种测度方法，以便了解这种使用是否合理。William Rees 和 Mathis Wackemagel 两位学者在合著的《我们的生态足迹：减少人类对地球的影响》一书中创造性地运用"生态足迹"的方法测度了人类对自然的使用。在书中，他们是这样描述生态足迹的：生态足迹是特定的种群强加于自然环境的"负荷"，它代表要维持一定水平的与人类活动（如吃、穿、行）等相关的资源消费和废弃物处理所必需的土地面积。此后，William Rees 进一步概括了生态足迹的定义："生态足迹是指在特定的人口数量和特定的物质消费水平下，提供资源消费并吸收废弃物所需的生产性（承载性）陆地和水域面积。"生产性陆地和水域统称为生态生产性土地。自然提供的各类自然资本总与一定的地球表面空间相关联，将自然资本转换为生态生产性土地是可能的，这种替换为自然资本的统一度量提供了基础。因此，可以将生态足迹理解为一种空间度量尺度，是一种以土地面积为计量单位的测度方式。

根据地球委员会1997年的研究报告《国家的生态足迹》，将地球生态生产性土地分为六类：可耕地、牧草地、森林地、建成地（建筑物和道路占地）、海洋以及化石能源地。化石能源地是指用来固定和吸收人类活动释放的 CO_2 所需的森林面积，它既是一种能源储备地，也发挥着平衡全球碳循环的作用。从理论上讲，为了保持自然资本总量不减少，我们应该储备一定量的土地补偿因化石能源的消耗而损失的自然资本量。

（二）生态足迹的边际尺度：生态承载力（carrying capacity）

随着人口增长与经济规模的扩大，人类的生态足迹也随之扩大，然而我们只有一个地球，有限的空间尺度范围必然成为限制生态足迹扩张的主要因素。这个限制就是生态承载力，它是生态足迹扩大的边际尺度，在生态承载力范围以内的生态足迹增加会带来总产出的增加，而超出生态承载力的生态足迹扩张会造成总产出的减少，使人类社会走向不可持续的发展道路。

显然，生态承载力决定了生态足迹的最佳规模。生态承载力是指由区域地理条件决定的对生命的支持能力。以往使用人口数量定义承载力，如区域承载力指"特定的空间上的资源可供养的人口数量"，显然这种表述方式不能涵盖本文所讲的承载力的全部内涵。

首先，以人口数量定义的承载力假定人的消费水平是一致的。事实上，人的消费水平在个体之间、区域之间的差别很大，因此需要一个消费总量的界定。其次，在上述承载力描述中也没有体现环境容量，即环境的纳污能力。无论是人口数量，或是消费总量，还是污染排放，都是人对自然环境施加的影响，都是一种负担，因此可将承载力极限定义为"所能持久承受的最大负担"。如果将生态承载力看作地球生态容量，世界环境与发展委员会（WCED）提出了"至少有12%的生态容量须被保存以保护生物多样性"，因此人类能够占用的生态容量需要扣除生物多样性保护占用空间。人类所能利用的地球生态容量按人口平均分配到每一个人身上的数量被称为地球份额（earth share），这是保持全球可持续发展的人均消费水平的基线。

为了衡量全球与区域可持续发展水平，需要引入另一个概念——生态赤字/盈余（ecological deficit/remainder），它是指生态承载力与生态足迹两者之差。生态赤字/盈余概念形象地描述了区域乃至全球可持续发展的程度。

（三）生态足迹无限扩张：技术与贸易的陷阱

生态足迹边际尺度是生态承载力，这一观念长期被忽视，其根源在于对生态承载力认识不清。特别是在主流学派——新古典主义（new classicism）思想主导下的经济发展模型，完全忽视生态系统的结构与功能，拒绝生态承载力的概念，其理由之一是技术进步可以无限扩大承载力，理由之二是贸易进口也可以增加承载力。

仔细考察技术对承载力的影响，就会得出相反的结论。从本质上讲，技术进步带来的是资源利用效率的提高，而非承载力的提高，往往还伴随着更多的能量消费。从最好的情况看，高物质效率的技术可在某一特定的环境和人口数量保持不变的情况下提高物质消费水平，或在同一物质水平下提高人口密度。从表面上看增加了承载力，但每种情况都需要在开放的经济条件下靠外部输入维持，其结果是将局部承载力问题转变为全局承载力问题，但生态承载力并没有改变。更多情况下，技术进步加快了资源的获取速度，似乎增加了生态系统的产出，但实质上永久性地侵蚀了资源基础。

借助贸易方式提高承载力从表面上看是合理的。商品贸易确实能在本区域内缓解人口给地方承载力造成的压力，但这只是将本地区的人口压力转移到遥远的出口地区，实质上是本地区的人口消化了其他地区的过剩承载力，增加了本地区的人口和消费，从而从整体上增加了人口对环境的负荷。因此，无论是技术还是贸易都在加速人类向承载力极限接近，而非真正地提高承载力。

（四）生态足迹的赤字空间：城市化地域

城市化已成为一种不可阻挡的趋势，城市人口密集、产业集中。从表面上看，城市的土地生产率极高，然而这种高土地生产率依靠的是更多数量的生态生产性土地面积。城市化的土地几乎丧失了生态生产能力，城市发展无一例外地依靠外部资源的供给，城市巨大的资源消费量与低水平的物质效率增加了城市的废弃排放数量，同样需要占用自然生态生产性土地消纳这部分废弃输出，这就决定了城市化地域的生态足迹远远超过城市区域实际占有面积（行政区域面积）。很难想象一个城市作为一个封闭系统的结果会怎样。城市的发展离不开区域腹地支持，通过地方市场与区域市场获得外部环境资源。在全球化背景下，世界市场又增加了城市获取外部资源的能力，但这是以进一步扩大城市的生态足迹为代价的。

那么，一个城市的发展究竟需要多大的腹地，需要占用多少生态生产性土地？而它实际能获得的数量是多少？尤其在生产活动与消费过程脱离的情况下，更需要了解城市消费的生态占用数量，以便量入为出，确定城市发展的合理规模与腹地半径，最大限度减少生态足迹范围，增加城市的可持续发展能力。遗憾的是，目前在城市化进程中并没有充分意识到生态足迹赤字可能带来的消极影响不断扩大的生态足迹赤字，产生了对更大范围的区域的依赖，增加了距离运输与交易成本，因此又进一步扩大了生态足迹，从而形成了生态足迹赤字的"恶性循环"。

二、生态足迹评价方法与应用性解释

(一)评价方法的技术框架

生态足迹分析从需求面计算生态足迹的大小,从供给面计算生态承载力的大小,通过两者的比较,评价研究对象的可持续发展状况。该种方法试图用单一指标描述复杂事物(人类消费行为的可持续性),涉及大量的消费数据,计算过程极为复杂,因评价对象不同更增加了评价方法的复杂性。但是,使用某人科学评价方法,首先必须确立其技术分析框架,以便统一认识,在此基础上进一步发展针对具体目标的应用分析方法。生态足迹评价方法的技术框架可以概括为以下四个方面。

1. 定义目标与系统边界

生态足迹评价可应用于不同的对象领域,如个体或家庭、机构或组织、区域(国家或城市)或行动方案、产品或服务等。定义目标与系统边界即确定针对不同评价目标的数据搜集范围,包括对象目标、区域范围、行动领域和数据时间等,并可根据目标对象的不同,确定具体的评价领域或建立生命周期的评价框架。

2. 数据的获取与整理

生态足迹评价所需要的数据有两类, 是消费数据,二是自然生产力数据,搜集数据的主要困难在于前者。消费数据的搜集有两种方式,一是自上而下法,即根据地区性或全国性的统计资料获取地区各消费项目的总量数据,再分配给地区总人口得出人均量值;另一种是自下而上法,即通过发放调查问卷、查阅统计资料等方式获取人均各种消费数据,再汇总为总量消费数据。

消费数据应分类搜集,并统一量纲。一般以物理量纲为单位,以便转化成生态生产性土地面积。

3. 计算生态足迹和生态承载力

(1)生态足迹。生态足迹计算建立在土地利用方式的排他性假设基础上,用于生产粮食的土地不能作为能源用地。理论上,生态足迹是评价对象的各类消费对不同的生态生产性土地的占用总和,而生态生产性土地有六种,各种类型的生态生产力又存在差异,为了体现这种差异,需要引入等价因子,将不同类型的生态生产性土地的价值量统一。

(2)生态承载力。生态承载力即生态容量,可以从地区、国家和全球三个层次计算。首先计算各类生态生产性土地面积(R),同类生态生产性土地的生产力在不同国家和地区之间存在差异,因而各国各地区同类生态生产性土地和实际面积不能直接进行对比，需要一个生产力系数将各国各地区同类生态生产性土地转化为可比的尺度。

4. 生态可持续性评价

计算生态足迹和生态承载力的目的是进行生态可持续性评价。生态可持续性评价主要从生态赤字和盈余情况两方面分析，并通过人均指标进行不同区域或全球水平比较。同样，可以将评价对象的生态足迹转化为单位产品或服务的生态足迹，这种转化可以评价某一活动或过程的生态足迹占用，并与地球份额进行比较，从而评价活动或过程的生态可持续性。

（二）综合分析法的应用性解释

综合分析法（compound fooprint method）是由 Mayhis Wackemagel 等人开发的针对国家生态足迹的分析方法。这种方法适合于国家或具有清晰物流边界的区域。通过追踪资源流输入和废弃输出，可以得出国家或区域的消费总量数据，即消费 = 生产 - 出口 + 进口。将这一简单的公式运用于区域内所有的消费领域，就可得出区域的总消费数据。这种方法从总量消费数据入手，属于自上而下法。在实际应用中，不涉及每种消费资源被用于何处，如钢铁的消费，只需知道进入消费领域的总量，而不必考虑它是用于生产机械或用于建筑，因此极大地简化了数据的搜集过程，并使评价结果的可信度增加。

然而，综合分析方法存在的问题是如何将这些总量消费数据分配到不同的消费主体上，从而评价不同的消费主体的生态足迹。同样，这种方法对于没有清晰物流边界的次级区域的消费总量数据统计则无能为力。

（三）成分分析法的应用性解释

成分分析法（component-based method）是由 BFF（Best Foot Forward）开发的评价工具，也称为 Ecoin-dex 方法。它针对不同的生活方式、组织、次级区域、产品或服务，通过搜集评价对象物质和能量流的生命周期影响数据，计算评价对象的生态足迹。比如，评价使用一台轿车的生态足迹占用，需要考虑直接能源消费、制造过程的物质与能源消费、维护过程的物质与能源消费，轿车占用的路面空间等，将这些消费数据转化为生态生产性土地占用空间，就可得到一辆轿车行驶单位里程的生态足迹。我们可以把一辆轿车行驶单位里程的生态足迹作为一个成分因子，同样可以计算其他产品与服务的单位消费的生态足迹，建立一个包含多成分因子的数据库。这样，对于大多数的消费活动都可以通过分解过程，找到对应的成分因子，并能很容易地计算该消费活动的生态足迹占用。

开发成分因子数据库，可极大地简化生态足迹的计算过程，但由于成分因子的开发依据具体的消费过程,同类消费的不同过程的消费数据不一定相同,特别是自下而上获得的数据普遍存在这种问题。因此,开发成分因子需要纠正数据误差,如果存在多组数据无法统一,就需要进行敏感性分析,给出各种情况下的生态足迹结果,这使评价结果的不确定性增强。尽管如此,对于计算没有清晰边界的次级区域,或某一消费主体的生态足迹,成分分析法则是行之有效的方法。

三、生态足迹评价的运用领域

生态足迹是基于消费的评价方法,它可以针对不同的消费主体,如个人、家庭、组织,评价其生态足迹,也可以从区域为单元,计算国家、城市的生态足迹,甚至可以用来比较研究不同的行动方案,是一种应用范围很广的评价方法。

(一)区域的生态足迹评价

以区域为单元的生态足迹评价最典型的应用是对国家的生态足迹评价。1997年 Mathis Wackemagel 等人推出了《国家的生态足迹》研究报告,计算了52个国家和地区的生态足迹。这52国家和地区包括了世界经济论坛发布的《全球竞争力报告》中的47个国家,涵盖了世界80%的人口和95%的总产出。

(二)组织与机构的生态足迹评价

2000年 BFF 推出了一项针对商业公司的产品或服务测算生态足迹的研究报告。这项研究提供的一个案例是英国一家供水服务公司 AWS(Anglian Water Services)的生态足迹分析。研究中采用了生命周期评价方法,将公司的供水服务分解为两个过程,一是水循环过程,二是相关物质输入的循环过程,其中包括了供水和废水处理过程中的能量消耗和输水管道材料循环过程中的物质能量投入。计算每一阶段对自然(资源+服务)的占用并汇总为供水服务的生态足迹,在此基础上进一步计算单位服务(或其他单位占用)的生态足迹,作为同类服务的基准数据,并与全球人均份额进行比较,得出该公司提供的服务的生态足迹占地球份额的比重(公司单位服务生态足迹/地球份额),评价公司服务的可持续发展水平。该项研究也提供了情景分析,对未来改善可持续发展水平的可能性进行了预测,这对于指导公司的可持续商业开发具有很好的指导意义。

针对公司的生态足迹评价同样适用于其他的组织或机构,如学校和政府机构等,由于这种评价方法建立在对具体过程的评价基础上,它也适用于对行动方案的评价,并根据评价结果做出选择判断。更进一步,区域的消费水平由区域内各种人类活动的消费总和构成,因此通过界定区域内的人类活动过程和类型,计算每一个过程和类型的生态足迹并汇总成区域的生态足迹,这使次级区域生态足迹测算成为可能。相比之下，某一活动过程的物质量数据比区域物质输入或输出的总量数据更容易获得。由于许多过程的生命周期阶段有重叠，可以通过开发数据库的形式简化计算过程，这一工作在 BFF 已经开始着手进行。

除此之外，基于个人与家庭消费的生态足迹评价也被广泛应用，并作为可持续发展的教育工具。其中比较有影响的评价工具是由一个名为"重新定义过程（Rede-fining Progress）"机构联合其他组织共同开发的一系列个人生态足迹评价软件，基本方法是将个人或家庭的消费分成食品、交通和居住三个方面的 13 类消费项目，分别计算每一类消费占用的生态足迹并汇总结论。通过这种方法，每个人都可以检验个人消费水平与全球可持续发展目标的差距，并可以通过调整个人的生活方式减少对生态足迹影响。

（三）城市生态系统的生态足迹评价

根据本书第二章第三节对城市生态系统的层次划分，我们知道它由多层次的等级系统组成。国民经济系统是城市生态系统的最高层次，国家的生态足迹评价就是针对这一层次的城市生态系统展开的。国家的生态足迹研究结论也为次一级的生态足迹研究奠定了基础。Mathis Wackemagel 进一步计算了智利的圣地亚哥的生态足迹。Herbert Gimidet 计算了伦敦的生态足迹，William Rees 计算了温哥华的生态足迹等，这些计算结果显示城市生态足迹远远大于其行政区的空间范围，揭示了城市潜在的可持续发展危机。

计算不同等级的城市化地域的生态足迹，存在着明显的困难，即城市的生态系统的物流边界难以确定，因此难以准确统计物流量。目前，采用较多的方法是将国家生态足迹的平均水平与城市人口规模相乘，并与城市的行政区控制面积进行比较。尽管这种粗略的计算方法可以得出城市生态赤字，但其赤字水平可能比实际情况低得多。

如果进一步将这种自上而下的方法应用于城市生态系统的基本单元社区层次，其计算结果可能与实际情况偏差很大。在这种情况下，更合适的选择是采用自下而上的方法，通过计算社区的个体、组织和机构等的生态足迹，汇总得到社区总的生态足迹并扣除重复计算部分。据此，也可以计算不同等级的城市化地域的生态足迹。这种计算结果理论上更接近城市的真实足迹，但计算工作量非常大。正如上文介绍的成分分析法，这种计算需要成分因子数据库的支持。在本章的附录部分，提供了采用自下而上办法计算怀特岛生态足迹的评价案例，旨在说明这种方法的具体应用。

第七章 城市与区域可持续发展管理的评价体系

四、生态足迹评价理论与方法的局限性

（一）数据获取与转换因子的局限性

生态足迹评价方法建立在两个基本前提下：一是我们能追踪到绝大多数的资源消费与废弃输出的数量；二是这些资源和废弃物可以用相应的生态生产性空间度量。因此，生态足迹评价的关键是数据搜集和确定转换因子。生态足迹评价要求各类数据以物理单位计量，而现行的各种统计中，废弃物数据使用物理单位，但消费数据多以货币单位计量，给计算过程带来许多麻烦，因此迫切需要建立国民经济物质账户。此外，计算过程中涉及的转换因子包括等价因子、生产力系数都是粗略的估算，特别是生产力系数是基于国家或地区平均生产力计算的，没有充分考虑国家或地区内部的地理条件的差异性，因此这种评价工作还远不够细致。

（二）评价领域的局限性

生态足迹的评价理论建立在人类活动的限制因素是地球生物圈的可再生能力这一假设基础上，是一种生态可持续性评价，评价过程应该尽可能考虑到人类使用自然（资源＋服务）对地球生态系统的可再生能力的影响。因此，不可再生资源（如石油、矿物资源等）的消费过程对自然生态系统的影响也应被考虑在内。但是，目前的评价过程忽视了许多污染物的环境影响，特别是某些毒性物质（如水银、CFCs、DDT 和 PCB 等）的生物累积与非线性变化的影响，都没有计算在生态足迹占用中。因此，生态足迹评价低估了人类活动对自然的占用。

也有些学者特别指出单用生态足迹评价可持续发展程度是不全面的，应该与其他社会经济指标结合起来，特别是与真实进步指数（GPI）或满意度（satisfaction barometer）等指标结合使用。一些生态足迹研究学者承认了这一缺陷，但同时声明，生态足迹是一个衡量自然消费数量的指标，不能代表可持续发展的全部含义，也从不打算如此，如果要全面衡量可持续发展，就应与其他社会经济指标结合使用。

（三）静态分析的局限性

生态足迹评价是基于静态指标的分析方法，是在一定技术条件下，在给定人口规模和消费水平下的生态可持续性评价。这种评价结果是瞬时的水平，本身不反映能力和趋势。依据生态足迹指标得出的发达国家的生态可持续性差（人均生态足迹赤字高）并非地理区域的生态可持续性结论，这是在应用分析时需要特别指出的。同样，根据生态足迹指标得出的发展中国家较高的生态可持续性结论，不能成为发展中国家加剧对环境资源掠夺性开发的政策依据。事实上，这种评价没

有充分体现发达国家和发展中国家在环境技术水平上的差异性，同样的环境影响在不同的技术水平下所产生的后果是不一样的。因此，发展中国家比发达国家承受着更大的生态赤字压力。除此之外，发达国家的国际贸易条件优于发展中国家，它可以通过贸易方式转移生态赤字的压力。因此，发达国家的生态赤字后果往往由发展中国家承担。

基于静态指标的分析也不具有预测功能。情景分析方法（scenarios）可以弥补这种缺陷。通过对假设条件进行预测，如技术水平、人口增长和消费水平变化等，形成不同的条件组合情景，得到不同情景条件下生态足迹的预测结果。因此，生态足迹的预测结果是基于假定条件进行的，情景分析的科学性直接影响预测结果的可信性。

总之，生态足迹评价方法在实际应用中存在局限性，但同样有许多优点，特别是用简单指标反映复杂事物，建立起消费与环境影响之间的关联，将局部影响与全球可持续性发展联系起来，这些方面都是其他评价方法所无法完成的。因此，它无可争议地成为可持续发展评价中一个重要方面，受到广泛重视并在应用中不断完善，在实践中发挥着重要作用。

第八章　中国城市与区域可持续发展的未来趋势

第一节　群体化与一体化

城市群是在快速城市化过程中逐渐形成的一种城市空间集聚现象，是社会生产力和城市化发展的必然结果。它是在世界经济增长重心转移过程中产生的，是经济高速增长时期城市化空间运动的产物。有人给城市群作了如下定义：城市群是指在一定地域范围内，由相当数量的规模等级不同、各具特点而又相互联系、相互作用、相互依存的城市构成的网络体系或集合体。

城市群体布局是当今世界城市发展趋势之一。这种布局的特点是，在一定区域范围内聚集着众多的城市，组成一个相互依赖、兴衰与共的经济组合体，其中有一个中心城市起带头作用。美国有三大城市群（带），即大西洋沿岸的波士顿——华盛顿城市群，中部五大湖地区芝加哥——匹兹堡城市群，太平洋沿岸的圣地亚哥——旧金山城市群。日本大都市群以东京、名古屋、大阪3大城市圈为核心，包括横滨、川琦、京都、神户等大城市。欧洲以多个大城市集聚区的形式形成欧洲大都市连绵带，这些都市带包括英国伦敦——伯明翰——利物浦——曼彻斯特大城市集聚区和德国莱茵　鲁尔大城市集聚区。

中国在城市化进程中也出现了城市群体化现象，并且这一现象正不断强化成一种趋势。产业和人口向城市集聚以及城市经济向周围地区扩散是中国现代城市密集带发育的主要因素。现在被大家普遍接受的城市群有五个，即长江三角洲、珠江三角洲、京津唐地区、辽中南地区和山东半岛。

国外城市群的发展表明，城市群体化的主要优点是可以在一个大的区域范围内，对所包含的各个城市进行合理的规划和建设，避免大城市的人口和工业等活动过于集中。各城市各扬其长，既相互独立又相互联系，组成一个有机综合体。这样，既可避免或减少大城市过于膨胀的弊病，又可较好地促进大区域各方面的发展。因此，城市群体化已被人们重视，这一趋势将进一步增强。

城市发展与区域发展还呈现一体化的趋势。城市化发展的规律表明，当一国的城市化率超过30%后,城市化发展速度将进入加速状态,并且出现城市与区域发展一体化的趋势。我国近三年城市化率从30.89%提高到37.66%,这恰恰表明这一规律正在发挥它的作用。

根据预测,到2020年,我国的城市化率将达到60%左右。在我国特殊的城乡二元结构的国情下,这意味着城市化率每年需提高约1.5个百分点。而城市化水平每提高一个百分点,就意味着要有1 500多万农村人口转移到城市。如何实现大量农业劳动力向城市非农产业的转化,将成为我国城市化进程中遇到的最大挑战。因此,在做大、做强城市的同时,通过城市的发展带动区域的联动,实现城市与区域的一体化,进而加速推进城市化将成为全社会的共识与政府的主要努力方向。

在此情形下,各地(城市)政府已经或正在制定的近期、中期、远期的城市化发展目标与发展战略,都将城市与区域的一体化协调发展作为重要内容。在一些经济比较发达地区,都市圈规划、城市群规划等区域性规划也已经成为指导区域发展的纲领性文件,并在城市协作、区域竞争与协调中发挥重要作用。城市与区域的一体化发展趋势,将成为今后城市与区域联动发展的新的增长源。

第二节　生态化与园林化

有学者认为生态城市是"生态化"的城市,强调生态城市应遵循经济规律和生态规律,是城市经济效益和生态效益相统一的城市。杨开忠教授认为"生态城市是一个经济发展、社会进步、生态保护三者高度和谐,技术与自然达到充分融合,城乡环境清洁、优美、舒适,从而能最大限度地发挥人的创造性、生产性并有利于人们生存的城市。"生态城市是一种在城市生态环境综合平衡制约下的城市发展模式,涉及经济、社会、环境、制度的持续性。生态城市不仅包含了塑造城市外在形象,还包含了生态文明在公众中的普及和人与人、人与社会、人与自然关系的调整。城市生态化可分解为经济的生态化、社会的生态化、环境的生态化和制度的生态化,城市生态化是实现生态城市的动态过程。

提高城市环境质量、实现城市可持续发展已经成为各国城市发展的共同目标。对于中国的城市来说,生态化与园林化建设既是对以往忽视生态环境建设、破坏生存环境的一种补偿性、修复性的被动行动,又是基于对人类建设性破坏活动理性反省的一种前瞻性、预支性的主动行为。正在快速城市化过程中的我国城市,没有任何理由再重蹈发达国家曾经的"先破坏后建设"的覆辙。

可以明显地看到，各级城市政府都已经开始自觉或不自觉地将城市的环境建设作为政府工作的主要内容。建设生态城市与花园城市的费用已经成为大多数城市政府城建投入中上升比例最快的一项财政支出，其中用于环境治理与污染控制投入所占的比例最大。持久的努力终将会有丰厚的回报。中国人将会以"天人合一"的环境观与"无为而治"的空间管治观等传统文化精华与现代西方先进城建手段相结合的理念，建设一批令世界注目的中国式的生态花园城市。

第三节　集中化与分散化

集中化与分散化是两个相对应的概念。我们这里概括的是城市空间扩展集中化与分散化的有机结合。城市化与逆城市化是世界城市发展过程中的两种趋势，反映在城市空间结构与形态上是城市空间的集中化与分散化两种相互作用、相互交织的过程。在高速城市化的过程中，城市空间的演化将随之加快。一方面集中程度越来越高；另一方面，分散的要求也越来越强烈。两种力量在不同时空内表现出不同的强弱对比，因此城市空间集中发展还是分散发展历来成为城市空间发展中两种思想、两种主义争论的焦点。我国城市化达到一定水平后将不可避免地出现逆城市化的空间分散现象，同时城市中心区的集中程度将加剧，这对我国选择合理的城市空间扩展模式提出了严峻的挑战。

是否必须重复西方国家城市化与逆城市化过程中城市空间演化集中与分散二元发展的经历，根据我国的国情以及总结其他国家的经验，尽量避免城市空间扩展过度集中与过度分散同时并存的空间管治措施正在成为新一轮城市规划的强制性内容。因此，解决集中与分散二元发展的矛盾将使中国的城市政府在今后更加理智地对待城市空间发展的规律，并自觉地利用这一规律合理地确定城市空间的有序涨落，使城市空间扩展的集中化与分散化有机结合。

第四节　知识化与现代化

知识经济是可持续发展的经济。与以往的经济形态相比，知识经济的发展不是直接取决于资源的数量和规模，而是依赖知识或有效信息的积累与利用。在知识经济中，知识已不像传统的经济理论所认为的那样，是经济增长的"外生变量"，而是经济增长的内在核心因素。当知识成为主要经济要素后，经济的增长方式会发生根本的变化，知识经济成为一种可持续的经济发展模式。

知识经济时代城市空间结构形态将会出现网络化与虚拟化趋势。美国社会学家丹尼尔·贝尔在其专著《后工业社会的来临》中指出，"后工业社会是围绕着知识组织起来的，其目的在于进行社会管理和指导创新与变化，从而产生新的社会关系和结构。"知识经济是后工业社会的中心。知识经济的特征决定了必然导致对以工业经济为基础的城市功能结构和布局的重大变革。知识经济社会的一个显著特征是社会网络化，或称之为"网络化社会"。网络的社会化影响塑造新的城市形态，网络化的城市将朝着多元化、多中心、多极化和无中心化发展。虚拟的和概念意义上的城市已经出现，如网络城市（Network city）、全球城市（Global cities）等，预示着城市社会结构的变迁在发生着质的飞跃。知识经济时代城市形态布局具有不同于工业经济城市的鲜明个性和特征，它是以知识经济的高科技产业、知识服务业为主要特征的城市。可能将出现产业结构的升级与城市形态多极化混合的发展模式。此外，"数字城市"与"学习型城市"的出现，也是城市知识化的典型特征。

城市现代化是城市化的一个重要方面，如果说由农业向非农产业的过度是城市化的初级阶段，那么城市现代化就是城市化的高级阶段。传统观点认为，现代化的实质是工业化，是经济落后国家或地区在一定历史条件下实现工业化的过程。但20世纪80年代以来，经济社会的发展与进步推动了发展观的演变，也促进了现代化内涵的演进。我们现在所指的现代化是现代生产力导致世界经济加速发展和社会适应性变化的革命性过程；现代化是以现代工业、信息与技术革命为推动力，实现传统的农业社会向现代工业社会与信息社会的大转变，是工业主义渗透到经济、政治、文化、思想各个领域，并引起社会组织、社会结构和社会行为发生深刻变革的过程。现代化既是社会经济、政治、文化相互促进、协调发展的历史过程，又是某一发展时段的结果。在不同的发展阶段，现代化的内涵及实现程度应该有所不同。在发达国家，它是指城市的信息化、高技术化，将城市发展与电脑应用、现代科技革命结合起来；在发展中国家，城市现代化主要是指完善的城市产业结构、高度分工和社会化的生产体系、发达的市场交换、完善的基础服务和城市居民生活质量提高等等。在这种现代化趋势下，第三产业逐步成为城市化的主要动力，城市公共事业和基础设施建设更为人们所重视，城市景观形态也呈现出多元化、彩色化。这种现代化趋势在世界已形成一股强大的潮流，在我国也不乏经典范例。

第八章　中国城市与区域可持续发展的未来趋势

第五节　市场化与效益化

　　城市发展的市场化从大的背景来看主要是改革开放后我国从计划经济向市场经济转型，城市经济也逐步以市场为主要手段，政府从直接参与经济活动变为间接调控。企业从原来政府的附属物变为自主经营自负盈亏的主体，开始真正的按照市场规律活动；城市居民从企业职工终身制的窠臼中脱离出来，作为生产要素的提供者，可以自觉按照市场规律自由流动。在政府间接调控经济的背景下，城市产业作为城市经济的最重要支撑不再是"有条件要上，没有条件创造条件也要上"，而是根据市场规律，发挥城市资源优势，进而把比较优势转化为经济优势，把农村的剩余劳动力通过发展工业不断予以转移。政府从直接经营领域撤出后，投资的主体也趋向于分散化、多元化，国有资本、民间资本、外商投资共同构成了多元的投资主体，各种投资通过市场方式相互流通转化。另外，经营城市的理念近几年在我国悄然兴起，城市的公共物品与公共资源也开始从非经营性资产逐步转化为可经营性资产，市场配置城市资源的范围不断扩大，程度不断提高。如城市土地、基础设施、城市历史文化、城市投资环境等，都被列入城市经营的范围。虽然城市经营的主体依旧是政府，但运作手段却完全是市场化了。

　　城市发展效益化是指资源有效配置和资源集约利用，实现其利益最大化。对于中国这样一个人多地少的国家，在追求多元城市发展目标的过程中，城市政府将在土地开发与其他空间资源的经营中从粗放型开发向集约型开发转化；从关心量的扩大到关心质的提高；从注重政府政绩到注重城市经营的实效。城市基础设施的建设以及其他公共设施的建设都将在认真考虑投入与产出效益的前提下予以实施。为此，注重提高城市开发建设的集约化与效益化水平与质量，将是今后城市发展的重要课题。

　　长期以来，城市的粗放型发展以城市范围无限制的外延扩展以及空间的无序蔓延为主要特征。20世纪80年代中期至90年代中期的十年间，我国城镇用地规模平均扩展了50.2%，一些城市已经超过200%。根据国际上比较合理的城市用地增长率与人口增长率1.12∶1的比例，我国已经高达2.29∶1，这造成单位用地的平均产出远低于国际的平均水平。因此，如何在城市经营过程中以更少的土地利用容纳更多的城市人口、提高城市资源的开发效益，将是城市政府面临的一项艰巨的任务。因此，一方面今后城市政府工作的重点是检讨城市各类开发区的政策问题，杜绝城市土地资源的浪费现象；另一方面要高度重视城市的地下空间开发作为城市充足的后备空间资源。可以预料，今后我国的城市，尤其是大城市和特大城市，包括土地在内的城市资源利用模式将发生重大的改变。

第六节　国际化与专业化

在世界经济一体化网络中，城市职能的国际化与专业化已经成为中国城市走向世界，主动纳入世界城市体系的前提。因此，发掘自身的优势与潜力，认识自身的不足，找准自己的城市功能定位，积极参与世界城市分工，向国际化、专业化与专门化方向发展是今后我国城市发展的主流。

国际化是城市发展到一定阶段的必然要求。一个健康发展的城市必然是开放的，不但是对地区开放的、也是对国际开放的。因为市场经济是开放的经济。市场经济要求城市与区外、国外的最广泛联系，从而在更广的范围进行分工合作，以降低成本减少消耗。世界上最著名的大都市无一不是一个国际化城市，纽约、东京、巴黎……无一不是在对外交往与联系中找到自己的定位与发展的方向。

这种国际化趋势在我国东部地区，甚至是中西部地区的大城市已经初步形成，特别是我国长三角城市群已经被认为是世界第六大城市带和新的世界制造业中心。每年大量外资进入长三角，这一地区已经明显地国际化了。

只有民族的才是世界的。我国一些中西部城市虽然经济发展水平较东部差，但或由于悠久的城市文明，或由于旖旎的自然风光，或由于独特的城市历史，也步入国际化城市的行列，并由于这些城市无形资产的独占性，国际化程度会进一步加深。21世纪中国城市的国际化进程加快，特别是中国加入世贸组织，将给中国的城市化带来一种全方位、系统化、整体性的机遇，同时将是中国城市化进程全方位、系统化、整体性地与国际化进程相融合的过程。

专业化是指城市某些职能的强化。上海重新明确自己的功能定位并积极推进向国际金融中心职能的转变，通过对搬迁和撤并1500家工业企业的中心城区的重建，为打造国际化大都市进行大规模的空间演替。广州将城市发展的方向扩展到珠江以南，并以建设高起点的中央商务区作为城市新的形象定位。南京、大连、重庆、杭州、武汉等特大城市在各自的发展战略规划中都提出了明确的参与国际化城市分工的发展策略。与此同时，各地城市政府都在修编的新的城市总体规划中重新明确各自的功能定位，编织起国际化大都市、区域性大城市或地区性中心城市的理想宏图。建设具有国际意义的高新技术产业基地、现代制造业基地、重化工业基地，国际性的旅游观光城市、消费休闲城市以及时尚中心、文化中心、教育中心等，成为各级城市参与国际化与专业化分工的新的目标定位。毫无疑问，专业分工更为细致、专门化程度更高、比较优势更为明显的城市，将在世界新的经济体系与城市体系的重组网络中最先采集到第一桶金。

第七节 公平化与公开化

公平化与公开化是指城市资源分配方面的公平、公正、公开。公平化是可持续发展概念的核心内容之一。公平地占有城市资源，特别是土地资源，不仅体现为时间和空间上的公平，而且也体现为代际公平和代内不同人群之间的公平。

在计划经济时代，建立在以结果公平为特征的平均主义基础上的所谓"公正"以牺牲效率为代价。市场经济强调效率优先的作用机制，又使公平与效率的天平失衡。在城市的快速发展过程中，如何处理好公平与效率的关系，并在未来的城市规划与建设中，真正体现出社会公平与公正的规划建设理念将成为保障城市社会稳定发展的大事。作为城市演化发展的一种趋势，社会空间的分异将不可避免，城市核心区与周围边缘区、城市开发与城市保护、富裕阶层与社会普通阶层以及社会弱势群体之间等为分配城市土地、环境以及其他资源的矛盾将日益凸显，因此，城市政府将通过提高资源分配的透明度，采取公众展示、参与，以及市场调节与政府管治相结合等一切公开化的手段来杜绝一切暗箱操作及由此而产生的腐败行为，不遗余力地保持城市的稳定发展。

总之，这几大趋势在城市发展过程中相互交织，相互影响，构成了现代城市发展的主旋律。

第九章 城市与区域可持续发展的实践示范工程

第一节 可持续发展实验区建设

一、可持续发展实验区建设背景

中国作为一个发展中大国，实施可持续发展战略是必然的选择。1994年3月25日，《中国21世纪议程》经国务院第十六次常务会议通过，成为指导我国国民经济和社会发展中长期发展战略的纲领性文件。《中国21世纪议程》的制定和实施加快了可持续发展试验区的设立与建设，可持续发展试验区的建设是实践和检验这些可持续发展理论和思想的有效方式。可持续发展实验区作为一个新事物，目前还在逐步地探索与实践。

为了推进中国地方的可持续发展，中国政府推动实施了国家可持续发展试验区工作。这项工作得到了国际可持续发展先进理念的启示，并结合了中国地方特点与经济发展实际，是一项有中国特色的地方性可持续发展试验示范工作。可持续发展实验区的建设，是我国推动区域可持续发展可操作性的实践模式。

可持续发展实验区从国家级和省级两个层次，选择具有代表性和示范性的市、县、镇，以及大城市行政区实验示范，依靠科技进步、机制创新和制度建设，全面提高实验区的可持续发展能力，探索不同类型地区的经济、社会和资源环境协调发展的机制和模式，为不同类型地区实施可持续发展提供示范，为中国城镇可持续发展探索经验。

二、可持续发展实验区的发展阶段

从1986年开始，由原国家科委、国家计委等政府部门和地方政府共同推动地方可持续发展综合实验试点工作。可持续发展实验区的建设与发展大体经历了四个阶段。

（一）社会发展综合示范试点阶段

这一阶段工作的主要内容是针对经济社会发展过程中所产生的一些社会问题，依靠科学技术引导来促进社会事业发展，使社会发展和经济发展相协调，逐步建立民主、文明、健康、科学的生活方式，探索有中国特色的社会发展道路。

针对20世纪80年代中期，苏南地区经济与环境发展不协调、环境污染严重的问题，原国家科委和国务院于1986年在江苏常州市和锡山区华庄镇开展城镇社会发展综合示范试点工作。

（二）社会发展综合实验区推进发展阶段

针对我国经济发达地区经济快速发展而社会事业发展相对滞后、生态环境问题严峻的局面，1992年8月，原国家科委、国家体改委会同原国家计委等有关部门决定，在1986年开始的社会发展综合示范试点工作基础上，逐步建立一批社会发展综合实验区，依靠改革开放，充分发挥科学技术是第一生产力的作用，缓解人口、资源和环境对经济发展的制约，为使我国城镇社会经济发展尽快实现小康水平探索经验并提供示范，试图形成一种新的发展模式。

1992年，国家提出了在总结试点工作的基础上，逐步建立一批社会发展综合实验区的要求，并成立了由国务院28个有关部门参加的社会发展综合实验区协调领导小组，实验区工作步入了经常性、规范化阶段。1994年，国家第一次提出了《实施可持续发展战略，推进社会发展综合实验区建设》的意见，要求各实验区率先实施《中国21世纪议程》，把实验区办成实施《中国21世纪议程》的基地。

截至1996年底，国家级社会发展综合实验区的数量达到26个，省（市、区）级的社会发展实验区有45个。

（三）可持续发展实验区规范化建设阶段

实验区工作进入以实施可持续发展战略、促进地方21世纪议程的实施为主要内容的规范化建设阶段。国家科技部先后制定了《国家可持续发展实验区管理办法》《国家可持续发展试验区验收管理暂行办法》，提出二年阶段检查、六年总结验收，实行滚动管理的要求；建立验收考核指标体系，确立人口、生态、资源、环境、经济、社会、科技教育七大类指标，加强了宏观指导，使实验区管理工作进一步科学化和制度化。

截至2006年10月，在全国范围内建立国家可持续发展实验区58个，涉及全国20多个省、自治区、直辖市。

（四）提高可持续发展实验区建设水平，向创建可持续发展示范区目标迈进阶段

在稳步推进实验区工作的基础上，国家计划启动和开展国家可持续发展示范区工作。经过实验区申报，批准部分工作成绩显著、通过验收的可持续发展实验区成为国家可持续发展示范区，并将之建设成为贯彻和落实科学发展观，构建社会主义和谐社会的典范。

经过四个阶段的建设、20多年持之以恒地推进，实验区已经成为我国实施国家可持续发展战略的重要实验示范基地。实验区从国家级和省级两个层次，选择具有代表性和示范性的市、县、镇以及大城市行政区实验示范，探索不同类型地区的经济、社会和资源环境协调发展的机制和模式，为我国城镇可持续发展积累了经验。我国的可持续发展实验区工作取得了丰硕的成果，产生了良好的国内国际影响，也为全面建设小康社会，贯彻落实科教兴国和可持续发展战略，推动实施《中国21世纪议程》积累了重要的经验。

二、可持续发展实验区的内涵

（一）指导思想

在不同类型的地区，选择有代表性的市、县、区、镇，通过政府的组织推进与社会各界的广泛参与，深化社会领域的改革，充分运用科学技术转变经济增长方式，引导与促进各项社会事业的发展，使经济社会与环境等方面协调发展。以人为本，通过有针对性的可持续发展创新实践，探索科学可行的可持续发展新机制和新模式，引导与促进各项事业的发展，提高人民的生活水平，实现人的全面发展。

（二）具体内容

实验区工作的具体内容是：通过人力资源开发，充分挖掘潜力，提高人口素质；加强城镇基础设施建设，改善居民生活条件；发展第三产业及社会发展相关产业，改革社会事业的运行机制和管理体制；保护生态环境，合理开发利用各类自然资源；建立和完善社会保障体系和社会安全体系；在进行物质文明建设的同时，加强精神文明建设。

（三）基本原则

1. 以人为本

不断提高人们的生活质量，同时为人的全面发展和素质的提高创造条件。

2. 科技引导

加强科技开发和成果推广应用，特别提倡应用各种节能、降耗以及对环境无害的绿色产品。

3. 科学规划

制定科学、合理的可持续发展试验区发展规划，有效协调，统筹安排。

4. 综合协调

实验区由协调领导小组统一领导，各主管部门积极配合，协调联动。

5. 公众参与

一方面，充分发挥人民群众主人翁的责任感，调动各方面的力量，做到社会事业社会办；另一方面，充分考虑群众的迫切需要，为群众着想，超前性与实用性相结合。

6. 实验示范

针对地方可持续发展的重点和难点问题进行前瞻性的改革尝试，实验区的选择要有代表性。

7. 有限目标

密切结合当地经济社会条件，量力而行，规划、计划要留有余地；突出重点，形成特色，分阶段实施，使规划落到实处。

三、可持续发展实验区建设的主要任务

（一）制定实验区可持续发展规划

实验区可持续发展规划是实验区建设的指导性文件。制定规划本身是实验区工作的重要步骤，是推动可持续发展战略实施的具体行动。其主要任务是：从实际出发，根据经济、社会和资源环境状况，在分析优势条件和制约因素的基础上，提出实验区发展目标；按照综合推动可持续发展的要求，将过去分散在各个不同部门的任务，形成综合、系统、有操作程序、有监测标准的规划任务和相应指标；有针对性地提出解决制约因素和关键问题的具体措施，并确定一批体现可持续发展思想，实现规划目标的重点示范工程项目；规划应以政府批准或人大通过的形式加以确定，使之具有法律效力。

（二）开展可持续发展能力建设

实验区的可持续发展能力是顺利开展实验区工作的重要保证，要把可持续发展能力建设作为实验区工作的重要任务，不断增强实验区的可持续发展能力。主要工作包括：加强政策法规建设，形成符合可持续发展要求的社会管理体制和运

行机制，建立具有地方特色的可持续发展评价指标体系和实验区工作考核制度，保障政策法规的实施；建立综合决策机制，提高实验区管理决策的科学化水平；提高全民可持续发展意识和公众的科学文化素质，拓宽公众参与和监督可持续发展的渠道，促进公众支持和参与实验区建设。

（三）实施可持续发展示范工程

围绕实验区可持续发展规划的目标，组织实施一批示范工程，解决本地发展中的关键问题。实施可持续发展科技示范工程，必须针对规划实施过程中的突出问题和发展需求，按照国家有关政策，结合各地的实际情况，选择确定示范项目。示范项目应有利于系统优化和资源的合理配置，形成良性循环，实现经济效益、社会效益和生态环境效益的同步提高。发挥科技的引导作用，结合工程建设，开发和推广一批成套的适用技术。促进技术与管理的结合，在技术开发与应用的同时，注重管理和运行机制的优化和完善。

（四）总结和推广实验区工作经验

实验区应及时总结经验，针对可持续发展的共性问题，总结和提炼为理论，为国家制定有关政策提供依据，为同类地区的发展提供借鉴。

四、可持续发展实验区建设实例——以江苏省为例

江苏是经济大省，但人口密度大，自然资源相对贫乏，环境容量相当有限，单位国土面积污染负荷高，持续发展的各种瓶颈和风险日见彰显。因此，从江苏区域经济社会发展的需求出发，建设一批符合可持续发展要求、经济发达、社会稳定、环境优美、科教先进、社会文明、法制健全、人民安居乐业、经济社会发展进入良性循环的实验区，形成具有区域代表性和示范意义的可持续发展共性经验，引导和推进区域可持续发展，是一项事关率先全面建成小康社会全局的重要战略任务。

（一）江苏可持续发展实验区建设的典型案例

截至2016年底，江苏省共建设18个国家级可持续发展实验区，其中苏锡常地区10个，且均已通过国家可持续发展实验区领导小组的验收；苏中地区4个，苏北地区2个，均为在建的国家级可持续发展实验区。

1. 以结构转型为引领的吴江建设模式

加快农业经济与结构转型。围绕生产园区化、产业集群化、功能多样化、科技普及化、服务社会化、装备现代化，大力发展多种形式的农业规模经营，不断提升农业发展的规模化、效益化水平，充分挖掘农业增效对农民增收的贡献潜力，

加快促进传统农业向现代农业转型升级，努力走出符合吴江实际、彰显吴江特色的农业现代化发展之路。

加快工业经济与结构转型。坚持走新型工业化道路，着力推进产业高端化、规模化、品牌化、生态化，促进制造业由一般加工向高端制造转变、由产品竞争向品牌竞争转变，产业链重心从制造环节为主向研发设计和市场营销两端延伸转变，加快构建信息化与工业化有机融合、先进制造业与现代服务业互动并进、结构布局合理、自主创新能力强、技术含量和附加值高、能源资源消耗低、污染排放少、经济效益好的现代产业体系。

加快服务业经济与结构转型。坚持先进制造业与现代服务业并举，在大力提升传统服务业的同时，重点发展生产服务业和新兴服务业，促进服务业与制造业均衡发展，打造"高增值、强带动、宽辐射、广就业"的服务经济体系。

2. 以健康中国为主题的扬州建设模式

提高人民幸福程度，建设健康中国扬州样板。一是着力促进就业创业，提高居民收入水平。实施更加积极的就业政策，建立产业结构调整与就业结构调整相结合的机制。坚持以创业促进就业，实施全民创业工程。二是加快完善公共服务体系，保障和改善民生。重点完善具有区域特色、充满生机活力的现代国民教育体系、优质教育体系和终身教育体系。逐步实现同类型社会人群基本保障同等待遇。三是大力发展健康事业，建设健康幸福之城。加快构建"医疗卫生、体育健身、饮食安全"三位一体的健康管理与促进体系。加快建设"颐养之城"，发展健康养老服务产业。不断提高医疗健康服务水平，健全医疗卫生服务体系。

促进转型升级，为健康扬州建设夯实产业基础。大力发展"扬州智造"、"扬州精造"、"扬州新造"，增强产业核心竞争力，建设制造强市，基本建成区域性先进制造业基地。加快农业现代化进程，坚持生产性服务业和制造业融合发展，大力促进服务业产业联动、集聚提升、空间优化，推动生产性服务业规模化、生活性服务业精细化、文化旅游产业国际化，形成"三二一"产业结构。进一步聚集生物健康产业，重点发展生物医药、医疗器械和健康保健产业。

发展循环低碳经济，为健康扬州建设破解资源约束。一是构建循环型产业体系。对重点行业进行生态化调整，形成企业循环式生产、行业循环式链接、产业循环式组合的大循坏体系。二是实施能源节约战略，促进资源循环利用。以提高综合能效为核心，以提高终端用能效率为重点，加快建设节约型社会。三是持续推进清洁生产，加快园区生态化改造。加快生产模式由高排放向低排放的转变，突出沿江、沿运河等重点流域和重点地区。对开发园区进行生态化改造，加快构建企业间和产业间的循环产业链，促进产业废弃物综合利用和再制造产业化。

倡导生态文明先行，为健康扬州建设打造最美环境。一是优化市域空间布局，促进城乡协调发展。对不同主体功能区实行差别化财政、产业、土地、环境等政策，推动优化开发区域产业结构向高端高效发展。二是强化生态环境整治，着力改善环境质量。实施"天蓝"工程，加强大气污染防治；实施"水净"工程，加快重点流域水污染综合治理；实施"地绿"工程，积极开展土壤污染防治。三是加强生态保护修复，大力建设绿色扬州。深入开展绿色扬州建设，持续推进"绿杨城郭新扬州"行动计划；积极构建沿江、河、湖防护林体系，推进丘陵岗地森林植被恢复，打造绿色生态屏障。四是引导绿色生活方式，培育特色生态文化。充分挖掘扬州地域文化中的生态特色，结合扬州城市主题文化，在城市建设中时刻体现历史人文特色，弘扬崇尚自然与保护生态的优秀传统。

深化体制机制创新，为健康扬州建设提供科技支撑。一方面，完善区域创新体系，助推产业转型升级。加快创新型企业培育，形成一批具有核心竞争力的创新型企业集群。同时，深入实施知识产权战略，着力完善知识产权制度，不断提升知识产权创造、运用、保护和服务能力。另一方面，深入推进医改，为健康中国提供示范。开展总额预付、按病种付费等混合支付方式，探索开展"按诊断分组付费"（DRGs）的支付方式，将医务人员的绩效收入与诊疗的效果和费用的控制直接挂钩。实行"全科医师特岗计划"，以全面推行分级诊疗。

3. 以协同推进为突破的盐城建设模式

突出生态优先，走绿色发展之路。根据盐城的生态特征和资源禀赋，加大绿色投资，倡导绿色消费，促进绿色增长，积极发展循环经济和低碳经济，推进工业化、城镇化与生态文明建设协调发展，实现经济效益和生态效益的有机统一。

彰显资源优势，实现可持续发展。充分利用岸线、滩涂、生态、盐田、土地等资源禀赋，把改善资源和环境作为助推跨越发展的强大动力，促进生产要素的合理配置、产业结构的优化组合、自然资源的可再生利用、生态环境的保护与改善，积极探索跨越式可持续发展路径。

加快结构调整，坚持转型发展。把握新型工业化与城市化互动并进、先进制造业和现代服务业融合发展的新特征，坚持在发展中求转变，在转变中促发展，大力培育战略性新兴产业和特色产业，不断改造和提升传统产业，积极发展生态农业、生态旅游业等区域优势产业，加快推动产业结构战略性调整，全面提升经济发展质量和效益。

强化科技支撑，努力创新发展。大力发展创新型企业，着力培养创新型人才，

第九章 城市与区域可持续发展的实践示范工程

显著提升自主创新能力,加快建设创新型城市,把创新驱动贯彻到经济社会发展的各个方面,增强经济发展方式转变的动力和活力。加强经济社会各领域的科技示范,积极推动先进技术成果的推广应用。

重视民生幸福,统筹协调发展。积极推进生态市建设,大力发展社会事业,推进基本公共服务均等化,着力解决关系人民群众切身利益的突出问题,努力提高广大人民群众生活质量和幸福指数。坚持统筹兼顾,促进城市化和新农村建设相融合,推进大市区、沿海县(市)和内陆县共同发展,推动港口、港城、临港经济区"三港联动",大力促进经济社会全面协调可持续发展。

发动全员参与,争取全面发展。强化政策导向、加大公共投入、加强行政监管,并充分调动企业、社会组织和公众等各方面参与可持续发展的积极性。集中力量,瞄准重点领域和重点区域,加快实施重点项目,着力解决制约盐城经济社会可持续发展的瓶颈性问题,探索并推广有益经验,全面推进可持续发展战略的实施。

(二)江苏可持续发展实验区建设的主要特点与矛盾问题

江苏省可持续发展实验区工作在依靠科技进步、促进地区经济、社会、生态协调发展,解决人口、资源、环境等重大问题方面进行了积极研究与探索,积累了大量宝贵的经验,也存在一些矛盾与问题。

1. 主要特点

创新观念,综合协调,建立可持续发展模式。各实验区结合地方特色,以原有的优势产业为依托,经济可持续发展能力相比其他区域有明显优势,社会总收入、国内生产总值、财政收入等主要经济指标都高速增长,综合实力显著增强。在发展经济的同时,基本扭转了过去经济建设中"先破坏,后修复;先污染,后治理"的做法,探索了资源环境与经济"双赢"的可持续发展模式,实现了实验区社会事业全面进步,居民平均寿命、教育水平、人均 GDP 显著提高,人类发展指数和居民幸福指数高于其他地区。

科技驱动,集成创新,为经济社会发展提供有力支撑。一是实验区充分发挥科技的引导作用,在地方经济建设和社会发展中,积极支持和培育高新技术产业,通过技术的示范、集成、整合,支撑实验区建设。二是注重加强可持续发展理论研究,不断提高科学决策水平,以理论指导可持续发展实验区工作,实现规范化、科学化管理。三是创造良好的引进人才的政策环境,为实验区建设与发展提供技术硬件和软件支撑。四是着力资源集约利用与生态环境保护,积极推进自然保护区建设、生活垃圾无害化、污水处理及再生回用、大气污染控制等工程,实验区内人居环境得到根本改善，资源与环境支撑社会经济发展的能力显著增强。

强化领导，突出特色，制定科学的规划方案。制定科学、完整的可持续发展规划，通过规划任务和项目的实施引导建设。各可持续发展实验区建设规划针对当地社会经济发展所面临的非持续因素，依托经济、科技和社会发展基础，充分考虑当地资源和环境支撑条件，突出特色，分类指导，推动形成各具特色的实验区建设模式。同时，建立了较为完善的考评体系，可以指导发展规划的提升和优化。

公众参与，社会推动，健全全社会联动机制。在全社会广泛普及可持续发展理念，引导社会团体和公众积极参与。健全新闻媒体监督机制，保障可持续发展取得预期成效。国家可持续发展实验区建立了"政府主导、专家指导、社会兴办、公众参与"的管理体制和运行机制，协同推进实验区发展。政府部门在实验区建设过程中发挥关键的引领和组织作用，制定并实施可持续发展实验区建设规划。实验区在国家、省两个层面建立由不同学科、领域专家组成的专家指导委员会，为地方可持续发展提供技术支持和指导。各实验区积极开展宣传和教育活动，创造公众参与可持续发展的政策环境和渠道。

2.存在问题

地域分布及发展不均衡。从江苏省层面上看，实验区总量偏少，且地域分布不均衡，实验区发展建设还欠缺统筹布局和统一规划，这是实验区建设中存在的主要问题。江苏省自开展实验区创建以来，截至目前共建成国家级试验区16个，面积、人口仅占全省的12%，总量仍旧偏少，分布仍不均衡。苏南、苏中地区因地理区位条件优越，信息密集，资金充裕，引进技术方便、快捷等优势，经济社会发展优势显著，设立的实验区数量一直较多。苏北地区数量少，而这些地区实际上更需要通过建立实验区寻求经济和社会的可持续发展，进而逐步走上可持续发展道路。

行政区域边界分割影响建设效果。可持续发展实验区是在一个行政单元内（地级市、县或县级市、大城市城区、镇域）推进可持续发展的。在实际建设中，虽然每个地域都把可持续发展作为发展战略，但因各地对可持续发展的认识和行动存在较大差距，导致在推进可持续发展上区域之间的不平衡，一些工作因跨越区域边界而被抵消，资源和环境问题的转嫁现象比较突出。目前从江苏全省来看，迫切需要打破行政区域边界通过区域产业集群、资源与环境保护联合行动等推进区域可持续发展，不同类型地区通过政府组织、部门协同、企业和社会资源整合，开展跨区域、跨领域、跨行业的可持续发展联合实验与示范。

实验区整体协调能力有待加强。可持续发展实验区发展建设涉及经济、社会、

第九章 城市与区域可持续发展的实践示范工程

环境发展的各个方面，涉及政府、企业、公众的广泛参与，涉及体制、机制、政策、观念的相应转变。实验区的任务是依靠科技引领，探索符合区域特点和实际的发展模式和机制，如新型社区建设模式、循环经济发展模式和机制等，全新的发展模式需要社会生产和生活各个环节领域做出相应调整，以进一步提升江苏省实验区的整体协调能力，为全面推进实验区建设提供制度和组织保障。

整体建设中社会化推进动力不足。可持续发展实验区是一项可持续发展领域的实验示范工程，是通过试点实验，以点带面，推动区域可持续发展的一项社会系统工程。将实验区的成果、经验和做法从实验区扩大到江苏省乃至国家层面，是实验区取得更大成就的一项关键性工作。目前实验区工作以行政手段推进较多，社会化推进的手段仍有待加强，需要采取加强宣传推广、吸引公众参与等手段进一步扩大实验区的社会影响力和公众参与度。

（三）加快可持续发展实验区建设与示范推广的建议

1. 加强组织领导

完善领导机制。在省委、省政府领导下，组织建立江苏省可持续发展实验区建设领导小组，统筹实施可持续发展实验区建设规划，全面推进实验区建设工程。省可持续发展实验区建设领导小组办公室做好组织协调、任务分解、督促检查、评估考核工作。各级、各有关部门切实履行职责，完善工作制度，形成省、市、县上下联动、各部门协同推进、全社会广泛参与的工作机制。

严格监督考核。对各地可持续发展实验区建设规划组织实施情况和目标任务完成情况定期开展督促检查，及时解决可持续发展实验区建设中出现的矛盾和问题。制定可持续发展实验区指标监测方案，开展可持续发展实验区建设工程项目成本效益分析。把可持续发展实验区建设作为党政领导班子和主要领导干部实绩考核的重要内容。省可持续发展实验区建设领导小组办公室每年对各地可持续发展实验区建设规划实施情况进行考核。对主要任务完成较好、可持续发展实验区建设成绩突出的市县、部门和个人予以表彰，对未通过考核的市县、部门进行通报批评并追究责任。

加强能力建设。各市、县（区）成立可持续发展实验区建设规划领导小组，负责对本地可持续发展实验区建设的统筹规划、组织协调和督促检查。建立健全省、市、县三级管理网络，加强科技惠民工程建设，明确专人负责，全面提升可持续发展实验区建设工作水平。

2. 创新体制机制

优化实验区制度化管理，构建多部门、各区域联动的协调指导体制，形成横向、纵向的分级共建管理机制；形成连续协调的"政府组织、专家指导、企业支持、公众参与"的合作共建组织体制；建立社会团体和社会公众参与可持续发展决策与管理的机制，强化社会监管和批评监督。推行实验区信息化、网络化管理，打造网络信息服务平台，为实验区建设提供技术和数据支持以及满足宣传推广需求，扩大实验区的社会影响力和公众参与度，推进实验区的社会化进程。

组织筹建实验区协同创新战略联盟，推进实验区大众创业万众创新发展。组织筹建江苏省实验区协同创新战略联盟（以下简称"联盟"），转变政府职能，推动实验区社会化管理，充分发挥市场在资源配置中的作用。联盟旨在搭建实验区创业创新服务平台，加强实验区的政策联动、信息共享、产业互动，推动科技成果转化应用，落实国家可持续发展战略和创新驱动发展战略，营造大众创业、万众创新的局面。同时联盟还将建立与国家农业科技园区、国家高新技术开发区的协同创新机制，鼓励和支持科技特派员、大学生等在实验区内创新创业。

3. 拓展实施路径

健全全社会联动机制。进一步提高各区县、各部门对可持续发展以及科技促进可持续发展的认识，建立部门联席会议制度，科技厅及全省相关部门定期组织召开联席会议，共同推动实验区工作。

联席会议负责制定实验区和示范区的发展规划和年度计划，组织协调各区县、各部门实施可持续发展实验区建设规划工作任务，并加强监督执行。整合各部门以及各类社会资源，健全"政府组织、专家指导、企业支持、公众参与"的合作共建机制，加强实验区社会化推动机制的建设。

强化服务能力建设。修订和完善江苏省可持续发展实验区和示范区管理制度，研究和建立实验区工作目标责任的考核、评估体系；建立实验区工作定期报告和通报制度，定期举办实验区工作会议，通报实验区工作，总结实验区经验；建立国家和省级可持续发展实验区专家指导组，充分发挥专家的指导作用；组织开展形式多样的交流活动，加强本省各地区以及实验区之间的交流与合作；积极探索形成政府与社会的多元化资源结合机制，注重发挥企业的作用，引导企业关注社会事业；加大对实验区的支持力度，拓宽实验区的多元化投融资渠道，增强区域资源的投入积极性和投入力度。

完善实验区建设的支撑条件。充分发挥各类科技资源，形成"科技引导、项目示范、逐步推进"的工作机制，为实验区建设和发展提供支撑。充分利用部门联合推动机制，通过专家咨询、集成科技资源、优化管理手段、拓展国际合作等，以实验区为载体，促使各部门涉及可持续发展领域的项目、经费优先向可持续发展实验区倾斜，探索设立江苏省可持续发展实验区专项基金，重点支持实验区在生态环境保护、资源高效利用、人口卫生与健康、公共安全与防灾减灾、城镇化与城市发展等领域的技术推广。相关部门、机构、媒体等开展合作，组织实施有影响的联合行动，提高实验区的社会影响力。

实施公众科学文化普及行动。针对青少年、社区居民等重点人群，围绕减灾防灾、公共安全、健康文明生活方式等重大主题，开展内容丰富、形式多样的科学普及活动。利用图书、影视、动漫、软件、科普资源包等传播载体形式，推出一批反映江苏特色文化、创新文化、民族工业文化、开放包容文化等为主题的原创科普文化作品，扶持科学文化作品创作和传播。强化科普场馆、研发单位等科普文化教育基地展示水平和服务功能，支持科学文化主题展览设计、公共探究实验室建设、专题科普活动策划，加强科普教育基地能力建设。

加强实验区建设的基础理论研究。在系统分析国内外可持续发展实验区建设模式与经验的基础上，开展江苏省可持续发展实验区建设模式、建设指标、评价方法、过程管理和机制创新、实施方案、保障机制等方面的前瞻性、战略性研究，为开展可持续发展实验区建设和管理提供理论依据和决策参考。

第二节 生态示范区建设

一、生态示范区建设

（一）生态示范区建设背景

生态示范区建设是区域经济社会可持续发展的有益探索，是推动区域经济社会可持续发展的重要举措。

目前，我国的自然资源和生态环境破坏得十分严重。而且，我国正处于快速城市化、工业化的过程中，人口多、底子薄、资源相对不足，特别是长期以来，经济发展采用了以大量消耗资源和粗放经营为特征的发展模式，重经济效益，轻环境效益，造成了对自然资源和生态环境的破坏，我国的自然资源基础正不断地退化、枯竭。保护和建设生态环境，改变传统发展模式，以较低的资源代价和环境代价换取较高的经济发展速度，进一步达到经济效益、社会效益和环境效益的统一，实现城镇乡村社会经济的持续发展，这是我国发展战略的重要选择。

1995年之前，各地政府和环境保护部门在生态建设方面已经开始进行积极的探索，一些地区开展了生态村、生态乡、生态县和生态市的建设，积累了一些经验，取得了一定成绩。在此基础上，为加快生态建设的步伐，实施可持续发展战略，促进区域经济社会与环境保护协同发展，国家环保局决定开展生态示范区建设试点工作。

建设生态示范区是实施可持续发展战略的必要途径，是落实环境保护基本国策的重要保证，是环境保护部门参与综合决策的可靠机制，对保护和改善我国的生态环境具有现实的意义和深远的影响。其根本目标是，按照可持续发展的要求和生态经济学原理，合理组织，积极推进区域社会经济和环境保护的协调发展，建立良性循环的经济、社会和自然复合生态系统，确保在经济、社会发展，满足广大人民群众不断提高的物质文化生活需要的同时，实现自然资源的合理开发和生态环境的改善。

（二）生态示范区建设阶段

全国生态示范区建设自 1995 年正式启动试点工作以来发展迅速，在推进试点地区经济、社会和环境保护协调发展的同时，对周边地区产生了良好的辐射作用，使生态示范区建设成为区域经济社会可持续发展的一种理想载体和组织形式。全国生态示范区建设从试点启动到目前大体经历了四个阶段：

1. 前期筹备阶段

1994 年，国家环保局组织制定了《全国生态示范区建设规划》，1995 年，又发布了《全国生态示范区建设规划纲要》。

2. 组织试点

1996—1999 年，全国先后分四批开展了 154 个国家级生态示范区建设试点。部分省（区）开展了省级生态示范区建设试点工作。

3. 首批验收

1998 年，国家环保总局决定提前组织生态示范区验收工作，1999 年，完成了对第一批 33 个试点单位的考核验收。

4. 生态示范区命名

参加验收的试点地区工作成绩显著，示范效果明显，达到了预期的建设目标。国家环保总局对通过验收的试点地区进行命名，截至 2007 年 1 月，全国生态示范区建设试点地区第一批至第九批共计 528 个，国家级生态示范区第一批至第五批共计 320 个。

（三）生态示范区建设的内涵

生态示范区是以生态学和生态经济学原理为指导，以协调经济、社会发展和环境保护为主要对象，统一规划、综合建设、生态良性循环，社会经济全面、健康、可持续发展的一定行政区域。生态示范区是一个相对独立、对外开放的社会、经济、自然的复合生态系统。生态示范区建设可以乡、县和市域为基本单位组织实施，当前的重点可以放在以县为单位的组织实施上。

生态示范区的建设是区域可持续发展实验区建设的一个重要类型，可持续发展是生态示范区建设的核心及最高目标。生态示范区是实施区域可持续发展战略的最基本的经济社会形态，是可持续发展思想的集中体现。

1. 指导思想

根据国民经济和社会发展的总目标，以保护和改善生态环境、实现资源的合理开发和永续利用为重点，通过统一规划，有组织、有步骤地开展生态示范区的建设，促进区域生态环境的改善，推动国民经济和社会持续、健康、快速地发展，逐步走上可持续发展的道路。

2. 具体内容

（1）以保护农业生态和发展农村经济为主要内容的生态示范区建设；

（2）以乡镇工业合理布局和污染防治为主要内容的生态示范区建设；

（3）以自然资源合理开发利用为主要内容、实现农工贸一体化的生态示范区建设；

（4）以防治污染、改善和美化环境为主要内容的生态示范区建设；

（5）以保护生物多样性、发展生态旅游为主要内容的生态示范区建设；

（6）各方面综合的生态示范区建设。

3. 基本原则

（1）环境效益、经济效益、社会效益相统一的原则。生态示范区建设应与农村脱贫致富、地区经济发展结合起来，与当地的社会发展、城乡建设结合起来。

（2）因地制宜的原则。生态示范区建设应从当地的实际情况出发，以当地的生态环境和自然资源条件、社会经济和科技文化发展水平为基础，科学合理地组织。

（3）资源永续利用的原则。提倡资源的合理开发利用，积极开展资源的综合利用和循环利用、能源的高效利用，实现废物产生的最小化；可更新资源的开发利用与保护增殖并重，实现自然资源的开发利用与生态环境的保护和改善相协调。

（4）政府宏观指导与社会共同参与相结合的原则。生态示范区建设作为一项政府行为，强调政府对生态示范区建设的宏观管理和扶持作用，同时应充分调动社会力量共同参与。

（5）国家倡导、地方为主的原则。充分发挥地方政府的作用，遵循地方自主建设、自愿参与的原则。

（6）统一规划、突出重点、分步实施的原则。生态示范区建设规划应当是生态环境建设与社会经济发展相结合的统一规划，应体现出生态系统与社会经济系统的有机联系。同时，规划应明确近、中、远期目标，并将建设任务加以分解落实，分阶段、分部门组织实施，突出阶段、部门的建设重点，组成重点建设项目。

（四）生态示范区建设考核指标

生态示范区在满足基本条件的基础上要达到具体考核指标。基本条件是领导得力，机构健全，组织工作有效；制定了生态示范区试点建设规划，并由试点地区人民政府或人民代表大会批准实施；严格执行国家和地方生态环境保护法律法规；社会、经济与环境效益显著。

下面以沈阳市浑南区国家级生态示范区为例加以说明。

2004年12月30日，沈阳市浑南区被国家环保总局正式命名为国家级生态示范区，继苏家屯区后成为沈阳市第二个国家级生态示范区。

浑南区地处城乡接合部，担负着城市屏障和绿色通道的双重使命，既要迎接来自城区污染扩散的挑战，又要保持绿色通道的畅通。浑南区委、区政府从本区生态环境特点出发，结合浑南区发展的长远目标，提出建设全国生态示范区的构想。经过省、市政府审核和批准后，2000年6月，得到国家环保总局批准，成为国家级生态示范区建设试点。

按照全国生态示范区的建设标准，浑南区坚持总体规划、分步实施、突出重点、整体推进的原则，全面开展生态示范区的创建工作，大力进行污染土壤生态恢复、生态农业、生态工业、城市生态、生态旅游等生态环境建设工作，经过四年的努力，生态环境得到了明显的改善，生态示范区各项指标达到了国家规定的标准。

浑南区国家级生态示范区的成功建立，为沈阳市城镇生态环境的建设提供了经验，为进一步建立生态区、生态城市奠定了良好的基础。

浑南区位于沈阳市的东南部，是一个行使城乡两种职能的新兴城区，得天独厚的自然条件、丰富的自然资源、良好的交通条件、优良的生态环境赋予了浑南区广阔的发展空间。经过建区40年的发展，特别是改革开放以来的经济建设，区域经济和各项事业持续发展，综合经济实力位居全市8个区、县（市）之首。但在经济繁荣发展的同时，也产生了程度不同的生态环境问题，农田环境污染、农业种植养殖污染、城区污染企业迁入及工业发展造成的工业污染等环境问题已成为制约经济可持续发展的主要障碍。

第九章 城市与区域可持续发展的实践示范工程

根据生态示范区建设规划和全国生态示范区的建设标准，浑南区确定以"生态恢复、生态建设、生态经济"为重点，以"生态优先，以人为本，创造良好生态环境"为基本原则，以经济社会协调发展、城乡协调发展、人与自然协调发展为目标。经过四年的不懈努力，该区的生态保护和建设工作有了长足的进步，生态环境质量得到明显的改善，社会生态文明意识显著提高，全区呈现出天空湛蓝洁净、河流鱼虾畅游、食品安全健康、经济飞跃发展的喜人景象。

在社会经济发展方面，该区通过对原有的产业结构和产品结构调整，高投入、高能耗的产业被逐步淘汰，形成了汽车制造、建材装饰、服装鞋业、电子信息、农产品深加工等支柱产业，以生态农业、生态工业、生态旅游为支撑的生态产业正成为全区新的经济增长点。2003年全区实现GDP118亿元，完成财政收入5.22亿元，农民人均收入达到5 517元。

在区域生态保护方面，该区通过强化生态恢复、退耕还林、自然保护区等各类建设和节水保水等一系列措施，区域生态环境大大改观。全区的森林覆盖率达到13.96%，退化土地治理率达到82.3%，受保护地区比例保持在14.4%，在灌溉定额中，水田和旱田的灌溉定额分别比创建前降低了50.7%和27.5%，大大节约了水资源。

在农村环境保护方面，该区通过调整产业结构和能源结构，促进了生态农业的发展，推进了农业产业化和现代化进程。全区建成无公害农产品基地20万亩，单位化肥施用量、农药使用强度均低于国家规定标准。区域内秸秆综合利用率为94%，农用薄膜回收率为95.4%，受保护基本农田面积占农田总面积的91.6%，畜禽粪便处理率保持在100%。

在城镇环境保护方面，该区通过强化环境综合治理，采取环境清污措施，城镇面貌日新月异。2002年全区城镇大气环境质量、水环境质量均达到了功能区规定标准。城镇人均公共绿地面积24.3平方米，城镇固体废弃物处理率达到98.6%，危险废物处置率达到100%。

在基础设施建设方面，该区通过加大资金投入，先后建成了交通、能源、供水、污水处理、集中供热等一大批环境基础设施工程，城市基础设施基本完善。城市气化率达到91%，城区的城市污水处理率达到58.8%，卫生厕所普及率达到70.3%，旅游环境达标率为100%。

在创建生态示范区的过程中，全区上下始终围绕着生态恢复、生态建设、生态经济这三条主线展开，通过突出重点、分类推进、典型引路、以点带面，全方位根治生态环境污染，全面提高生态环境质量，全力增加生态经济和社会效益。

二、生态省、市（县）建设

（一）生态省、市（县）建设的背景

为进一步深化生态示范区建设，推动全面建设小康社会战略任务和奋斗目标的实现，国家环保总局组织制订了《生态县、生态市、生态省建设指标（试行）》。生态县、生态市、生态省建设是生态示范区建设的继续和发展，是生态示范区建设的最终目标。已批准的试点地区要按照生态示范区建设和管理的要求，继续开展生态示范区建设工作；已命名的国家级生态示范区及社会、经济、生态环境条件较好的地区，可对照指标体系的要求，结合当地的实际情况，开展生态县、生态市、生态省创建工作。

为实施可持续发展战略，推动区域社会经济与环境保护协调发展，国家环保总局在全国组织开展了生态省（市、县）建设工作，全国生态省（市、县）建设发展迅速。1999年，海南成为我国第一个生态省试点。2002年，辽宁省列为全国循环经济建设试点省。2003年，国家环保总局发布了《生态县、生态市、生态省建设指标（试行）》。截至2007年，海南、吉林、黑龙江、福建、浙江、安徽、江苏、辽宁、陕西、河北、四川、广西和山东13个省、自治区已经开展或即将开展生态省（自治区）建设工作。

一批市（县、区）开展了生态市（县、区）创建工作，受到社会的广泛关注，产生了积极的影响。2006年，江苏省张家港市、常熟市、昆山市、江阴市被命名为国家生态市，上海市闵行区被命名为国家生态区，浙江省安吉县被命名为国家生态县。

（二）生态省、市（县）建设的内涵

1. 生态省

生态省是社会经济和生态环境协调发展，各个领域基本符合可持续发展要求的省级行政区域。生态省建设的具体内涵是，运用可持续发展理论和生态学与生态经济学原理，以促进经济增长方式的转变和改善环境质量为前提，抓住产业结构调整这一重要环节，充分发挥区域生态与资源优势，统筹规划和实施环境保护、社会发展与经济建设，基本实现区域社会经济的可持续发展。

2. 生态市

生态市是社会经济和生态环境协调发展，各个领域基本符合可持续发展要求的市级行政区域。生态市是市级规模生态示范区建设的最终目标。

生态市的主要标志是生态环境良好并不断趋向更高水平的平衡，环境污染基本消除，自然资源得到有效保护和合理利用；稳定可靠的生态安全保障体系基本

形成；环境保护法律、法规、制度得到有效贯彻执行；以循环经济为特色的社会经济加速发展；人与自然和谐共处，生态文化有长足发展；城市、乡村环境整洁优美，人民生活水平全面提高。

3. 生态县

生态县是社会经济和生态环境协调发展，各个领域基本符合可持续发展要求的县级行政区域。生态县是县级规模生态示范区建设发展的最终目标。

(三) 生态省、市 (县) 建设的指标

生态省、市 (县) 建设指标在满足各自基本条件的基础上，均包括经济发展、环境保护和社会进步三类指标。其中，生态省建设指标 22 项、生态市建设指标 28 项、生态县建设指标 36 项。基本条件与指标根据省、市、县的特点略有增删、数据量值有不同要求。

下面以海南生态省建设实例说明生态省建设指标的基本条件。

1999 年，海南省提出建设生态省，省人大颁布实施《海南省人民代表大会关于建设生态省的决定》，省人大常委会批准《海南生态省建设规划纲要》。同年，海南经国家环保总局批准成为全国第一个生态示范省。2005 年，海南又组织修编《海南生态省建设规划纲要》，进一步丰富和发展了生态省的内涵。

1. 总体目标

海南生态省建设的总体目标是用 20 年左右的时间，在环境质量保持全国领先水平的同时，建立起发达的资源能源节约型生态经济体系，建成布局科学合理、设施配套完善、景观和谐优美的人居环境，形成浓厚的生态文化氛围，使海南成为具有全国一流生活质量、可持续发展能力进入全国先进行列的省份。

2. 发展阶段

到 2020 年，海南生态省建设分为起步阶段、全面建设阶段、完善提高阶段三个建设期。

(1) 起步阶段。1999—2005 年，主要任务是通过多层次、多样化的宣传教育活动，营造生态省建设的良好氛围，在全社会形成建设生态省的共识，使各市县、各部门积极开展生态省建设。集中力量解决烧山、毁林开垦、毁林养殖、毁林挖矿、炸珊瑚礁、破坏红树林、违规排放废水等突出问题，遏制人为破坏生态环境的势头。推进生态农业、生态旅游业和工业清洁生产示范项目，开展文明生态村、文明生态集镇和文明生态城市三级创建，建成一批示范区域和示范工程。在全省环境质量和城乡人居环境面貌得到改善的同时，全省经济快速发展，为建设生态省打下比较好的基础。

（2）全面建设阶段。2006—2015年，为海南生态省的全面建设阶段，主要任务是全面推进生态环境保护与建设、生态经济发展、生态人居建设与生活质量改善、生态文化建设四个方面的32项重点工程，建设生态安全保障体系、环境质量保障体系、资源可持续利用体系、生态经济体系、人居生态体系、人口生态体系、生态文化体系、能力保障体系八大体系。

（3）完善提高阶段。2016—2020年，再用这5年左右的时间，进一步完善和提高生态省各方面建设的成果，使海南成为具有全国一流生态环境和生活质量的省份，生态省建设达到全国领先水平。到2020年，生态省的经济发展水平、经济增长方式、生态环境质量、生活质量和社会进步五个方面27项指标要达到预期目标。

3. 建设生态省起步阶段的主要成效

自1999年至2005年，海南生态省建设起步顺利，经济发展与环境保护获得双赢。坚持发展与保护并重原则，产业发展分区布局与分类推进原则和不污染环境、不破坏资源、不重复建设"三不"原则，进一步优化产业结构和推行环境友好的经济增长方式，全省经济建设和生态环境保护呈现双赢的发展势头。在生态环境质量继续保持全国领先水平的同时，全省生产总值从1998年的438亿元增长到2005年的903亿元。

生态建设全面推进，生态环境得到了改善；环境保护有序进行，环境污染得到了有效控制，环境质量继续保持全国领先水平；生态建设与产业发展密切结合；生态文明建设明显加快，城乡人居环境得到改善；生态文化建设深入人心，公众生态环境意识明显提高。

生态省起步阶段建设的经验主要是立法保障生态省建设；高层推动，统一协调；依托环境与资源优势，促进生态省的产业发展；依托科技力量的支持，加强对生态省建设的理论创新和探索；推进各类创建活动，加强典型示范作用；积极探索研究绿色国民经济核算，努力创新政绩考核机制；加强体制创新，构建科学高效的环境保护管理体制。

下面以江苏省常熟市为例，说明生态市建设的基本情况。

1. 背景资料

常熟是一座具有3 000多年文明史的国家历史文化名城，也是新兴的港口工业城市，全境总面积1 142平方公里，户籍人口104万人，2005年实现地区生产总值670亿元，人均GDP超过7 800美元，地方财政总收入超过100亿元，其中地方财政一般预算收入超过37.5亿元，综合实力居于全国同等城市前列。近年来，常熟市先后获得了国家环保模范城市、国家园林城市、全国绿化模范城市、中国优秀旅游城市、中国人居环境范例奖等一系列荣誉，建成了全国生态示范区，成为全国县级市中唯一的国际花园城市。

2. 生态市建设基本情况

（1）循环经济发展。作为江苏省首批循环经济试点市，常熟确立了"346"的循环经济发展框架，从三个层面、分四个阶段、在六个重点领域全面推进循环经济建设，加快传统产业的生态化改造。

在工业层面上，该市按照资源高效利用、废物循环利用的要求，从清洁生产和 ISO 14000 环境管理体系认证入手，积极推进企业生态化改造。与此同时，该市积极推动传统工业园区向生态工业园区转变。全市现有6种中国环境标志产品，37家企业通过了清洁生产审计，67家企业通过了环境管理认证。

在农业层面上，该市推进农业标准化建设，积极实施节水型灌溉，面积达1万多亩，加快传统农业向生态农业的转变。

在服务业层面上，根据创建节约型和环境友好型社会的要求，常熟积极推进消费流通领域的废弃物综合利用，提倡绿色消费、适度消费，推广节水节能技术和产品，广泛使用太阳能、天然气等清洁能源，全市天然气用户近2万户。常熟加快建设生活垃圾焚烧发电厂，在全市深入开展生活垃圾分类收集工作，可焚烧部分用于发电，纸张、玻璃、废金属、废塑料等废物回收利用，废电池、过期药品等有害垃圾集中处置。

（2）生态农业建设成效显著。常熟紧密依靠科技发展，采取措施多管齐下，大力推进生态农业发展，从源头上减轻农村污染源面。不断推广先进施肥技术，大量使用生态有机肥、高效缓释肥和作物专用肥料，探索了粮肥、饲肥、菜肥相结合的绿肥新路子，严格禁止秸秆焚烧，积极鼓励秸秆还田和秸秆气化，建成秸秆气化站三座，秸秆综合利用率达到100%。全面推进农业标准化、农产品无公害生产。

（3）生态体系框架更加完善。在生态市建设过程中，常熟深入开展生态建设"进农村、进学校、进家庭、进社区、进企业"活动；全市涌现出全国环境优美镇5个，其余镇全部通过了全国环境优美镇省级验收，建成省级生态村62个，绿色学校76所，绿色社区48个，绿色家庭100户，绿色企业35家，形成了布局合理、层次分明的生态体系。深入开展城乡环境综合整治，积极推进"六清六建"试点，配套完善城乡环境基础设施，推进城镇污水处理厂和集中供热系统建设，所有乡镇全部建成集镇烟尘控制区和噪声达标区。全面开展城乡河道疏浚清淤工程。扩大市民对环境保护工作的知情权、议事权和监督权，激发了市民参与环境保护和生态建设的热情，形成了政府与市民良性互动的新局面。

（4）环境支撑能力日益增强。

常熟加大了环境基础设施建设力度，为经济和社会发展提供了良好的支撑和保障。建成城市污水处理厂3座，集镇和工业园区污水处理厂13座，全市污水集中处理能力超过20万吨/日，所有镇全部建成集镇污水处理厂。建成热电联供工程11个。日处理能力600吨的生活垃圾焚烧发电厂也投入使用。环境基础设施的日益完善，大大增强了经济社会的可持续发展能力。近年来，全市地区生产总值以每年20%左右的速度快速增长，但是污染物排放总量每年以超过5%的幅度下降，每万元GDP能耗、水耗分别降低到0.96吨标煤和116立方米，均处于国内领先水平，实现了经济发展与环境保护的双赢。

三、生态工业园区建设

生态工业园区（Eco-Industrial Park，EIP）是发展循环经济的一个重要形态，是循环经济在区域层次的实践形式之一，正在成为我国第三代工业园区的主要发展形态。园区根据生态学的原理组织生产，使上游企业的废料成为下游企业的原材料，尽可能减少污染排放，争取做到零排放。

在企业层面清洁生产推广的基础上，我国循环经济起步于生态工业示范园区的建设。1999年，国家环保总局开始启动生态工业园区建设项目。按照循环经济和生态工业的理念，对现有的经济技术开发区和高新技术开发区的改造工作正在全国范围内展开。目前，生态工业园区共有三种类型：全新规划型、改造型、虚拟型。我国已建和拟建的部分国家级生态工业园区的基本情况如表9-1所示。

表9-1 国家级生态工业园区及其主要特点

生态工业园区	主要特点
贵港国家生态工业（制糖）示范园区	以贵糖集团股份有限公司为核心，以蔗田系统、制糖系统、酒精系统、造纸系统、热电联产系统和环境综合处理系统等六系统为框架，通过盘活、优化、提升、扩展等步骤，逐步完善生态工业示范园区
南海国家生态工业示范园区	全新规划、实虚结合的生态工业园区，以华南环保科技实业为核心，循环经济的思想对园区进行规划和设计，通过环保科技产业园和虚拟生态工业园的工业生态链建设，以环境保护产业为主导产业，分别建立资源再生园、零排放园和虚拟生态园，实现园区、企业和产品三个层次的生态管理。主导产业定位为高新技术环保产业，具体发展方向包括环境科技咨询服务、环保设备与材料制造、绿色产品生产、资源再生四个主导产业群

第九章 城市与区域可持续发展的实践示范工程

续 表

生态工业园区	主要特点
包头国家生态工业示范园区	以铝电联营为核心，以铝业为龙头，以电厂为基础，重点发展电力、铝深加工、铝合金和建材等相关产业。通过各系统之间产品和废物的相互交换形成工业生态链（网），使园区内资源得到最佳配置、废物得到有效利用、污染降到最低水平、经济效益大幅度高，进而拉动地区经济发展
长沙黄兴国家生态工业园区	涉及一产和二产的综合性高新技术工业开发区。以远大空调及其配套产业为主导的电子工业生态链，抗菌陶瓷及配套产业为主导的新材料工业生态，多种农产品深加工为主导的生物制品功能工业生态链，环保设备和环保型建材为主导的环保产业链为主，架构各生态链之间相互耦合的生态工业网络
中国鲁北国家生态工业园区	我国第一家以循环经济为特征的国家级生态工业园。该园区已创建了磷铵、硫酸、水泥联产，海水"一水多用"，清洁发电与盐、碱联产三条生态产业链，通过检测表明，鲁北生态工业园的科技、经济、社会、生态等综合贡献率，高出丹麦卡伦堡生态工业园的一倍
天津开发区国家生态工业园区	继以摩托罗拉、诺维信、康师傅为代表的IT、生物制药、食品饮料三大生态工业群落形成之后，新的汽车工业产品代谢网络初具规模
抚顺矿业集团国家生态工业园区	以"一矿四厂一气"作为循环经济的主导架构，开展生态工业园区建设。以东露天矿油母页岩开采为龙头，兴建了页岩炼油厂；扩建页岩废渣水泥厂；建设以煤矸石、绿页岩和页岩废渣为原料的煤矸石烧结砖厂
大连开发区国家生态工业园区	开发区形成一批生态链接项目：大连东泰产业废弃物处理有限公司成功地走出了一条工业废弃物处理产业化经营之路，主要集中处理工业企业产生的废物（以危险废物为主），其上游企业有200多家，回收的资源又被下游80余家企业再利用。大连恒基新润水务有限公司是一家专业污水处理企业，也是开发区中水回用项目的具体实施单位。此外，开发区的生态链接项目还有电镀工业园废水零排放项目、粉煤灰综合利用项目、生活垃圾综合利用项目、木材—塑料复合材项目、废纸再利用项目、工业介质循环利用项目、物资回收项目等
新疆石河子国家生态工业园区	以城市生活污水和工业废水的资源化利用为基础，以100万亩苡苡草种植为核心，以对苡苡草的综合利用构建生态产业链，以生态产业链为主线建立园区的主导产业，利用主导产业的强大辐射力带动相关产业的发展，不断延伸产业链条、补充链条节点。形成一个种植业、造纸业、畜牧养殖业、畜产品加工业、生态旅游业为主的产业平台，搭建与其他多门类工业相结合的高效、安全、稳定的生态工业园区。该园区由三大功能区（核心功能区、扩展功能区和支持功能区）和六大系统（种植系统、造纸系统、养殖系统、畜产品加工系统、生态旅游系统和污水处理系统）组成

例1：贵港国家生态工业（制糖）示范园区是我国第一个国家生态工业示范园区，也是国内最典型的一个案例。

广西贵糖（集团）股份有限公司是一家综合甘蔗化工企业，在这几年滚动发展过程中，极其注重资源综合利用和环境治理保护，强化环境管理，推行清洁生产，开展生态型工业建设，取得较好的综合效益。特别是清洁生产与循环经济的开展，对控制和减少污染源，最终控制和减少污染物总量非常有效。

贵糖作为贵港国家生态工业（制糖）示范园区的龙头企业，目前已形成了以甘蔗制糖为核心，甘蔗—制糖—废糖蜜制酒精—酒精废液制复合肥，以及甘蔗—制糖—蔗渣造纸—制浆黑液碱回收两条主线的工业生态链。这些工业生态链相互利用废弃物作为自己的原材料，形成单元工艺的工业生态链，生产过程初步实现了良性的生态循环，使废弃物得到充分利用，既节约了资源，又能把污染物消除在工艺过程中，从根本上解决了环境污染问题，不但有效地治理了工业污染、降低了末端治理费用，而且提高了企业的经济效益。

园区建设是对贵港市制糖业原有规模和产业结构的改造和优化，以贵糖（集团）当前运行的生态工业雏形为基础，从企业局部层面的资源综合利用扩展为贵港市制糖产业整体的生态工业格局，通过一批重点工程的建设，不断充实和完善示范园区的骨架，形成全国规模最大、世界一流的制糖造纸和酒精生产基地。通过配套的一系列政策和措施的落实，保障生态工业持续健康的发展，形成一个比较完整的多门类工业和种植业相结合的工业共生网络以及高效、安全、稳定的制糖工业生态园区。

贵港国家生态工业（制糖）示范园区由六个系统组成，各系统内分别有产品产出，各系统之间通过中间产品和废弃物的相互交换而互相衔接，从而形成一个比较完善和闭合的生态工业网络，园区内资源得到最佳配置，废弃物得到有效利用，环境污染减到最低水平，这六个系统分别为：

（1）蔗田系统。建成现代化甘蔗园，通过良种良法和农田水利建设，向园区生产提供高产、高糖、安全、稳定的甘蔗（包括有机甘蔗）原料，保障园区制造系统有充足的原料供应。

（2）制糖系统。通过制糖新工艺改造，生产出高品质的精炼糖以及高附加值的有机糖、低聚果糖等产品。

（3）酒精系统。通过能源酒精生物工程和酵母精工程，有效地利用甘蔗制糖副产品——废糖蜜，生产出能源酒精和高附加值的酵母精等产品。

（4）造纸系统。通过绿色制浆工程改造、扩建制浆造纸规模（含高效碱回收）

及CMC-Na（羧甲基纤维素钠）工程，充分利用甘龙制糖副产品——蔗渣，生产出高质量的生活用纸以及文化用纸和高附加值的CMC-Na等产品。

（5）热电联产系统。通过使用甘蔗制糖的副产品替代部分原料煤进行热电联产，向制糖系统、酒精系统、造纸系统以及其他辅助系统提供生产所必需的电力和蒸汽，保障园区生产系统的动力供应。

（6）环境综合处理系统。通过除尘脱硫、节水工程以及其他综合利用，园区制造系统提供环境服务，包括废气、废水、废渣的综合利用的资源化处理，生产水泥、轻质碳酸钙等副产品，进一步利用酒精系统的副产品——酒精废液制造甘蔗专用有机复合肥，并向园区各系统提供中水回用，节约水资源。

生产与环境协调发展的主要成绩：工业总产值比前几年翻一翻，造纸产量大幅度提高，区域环境质量没有恶化而是得到改善；各种物耗、水耗大幅度下降，特别是水的清洁生产方面取得很大的成绩，综合利用的产值不断增加。

这种以生态工业思路发展制糖工业的做法，为我国制糖工业结构调整、解决行业结构性污染开辟了新的道路。

例2：鲁北国家生态工业示范园区

鲁北国家生态工业示范园区是我国第一家以循环经济为特征的国家级生态工业园，以鲁北企业集团为依托。鲁北企业集团是目前世界上最大的磷铵、硫酸、水泥联合生产企业，全国最大的石膏制硫酸基地和磷复肥生产基地。山东鲁北企业集团总公司的前身是1977年8月创建的一家小硫酸厂，以创建之时的40万元试验经费，承担了国家"六五"重大科技攻关项目——石膏制硫酸联产水泥技术试验，成功填补了国家空白。之后，以此为依托，不断创新，科学地开创出三条生态产业链。

（1）磷铵、硫酸、水泥联产。用生产磷铵排放的废渣磷石膏分解水泥熟料和二氧化硫窑气，水泥熟料与锅炉排出的煤渣和盐场来的盐石膏等配置水泥、二氧化硫，窑气制硫酸，硫酸返回用于生产磷铵。上一道产品的废弃物成为下一道产品的原料，整个生产过程没有废物排出，资源在生产全过程得到高效循环利用，形成一个生态产业链条。

（2）海水一水多用。构建了"初级卤水养殖，中级卤水提溴，饱和卤水制盐，苦卤提取钾镁，盐田废渣盐石膏制硫酸联产水泥，海水送热电冷却，精制卤水送到氯碱装置制取烧碱"的海水一水多用产业链，产生出巨大的综合效能，为国内盐业企业综合利用海水资源开辟了新路。

（3）清洁发电与盐、碱联产。热电厂以劣质煤和煤矸石为原料，采用海水冷却，排放的煤渣用作水泥混合材料，经预热蒸发后的海水排到盐场制盐，同时与氧碱厂连接。

山东鲁北余业集团总公司1997年5月开始规划建设了年产15万吨磷铵、副产磷石膏制20万吨硫酸、联产30万吨水泥工程为主体的生态工业园区。通过关键技术创新、过程耦合、工艺联产、产品共生和减量化、再循环、再利用等一系列措施，现在，鲁北生态工业园已经形成了工业共生体系，实现了物质充分循环、能量多级集成使用和信息交换共享，实现了与自然环境的友好协调，取得了经济效益、社会效益和生态效益的协调发展。

在鲁北企业集团的共生体系中，热电厂利用海水产业链中的海水替代淡水进行冷却，既利用了余热蒸发海水，又节约了淡水；磷铵、硫酸、水泥产业链中的液体SO_2用于海水产业链中的溴素厂提溴，硫元素转化成盐石膏返回用来生产水泥和硫酸；热电厂的煤渣用作水泥的原料，热电生产的电和蒸汽用于各个产业链的生产过程；氯碱厂生产的氢气用于磷铵、硫酸、水泥产业链中的合成氨生产，海水产业链的钾盐产品用于复合肥生产。各个产业链的内部和产业链之间建立了良性的共生关系，系统中共生关系总数达17个，包括15个互利共生关系和2个片利共生关系。这些共生关系产生了占总产值14%的经济效益，同时系统的资源共享共管模式具有较强的适应不确定因素的柔性。鲁北集团的生态工业发展模式实现了资源的有效整合，主要产品的成本降低了30%～50%，对企业年总产值的增长贡献率达40%。

生态工业系统的成功实践使有限的资源构成一个多次生成过程，资源、能源利用率和循环利用率特别高。据研究鉴定，磷矿石的原子利用率达97.7%，清洁能源利用率达85.9%。它的创新之处并不在于产品本身，而在于集成思维和集成创新，将不同的产品依照其内在的联系，实施科学有机地排列组合，各系统之间相互关联形成一个完整的工业系统。通过检测表明，鲁北生态工业园的科技、经济、社会、生态等综合贡献率，高出丹麦卡伦堡生态工业园的一倍。

第三节 循环型城区建设

据预测，到2020年，我国人口将达到1.4亿以上，城市化率达到55%，大量的人口将进入城市。如果继续沿袭传统的发展模式，资源将难以为继，环境将不堪重负。城市的发展将受到人口、环境、资源等条件的制约。以最有效利用资源和保护环境为基础的循环经济是全面建设小康社会、加快现代化建设的必然选择。其中，循环型省市的建设当是重中之重。

一、辽宁省循环经济试点工作

国家环保总局将辽宁省列为全国第一个循环经济试点省，2002年5月，国家环保总局批复辽宁省在全国率先开展循环经济试点建设。2002年6月，省政府印发了《辽宁省发展循环经济试点方案》。

辽宁省循环经济试点建设的目标：用5年左右的时间，创建一批循环经济企业、生态工业园区和几个资源循环型城市，大幅度提高资源利用效率；建设区域性的资源再生产业基地，培育新的经济增长点；倡导循环经济理念，营造公众参与循环经济的社会氛围，初步建立起发展循环经济的机制和框架。确定了按照"3+1"模式：小循环、中循环、大循环和资源再生产业开展循环经济建设。

辽宁省发展循环经济试点建设的政策措施：一是发挥政府的主导作用，组织进行循环经济规划和设计，制定促进循环经济发展的相关法规和规章；二是在实施中按照市场规律，鼓励产业界积极创新和开发，实施循环经济的产业工程；三是加强循环经济试点建设的宣传教育，引导社会公众的参与和支持；四是加大政策支持力度，建立循环经济的多元化投入机制；五是研究开发先进适用技术，建立和完善循环经济的科技支撑体系；六是健全社会中介组织，建立信息交换平台；七是广泛开展循环经济的国际合作等。辽宁省在发展循经济初期开展的工作与取得的效果包括：

（一）建成一批循环型企业

在鞍钢、沈阳化工和抚顺石化等大型联合企业，开展能源、水的梯级利用和各种副产品、废物的循环利用，建设"杜邦模式"的循环经济示范企业。结合技术改造，大力推行清洁生产，在两年时间内，全省建成了350多家重点污染企业的清洁生产审核，实施了清洁生产项目（方案）6060多个，取得了显著环境与经济效益。全省已有铁煤集团、北票电厂等50余家企业基本实现废水零排放。鞍钢建设循环经济型示范企业规划于2003年通过国家论证，当时已建成40多项废物综合处理工程，基本形成发展循环经济的雏形。

（二）建设一批生态工业园

促进抚顺、阜新等煤炭资源枯竭城市转型；用循环经济理念整合提升大连、沈阳等经济技术开发区；改造沈阳铁西等老工业区，指导新生态工业园区的规划建设。抚顺矿业集团、大连开发区和沈阳铁西新区已编制完成生态工业园区建设规划并通过论证。2004年4月，国家环保总局已批准抚顺矿业集团、大连开发区建设国家级生态工业示范园区。

（三）建设城市资源型循环社会

基本建成全省城市生活垃圾分类回收体系，分类回收率达到60%，建立了完善特种废物回收系统，回收率达到80%以上。结合污水处理厂建设，推行城市与小区的中水回用。循环经济发展初期，大连全省已建成小区中水回用工程80多项。沈阳市出台了《沈阳市中水回用管理暂行办法》，以垃圾分类回收为主题的创建绿色社区活动已在全省展开。

（四）建设区域性资源再生产基地

以煤矸石和粉煤灰为重点，加强工业固体废物综合利用，总和利用率达到50%以上。重点建设了一批废旧物质资源化项目，发展资源再生产业，建设再生资源回收利用机械设备加工制造基地，提高成套化、系列化水平。全省已经建成朝阳华龙集团公司、铁岭新新集团等一批粉煤灰、煤矸石综合利用项目。

二、江苏省循环经济试点工作

（一）规划促进

江苏省成立了循环经济建设领导小组和办公室，全面推进循环经济试点建设工作。2002年11月，江苏面向全国组织了《江苏省循环经济建设规划》有关子课题招标工作，对江苏省循环型农业、循环型工业、循环型三产、循环型社会建设这四个子规划开展专题研究。2004年7月经省政府批准后，报告文本报送国家环保总局，同时组织有关专家对108家省级示范点进行分类指导，加快试点工作进度。

无锡、镇江、宿迁、张家港、常熟、昆山等市委托有关科研单位制定了循环经济规划，其中，张家港、常熟两市已经通过专家论证开始进入实质性实施阶段。苏州工业园、苏州新区将循环经济建设作为提高园区的国际地位和投资环境的机遇，并融入招商引资工作，积极发展高科技产业，争取建设全国最好的生态工业园区。13个省辖市以及无锡新区等都启动了区域循环经济编制工作。

（二）示范作用

2002年，江苏省环保厅下达了第一批循环经济建设共108家试点单位名单，涉及市、县（市、区）、开发区、乡镇村和社区等区域层面，以及农业工业和服务业等微观产业。通过指导培育，这些单位基本达到了创建示范要求。目前，全省试点范围不仅包括化工、冶金、食品、制药、纺织等传统行业，还延伸到电子、信息等高薪技术行业；不仅有企业的微观试点，还向工业小区、城镇和开发区拓展；不但有第二产业的示范点，而且农业、服务业等也都呈现迅速发展的态势。

（三）推行清洁生产，推动循环经济发展

按照"加大清洁生产推行力度，强化发展循环经济微观基础"的总体思路，省经贸委会同省环保厅等13个部门研究制定江苏省推行清洁生产的具体政策措施。一是广泛宣传，营造良好氛围，先后出台《省委、省政府关于加强生态环境保护和建设的意见》、省人大做出的《关于加强环境综合整治和生态省建设的决定》，对推行清洁生产都提出了明确的目标和要求，并将其纳入《全省生态省建设规划纲要》《全省循环经济建设规划》目标体系之中。二是加强部门协调，研究制定促进清洁生产的政策措施，下发《关于进一步落实排污费扶持清洁生产有关政策的通知》。三是组织企业开展清洁生产审核和示范试点。近年来，江苏省以太湖流域、淮河流域为重，先后在化工、纺织、轻工、冶金、建材等行业组织10家企业开展清洁生产审核试点。江苏传统的冶金、纺织、化工等支柱行业中有800多家企业实施了清洁生产，取得直接经济效益超过10亿元。

第一个在建设循环经济生态城市方面"敢于吃螃蟹"的城市——贵阳经国家环保总局正式批准，贵阳市2002年成为全国首家建设循环经济生态城市试点城市。清华大学化工系生态建设中心及环境工程学院的专家编写了《推进循环经济，构建贵阳生态城市总体规划》大纲。国内对生态城市的研究大多集中在生态学和城市规划等单一子系统，而系统地从循环经济角度对生态城市建设进行研究的很少。贵阳生态城市则是以循环经济模式来进行建设，其内容包含了基础设施、工业、农业、能源、消费以及建筑物等各个方面。贵阳市人大常委会正式颁布了《贵阳市建设循环经济生态城市条例》，该条例自2004年11月1日止式实行。这一条例的颁布和施行，有利于规范政府、企业、公众等在推进循环经济中的行为，为贵阳市循坏经济生态城市的建设提供法制保障。

贵阳循环经济型生态城市建设总体目标确定为：经过近20年的努力，将贵阳建设成为经济运行高效良好，基础设施配备齐全，城市布局科学合理，人居环境优美舒适，生态循环健康协调，支撑体系健全有力，居民生态意识和文化素质良好的生态型中心城市之一，圆满完成十六大所提出的建设全面小康社会的战略部署。

贵阳市循环经济型生态城市建设的内容可以用一句话概括："实现一个目标，转变两种模式，构建三个核心系统，推进七大循环体系建设。"实现一个目标，即全面建设小康社会，在保持经济持续快速增长的同时，不断改善人民的生活水平，并保持生态环境美好。转变两种模式：一是转变生产环节模式；二是转变消费环节模式。构建三个核心系统：第一个是循环经济产业体系的构架，涉及三大产业；第二个是城市基础设施的建设，重点为水、能源和固体废弃物循环利用系统；第三个是生态保障体系的建设，包括绿色建筑、人居环境和生态保护体系。推进七大循环体系建设：第一项是璘产业循环体系；第二项是铝产业循环体系；第三项是中草药产业循环体系；第四项是煤产业循环体系；第五项是生态农业循环体系；第六项是建筑与城市基础设施产业循环体系；第七项是旅游和循环经济服务产业体系。这七大循环体系所涵盖的行业体系所占GDP总量比重到2005年达到75%，2010达到78%，2020年达到83%。

主要在五个方面开展工作：（1）组建工作机构，建立以政府为中心、市循环经济办公室牵头、各部门分工负责的组织体系。（2）按照"边规划，边建设"原则，大力推进循环经济项目建设工作。（3）制定法规制度，构建循环经济生态城市建设制度保障体系。（4）开展宣传教育系列活动，普及循环经济知识，增强干部群众的循环经济意识。（5）加大对外联络力度，寻求国内外广泛支持。

三、北碚区循环型生态城市对策建议

（一）制定循环型生态城市产业和空间规划

科学合理地制定和完善城市产业和空间规划，是实现循环型生态城市的前提和条件。城市产业和空间规划要按照城市不同区域功能要求进行划分，制定相应的环境质量标准。新建的工业企业要集中在工业园区，这样可以对其所排放的污染物尽可能做到集中处理。建于市区的工业企业，则应搬迁到工业园区，远离商业区和居民区，减少污染危害。在建设工业园区时，要遵循生态规律，实行合理布局，形成工业生态链，下家企业利用上家企业的废弃物做原料进行生产，使得整个园区的污染物排放量实现最小化，使整个城市的建设和发展达到技术先进、经济合理、环境优美的综合效果。

1. 规划生态产业带发挥产业特色和优势

建设"三条生态产业走廊"，发挥产业特色和优势。一是着力打造江东生态农业走廊。以生态农业园区为载体，"江东花木暨旅游农业产业带"为重点，按照"一点八线"的总体布局（即沿碚金公路一线，全面建成"江东花港""大地渔村""重庆农谷""乡村嘉年华""台农园"（重庆北碚台湾农民创业园）"多彩园艺""金峡桃源""胜天牧野"等八个重点项目），打造形成以线串点、以节带面、

"长藤结瓜"的产业发展带。二是建设生态工业走廊。以同兴工业园区为载体，沿国道212一线加快建设重庆市机电仪工业园、浙江工业园、汽车工业园、重庆电气产业园、华立生物制药基地，与沙坪坝井口一线连接，打造形成210沿线生态工业走廊。三是加快建设生态人文走廊。着力打造渝武高速路北碚段的生态景观和缙云山旅游景观带，建设好中国竹海生态城，将生态人文长廊和十里温泉城有机地串起来。同时，加快"十里温泉城"等旅游资源的开发，使北碚成为主城区休闲旅游、商务会议的胜地。

2. 扩展和完善以北碚组团为核心的现代化新型城市新区

北碚组团的建设重点是完善城市功能，拓展城市规模。北碚老城区要进一步完善其商服功能，发挥其作为经贸中心的作用，带动周边经济的发展；东阳片区要坚持高标准规划，高质量建设，建成3平方公里的东阳滨江新城，彰显现代都市区的魅力；北碚新城重点以大学城建设为主体、竹海生态城市为特色、文化旅游和高技术产业为支撑，加速向西永大学城方向拓展，城市面积由现在的30多平方公里扩大到60平方公里，形成50万城市人口的城市区域，与西永组团共同构建中国西部著名大学城。在北碚组团大力发展生态城镇，把北碚组团建设成为生态产业区、文化旅游城和重庆的后花园。

3. 调整完善蔡家组团的区域规划，高的起点建设蔡家组团

蔡家组团是重庆主城发展的战略高地，是全市建设1小时经济圈的重点区域，应调整完善蔡家组团48平方公里区域规划，与北碚新区共同形成主城北部的增长极，积极与"三北"地区和沙坪坝区实现有效对接，使北碚区完全融入主城核心区。同时吸引世界500强和中国企业500强企业设立总部，依托良好的生态环境，争取建设西部领事馆集中区、高端人才居住集聚地和大型购物中心集聚地，把蔡家组团建设成为以"高新技术、高端商务、高档次娱乐、高品质居住"等"四高"产业为主体的现代化新型城区。

4. 做好江东片区统筹城乡发展实验区产业发展空间规划

在江东片区，利用生态农业特色安排城镇布局。江东片区发展以水土和静观为主轴来承接辐射和带动外围，充分发挥水土作为重庆市百强镇之一、静观作为重庆都市圈外围中心镇之一的平台优势，强力打造百里花卉长廊，规划建设静观城市花卉森林公园，并结合温泉开发和北碚至金刀峡的黄金旅游线建设，大力发展以花木和蔬菜为中心的都市农业和旅游观光业。

（二）重塑循环型生态城市文化

1. 北碚区城市文化定位

北碚具有深厚的文化内涵和独特的文化底蕴，早在20世纪二三十年代，卢作孚、梁漱溟、晏阳初等在北碚掀起了乡村建设运动，同时也使北碚成为世界平民教育家的实验地。抗战时期，北碚被誉为"陪都的陪都"，有国民党二十多个部委办单位、三千多名科技文化界人士居住北碚，老舍、梁实秋、郭沫若等文化名人在北碚留下了《四世同堂》、《雅舍小品》、《棠棣之花》、《屈原》等传世之作。新中国成立之初，北碚为川东行署所在地，全区文物景点104处，其中市级文物保护单位7处，区级文物保护单位17处。境内有邓小平旧居、贺龙院、老舍故居、复旦大学旧址等100余处人文景观和抗战遗址。北碚这一独特的文化资源为北碚市民增加了自豪感，要充分利用"文化北碚"这张名片，在城市建筑、各式各样的城市节点、各种的文化活动，都可以加上北碚的文化特色。

建议北碚区的文化定位为"循环型的文化区"，发展健康、文明、和谐的精神文化、物质文化和非精神非物质文化，整合北碚特有的抗战文化、生态文化、养生文化、温泉文化、休闲文化等"五大文化"，全力打造"文化北碚"，加快形成独具特色的北碚文化体系。北碚的文化总体定位可以表述为：人杰地灵、包容四方、安居乐业，创造"自然资源优质、人文历史突出、安居氛围浓厚、城市形象彰显"的宜居城市形象。

2. 北碚区文化产业发展

北碚区的文化产业目前发展尚不充分，其具有的旅游和会展旅游优势并未完全发挥特色。北碚区旅游资源丰富，但旅游资源的开发尚不成熟，蓬勃发展的农家乐、民俗旅游档次较低，虽可以被称之为"野趣"，但尚未达到城市文化产业持续发展的要求。久负盛名的缙云山的旅游开发也尚未达到规模，旅游纪念品市场非常粗糙简陋。北碚可以借助优美的自然风光，打造国际影视文化博览节，将北碚作为外景基地，举办世界城市形象宣传片大赛，开发北碚旅游专线，如开发体验式农业旅游、山里人家风情游、温泉之都游等，让北碚走出西部。

3. 北碚区景观文化发展

北碚城市景观建设中，首先要注意城市的颜色。"绿色北碚"应作为北碚的城市颜色，通过"城市印象"此类的摄影活动，选出最能表现北碚特色风情的照片来做城市的宣传，这样不仅提升了北碚居民对城市本身的热爱，也激发了北碚居民对城市事务参与的性。其次需要标志性建筑，北碚城市建筑没有体现北碚特色，在未来城市建设中北碚应将北碚的山水之美融入建筑设计之中。北碚虽为国家园林城市，但城市环境卫生做得不够，整个城市的整洁度不够，居民的环境卫生意识还待加强。

北碚以绿为主，以历史文化见长，城内有邓小平旧居、贺龙院、老舍故居、复旦大学旧址等100余处人文景观和抗战遗址，但这些遗址少有人问津，政府更没有做宣传。这些历史空间与普通的公园绿地有所不同，它们所蕴含的深厚历史气息将会从文化意味上提升北碚城市形象，要开发这些历史空间，使其成为北碚城区的特色景观，甚至成为北碚城市历史文化的代表。

（三）建设节约型文明城市

1. 建设资源节约型社会

加快生态工业园区建设。按照工业生态学的原理对同兴工业园区进行规划和设计，吸引那些具有"绿色制造技术"的企业入园，并创建一些基础设施使这些企业可以实现废水、废热等的交换。降低工业增加值能耗整体水平，积极推行产业节能、节水、节材和节地技术应用，对项目引进的环境影响严格把关，加快企业纵向组合，延伸产业链，同时加快企业横向重组，发挥规模效益，加快推进企业信息化建设，推动产业升级。

节约利用水资源。大力节能，提高能源利用效率，控制需求总量。完善水务一体化管理体制，建立节水产品认证、准入和淘汰制度，全面推行标准化管理。建设与水资源和水环境承载能力相适应的城乡布局和经济结构，建立节水型社会现代工程技术体系，因地制宜建设节水型农业、节水型工业、节水型农村和节水型社区及服务业。推进与水相关的生态环境建设，建立节水型社会水安全保障体系，重点保障饮水安全、防洪安全。促进中水利用，实现污水资源化，推广建筑和生活小区雨水收集、中水回用设施建设。

加强废物综合利用。以提高工业"三废"综合回收利用率为目标，提高电力、医药、造纸、建材、轻纺等废弃物产生量大的重点行业的资源循环利用水平。开展粉煤灰、煤矸石、硫石膏和冶金、化工废渣及有机废水综合利用，加强农业废弃物资源化利用和农资节约。大力推广农业废弃物无害化处理、资源化利用高效生态农业模式，加快实施畜禽生态养殖工程，推广畜禽废弃物治理干湿分离、沼气开发利用技术，鼓励发展有机肥。积极推广秸秆还田以及测土配方施肥、重大病虫害无害化治理等节肥、节药技术，提高化肥、农药利用率，鼓励并推广农膜回收利用。

2. 建设生态文明城区

加强对自然风景区的环境管理。按照《重庆缙云山国家级自然保护区总体规划》，对自然保护区的核心区、缓冲区和实验区，按功能分区要求进行分类指导和管理。北碚区政府需同驻山社会单位签订环境综合整治目标责任书，强制推广使用清洁能源；对景区宾馆、农家乐的生活污水进行生化处理并实现达标排放；对垃圾及时进行清运和处置。在保护区内建立青少年生态环境科普教育基地，组织编制嘉陵江小三峡、金刀峡、茅庵森林自然保护区的总体规划。对在北碚嘉陵江小三峡沿线的采石场进行强行关闭，并实施生态恢复。在城区规划建设占地1346公顷的重庆市观音峡森林公园。

实施四大工程，抓好环境综合整治。实施"蓝天工程"，改善大气环境质量；实施"碧水工程"，改善水环境质量；实施"固体废物处理利用工程"，实现资源循环使用；实施"宁静工程"，改善声环境质量。

实施生态环境保护与建设工程。一是实施天然林保护工程。切实执行《重庆市北碚区天然林资源保护工程实施方案》，结合林业重点工程建设，切实保护森林资源，完成公益林建设，封山育林。二是实施退耕还林工程。继续实施退耕还林、荒山造林、退坡耕地造林工程，不断扩大森林面积。三是加快生产性绿地建设。在实施"生态靓区"的战略中，努力培育生态与经济双赢的生产性绿地产业，包括花卉苗木、优质水果及经济林地等产业。既改善生态环境，又促进农民增收。

实施历史文物环境保护和文化环境建设工程。严格遵循"保护为主，抢救第一，合理利用，加强管理"的方针，按照"谁使用，谁负责，分点管理，总体保护"的原则，实施历史文物环境保护和文化环境建设工程。有计划地对古建筑、名人旧居、自然博物馆、抗战遗迹和烈士陵园等历史文物进行维修或抢救性保护，加强文物周边的园林绿化美化，使文物周边环境得到改善。加强偏岩镇、金刚碑等首批"重庆市历史文化名镇和传统街"的环境保护和建设。在城市景观建设中应注重文化与环保的有机结合，创建具有西部特色的环境文化。

3. 建设山水生态住宅

北碚依山傍水，在城市住宅风格设计时打造"依山傍水型山居"模式，不但依靠中梁山、缙云山山体资源，而且应该配合嘉陵江的水资源，再加上配套设施的开发建设，巧妙地处理生态环境和配套设施的矛盾、公共空间和私人空间的矛盾，营造一处舒适的山水空间。在山水住宅模式的开发中要坚持的基本思路是：自然为主题，共生是基调。所以需要沿用原有山体、水岸进行开发，充分保护自然环境，实现对环境的可持续开发，做到建筑与山体、水线协调、自然、完美。在发展山水生态住宅要做到：保护原生态系统与生态景观；大量运用新科技手段，提倡节能环保；遵循"大绿视率"原则，建设健康生态住宅；优化住宅形态，增强层次感。

（四）加快发展循环产业经济

1. 促进经济发展提速和结构升级

优化一产结构，发展高产、优质、高效、生态、安全农业；扩大二产规模，振兴装备制造业，打造仪器仪表、机械制造、生物制药和资源加工基地；拓展第三生产领域，大力发展现代服务业和旅游业；以自主创新提升产业技术水平，促进新兴产业开发，实现产业全面升级，提升区域经济综合竞争力，夯实全面协调发展基础。积极推进信息化，加快发展高新技术产业，到2012年高新技术企业增加值占全区工业增加值的60%以上。

2. 优化生态高效农业，促进都市农业高速发展

推进现代农业建设。加快发展现代农业，必须推行农业标准化，以进一步促进重庆市生态农业科技产业示范园建设。围绕区域特色产业，发展一批具有较强市场竞争能力、较高科技含量、对农民带动作用大的农业产业化龙头企业，培育和壮大农村合作经济组织，打造和培育具有特色的农业品牌。重点实施花卉苗木、笋竹和草食牲畜等农业产业化百万工程建设，重点发展花木、果苗、笋竹、蔬菜、香料、药材、名优鱼、奶牛等特色农业。结合重庆三峡库区星火产业带建设。在北碚至金刀峡和北碚至缙云山公路沿线精心打造"百里花卉长廊"和"花木精品园"。完成农业综合开发及沃土工程、蜡梅产业化项目、笋竹产业化及特色食品加工项目、国槐中药材生产及加工基地、无公害蔬菜基地、缙云山奶牛种源基地建设、草食动物养殖基地等项目建设。优化农业布局，加快农业结构调整，全面实施"一一四六"（"一"，以科技抓好粮食生产这一主线；"一"，抓好一个园区——重庆市生态农业科技产业示范区，建设好技术创新园、创业园、产业创新园，将核心区研发的生态农业高新技术成果进行放大、示范、产业化；"四"，积极推进缙云山奶牛种源示范基地、歇马高优果苗研发示范区、复兴海子湖生态示范区、水土镇农村劳动力转移示范基地四个拓展区建设；"六"，培育壮大特色花木产业、高优果苗产业、嘉陵江名优鱼产业、优质奶牛产业、优质笋竹产业、无公害蔬菜产业等六大优势特色产业。）发展思路。

着力建设江东生态农业走廊。以生态农业园区为载体，重点抓好纳入全市统筹城乡试点的"江东花木暨旅游农业产业带"建设及纳入全市"千百工程"的5个示范村和28个推进村建设，按照"一线八点"的总体布局全面推进，全面建成江东花港、大地渔村、重庆农谷、乡村嘉年华、台湾农业创业园、多彩园艺、金峡桃源、胜天牧业等重点项目，扶持壮大一批沿江精品花卉园，形成以线串点、以点带面、"长藤结瓜"的产业带，切实打造"江东生态农业走廊"。

3. 培育高新产业和新型产业

（1）重点培育四大支柱产业和高新技术产业。

一是突出发展仪器仪表光电产业。大力发展高智能化仪器仪表、仪表材料、电子系列等高新技术产品。主要依托四联集团、华立集团、重庆仪表材料研究所等，大力发展汽车电子系列产品和零部件、仪表与数字化控制系统、智能电表、电工仪器仪表等产品，建设中国西部仪表基地。

二是做大做强机械制造业。重点发展汽车摩托车整车、通用机械、内燃机等重点产品，加快推进重庆汽车摩托车及零部件生产地、重庆（北碚）光电产业基地、重庆电气产业园等项目建设，把北碚建设成为重庆市重要的汽车摩托车及零部件生产、光电产业基地。

三是加速发展生物制药业。重点发展青蒿素及其衍生杨复方制剂、紫杉醇等产品。依托西南大学、华立集团和大新药业在生物制药和生物工程的人才、技术、产品等方面的优势，积极发展生物制药，并利用现代生物技术改造传统制药业，加快建设重庆生物制药研发生产基地。

四是择优发展资源加工业。加快重庆（北碚）包装玻璃制品、新型建筑材料、石膏系列、绿色纺织、玻璃仪器、玻璃制品、医药玻璃等产品的研发，加快建设中国西部石膏城、中国西部绿色纺织品研发生产基地及中国西部玻璃生产基地。

五是大力发展高新技术产业。在仪器仪表材料、生物制药、电子通讯、光机电一体化和环保设备等领域，给予产业规划、投融资和政策等方面的扶持，优先发展一批产业化前景明朗、市场潜力大的高新技术产品，逐步建立起以高新技术为特色、市场占有率高、具有一定规模和较好效益的先进工业体系。

（2）工业向园区集中，产业簇群发展

从2008到2012年，结合北碚区经济社会发展的空间战略布局，继续实施城市和基地建设的"1331"工程，利用土地置换等措施有计划地引导企业逐步向工业园集中。以同兴工业园区为核心，充分利用渝合高速公路、省道110和二环线加强与主城核心区的联系，与北部新区、双碑组团机械和冶金工业区、井口工业园区等联动发展，形成现代制造业产业带，大力发展无污染的轻工业、机械电子工业，增强集聚优势，提升规模效益。通过歇马进一步向回龙坝、大学城、西永组团拓展，使两个组团连成一片，打造高技术产业密集绵延带，形成集聚效应，最终成为跨越嘉陵江和中梁山的高技术块状经济。依托两个大学城发展高新技术产业，大力引进产业链条长、具有延伸和带动效应的产业，为现代制造业的发展提供智力及技术支撑。

4.加快发展现代服务业

（1）提升商业形态，注重商贸物流产业发展

引进大型商业企业，搞好特色商圈建设。积极发展中介服务业，培育和规范中介服务市场，扩大新兴服务业的服务领域。加快发展金融保险业，拓宽金融服务领域，逐步形成较为完善的金融服务体系。发展具有外向辐射功能的服务业，重点发展教育培训、会议展览等行业。发展通信、网络、传媒、咨询等各类信息服务业和电子商务服务，探索电子商务、物流配送、连锁经营、多式联运等新型商贸服务方式。积极培育和发展房地产交易与物业管理、会展等新的服务业。加强物业管理和社区服务，促进家政等服务业发展。

（2）调整商业整体布局和定位，加快专业市场建设

构建商贸流通服务体系，形成城市和农村商贸服务体系并重协调、综合服务体系与专业市场建设并重的格局。完成"双十百千"工程，建成嘉陵风情步行街、新城农贸超市、北碚农产品批发交易中心，完成重点镇商贸服务体系、区域性书城和社区商业服务中心等项目建设，力争建成重庆仪器仪表物流基地暨综合仓储配售中心、重庆玻璃器皿交易市场。

（3）做活做靓旅游产业，大力发展生态旅游

一是突出一个组团，打造文化旅游名城。充分依托中国西部唯一的国家园林城区品牌，围绕"中国竹海生态城"和"中国人文旅游城"的主题，进一步营造城市园林景观，深入挖掘和充分利用巴渝文化、抗战文化、科教文化等丰富的文化资源，将卢作孚、晏阳初、梁实秋、老舍、郭沫若等名人给北碚留下的宝贵文化遗产挖掘、保护、开发利用好，使其成为北碚主城旅游价值核心。

二是强化两条主线，打造"都市山水"黄金路线，使北碚区成为休闲旅游、温泉旅游、商务会议都市游、周日游的理想目的地。即以红鼎高尔夫球场、颐尚温泉、嘉陵小三峡、十里温泉城、缙云山、金刚碑古街为亮点的生态人文养生旅游线；以江东生态观光农业旅游带、大金刀峡生态旅游区为主的江东休闲体验旅游线。

三是树立品牌意识，打造六大精品旅游区。精心打造"温泉故里""都市美丽乡村""北川铁路——海底沟工矿遗址公园""大金刀峡生态旅游区""缙云养生名山""绿色嘉陵江"六大精品旅游区。

参考文献

[1] 牛文元. 中国可持续发展总论 [M]. 北京：科学出版社, 2007: 77.

[2] 郑卫民. 城市生态规划导论 [M]. 长沙：湖南科学技术出版社, 2005.

[3] 中国城市规划设计研究院. 环首都绿色经济圈总体规划 [R], 2011-03-12.

[4] 中国城市科学研究会. 中国低碳生态城市发展战略 [M]. 北京：中国城市出版社, 2009.

[5] 中国科学院地理研究所. 世界大城市 [M]. 北京：中国建筑工业出版社, 1982.

[6] 周鸿. 人类生态学 [M]. 北京：高等教育出版社, 2001.

[7] 周一星. 城市地理学 [M]. 北京：商务印书馆, 1995.

[8] 朱冉钢. 城市空间集中与分散论 [M]. 北京：中国建筑工业出版社, 2002.

[9] 祝廷成. 生态系统浅说 [M]. 北京：科学出版社, 1983.

[10] 庄悦群. 从生态位到可持续发展位：概念的演进 [J]. 中国人口资源与环境, 2005, 15(4): 1–4.

[11] 邹德慈. 城市安全：挑战与对策 [J]. 城市规划, 2008(11): 19–20.

[12] 邹德慈. 城市规划导论 [M]. 北京：中国建筑工业出版社, 2002.

[13] 周玉龙, 孙久文. 论区域发展政策的空间属性 [J]. 中国软科学, 2016(2): 67–80.

[14] 兽奇, 张超阳, 杨春悦. 1965 年来中国对外贸易的地域差异及其格局演变 [J]. 地理学报, 2007, 62(8): 799–808.

[15] 李宁, 樊杰. 中国参与经济全球化的区域格局响应研究 [J]. 中国人口·资源与环境, 2008, 18(6): 56–60.

[16] 王红, 齐建国. 全球化对我国生态环境的影响及对策 [J]. 经济纵横, 2009(2): 105–108.

[17] 薛荣久, 樊瑛. 国际经贸理论通鉴：国际经贸理论当代卷 [M]. 对外经济贸易大学出版社, 2013.12: 271.

[18] 钟昌标. 国际贸易促进区域经济成长的机制和战略 [J]. 中国软科学, 2002(3): 88–91.

[19] 刘力. 对外贸易、收入分配与区域差距——对中国区域经济差距的贸易成因分析 [J]. 南开经济研究, 2005(4): 58–62,75.

[20] 李锴, 齐绍洲. 贸易开放、经济增长与中国二氧化碳排放 [J]. 经济研究, 2011(11): 60-72.

[21] 戴星翼, 唐松江, 马涛. 经济全球化与生态安全 [M]. 北京: 科学出版社, 2005: 58-60.

[22] 马丽, 刘卫东, 刘毅. 外商投资与国际贸易对中国沿海地区资源环境的影响 [J]. 自然资源学报, 2003, 18(5): 603-610.

[23] 蒋满元. 我国对外贸易的区域格局及其波动特征探讨 [J]. 国际贸易问题, 2008(11): 9-14.

[24] 鲁奇, 张超阳, 杨春悦, 等.1965 年来中国对外贸易的地域差异及其格局演变 [J]. 地理学报, 2007, 62(8): 799-808.

[25] 肖卫国. 跨国公司海外直接投资对东道国的经济效应分析 [J]. 武汉大学学报（人文科学版）, 1999(4): 34-44.

[26] 姚树洁, 冯根福, 韦开蕾. 外商直接投资和经济增长的关系研究 [J]. 经济研究, 2006(12): 35-46.

[27] 郭岚. 中国区域差异与区域经济协调发展研究 [M]. 四川: 巴蜀书社, 2008: 131.

[28] 何洁. 外国直接投资对中国工业部门外溢效应的进一步精确化 [J]. 世界经济, 2000(12): 29-36.

[29] 沈坤荣. 外国直接投资与中国经济增长 [J]. 管理世界, 1999(5): 22-33.

[30] 何洁. 外国直接投资对中国工业部门外溢效应的进一步精确量化 [J]. 世界经济, 2000(12): 29-36.

[31] 魏后凯. 我国外商投资的区位特征及变迁 [J]. 经济纵横, 2001(6): 23-28.

[32] 魏后凯. 外资与中国区域经济 [J]. 中国外资, 2004(6): 36-37.

[33] 武剑. 外国直接投资与区域经济差距 [J]. 中国改革, 2001(3): 71.

[34] 潘义卿. 外商投资对中国工业部门的外溢效应：基于面板数据的分析 [J]. 世界经济, 2003(6): 3-7.

[35] 李宁, 樊杰. 中国参与经济全球化的区域格局响应研究 [J]. 中国人口·资源与环境, 2008, 18(6): 56-60.

[36] 王俊松, 颜燕. 在华跨国公司功能区位的时空演化研究 [J]. 地理科学, 2016(3): 352-358.

[37] 王剑武, 李宗植. 人力资本对我国外商直接投资吸收能力的影响 [J]. 科学管理研究, 2007, 25(2): 84-87.

[38] 孙军, 高彦彦. 技术进步、环境污染及其困境摆脱研究[J]. 经济学家, 2014(8): 52-58.

[39] 豆建民, 张可. 集聚与污染: 研究评述及展望[J]. 苏州大学学报(哲学社会科学版), 2014(2): 109-118.

[40] 陆亚琴. 外国直接投资在东道国的环境效应研究综述[J]. 思想战线, 2009, (1): 139-140.

[41] 马丽, 刘卫东, 刘毅. 外商投资与国际贸易对中国沿海地区资源环境的影响[J]. 自然资源学报, 2003, 18(5): 603-610.

[42] 欧阳海燕, 马久成. 从发展观演变的角度评中国的新发展观[J]. 武汉大学学报(人文科学版), 2005, 58(2): 241-246.

[43] 任建兰. 山东省可持续发展战略[M]. 山东: 山东人民出版社, 2013: 5-6.

[44] 任建兰. 山东省可持续发展战略[M]. 山东: 山东人民出版社, 2013: 8-9.

[45] 李正发. 社会发展观的第二次革命性变革——可持续发展论的理论意义阐释[J]. 湖北行政学院学报, 2003(1): 91-95.

[46] 王圣云, 马仁锋, 沈玉芳. 中国区域发展范式转向与主体功能区规划理论响应[J]. 地域研究与开发, 2012, 31(6): 7-11.

[47] 李剑林. 基于发展观演变的中国区域经济发展战略及空间格局调整[J]. 经济地理, 2007, 27(6): 896-899.

[48] 张可云. 区域大战与区域经济关系[M]. 北京: 民主与建设出版社, 2001.

[49] 郭岚. 中国区域差异与区域经济协调发展研究[M]. 四川: 巴蜀书社, 2008.

[50] 洪名勇. 制度变迁与省区经济的非均衡增长[J]. 云南财经大学学报, 2001, 17(3): 28-31.

[51] 张欣怡. 财政分权下的政府行为与环境污染研究[D]. 北京: 财政部财政科学研究所, 2014.

[52] 陈雯. 空间均衡的经济分析[M]. 北京: 商务印书馆, 2008.

[53] 陆铭. 重构城市体系——论中国区域和城市可持续发展战略[J]. 南京大学学报(哲学·人文科学·社会科学), 2010, 47(5): 15-26.

[54] 薛钢, 潘孝珍. 财政分权对中国环境污染影响程度的实证分析[J]. 中国人口·资源与环境, 2012, 22(1): 77-83.

[55] 李猛. 财政分权与环境污染——对环境库兹涅茨假说的修正[J]. 经济评论, 2009(5): 54-59.

[56] 尹祖龙. 中国式财政分权与环境质量关系研究[D]. 上海: 复旦大学, 2012.

[57] 俞雅乖. 我国财政分权与环境质量的关系及其地区特性分析 [J]. 经济学家, 2013(9): 60–67.

[58] 贺灿飞, 梁进社. 中国区域经济差异的时空变化: 市场化、全球化与城市化 [J]. 管理世界, 2004(8): 8–17.

[59] 吴映梅, 封志明, 彭福亮. 区域人文社会和谐发展机制及对策研究 [M]. 北京: 科学出版社, 2008: 160.

[60] 祁毓, 卢洪友, 徐彦坤. 中国环境分权体制改革研究: 制度变迁、数量测算与效应评估 [J]. 中国工业经济, 2014(1): 31–43.